U0931820

啟示錄的刻劃研究

英雄、女性與國度的故事

曾思瀚、吳瑩宜 著

基道出版社

▼
聖經研究叢書

啟示錄的刻劃研究

英雄、女性與國度的故事

Revelation Characterized

Stories of Heroes, Women and Empires

作者
曾思瀚 Sam Tsang
吳瑩宜 Nancy Ou

審閱
蔡錦圖

執行編輯
林諾欣

裝幀設計
奇文雲海 · 設計顧問

■

出版 / 發行
基道出版社
香港沙田火炭坳背灣街 26 號富騰工業中心 1011 室
LOGOS PUBLISHERS
Unit 1011, Fo Tan Ind. Centre, 26 Au Pui Wan St., Shatin, Hong Kong
電話：(852) 2687-0331　傳真：(852) 2687-0281
網址：http://www.logos.com.hk

承印
陽光印刷製本廠

●

6/2009 初版
Cat. No. LP170
ISBN: 978-962-457-4379-4

刷次	11	10	9	8	7	6	5	4	3	2
年份	2022	2021	2020	2019	2018	2017	2016	2015	2014	2013

孫寶玲序

讀著思瀚兄的新作，讓我感恩不已。感恩原由有三，其一，思瀚近年著作之多，實難能可貴；尤有甚者，思瀚不憚整合學者複雜糾纏的學統和發展，為有志聖經研讀的兄姊鋪墊道路。其二，思瀚從不以隱於象牙塔的學者自足，觀其作品，每每心繫華人教會的脈膊和視野，幾年來的努力，見證他深信上帝之道的活潑和永恆。其三，思瀚的作品總會挑戰讀者那習以為常、卻又未加思索深究的想法；我以為，凡仔細閱讀思瀚作品的，必定在信仰生活中有所窺見突破。

思瀚的新作《啟示錄的刻劃研究——英雄、女性與國度的故事》再次印證了我感恩的原由。

自二十一世紀起，華人教會間掀起了研讀啟示錄的熱潮。過去幾年間就啟示錄的期刊、釋經書和單行本，恐怕要比任何一卷聖經書卷要多，思瀚自己也在二〇〇七年出版了《啟示錄——狂波浪濤唱凱歌》（香港：明道社，2007）。這許多的討論，深化了華人教會對啟示錄的認識，也讓弟兄姊妹體會，道的應許絕不是解碼式臆測所疏解，道的力量也不在於「預言應驗」。上帝的道就是耶穌基督，啟示錄講的、指向的、實踐的，沒有不是以基督為中心的論述。

但啟示錄並非以一般理性邏輯形式表述的論述。稍稍看過啟示錄的讀者都同意，啟示錄以場景、人物、時空交錯、聲音、色彩、數字等多元豐富的角度展現全書的信息。按段逐節的解經固然是一種方法，但根據作品本身的設計和情節投入、體會、感受，理應是更合宜的解讀方法。這種閱讀角度，提供字義詞彙文法研究所不能企及的力量，從某個意義講，這甚至可能是最適合的閱讀方法。

閱讀啟示錄，不應抽離地省覽與自己無關的資訊，因為啟示錄並非提供數據的記錄報告。啟示錄是一個藉經文塑成、並邀請讀者進入的世界，讀的人不能「就像人對著鏡子看自己本來的面目，看見，走後，隨即忘了他的相貌如何。」（雅一 23～24）閱讀啟示錄，必須「詳細察看那全備、使人自由之律法的，……實在行出來，就在他所行的事上必然得福。」（雅一 25）正如啟示錄所言：「念這書上預言的和那些聽見又遵守其中所記載的，都是有福的」（啟一 3，二十二 7）。啟示錄的力量，在於其以情節和人物吸納讀者，並且讓讀者在閱讀過程中看見、認識自己，從而對信仰和生活有從上而來的視野和憧憬。

思瀚以敍事觀點帶領現代讀者進入啟示錄，更藉人物刻劃讓讀者與經文相遇，再為華人教會作出貢獻。思瀚的勞苦固然提升了讀者對啟示錄的了解，書中的註釋報導了西方新近的研究成果，也引介華人閱讀的方向。更重要的是，思瀚將啟示錄的世界勾畫在讀者面前，讓我們看見、認識上帝的凱旋；啟示錄不是奧祕解碼的手冊，它是邀請人投入、遵守、實踐的道。

自　序

啟示錄是一本富含藝術巧筆的書卷。經由許多同仁和朋友的協助，這本書不但不像一個詮釋者的單一著作，反而更像由許多幫手合力鑲嵌的一幅馬賽克。我非常感謝多年前，在雪菲大學（University of Sheffield）博士研究班的同學范廷（Joseph Fantin）博士。任教於達拉斯神學院（Dallas Theological Seminary）的范廷博士，對一世紀中期的敬拜羅馬皇帝異教有專精的深研。他的研究為我在一世紀末的題目探索上，激發不少新鮮的構思。他是我最佳的對話者。我也感謝愛旭蘭神學院（Ashland Theological Seminary）的德席爾瓦（David DeSilva）教授。他慷慨地和我的研究互動，並以他的研究補充我的不足。我更為海外神學院教職或行政的同仁（之前和現在的），獻上極致的感恩。沒有他們大有能力的支持，我甚至無法完成半數我所企望的寫作計劃。我感謝為我撰寫序言的新加坡浸信會神學院孫寶玲博士。雖然我們有相同的研究領域，但他總是鼓勵我不斷地更上一層樓，並且熱忱地推薦拙著。我也從海外神學院的學生學習良多，因為他們有時會激昂地從自身的理解（即所謂的傳統理解），與我討論彼此對經文不一致的領會。我誠摯感謝基道出版社傑出的聖經研究編輯同工，尤其是蔡錦圖先生與我的合作，更是完美無瑕。與他們共事，實在美好。我感激他們每一位。我非常感激環球聖經公會的負責同工（例如，黃朱倫博士和梁旭思牧師等）。他們大方地為我和吳瑩宜姊妹，提供《新譯本》與《和合本》的對照聖經，使我得以將最新近的翻譯，介紹給一些不懂希臘文的讀者。他們深具價值的工具提供和服務，將為下一代帶出無量的貢獻。我確信我對翻譯的理念：愈多愈好。我為他們的努力喝彩！

我最感激吳瑩宜姊妹，她不但是我的摯友之一和同工，還是一位優秀的組織者和譯者。她不僅參與我們最初的啟示錄寫作企劃，更與我再度造訪這本更仔細詮釋啟示錄的著作。她誠然是我最有耐性與能幹的同工之一。她有關啟示錄的女人刻畫研究，再次顯示她在新約聖經婦女刻畫領域的熟練。最後，我將我最衷心的摯愛獻給我的妻子和兩個孩子，他們是我眼中的至愛。他們毫無條件的愛和支持，必然是天堂滋味的先嘗。在本書每一部分的寫作上，我的家人和同工都是上帝所賜的上好禮物。願一切榮耀歸與上帝！

目　錄

圖片目錄

縮略語表

2 Bar.	*2 Baruch*
Ad. Her.	*Adversus Haereses*
Anabasis	Xenophon, *Anabasis*
Cicero *ad Fam.*	Cicero, *ad Familiares*
Cicero *Ad. Att.*	Cicero, *Epistulae ad Atticum*
Cicero *De Leg.*	Cicero, *De Legibus*
Cicero *In Cat.*	Cicero, *In Catilinam*
Cicero *In Verr.*	Cicero, *In Verrem*
Cicero *Phil.*	Cicero, *Philippics*
Cicero *Pro Flacco*	Cicero, *Pro Flacco*
Cicero *Pro Mur.*	Cicero, *Pro Murena*
Cicero *Pro Sest.*	Cicero, *Pro Sestio*
Did.	*The Didache*
Dio Cassius	Dio Cassius, *Roman History*
Dio Chrysostom *Or.*	Dio Chrysostom, *Orations*
Diodorus Siculus	Diodorus Siculus, *Library of History*
Euripides *Hippolytus*	Euripides, *Hippolytus*
ExpT	*Expository Times*
Fr. 6 Malcovati. L	Speech of Quintus Caecilius Metellus Macedonicus
Fronto *Ep. Gr.*	Fronto, *Epistulae*
Galen *Ars Medica*	Galen, *Ars Medica*
Galen *Collectionum Medicarum Reliquiae*	Galen, *Collectionum Medicarum Reliquiae*
Hecataeus *FGrH*	Hecataeus, *Die Fragmente der griechischen Historiker*
Herodotus	Herodotus, *The History of Herodotus*
Hippocrates *On Airs, Waters, and Places*	Hippocrates, *On Airs, Waters, and Places*
Horace *Carm.*	Horace, *Carmen Saeculare*

Horace *Epist*.	Horace, *Epistulae*
Horace *Odes*	Horace, *The Odes*
Josephus *AJ*	Josephus, *Antiquities of the Jews*
Juvenal *Satires*	Juvenal, *Satires*
Livy	Livy, *The History of Rome*
LSJM	Liddell Scott Jones McKenzie Liddell-Scott Greek-English Lexicon
Marial *Ep*.	Marial, *Epigrams*
NIB	New Interpreter's Bible
NovT	*Novum Testamentum*
Ovid *Amores*	Ovid, *The Amores*
P. Oxyrhynchus	Papyri Oxyrhynchus
Petronius *Satyricon*	Petronius, *Satyricon*
PGM	Papyri Graecae Magicae
Physiognomics	Aristotle, *Physiognomics*
Pliny *NH*	Pliny, *Naturalis Historia*
Pliny *Panergyric*	Pliny, *Panergyric*
Pliny the Younger *Ep*.	Pliny the Younger, *Epistulae*
Plutarch *Caesar*	Plutarch, *The Life of Caesar*
Plutarch *Cato minor*	Plutarch, *The Life of Cato minor*
Plutarch *Mark Antony*	Plutarch, *The Life of Mark Antony*
Plutarch *Pomp.*	Plutrach, *The Life of Pompey*
Plutarch *Romulus*	Plutarch, *The Life of Romulus*
Plutrach *On the Fortune of Alexander*	Plutrach, *On the Fortune of Alexander*
Polybius	Polybius, *The Histories*
Pseudo-Aristotle *Problems*	Pseudo-Aristotle, *Problems*
Pss. Sol.	*Psalms of Solomon*
RG	*Res Gestae*
SBLDS	Society for Biblical Literature, Dissertation Series
Seneca *De ben*.	Seneca, *De beneficiis*
Seneca *De Ira*	Seneca, *De Ira*
Seneca *Ep*.	Seneca, *Episode*
Soranus *Gyn*.	Soranus, *Gynecology*
Strabo *Geography*	Strabo, *Geography*
Suetonius *Augustus*	Suetonius, "Augustus" in *De Vita Caesarum*
Suetonius *Caligula*	Suetonius, "Caligula" in *De Vita Caesarum*

Suetonius *Domitian*	Suetonius, "Domitian" in *De Vita Caesarum*
Suetonius *Iulius*	Suetonius, "Iulius" in *De Vita Caesarum*
Suetonius *Nero*	Suetonius, "Nero" in *De Vita Caesarum*
Tacitus *Annals*	Tacitus, *The Annals*
Tacitus *Dialogus*	Tacitus, *A Dialogue Concerning Oratory*
Varro *Rust*.	Varro, *De Re Rustica*
Virgil *Aeneid*	Virgil, *The Aeneid*
Virgil *Ecologues*	Virgil, *The Ecologues*
Vit. Con.	*Vita Contantini*
Vit. Soph.	*Vitae Sophistarum*
Vitruvius	Vitruvius, *The Ten Books on Architecture*
WUNT	*Wissenschaftliche Untersuchungen zum Neuen Testament*

前　言

啟示錄是一本令人洩氣，卻又使人無法阻擋其魅力的書卷。綜觀教會歷史，啟示錄可能是一本最被隨意詮釋的聖經書卷。對於許多讀者而言，啟示錄仍是一團難解之謎。雖然我已經出版一本啟示錄註釋，但我依舊像一個站在糖果店中的孩童一樣，嘗試尋找我可以享用的任何一種佳美甜食。

從一個比較嚴肅的角度來說，我近年來在書信和敍事方面的隱喻（metaphor）及刻劃（characterization）研究，使我時常思索在啟示錄的刻劃研究方面，仍有許多可以鑽研之處。在我開始著手本書的寫作時，我想起二〇〇七年在香港舉行的明道研經大會中，一位聽者所提出的問題：「到底你相信或不相信，基督是按字義（literal）[1] 實際作王一千年？」在廣大聽眾面前，回答這項時常被提及卻又極具爭議性的問題，並非容易之事。更確切地說，問題的解答必須牽涉詮釋之意義的思考。當然，我相信基督作王一千年，因為經文的記載清楚明白。然而，一千年的真正意義，卻完全取決於許多其他的重要因素。現在讓我們將這個重要議題暫置一旁，並以另一系列更具價值的問題為思考的焦點。換言之，如果我們將啟示錄解讀為一種敍事的異象；如果我們將啟示錄中的人物，視為向讀者傳遞信息的管道，就如同我第一本《歷久常新的生命故事——約翰福音人物研究》的解讀方式，[2] 那麼我們對上述問題，是否會有不同的答案？

縱然坊間不乏聖經人物的研究，但有關啟示錄的人物研究卻相當貧瘠。大體說來，具有一致之方法論的人物研究著作更是少之又少。所謂一致性的方法論，就是以敍事（narratology）和刻劃結構（structure of characterization）為敍述手法的解讀方式。大部分的人物研究，比較偏重靈修的傾向；方法論或經文的詮釋（exegesis）為多數作者所忽略。另一些刻劃研究則因過度神學化，而使閱讀對象限於高教育水準的讀者羣。一般讀者無法將高深的學術研究應用於實際的屬靈生活中，是這類研究的遺憾。因此，我盼望在方法和應用兼顧的原則下，本書能將啟示錄豐富的內容和精深的藝術性，與信徒的具體生活連為一氣。

除了缺乏具有學術水平的刻劃研究之外，啟示錄的人物研究更是寥寥無幾。近年，屬於天啟文學的啟示錄，在出版方面不斷地蓬勃發展。這種趨勢顯示，重新解讀啟示錄的極度必要性。這些較新的著作，不再堅守一九七〇和一九八〇年代普遍受到歡迎的解讀模式；當時慣將西方世界的敵人，視為敵基督或敵基督的同類。如果我或我所敬重的孫寶玲博士的著作，早在二十多年前問世；這些由不同角度進入的全新著作，必然成為華人圈子的笑談。[3] 感謝上帝，時代不斷變遷。二十多年之後，新一代的學者因著不同的教育背景，以及教會不同的需要，而從嶄新的角度重新解讀這份古老的啟示錄。這是一種好的改變。然而，即便有豐富的證據資料，羅馬帝國的政治層面，仍然被許多過去的福音派學者所忽略。

另外，約翰的「異象」（vision）的「視覺」（visual）層面，依舊被今日學者輕看，因為詮釋者只看重文字（words）和文本。藝術和考古遺物，並非他們的關注。[4] 值得注意的是，羅馬世界的景象和聲音不僅可見於小亞細亞和羅馬城的藝術作品和考古遺物；更深印在如同大英博物館的倫敦國立肖像美術館（Wolfson Gallery）等各處畫廊中。許多詮釋者根本不願意「觀看」隨手可及的繁多證據，因此在詮釋的拼圖中，永遠無法尋得迷失的片段。除了極例外的少數學者，現代的華人福音派學者還是不甚關注這個層面的探討。如果我們由新約背景來解讀新約，那麼兩個國度之間的衝突，就會以真實而非「屬靈」的方式呈現。事實上，所有的天啟異象都不是讀者無法了解的來世經歷。啟示錄雖然具有濃厚的超自然意味，卻必須從真實而非隱祕的角度來解讀。縱使一些重視政治層面的資深學者，常常引用古典的資料；他們卻依舊無法從讀者的眼光，為古代的情境提出詮釋。本書將由藝術的「眼光」進入啟示錄的世界，因為靈巧的雙眼，是圓滿詮釋啟示錄異象所不可或缺的。為了體會約翰的讀者如何詮釋約翰的異象，我們必須從「一般」非上層階級之讀者的角度，來觀看整個啟示錄的情境。

啟示錄是一個必須從希羅讀者世界來經歷的「異象」，而不僅是一本需要被仔細分析的文字書卷。這個前提解釋了，本書為何不包含許多經文詮釋之註釋的原因。這項省略並非因為它們不重要，或我沒有在這方面作廣泛研究，而是因為本書具有完全不同的寫作目的。近年來，認為約翰使用象徵語言（symbolic language）寫下信息的看法十分普遍，但我認為這項觀察只有部分正確。換言之，看見異象的約翰，使用象徵語言記下異象，**並且**與讀者溝通。這與認為約翰使用象徵語言，向原始讀者傳遞帶有密碼的生動信息是不一樣的。[5]與現今讀者大異其趣地，大部分都不識字的古代讀者是以視覺為重的；他們不會「讀」文本，但卻根據他們從環境中擷取的視覺圖像（visual images）來聆聽和詮釋啟示錄。既然啟示錄具有如此濃厚的「視覺」本質，讀者詮釋啟示錄的資訊泉（pool of information），自然是來自他們以「視覺」經歷的生活世界。約翰的視覺世界和他的讀者的視覺世界，交織而成的連連敍述，就是啟示錄的主要信息。如此說來，我次要資料的許多註釋，自然偏重一世紀希羅文化的研究。同時，我也刻意略過許多註釋關注的細微文法討論。我相信文法方面的細節討論，在不同目的和性質的著作中，將更顯出它的有效性。坊間已經有許多「解讀」文字的優秀註釋，現今我們迫切需要一種「展望」（viewing）和「觀看」（looking）異象的全新方式。因為啟示錄畢竟是一個異象！！當我們觀看文本和考古遺物時，與異象相配的背景將幫助我們從一世紀讀者的眼睛，重新「觀看」啟示錄的寶貴信息。

啟示錄的視覺性相當明顯，而啟示錄的視覺部分也因為下列原因，成為決定性的重要觀察：古代和現代的讀者以截然不同的方式，接受像啟示錄這麼具有豐富視覺效果的書卷。與現代讀者相反地，古代讀者是以視覺觀看周遭環境，並以耳聽和經驗接受文本。[6]對於古代世界的景象和聲音若沒有研究，我們將無法完全了解約翰異象的景象和聲音，因為一世紀的讀者「聆聽」話語和「閱讀」圖像。啟示錄具有豐富的視覺和聽覺字彙，因此我們必須遵循它自然的詮釋模式（interpretive paradigm）。換言之，本書將藉著約翰時代所經歷的政治衝擊，為讀者帶出解讀啟示錄人物的圓滿「觀看模式」（viewing paradigm）。本書嘗試踏出傳統方法論的框架，在聖經學者尚未涉足之區域放膽探究，以使讀者能夠更上一層樓地領略啟示錄的風貌。雖然本書會參考許多羅馬歷史及其事件資料，但我將竭盡所能地避免直接引證古代和現代文獻，以使本書內容簡明易讀。我也會在每一段的結尾部分，提出相關應用。本書的用語力求平易簡單，因為使讀者明白研究啟示錄的適切和不可或缺，是我的主要心意。

對於視覺要素的看重，已經使福音的外展大有成效。將耶穌生平拍成電影的方式，成為傳福音的有力工具。事實上，翻譯耶穌生平電影的放映語言，剛剛超過一千種以上。我的摯友（也是聖經翻譯者）蒂休哈斯特（Tim Tillinghast）對我說：「即使我們製作材料並且訓練教師，我們還是不應該相信在許多文化中的每個人，都可以學會閱讀。因此，我們使用視聽教材來與他們聯繫的策略。」他的說話讓我們看見，了解啟示錄「視覺」部分的重要性。對於一世紀的口述讀者（oral audience）而言，一本富含圖像的書卷，很可能是傳遞生動信息的最佳管道。根據它的視覺特性，我們可以認為啟示錄是新約聖經書卷中，與新約讀者溝通最有效的一本書卷。然而，現代的詮釋者和講道者，卻常常忽略這本既寶貴又特殊的書卷。現代讀者常常陷入解讀啟示錄的困境，因為我們無法像原始讀者一樣，經歷一世紀的景象和聲音。誠盼本書能夠在景象和聲響的建構上，為讀者提供有價值的貢獻。當我們對於一世紀有更全面的了解時，我們就愈能明白啟示錄的信息。本書具有豐富的照片插圖，以幫助我們踏入一世紀的視覺世界。因為物質證據的豐富，我們的背景資料必須來自一世紀的圖畫世界；這些資料的收集要求辛勞研究的代價，不僅在文學的層面，更在當時世界的建築物和藝術作品中。我們千萬不要浪費，如此豐富的物質證據！

伴隨著研究啟示錄新趨勢的是一項有關聖經的假設：聖經不是水晶球！聖經首先與最重要的就是，上帝在人類歷史中，藉著人的作者向人類發出的啟示。因此，聖經以相同的方式首先經由古代的作者，向古代的讀者顯現上帝的心意。藉著這兩項重要前提的理解，現代信徒能夠發現聖經的涵義，並且建立適切的應用。信徒常以不同的眼光看待啟示錄，好像它是一種超自然的信息，又是一種現代事件的神話故事。這些都不是明智的詮釋策略。啟示錄就如同聖經的其他書卷一樣，是一卷「特別」的書卷，因此讀者必須像解讀其他聖經一樣，根據體裁來研究啟示錄。就啟示錄來說，啟示錄必須被視為一個異象的敍述。畢竟，它是**關乎**一個異象的敍述，就像其他故事的敍述一樣（例如，有關耶穌的福音故事）。啟示錄並不僅是天啟的寓言（apocalyptic allegory），也不僅是當前事件的反映。所有的異象都具有象徵性和意識理念的蘊涵。與異象最接近的現代類比，就是我們對於繪畫的詮釋。啟示錄是一本「視覺的」書卷。孫寶玲從戲劇的領域借用形容詞，將啟示錄描述為「激盪和塑造讀者的」（performative）和「激盪式的」（evocative）。[7]

既是一世紀的視覺書卷，我同意周健文的觀察。他認為我們必須認定原始讀者**的確**了解**整個**啟示錄的信息。[8]讀者知道「視覺的」象徵，並且他們也肯定耶穌必定再來。不論對原始讀者或現代讀者來說，啟示錄都是「上帝的話語」。因此，除非我們重新創造希羅社會的視覺形象為詮釋的角度，我們無法明白原始讀者所了解的信息內容。在我們嘗試回答啟示錄與**我們**如何相關的問題之前，我們必須先問啟示錄如何與**他們**相關的問題。當我們愈了解原始讀者時，我們愈能從他們的反映中看見自己。所以，有時我可能煞費苦心地敍述羅馬的社會歷史。與許多典型的羅馬社會歷史敍述不同的是，我所呈現的歷史敍述，乃是由平民百姓的觀點進入。雖然我盡量避免歷史的解說，但我也發現這種解說無法完全避免，因為對於一世紀社會經驗沒有全面了解的讀者，根本無法明白啟示錄。當我解說歷史時，我希望能夠傳遞過去讀者和現代讀者，共同具有的普遍人性。這兩者實際緊密相連。無怪乎每個世代的教會，都能從自身的情境看見啟示錄的片段。當然，比較準確的起始點，當屬約翰讀者的情境。我誠摯盼望現代讀者能夠像一世紀的讀者一樣，在自己的處境中發現歷史的有趣和相關性。

我承認在寫作此書之際，亦夾雜了不少我個人的興趣。當我多年前在大學研修建築時，我成績最優異的課程，就是古代的建築歷史和都市計劃的建築人類學。當我解讀啟示錄時，我自然而然地就從過去的專業角度來研究啟示錄。我擔任聖職之前的生活，現在終於結出佳美的果實。因著希羅世界景象和聲音的錯綜複雜，約翰的異象容許更廣的意義範圍。這些意義並不完全來自寫下的文字，反倒以展現的圖像為根基。因為我將根據約翰異象的空間經驗，帶出圖像的諸多討論；我相信法夫羅（Diane Favro）有關羅馬都市空間的評論，也可以同樣地運用在約翰的整個異象中：「羅馬人並非倚賴文字或單一圖像，而是倚賴地方的完全經驗。」[9] 既然啟示錄的許多圖像直接來自羅馬世界，並且啟示錄一書乃是針對七教會而寫（即教會尚未將啟示錄納入正典之前），我們沒有理由僅因啟示錄的天啟體裁，就假設原始讀者無法明白啟示錄的信息。我同意凱爾伯（Werner Kelber）的看法：「象徵在讀者／聽者的歷史情境中形成，而在某種程度上，象徵的戲劇性也經由天啟接收者的觀點和他們的現實經驗共同塑造而成。」[10] 我非常欣賞凱爾伯簡單又深邃的洞察。

認為天啟的意義諷刺性地代表「揭示」（reveal）原始讀者難解又隱祕之事的看法，不但毫無道理並且一派胡言。這種完全脫離啟示錄視覺、象徵和敍述世界的錯誤解讀，正是許多現代詮釋者的標誌。空想而非事實，是他們的興趣所在。文字僅是約翰將讀者帶進圖像和經驗中的工具罷了。文字本身，並不是最後的目標。如此說來，詮釋者的惟一選擇就是，盡全力地了解原始讀者，以明白啟示錄對今日信徒的意義。

轉離現代神話報導（mythological-news-of-the-day）的解讀方式，無異顯示在釋經上，跨越教條式神學議題的莫大可能性。換言之，這種趨勢讓我們對於以文學體裁詮釋「上帝所啟示的話語」，寄予深厚的盼望。我相信那些試圖將新聞媒體當作激發靈感的釋經「水晶球」的詮釋者，孤注一擲地在尋找「一些答案」，因為在解讀過程中，他們失去一項不可或缺的重要資訊：一般居住在小亞細亞的羅馬人民的社會經驗。儘管我們對於未來無法確知（除了耶穌必定再來的絕對真理之外），我們可以肯定七教會讀者的經驗和整本啟示錄的信息有深度的相關性。如果閱讀本書的「未來派」（futurist）詮釋者，嘗試將資料當作未來發生之事的典型（type），那麼這些資料的彈性，也足可容納漸進時代論（progressive dispensational）的觀點。在個人的判斷之下，來自一世紀的資料，的確可以成為未來的「典型」（type）。[11] 我誠摯歡迎對於這類資料的創意性使用。然而，解讀的起始點仍然必須是原始讀者的觀點和經驗，「未來」絕對不是解讀的焦點與進入。如同任何一個聖經文本，「當時」（then）應該優先於「現在」（now）。我盼望本書能夠衝破過去數十年推測迂迴的解經之路。我的禱告就是，這種突破至終代表對上帝話語更進一步的認識。

我一向非常欣賞蘭賽（William Ramsay）和後期希馬（Colin Hemer）針對七教會獨特背景的古典研究。[12] 這些實地研究的先鋒，為我們設下前舖好叫我們完成他們所創始的工作。每當我閱讀和研究啟示錄時，我總是好奇他們的詮釋模式（interpretive program）是否可以應用於整本啟示錄。我相信這是可行的。我將以女人和國度這兩項廣泛的圖像（images），作為本書的研究焦點。在某種意味上，本書是針對像漢弗萊（Edith M. Humphrey）的《雙城記與三個女人》（*A Tale of Two Cities and [At Least] Three Women*）等著作的一種回應。在她的著作中，漢弗萊刻劃啟示錄中的兩個城市和女人。[13] 我使用漢弗萊等學者的研究，作為本書寫作形式的根基，因為我相信如此有價值的研究題材，不應該僅限於文章的形式。本書是我將這種詮釋模式應用在啟示錄全書的嘗試，盼望藉著一般又具可讀性的背景資料，來了解如同啟示錄這般複雜的書卷。至終，我仍然是一個學習上帝話語的學生。在不少熱誠衷心的研究和孜孜不倦的啟示錄教學之後，我發現我所不明白的，竟然比我所知道的還多。秉持著一種實驗性的精神，我將這本謙卑的著作呈現在讀者面前。我不敢說，這本書是針對啟示錄研究的極大貢獻，因為我深信在我之前與在我之後，已經有也必然有許多佳美的學術成果。以一個繼續陶醉在這本不可思議又奇妙之書卷的學生，我將此書獻給所有的讀者。如同我所撰寫的其他著作，本書是不斷進行中的一項成品。它代表我屬靈和學術之旅的目前光景。我從同仁、學生、平信徒讀者和一般會眾的回應中，獲益良多。我相信在本書出版之後，我將繼續從這方面收取更多的正面果實。我最後的盼望就是，藉著本書，我可以和我的讀者一同踏上「在框架之外」的冒險之旅。

註釋：

1 所謂字義，並非刻板地，由字面逐字詮釋。換言之，如果作者認為字義應由象徵角度詮釋，那麼這也是一種字義的詮釋。可見，用何種角度詮釋字義，端賴作者的心意和決定。

2 參曾思瀚：《歷久常新的生命故事——約翰福音人物研究》（香港：基道，2006）。

3 參曾思瀚：《啟示錄——狂波浪濤唱凱歌》（香港：明道社，2007）或孫寶玲：《啟示錄——萬主之主》（香港：明道社，2007）。孫寶玲博士的優質著作，為他贏得香港二〇〇七年度金書獎。事實上，孫寶玲的著作已經提出許多主題，但並未加以闡述發揮。本書將較詳細地說明孫寶玲的觀察。在我和孫寶玲的研究不久之後，羅偉也在二〇〇七年出版三大冊的仔細釋經著作。他的出版為學術界研究啟示錄的熱烈，劃下了一個新的紀元。羅偉：《啟示錄》，三冊（台北：中華福音神學院，2007）。

4 令人欣慰的例外是 Edith M. Humphrey, *And I Turned to See the Voice: The Rhetoric of Vision in New Testament* (Grand Rapids, Mich.: Baker Academic, 2007), pp.20～29，她認為，異象是一種修辭的文學工具。儘管我同意異象背後的修辭意味，但我認為啟示錄的整個異象，也具有真正的敍述特質。因此，本書也考慮與敍述有關的修辭研究。在某方面，啟示錄的故事具有說服的目的。我同意漢弗萊（Edith M. Humphrey）認為，說服至終具有神學目的的看法。漢弗萊在她的啟示錄著作中，花費一章的篇幅寫下這方面的關切。依照啟示錄所配得的，本書針對啟示錄所有主要的敍述－修辭層面，提出全面的觀察。

5 例如，周兆真：〈啟示錄的象徵世界〉，載鄧紹光編：《認知解讀啟示錄》（香港：基道，2002），頁 24～26；這裏只焦點於將語言視為象徵的研究，但在啟示錄的視覺方面卻較少討論。十分明顯地，視覺和語言及象徵同等重要。

6 有關口述的簡明討論，參曾思瀚：《加拉太書——接受救恩，活出自由》（香港：明道社，2007），頁 4～8。有關視覺和藝術的最佳新近著作，參 Jas Elsner, *Roman Eyes: Visuality and Subjectivity in Art and Text* (Princeton: Princeton University Press, 2007)，此書探討視覺在羅馬藝術和文本中的功用。

7 孫寶玲：〈從啟示錄宣講和教導〉，載鄧紹光編：《認知解讀啟示錄》（香港：基道，2002），頁 137。

8 周健文：〈從那城出來——啟示錄的呼籲對我們的挑戰〉，載鄧紹光編：《認知解讀啟示錄》（香港：基道，2002），頁 42。

9 Diane Favro, *The Urban Image of Augustan Rome* (Cambridge: Cambridge

University Press, 1996), p.227.

10 Werner H. Kelber, "Roman Imperialism and Early Christian Scribability," in Jonathan Draper (ed.), *Orality, Literacy, and Colonialism in Antiquity* (Atlanta: SBL, 2004), p.149; Penelope Oakes, "The Root of All Evil in Intergroup Relations?" in Rupert Brown and Samuel L. Gaertner (eds.), *Blackwell Handbook of Social Psychology: Intergroup Processes* (Oxford: Blackwell, 2001), p.7；這裏也指出，社會分類（這個例子指，我是一個基督徒）並非與環境無關，反而與其完全相連。然而，分類這個措辭不夠好，因為它太強調人與人之間的個人主義（即我和你相對）。社會身分的措辭較佳，因為它與羣體相關。Klaus Fiuedler and Jannette Schmid, "Language and Stereotypes," in Rupert Brown and Samuel L. Gaertner (eds.), *Blackwell Handbook of Social Psychology: Intergroup Processes* (Oxford: Blackwell, 2001), p.272；此書同樣地也指出，語言本身有可能成為刻板的陳腔濫調。本書也會顯示，刻劃是約翰改變讀者以僵化角度觀看現實的一種方式。

11 美國達拉斯神學院的范廷博士和我在這方面有共同的興趣。我非常感激他在我們許多討論中，所提出的透徹見解。

12 William M. Ramsay, *The Letters to the Seven Churches* (London: Hodder and Stoughton, 1907); Colin J. Hemer, *The Letters to the Seven Churches in Asia Minor in Their Local Setting*, Journal for the Study of the New Testament Supplement, 11 (Sheffield: JSOT, 1986).

13 Edith M. Humphrey, "A Tale of Two Cities and (At Least) Three Women: Transformation, Continuity, and Contrast in the Apocalypse," in David L. Barr (ed.), *Reading the Book of Revelation: A Resource for Students* (Atlanta: SBL, 2003), pp.81～96.

第一部

導論——啟示錄的刻劃研究

引　言

本書的必要性

許多學者宣稱「文本為中心」（text-centered）的釋經法，是詮釋者的最佳選擇。這種說法產生歷史和文本詮釋（historical and textual interpretations）不一致的結果。毫無疑問地，文本是我們惟一擁有的，因此成為基督徒權威的文本極其重要。然而，修辭的刻劃更顯重要。它之所以重要乃是因為，啟示錄是一種敍述。每一個敍述都包含各種各樣的人物，這些人物成為作者傳遞信息的中介。雖然啟示錄的敍述層面十足明顯，許多只重視體裁（genre purists）的啟示錄學者，仍然忽略這方面的事實。許多時候，天啟體裁的詮釋也忽略了啟示錄的敍述特徵。僅僅採用一種體裁來詮釋啟示錄，成為學者排斥啟示錄也是一種敍述的藉口。實際上，約翰在敍述他所觀看的異象。他不像許多未來派學者所主張的，在敍述世界的歷史。啟示錄可能經過後來校訂的猜測，也不能除去最後文本的敍述本質。顯而易見地，啟示錄也展現許多敍述所具有的要素（例如，情節、重複的題旨、刻劃、敍述者的在場和隱含的讀者等）。若要了解敍述的部分或整體，人物研究（character study）是不可或缺的步驟。因此，本書以刻劃為研究的焦點。

既然刻劃是一種修辭設計，並且它以修辭的方式展現功能，新修辭的隱喻模式（the model for metaphors in New Rhetoric）就能為整個修辭觀念，提供更佳的解釋。新修辭的隱喻模式是主題和「象徵表達」的融合。因此，本書以圖像和約翰所描述的主題（theme）為焦點，以指出約翰所欲傳遞的信息。我並不是說，啟示錄的異象僅是隱喻；我也不認為啟示錄的異象是約翰在凝視地中海天空之際，所編造出來的幻想產物。更確切地說，新修辭的隱喻模式為讀者提供一種觀看異象圖像和這些圖像如何被刻劃的解讀方法。尤有甚者，我喜歡借用法國結構論者（structuralist）羅蘭・巴特（Roland Barthes）的上好類比。他將成文的文本和照片相互比較。在他的《神話學》（*Mythologies*）一書中，觀察到一個攝影師總是可以傳遞一種超越文字描述的信息。[1] 然而，對我而言，一個詮釋者必須藉著文字來彩繪整個圖畫，以嘗試超越異象和文本之間的差距。

如同移動的照片一樣，異象很類似電影的銀幕。不斷閃現的圖像，包含著讀者的都市經驗和性別的意識理念。約翰的語言圖畫盡其所能地創造了意義，卻也為讀者留下合理的詮釋空間。漢弗萊正確地指出，視覺應當激起讀者的想像力。[2] 這些圖畫使原始讀者，在某種程度之內自由地擷取其中的意義。這些意義當然都包括在異象之內，並且彼此互不矛盾。[3] 縱使約翰為意義設定了界限，啟示錄這本視覺書卷，逕自向武斷的單一意義發出挑戰。讓我再度澄清我的說法，我的意思就是所有的意義都來自原始讀者的世界。換言之，原始讀者的世界包含他們能夠看見的圖像，和他們能夠聽見的聲音。意義絕非隨心所欲或反覆無常的。意義也不是靜止或武斷的。可見，圖像的刻劃是作者指出一種概念的工具。藉著指出的概念，作者建構與圖像和圖像所指之主題相關的更大信息。我們可以非常肯定，刻劃是傳遞信息的工具，因為它是一種修辭的技巧。雖然約翰看見上帝所啟示的異象，他仍然需要創意地使用文字，好向七教會傳遞上帝的信息。對於刻劃缺乏理解，將使我們錯失啟示錄更圓滿的意義。

本書的文學解讀策略，不但不否認啟示錄的超自然性，並且更能詮釋和澄清啟示錄的信息。只是宣稱相信約翰所見的超自然異象並不夠，因為其他宗教的僧侶也有相同的說法。到底甚麼使約翰的超自然信息更顯真實，或屬於基督教的信仰？惟有當我們理解信息時，我們才能完全領會與感激上帝在歷史之中、歷史之上，和超越歷史之外的超自然作為。我們應當從文本和讀者的世界中尋找意象（imageries），以使我們能夠從啟示錄的敍述中，獲取主要的題旨和真正的信息。

那麼，在充分了解原始讀者取得圖像的社會世界之後，詮釋者應當如何處理基督、教會或他們的敵人的圖像呢？簡要來說，詮釋的過程包括下列三個步驟。

第一，詮釋者必須研究，圖像與人物之間的相關性。

第二，詮釋者必須思考，與圖像相關的概念。

第三，詮釋者必須明白，概念和圖像的綜合產生何種信息。不論是解讀單獨的隱喻或多重的隱喻，詮釋者都必須建構一個總綱的釋經架構。

本書也期盼能在社會學研究的範圍內，作出些許的貢獻。綜觀一般的啟示錄研究，詮釋者常常不加選擇地引用古典資料，因而建構一種極不完整的啟示錄世界。時常可見的是，整個地中海文化在詮釋的過程中被全然忽略。古典資料大部分都是，當時上層社會階級所寫下的文字記錄。因此，詮釋者在引用這些資料作為啟示錄的背景之前，必須經過嚴謹的甄別。更具體地說，這些資料的內容必須是原始讀者所共有的經驗，因為惟有如此，原始讀者才能藉著這個資訊泉，來理解文本的意義。本書將採用社會學針對古典地中海世界的新近研究，好為原始讀者的共同經驗，建構一個宏觀的架構。我們的確需要一個廣泛的地中海詮釋指南，來明白啟示錄這本書卷。[4]

就本質而言，本書提供一種社會－修辭（social-rhetorical）的研究。然而，本書並非使用古典的修辭綱要來研讀文本的一般模式。因為寫下這些文本的猶太人，既非古典的作家，亦非與法律有關的作者。何況，使用古典修辭來了解所有新約文本的方式，已經頗為過時了。因此，本書採用最新近的地中海世界模式（取自地中海歷史和文化的學者），並且彈性地使用它來了解啟示錄的世界情境。我將盡量避免學術的專門用語，好使本書適於平信徒讀者的閱讀。

啟示錄的體裁

正如前文討論所指，啟示錄最好以多種的體裁來解讀。換言之，啟示錄是書信、天啟和敍述的平衡混合。體裁誠然重要，因為體裁引導經文的詮釋。

毫無疑問地，啟示錄具有濃厚的書信特質，因為約翰不僅明說七教會是受書人，並且使用典型的書信格式向他們說話。約翰的問安和保羅的極其相似，我們常常可以從保羅的問安，肯定書信的作者是保羅。我相信在約翰的時代，「恩惠和平安」的問安已經盛行於基督徒圈內，它不再是保羅的專用語了。如同使這種問安格式普遍化的保羅一樣，約翰也在一般的問安中，加上了神學的內容。因此，受書人甚至在一般的問安中，都可以體會上帝豐富的恩典和平安。約翰也修辭地與讀者營造友好與認同的關係，這種筆法亦是書信的典型風格。為了與他的讀者建立關係，約翰不僅像典型的古代書信一樣為讀者一一提名，並且在他們的受苦和屬靈光景中與他們認同（啟一9）。

不過，啟示錄並不是一封普通的書信。有三個簡單的因素，可以決定啟示錄的體裁。

第一，作者宣稱啟示錄是為小亞細亞的七教會而寫的（啟一4）。啟示錄一開始的問安，也以書信的形式出現。

第二，啟示錄一章 1 節的關鍵字彙，是希臘文的「啟示」（revelation）。而「天啟」（apocalyptic）一字，則是從「啟示」衍生而出的。雖然這兩個字的相關性，並不代表啟示錄是一本天啟文學，但作者寫下許多許多魂游象外的境界，的確與當時的天啟文學有許多相似的特徵。

第三，啟示錄一章 3 節、二十二章 7 和 10 節，分別出現另一個重要的字彙「預言」。這個關鍵用字指出了啟示錄的預言性質。預言不可單從未來的層面來理解，詮釋者必須從所有的層面來體會預言的廣泛涵義。宣告（forthtelling）和預告（foretelling）需要相互平衡，因為啟示錄的書信格式，堅持將教導和勸勉的宣告視為重要的元素。在過去有關啟示錄體裁的討論中，波琳（Eugene Boring）已經肯定啟示錄是書信，預言和傳統理解之天啟的綜合。[5] 我們絕對同意波琳對於啟示錄體裁的評估。更確切地說，啟示錄由三種體裁混合而成：書信、預言和天啟。

總結來說，啟示錄是一本由古代書信、預言和天啟文學混合組成的倫理書卷。在將啟示錄固守在它自己的時代和社會背景之下，我開始「看見」它為歷世歷代的教會所展現的永恆異象。啟示錄的異象是一齣倫理戲劇，它邀請聆聽者將自己置身於它的世界中。它也呼籲每一位聆聽者，檢視自己在善惡的無限掙扎中所扮演的角色。它更為聆聽者設立了抉擇的標準。啟示錄絕對不是一本毫無立場的中立書卷。它所描繪的圖畫，已將正確的抉擇清楚呈現。啟示錄的讀者並非旁觀者而是參與者，因為「聖靈向眾教會所說的話，有耳的就應當聽」（《新譯本》）！

啟示錄的結構

茲將本書所根據的詮釋結構列於如下。

啟示錄的詮釋結構

一章：前言

二～三章：致七教會的七封信

四～五章：天上的異象

六1～十九10：審判的三種描述

1）七印——六1～八5

－附記：第七印之前的間歇——對於選民的描述

2）七號——八6～十四20

－間歇：基督與敵基督之戰爭（十一～十四章）

3）七碗的憤怒——十五～十九10

－細節闡述：敵基督的掌權（十七1～十九10）

十九11～二十二5：基督的復臨

－新的時代：十九11～二十二5

－細節闡述：上帝之城（二十一9～二十二5）

二十二6～21：結語

附記
隱喻和人物刻劃

這段附記將先針對隱喻的本質和功能提出簡要解釋，而後再概略介紹人物刻劃的意義，以幫助讀者對這兩個重要的概念有所認識。這些討論，對於稍具學術背景的讀者，可能較有意義。有關隱喻的討論，源自我博士論文的導言部分。在此的隱喻討論，成為博士論文討論的縮影。換言之，我以縮短的形式，為讀者簡略介紹隱喻的本質。

黎可富（G. Lakoff）及鍾遜（M. Johnson）在他們的作品《我們所繫的隱喻》（*Metaphors We Live By*）中指出，人類的語言中有一些無意識的概念；這些概念像記號一樣指向字詞後面的隱喻。[6] 學者對於隱喻是有意識的或無意識的看法，各具其詞不分上下。

本書認為，約翰刻意建構隱喻，這些隱喻連貫地訴說小亞細亞的景況、他們所面臨的問題，以及約翰為他們提供的答案。那麼，有甚麼證據可以支持，啟示錄中的隱喻原在作者的用意中呢？實際上，當我們看見所有隱喻的字詞，在約翰的使用下重複出現在啟示錄全書，並且建構成一致的整體時，我們不能再假設，這些隱喻是偶然發生，而非刻意建構的。

佩雷爾曼（Chaim Perelman）和奧布雷斯泰特加（Lucie

Olbrechts-Tyteca）提出，隱喻是轉義（希臘文“τρόπος”；代表扭轉、改變的意義）的看法。他們認為：「『隱喻是將一個字或措辭本身的意義，藝術性地改變成另一種意義。』……在論證的上下文中（這是加拉太書的文學本質），至少，將隱喻描述為一種濃縮的類比，是一種最好的看法。……」[7] 這兩位作者所表達的是，作者或說話者藉著和讀者或聆聽者共享的一套文化觀念，將措辭、片語或字詞的字面意義，轉變成類比的意義。在《新修辭學》（*The New Rhetoric*）中，佩雷爾曼和奧布雷斯泰特加解釋字面和隱喻意義的區分。事實上，在「非字面的」意義上，字面的概念並沒有完全喪失或使人誤解。[8] 換言之，在隱喻的表達上，字詞的意義從未完全喪失。相反地，當說話者在字詞的語義範圍內，巧妙地運用某種概念時，他為這個字詞帶出另一種概念。

到底說話者或作者如何確切地使用隱喻？甚麼是這種修辭慣例的目標？在《新修辭學》中，佩雷爾曼和奧布雷斯泰特加建議，隱喻的形成乃是藉著「主題」（theme）和「象徵表達」（*phoros*）的融合，所產生的一種新的獨立措辭。「主題」是作者所要傳遞的概念。「象徵表達」則是作者為了傳遞概念而彩繪的圖畫。根據本書針對普遍出現的女性意象和帝國結構的討論，啟示錄的讀者必定能夠認出約翰的隱喻。當溝通的過程達到讀者這端時，主題和象徵表達這兩個類比的元素融合在一起。主題和象徵表達的融合，不但描述甚麼是隱喻，並且指出隱喻的功能。融合暗示象徵表達和主題的互相依賴。因主題的緣故，象徵表達存在於隱喻之中。而主題也因象徵表達的緣故，愈發清楚。兩者的互動和融合，產生了隱喻的措辭。雖然類比也依循相同的過程，但在《新修辭學》的理論中，隱喻比類比簡短許多。更確切地說，經由象徵表達和主題的結合，隱喻成為濃縮的類比。

在人物刻劃的概略介紹中，讓我引用我第一本人物研究《歷久常新的生命故事——約翰福音人物研究》的陳述：「人物刻劃是敍事文體不可或缺的要素。當作者藉自己的字彙，或書中其他可信靠人物的話語，描繪某特定人物時，他正在進行人物刻劃的寫作。直接的形容字眼或間接的描述手法，都是人物刻劃的寫作技巧 。所刻劃的人物，常常代表了約翰所針對的一些特定團體。當然這羣約翰筆下的人物，就是本書的主角。他們將分別地出現在不同的篇章之中。」[9] 人物刻劃，是文學的重要元素之一。正如人物刻劃是小說的靈魂一樣，人物刻劃也在聖經文學中佔有核心的地位。

康韋（Colleen Conway）在人物刻劃的討論中提出，有些人將人物視為虛有其表的代表（mimetic representations），有些人將人物視為承擔情節功能的角色（plot functionaries）。[10] 此外，也有些人將人物劃分為單調或圓滿兩種類。顧名思義，單調的人物比較簡單並且可以預料，通常只具有一種特色。而圓滿的人物則比較複雜，他們具有較多特色，並且蘊藏令人意外的可能性。在二分法和每種視野各具不同限制的情況下，康韋建議，詮釋者必須更進一步思考，這些人物如何與福音敘事的其他結構或意義體制相關的問題。[11] 可見，人物研究不可離開全書的上下文而獨立進行。

人物刻劃不但顯示人物的特色和典型，同時傳遞對作者和讀者同等重要的信息。換言之，人物刻劃常是傳遞信息的媒介。然而，若缺乏良好的詮釋法，詮釋者很難由這些人物的生命表現，發掘作者所欲傳達的信息。因此，就像《歷久常新的生命故事》由四個角度（即前言和結語、神蹟和講論、敘事文體、社會歷史背景）探討約翰福音一樣；本書也嘗試從三個關鍵角度（即前言和結語、爭戰中的七教會、和敘述的社會與歷史背景），來建立詮釋者對啟示錄人物的生動理解。

在多重詮釋策略的觀察中，《歷久常新的生命故事》為讀者展現，約翰福音生動有力的信息。同樣地，本書也刻意避免靜態和單調的文本解讀，以為讀者帶出啟示錄的立體解讀。在最基本的層面上，人物的文學研究，彌補了專注某種角度的詮釋法。今日有些詮釋者對於某種角度的強調，使他們失去了與經文互動和對答的能力。啟示錄的人物栩栩如生地，活現在作者為他們建構的經文中。經文不僅描述生命的事實，更藉著他們傳遞讀者能夠理解的有效信息。更確切地說，每一位人物或多或少都帶出一個或一個以上的信息。而詮釋者的責任，就是學習欣賞並體認每一位人物所代表的信息。總的來說，這三個詮釋角度所帶出的刻劃研究，將使我們發現每一個人物為一世紀和現代讀者所提供的重要信息。

詮釋法——三重刻劃

在體裁的討論之後，我們必須進一步思考，我們應當如何準確地詮釋啟示錄。體裁的確支配了詮釋法的決定。本書將在適當之處採用每種相關的詮釋法。這些詮釋法由觀察結構的口述評鑑法，觀察女人的性別研究，觀察背景和舊約旁徵／意象的社會－修辭研究，觀察物質證據的藝術分析，觀察異象經驗／故事的敍述研究，以至觀察一世紀建築物的建築歷史等。不管我們在不同的經文段落中，是使用正典的、社會學的、敍事的、口述的、政治的或修辭的解讀角度，啟示錄的複雜性實在值得我們，盡可能地使用多種合理的詮釋法。詮釋法的不周全，將使啟示錄遭受不公平的對待。因此，本書並不採用靜態和單調的文本解讀，而是將採用三個角度來觀看約翰所見的異象。我深信在這種多重的詮釋法之下，理想派、未來派和過去派，必能彼此和平共處。

如果啟示錄是一封書信，那麼我們必須根據書信的格式來研讀啟示錄。換言之，書信的前言和結語，為作者的焦點提出總結。如果啟示錄是一本天啟文獻，那麼我們必須根據當時的象徵而非現代的平行，來解碼啟示錄的信息。如果啟示錄是一本預言書卷，那麼我們必須兼顧啟示錄中的未來要素和宣告要素。根據上述的討論，本書將首先藉著一世紀圖像的配合，來檢視各種不同的人物。其次，啟示錄必須由上述三個角度來解讀（即書信、天啟和預言）。我喜歡「角度」的觀念，因為當我們從三度空間來研究一項物品時，我們通常由不同的角度或詮釋觀點來觀察。一個角度永遠不夠。本書嘗試從這三個角度來建立對啟示錄人物的生動理解，並且捕捉蘊涵於這類研究的多種詮釋法（即正典、社會學、敍事、口述、政治和修辭等）。惟一在重要性方面超過這三個角度的，就是與約翰的世界背景相關的圖像。這些圖像已在前文討論過。來自約翰世界的圖像為刻劃提供了形象的層面，因此使得信息更加生動與活潑。在前言和七封書信（三個詮釋角度）的詮釋界限下，這些圖像成為本書所有人物刻劃分析的重要關鍵。

另外，詮釋者也必須根據敍述結構的安排，來解讀啟示錄的敍述。一般來說，敍述都具有一個所有人物試圖解決的主要問題。問題所產生的張力，導致這些人物各自不同的反應方式。最後，敍述必定帶出一個結論。上述的三個詮釋角度，將幫助詮釋者觀察敍述中的問題，和原始讀者所經歷的問題。敍述的問題和讀者的問題融合一氣，將更生動地帶出啟示錄的信息。概括來說，這三個詮釋角度等將使我們發現，每一個人物為一世紀和現代讀者，所提供的總結信息。

在我們更仔細檢視這三個詮釋角度之前，我必須對啟示錄的數字系統稍加說明。在啟示錄中，數字系統具有特定的邏輯，並且呈現前後一致的特性。如果現代讀者因為過度焦點於個別數字，而忽略數字系統的觀察，那麼他將錯失異象藉著數字系統，而帶出的整全信息。既然我無意重述我先前著作《啟示錄——狂波浪濤唱凱歌》的方法論，我僅在此對啟示錄的數字系統作一個簡明的摘要。[5]對這方面有興趣的讀者，可以閱讀其他更清楚說明和合理解釋的相關著作。事實上，在數字應當如何詮釋方面，啟示錄呈現一個清楚的模式。啟示錄具有前後一致的規則。例如，時常出現的數字「七」，代表完全的意思。而七的一半，則代表「只有部分時間」的觀念。最完美的例證就是四十二個月（啟十一 2）和一千二百六十天（十一 3，十二 6、14，十三 5）；這些數字進一步顯示，十一章 1 至 13 節、十二章 1 節和十三章 1 節，並沒有先後次序的關係。

還有數字「十」，代表眾多的意思。任何一個數字後面的零愈多（例如，十四萬四千），它的數目就愈龐大。數字「三」代表某種神性人物，即便這些人物可能是虛假的神性人物（例如，撒但和兩個獸）。數字「四」代表，事件發生的四方。數字「十二」和它的倍數，又代表上帝的子民。最後，數字「六」代表人類的邪惡面。除了完整的數字之外，還有一些分數的數字，例如「三分之一」或「四分之一」。這些分數代表部分而非完整的意思。如果我們不依循啟示錄數字系統的邏輯，而按字義來解讀這些數字，那麼在所有地上居民被殺之後，將沒有多少人在最後與羔羊對抗。而約翰也不會有足夠的人數，來記載魔鬼在十九章 19 節的眾軍聚集。對於那些想要以字義解讀數字的人而言，數字其實可以象徵地詮釋，好使敍述得以流暢。尤有甚者，我們就必須針對每一種類的數字詳加觀察，以便了解它們真正代表的意義。一些想要按字義解讀基督掌權一千年的詮釋者，就可能照字面來理解所有指向時間的數字。如此說來，不論我們對數字作出何種最終結論，我們絕對不可忽略數字始終如一的象徵意義。

數字誠然重要，卻與現代讀者想像的方式不同。對於羅馬人而言，數字與他們數算執政官年數的方式相關。與月有關的數字，則與宗教或皇帝相關。數字也和數點課稅和軍隊人數有關。藉著數字的陳述，約翰使用他的數字系統來傳遞，基督的統治超越羅馬體制的信息。本書將採用上述的詮釋規則，來解讀啟示錄的數字。

註釋：

1 Roland Barthes, *Mythologies* (London: Jonathan Cape, 1972), pp.91～93.

2 Edith M. Humphrey, *And I Turned to See the Voice: The Rhetoric of Vision in New Testament* (Grand Rapids, Mich.: Baker Academic, 2007), p.28.

3 Dick Leith and George Myerson, *The Power of Address: Explorations in Rhetoric* (London: Routledge, 1989), p.xii；此書認為，修辭在意義上比較鬆散。這種意義的運用對於異象或任何一種繪畫尤其關係重大，因為語言在描述藝術作品或異象方面，的確有一些限制。

4 在西方，「地中海研究」已經慢慢地取代「古典研究」的稱呼。這種重新命名，去除了以歐洲為中心的心態。過去的名稱將一切使用希臘文和拉丁文的稱為「古典的」，好像其他地方的古典文學就不是古典的一樣。同時，它也開啟來自埃及、東亞和非洲大陸之文化影響的探究。這種重新命名是承認這類研究之複雜性的積極步驟，它至終將影響已經極為複雜的聖經世界研究，尤其是啟示錄。

5 Eugene Boring, "The Voice of Jesus in Revelation," in *NovT* XXXIV (1992), pp.349～351.

6 G. Lakoff and M. Johnson, *Metaphors We Live By* (Chicago: University of Chicago Press, 1980)。 對這方面研究有興趣的讀者，可參我的著作：Sam Tsang, *From Slaves to Sons: A New Rhetoric Analysis on Paul's Slave Metaphors in His Letter to the Galatians* (New York: Peter Lang, 2005)，或曾思瀚：《脫胎換骨得自由》（香港：天道，2009〔即將出版〕）。

7 Chaim Perelman and Lucie Olbrechts-Tyteca, *The New Rhetoric: A Treatise on Argumentation* (Notre Dame: University of Notre Dame Press, 1969), pp.398～399. *LSJM*. J. R. Searle "Metaphor" in A. Ortony (ed.), *Metaphor and Thought* (Cambrdige: Cambridge University Press, 2008), p.84.

8 有關「字面」意義在建構隱喻時的重要性，參 D. Donaldson, "What Metaphors Mean" in A. P. Martinich (ed.), *The Philosophy of Language* (Oxford: Oxford University Press, 1996), p.420。

9 曾思瀚、吳瑩宜著：《歷久常新的生命故事——約翰福音人物研究》（香港：基道，2006），頁 1。

10 Colleen M. Conway, *Men and Women in the Fourth Gospel: Gender and Johannine Characterization*, SBLDS 167 (Atlanta: SBL, 1999), p.50.

11 Conway, *Men and Women in the Fourth Gospel*, p.57.

一

基督是我們的「英雄」，約翰是我們的「摩西」

1.1 角度一——前言和結語：上帝的答案

1.1.1 前言和結語的導論

啟示錄一章重要非常，因為它不但是二至三章之倫理教導的序言，更與二十二章前後涵蓋啟示錄全書。一章具有前瞻倫理和啟示錄結尾的功能。藉著注入部分的倫理討論，約翰告訴讀者啟示錄的其餘部分，同樣具有倫理的本質。我們不需翻遍全書就可以知道，啟示錄的命令並不僅限於致七教會的七封書信（例如，啟十八 4）。在預期全書結尾的氣氛中，一章使用僅見於啟示錄二十二章 6 至 21 節的相同字彙。啟示錄二十二章 6 至 21 節是啟示錄的結語。結語有許多部分回響了前言的內容。可見，現今教會的景況與天上耶路撒冷的景況，以某種方式相互連結。這並不代表現今的教會不會受苦，但兩者的連結卻顯示，「已經」（already；編按：或譯「既濟」）和「尚未」（not yet；編按：或譯「未濟」）之間的確存在一些永不改變的原則。從前言和結語，我們可以擷取一些主要題旨，來了解女人和國度的敘述世界。到底甚麼是前言和結語之間永不改變的事實？

1.1.2 前言和結語是宗教的界標

啟示錄一章以介紹約翰之權威的前言為開始。約翰的權威來自耶穌，並且很快地約翰就顯示，啟示錄也是一本**有關**耶穌基督的書卷（啟一 1）。「耶穌基督的啟示」這個關鍵詞指出，約翰對於啟示錄的看法。有些人說耶穌是啟示者，而另有些人則說耶穌是被啟示的對象。[1] 我們可以根據三項因素來決定「耶穌基督的啟示」，到底代表甚麼意義。

第一，啟示錄並不僅限於啟示耶穌基督。

第二，啟示錄的啟示，絕對超越有關復活基督的全新異象。

第三，一章 2 節似乎清楚指出屬格（genitive case）和「耶穌基督的見證」。

不過，從受詞的屬格（objective genitive）角度來看（啟一 2），我們也可以同樣地將耶穌視為被啟示的對象。我們應當對這個關鍵詞保留開放的態度，因為前言常是包括書卷一切內容的導論。

在目前的討論中，更重要的議題應該是究竟「耶穌基督的啟示」一詞，在經文中具有何種功能。根據約翰對教會敵人引人爭論的描述，這個關鍵詞顯示啟示錄是一本充滿諷刺的書卷。有關敵人的爭議描述，將在後文繼續討論。啟示錄的神祕揭示充滿象徵性，因此導致許多現代註釋者的各樣猜測（尤其可見於許多極端的未來派學者）。在新約全書中，具有主格形式（nominative form）的「啟示」名詞，僅在此出現。這是一項值得注意的重要事實，因為當正典形成時，啟示的獨特性顯然代表某種意義。這個像標題般的開始「耶穌基督的啟示」，乃是約翰對啟示錄內容的強調宣告。雖然啟示錄只是眾多書卷中的一卷，但它在正典中仍然獨一無二。如果我們從正典羣體（canonical community）的角度來解讀這個關鍵詞，我們可以看見約翰非常可能知道他必須向一羣更廣的基督徒作者／先知負責任；但他也將自己的貢獻視為完成早期基督論傳統（Christological tradition）的添加。啟示錄的增添，絕對不與既存的基督論傳統相互矛盾。可見，從這個啟示是「甚麼」（即爭辯這是哪一種屬格形式），進入啟示那「為何」和「如何」的功能，是解讀經文的不可或缺。這種轉變要求詮釋者，從羣體界限之社會動態的角度來觀察經文（sociological dynamics of community boundary lines）。

前言引人爭論的語調顯示，約翰（耶穌？）刻意創造局內人－局外人的界限（insider-outsider line）；為使那些「知情的」獲得更多知識，同時阻攔局外人獲得更多知識。[2] 因此，約翰成為在天上的主耶穌的傳信者。儘管是耶穌和信息的僕人，約翰仍然具有極其權威的身分。因為受到上帝的知識的恩惠，約翰的讀者將知道只要他們願意與那些妥協信仰的人有截然不同的區別，他們就可以擁有最大的屬靈祝福。[3] 毫無疑問地，約翰的羣體生活在內外壓力交加的張力中。如同那些尋求向上流動的人一樣，約翰的讀者也處在認同環境文化的引誘中。畢竟，就像社會學家的觀察，因文化傳入而改變，是社會流動的一種方式；這些學者特以膜拜羅馬皇帝的異教為他們的強調焦點。[4] 更具體地說，高升至羣眾之上的最佳方式，就是首先加入羣眾。這種異教與任何一種法西斯主義政權，要求人民具有某種「愛國的」忠誠毫無兩樣。換言之，愛國主義被納入一種宗教體制中。

在羅馬帝國時代，隨時讓神明快樂是非常重要的；奧古斯都等羅馬皇帝都非常認真地看待這項特別的責任。為了履行這項重大責任，奧古斯都特別設立由十二位上層社會分子組成的祭司兄弟會（Arval Brothers）。這十二位上層社會分子承擔祭司的功能，在每年五或六月，替皇帝家族向戰神（Mars）和海神（Neptune）獻祭。他們也在奧古斯都為大祭司的帶領下，祭拜晦澀難明的古代女神明荻雅女神（Dea Dia）。這種習俗在奧古斯都至尼祿的時代特別顯著。[5] 當時的政治家非常「篤信宗教」。因為這種社會－宗教張力的結果，約翰的寫作刻意區分，真正先知的跟隨者（即約翰）與其他先知及意識理念的跟隨者。約翰時代的基督教因此成為，向上流動和衷心虔誠的惟一選擇。在約翰身處的社會中，社會身分常常超越個人身分而成為首要之優先。[6] 以保羅為例，當保羅提出自傳的描述時（加一 11～二 10；腓三 4～5），保羅時常將自己定義為一個猶太人或使徒團體的一部分。可見，他不僅是一個猶太人或一個使徒而已，他是屬於這些團體。

我們可以借用社會學家特納（John Turner）的觀察，來描述約翰寫作前言的心意。「社會身分是自我概念的一部分。」社會身分常在我們尚無法完全了解的某些情況中被「改變」。「一旦開始運作，社會身分就監控和解釋社會刺激，並且為行為管理提供基礎。換言之……社會身分是一種認知機轉，它使羣體行為得以產生。」[7] 在一個現代的社會身分研究中，我們看見一個類似的例證。更確切地說，一個人的社會身分所產生的張力，會直接影響這個人從事某種工作的表現。[8] 當人擁有確定的身分定位時，這種確定性勢必影響人的行為表現。如此說來，約翰藉著刻劃而帶出的團體認同，可以減低充滿諸多錯誤選擇之世界的不確定性。[9] 在現實生活中，約翰的讀者在屬於上帝和屬於羅馬環境的兩個世界中掙扎。當他們僅獻身於屬於上帝的世界，而不跨越另一個世界的藩籬時，他們的信徒生命表現勢必更加堅挺。約翰試圖幫助他們更上一層樓，以使他們可以加入約翰的屬靈尊榮地位。他們也可以屬於這位尊榮先知的羣體。

這段簡短前言的目的，主要在於焦點啟示者耶穌的權威，以便賦予人的作者約翰獨特的權威。藉著將自己與耶穌基督連結的方式，約翰為自己刻劃了一個終極局內人的肖像。極其諷刺地，所有的基督跟隨者實際屬於當時社會的局外人團體。在命運的翻轉下，他們現在成為局內人的團體；這個團體為當初疏離他們的另一個團體，畫上了一道分離的界限。在這種方式下，他們從約翰身上看見一個得勝者，這個得勝者的權威因天庭經歷的刻意記錄而更顯強化。約翰的天庭經歷將繼續影響啟示錄中的天上景象（啟一 1 下；參四 1 及下）。約翰不啻是羅馬帝國政權之中間人（broker）的相反對照。[10] 雖然這個世界的統治結構現在好似得勝，但很快地它將消逝，並且降服於坐在寶座上的耶穌和上帝的天上統治結構。約翰的地位顯示，上帝的國度勢必在將來闖入世界之中。

當社會有不同的說法時，基督跟隨者很難維持這個「團體內」（in-group）的身分。在許多少數民族存在的國家中，少數民族羣體不是採取威脅他繼續生存的被動方式（例如，中國那些不再說自己方言的少數羣體），就是採取確保他在社會中之地位的主動方式。約翰要他的讀者採取主動的方式。約翰將竭盡所能地使用他的修辭力量，來說服這些基督徒，繼續留在團體內是一件好事。藉著聲稱他和耶穌與天上景象的連結，約翰顯示他在所有使徒中，所具有的獨特權威。他的話語必須被聽見，因為他是天上的人／局內人。身為一個超越現實的傳遞者，約翰是一位終極的局內人。凡願意與他認同的人，都可以屬於耶穌基督的局內人圈子。信徒絕無其他選擇！極端超自然的前言，也區分了局內人和局外人的圈子。因為前言的啟示獨一無二，它與周遭的宗教截然不同。它既不是外邦的神祕迷思，不是宗教的表面儀式；不是傳統的神話故事，也不是政治的意識理念。它是上帝在遠古之前設立的永恆計劃，如今顯明給所有的局內人觀看與明白。

啟示錄寫作架構的局內人風格，也在結語中以相同的方式結束啟示錄全書。舉例來說，從局內人－局外人界限的角度來看，約翰在二十二章 10 至 11 節的回應，實在生動已極。正確的回應來自，不可封上此書的命令。為何約翰不可封了這書？因為封書代表，無人可以觀看書中的內容。換言之，封書代表書卷是為未來而存留的。但以理書十二章 4 節如此說：「把這書密封，直到末期。」（《新譯本》）[11] 現在，書被打開了，這封「書信」成為公開讓眾人閱讀的教會書信。[12] 對於屬於約翰基督徒羣體的終極局內人而言，未來已經臨到。這是最終的啟示。當初不對但以理的讀者打開的內容，現在已經藉著約翰向新約信徒揭曉。更確切地說，約翰和他的聆聽者現在已經生活在救贖歷史的最後階段了。這項命令告訴約翰，日期已經近了，因此約翰不可以封上任何啟示。畢竟，啟示錄的內容可能在任何時刻發生。啟示錄的內容應用，絕對適切讀者現今的生活。立即的應用，不但可能更是優先。二十二章 11 節的定罪語調，和以賽亞書六章 9 節及以下經文的十分類似。顯然，上帝的啟示僅屬上帝的子民。現在教會應當因為局內人的身分，而將自己視為有福的一羣！

1.1.3 前言和結語是禮拜的儀式：敬拜的召喚

在啟示錄中，約翰論到涉及敬拜的場合、經驗和倫理。約翰在一章 10 節告訴我們他寫作的場合，他在「主日」寫作啟示錄。沒有任何一種詮釋，比我們將主日視為禮拜天更令人信服。早期的教會羣體應當將這天視為禮拜天。稱為《十二使徒遺訓》（*The Didache*）的後期教會文獻，已經使用這個詞彙來形容禮拜天（*Did*. 14.1）。[13] 禮拜天是紀念耶穌復活的日子。因此，將這天視為禮拜天是合宜的，或許這正是約翰個人靈修的時間。又或許主日的提及顯示，約翰無法與基督教會共同敬拜的現實。約翰的希望來自他不斷紀念與教會羣體一起敬拜復活主的快樂時光，這位復活主將在啟示錄中，向約翰顯現祂完全的榮耀。約翰雖然在不同的地方敬拜，但他希望他能夠喚起閱讀啟示錄的讀者，產生敬拜的熱忱。更確切地說，他的盼望源自敬拜。約翰「在靈裏」（《新譯本》；啟一 10）的描述，強調一種天啟－異象的經驗。既然聖靈的角色在啟示錄中不甚明確，因此這個措辭可能比較焦點於一種敬拜的異象經驗。實際上，這個措辭成為有關約翰權威啟示的不尋常大膽陳述。然而，約翰的權威並非輕易而得的，因為受苦是約翰寫下啟示錄的推動力。約翰在主日的經歷，有部分是為了前瞻未來的希望。

在啟示錄中，約翰的敬拜在觀看與聆聽的命令下，充滿著豐富的景象和聲音。在一開始，一章 7 節發出「看哪」的激勵。如同啟示錄一章一樣，結語也呼籲讀者「看哪」（啟二十二 7）。這個「看哪」（look / behold）的分詞，具有命令的力量。這個字在啟示錄出現六次，包含強調的觀念，並且由「觀看」（to see）的動詞衍生而出。尤有甚者，從另一個角度我們看見，「觀看」這個字，提升了約翰敬拜的經歷。更確切地說，小亞細亞的讀者非常熟悉相面學（physiognomy）的觀念。約翰在前言所描述的異象，特別真實地顯現耶穌喚起人敬畏之心的特徵。約翰從耶穌的腰部開始（一 13），漸次往上移至祂的頭部（一 14）。而後，約翰容許他的眼睛再次往下注視耶穌的腳部（一 15），最後他的眼目再次注視耶穌的雙手並且回到耶穌的臉部（一 16）。次序的描述為上下觀看這位令人敬畏之威嚴人物，帶出了視覺的經驗。

對外邦讀者而言，「身體」具有象徵的意義。仔細的描述實際代表，帶出復活主耶穌之榮耀的一種更高的尊榮意味。如此說來，啟示錄以敬拜為架構。不僅是約翰在觀看和敬拜，讀者每一個人都必須加入約翰的敬拜經驗。

二十二章 7 節的「看哪」一字貫穿整本啟示錄，為要抓緊讀者對於異象最高潮點的注意力（啟二十二 7）。「看哪！我必快來！」一詞，重複出現於二十二章 7 和 12 節。為免聆聽者過度著迷於異象，約翰提醒他們必須有所**行動**（二十二 7、12）。換言之，異象邀請聆聽者產生行動化的詮釋。異象激勵聆聽者集中焦點並且專心敬拜。一章 6 節的「阿們」和一章 7 節平行結構的讚美詩，清楚表明敬拜的環境。在此，約翰對讀者的稱呼由第一人稱轉變為第二人稱（一 9）。因此，對上帝的子民來說，敬拜並不是多項選擇中的一項，敬拜乃是惟一的選擇。因為敬拜暗示耶穌的主權。上帝的子民的身分與耶穌是主的身分相互連結。當真實的敬拜產生時，倫理的生活自然隨之而來。在敬拜和聆聽向他們誦讀的啟示錄時，讀者必須專心一意。將約翰的異象和平常的敬拜日（即禮拜天）連結在一起，無疑向地上的讀者展現，因著他們局內人的身分，他們可以身處在另一種現實中。地上的讀者不可以只認識終極的現實，他們也必須在自己的集體敬拜中，默想甚至參與終極的敬拜。

在觀看之後，約翰也提及聆聽。當我們讀到一章 11 節的七教會時，我們可以使用順時針的方向，勾描出從以弗所到老底嘉的路線；並且了解啟示錄這封書信的到達之處，可能超越經文提及的七教會。換言之，七教會只是上帝要所有的信息，讓「有耳的」聆聽的中心罷了（啟二 7、11、17、29，三6、13、22）。「七」僅象徵向**所有**小亞細亞教會傳遞的完全信息（即包含歌羅西的教會）。基本上，啟示錄的流通傳閱乃是為了邀請**所有**的小亞細亞教會，藉著聆聽約翰所敍述的異象，與約翰共享這種局內人的異象經驗。在一種令人驚訝的方式下，書信傳遞的地理位置，將繼續顯現它的重要性。因為它完全符合羅馬對於都市化和貿易的理念。有關這方面的討論，容後再敍。現在讓我們焦點在聆聽的討論上。當時信息的接受，乃是藉著教會識字的領袖向聆聽者大聲誦讀而成（一 3）。「聆聽」一字，具有大聲誦讀的意思。在這個階段的希羅歷史中，沒有甚麼證據顯示靜默的閱讀方式。當然我們明白，早在公元前五和四世紀，識字的人就有能力安靜地閱讀了（例如，Euripides *Hippolytus* 116～127；Plutrach *On the Fortune of Alexander* 340A；Pseudo-Aristotle *Problems* 18.1, 7）。[14] 如此說來，啟示錄主要並不是一本有關某些末日事件的書卷。誦讀啟示錄的場合，的確是在敬拜中。敬拜應當鼓舞古代的讀者，認同約翰的理想和目標。

還有一些有關啟示錄傳送的思考，值得我們注意。既然在書信的傳送和代表方面，普遍有信任上的問題（Cicero *Ad. Att.* 4.15.4），因此書信的特使常是書信作者的家庭成員，他正好要前往書信的目的地（Cicero *Ad. Att.* 8.14; *PCol.* 3.6.15）。[15] 當時沒有郵件的傳送系統，能像今日的公共郵政服務一樣，為我們傳送郵件。這項明顯的事實，幫助我們了解當時啟示錄如何被送到各教會中。更確切地說，啟示錄是約翰的特使所傳送的。若當時的情形果真如此，那麼啟示錄就不是在約翰接受異象之後，馬上傳送出去的。因為當時拔摩島並沒有郵政人員，傳送囚犯的信件。只有那些重要人物，才能經由與羅馬政府有關的傳信者傳送郵件。所以，最合理的假設應該是，約翰必須在他從受苦中被釋放出來之後，才以整齊和可讀的方式，將所有的資料重新整理。因此，在異象的接受和書信的最後完成之間有一段時期。這項觀察的詮釋涵義就是，約翰的異象以前後一貫的方式形成。約翰所記錄的異象含有邏輯和修辭的意味，因此讀者可以從啟示錄的開始到最後，解讀一個極具長度的異象情節和內容。

甚至比認同約翰的理想和成為局內人更重要的關切，就是讀者必須有所行動。因此，約翰提出敬拜的目標就是倫理的重要信息。約翰在二十章 20 節上顯示，耶穌必再來的啟示是一種警告。然而，約翰的警告卻以禮拜儀式（liturgy）為基礎。換言之，倫理和敬拜是相容並立的綜合。約翰有關耶穌再來的宣告，和哥林多前書十六章 22 節極其相似，因為它們同樣具有早期教會的禮拜儀式情境。到了約翰的時代，禮拜儀式已經是一種標準的慣例。這項禮拜儀式的說詞，也可見於其他的早期教會文獻（例如，*Did.* 10.6）。設若《十二使徒遺訓》成為約翰寫作後來的應用，那麼早期教會對於啟示錄的理解，就包含敬拜的要素了。[16]

對許多人而言，教會或許已經成為每週在建築物裏舉行的儀式，教會不再主動地集體認知耶穌必要再來。每次教會研究耶穌再來的議題時，耶穌再來的警告就隨之出現。正如哥林多前書十六章 22 節的耶穌再來，很可能是一種懲罰性的警告；約翰關於耶穌再來的警告，也具有同樣的性質。對於那些和約翰一樣屬於信心跟隨者的人，他們的答案將是：「阿們！主耶穌啊，我願你來！」而對於那些不屬於約翰羣體的人，耶穌的再來將成為他們的咒詛。約翰在寫作中納入這個禮拜儀式的慣用語，以使讀者可以認同這項根本的真理。當每位聆聽者發出這項祈願時，他不會將其視為理所當然的某種慣用語，因為耶穌很可能應允並且立即再來。

約翰的禮拜儀式慣用語是一種祝福，也是一種咒詛。他的回應是基督教禮拜儀式的一部分，在保羅的信仰羣體中已經相當常見。約翰自己的回應以非常簡潔的措辭，出現在二十二章 20 節下和 21 節。雖然約翰的回應似乎只是希望耶穌再來，但他的信仰表白並不僅限於此。依照不同的角度，耶穌再來帶有兩類獨特的目的。對惡人而言，耶穌再來是一項壞消息。對義人而言，耶穌再來則是一項最重要的大好消息。凡是能夠發出與約翰一樣回應的人，必定是義人。藉著自己毫無瑕疵的回應，約翰肯定地將自己視為宣告啟示的權威。約翰也在回應中，將自己設立為模範人物。因此，約翰的回應邀請聆聽者，更仔細地了解啟示錄的故事，以使他們能夠從約翰這位人物的生命中多加學習。約翰呼籲他的聆聽者，跟隨他順服的腳蹤。總的來說，約翰的回應與教會的禮拜儀式極其相似。因此，每當這些話語出現在敬拜中時，它們再度提醒敬拜者勿忘約翰的榜樣。既然這些基督徒現在已經認同約翰所建立的團體，那麼某些行為的要求，自然顯得合理。至終，敬拜是將所有信徒連結在一起的正常方式。

1.1.4 前言和結語是倫理的勸勉

雖然有許多註釋者將啟示錄理解為一本明確反對膜拜羅馬皇帝的書卷，但我認為他們的觀察，還不夠深入。事實上，研究皇帝敬拜的學者，對於皇帝的「神性」定義仍有分歧的看法。我懷疑連羅馬的上層社會，都對皇帝敬拜有相當差異的觀點。最重要的是，到底皇帝敬拜對一般老百姓，代表甚麼意義？[17] 如此說來，啟示錄並不僅針對皇帝敬拜而寫。相反地，啟示錄乃是使用皇帝敬拜的意象（imagery），來鼓舞讀者各種各樣的倫理回應。當然這些倫理回應，應該與上述討論的敬拜相符一致。這種目的，在前言一開始的經文中就明顯呈現。當我們處理重要的羅馬背景時，我們不可錯失這個明顯的目的。從詮釋啟示錄的角度來看，有一個措辭雖小卻具有極大的影響力。這就是出現在一章 3 節的倫理激勵。一章 3 節的「遵守」（take to heart）並不是某種智力的操練，而是伴隨著行動的知識。[18] 可見，前言明白交代的目的就是，勸勉聆聽者嚴肅對待信息內容，並且以其為生活依據；因為約翰如此行，而時候也近了。換言之，如果聆聽者具有耶穌隨時會再來的心態，那麼他們肯定會更嚴肅地看待自己的生活。「時候」一字並不代表一般的時間，而是指上帝將毀滅世界的特定時刻。[19] 有關日期近了的相同警告，僅出現在此和啟示錄的末了（啟二十 10）。

前言和結語的語調頗為急迫。預言的內容也在一章 1 節和四章 1 節重複出現；在這兩處經文中，約翰肯定強調「必定發生的事」。這種急迫性一點也不容許倫理的延遲。將預言和異象的起始連結在一起是極其重要的，因為這位「今在、昔在和以後永在」的上帝是活的，所以以後的事必定會發生。可見，異象和啟示者這位人物緊密相連。奧斯邦（Grant R. Osborne）指出，「立即」的強調普見於啟示錄的結語中（參啟二十二 7、10、12、20）；與保羅、彼得、雅各和希伯來書的作者強調基督的快要再來，一同成為新約聖經的部分傳統。[20] 約翰的觀念並不新鮮，但在耶穌再來似乎延遲的時候，讀者需要隨時的提醒。立即再來的心態，要求讀者警覺預備。

耶穌在二十二章 14 至 15 節的行動，更進一步地為啟示錄全書提供倫理的涵義。二十二章 14 節顯示，那些洗淨自己袍子的人是有福的／幸福的，因為袍子代表身分。他們接受原本屬於上帝的「權威」（啟十六 19）。換言之，在最真實的意味上，他們和上帝一同掌權。第七福顯示，祝福的完全。[21] 他們是基督徒。

二十二章 12 節的宣告明說，這是耶穌給選民的賞賜。相反地，二十二章 15 節顯示被咒詛／被疏離。這些就是接受咒詛的非信徒。根據二十二章 12 節，耶穌也照他們的所行報應他們。

異象也顯示耶穌在二十二章 16 至 20 節上的要求，這些要求再度指向倫理的應用。二十二章 16 節清楚表明，耶穌持續不斷的王權。「你們」的複數形式指出，廣大的信息接受者。他們以羣體的身分接受基督的倫理，而個人成員則承擔彼此負責的責任。如此說來，倫理應用並不僅為個人的聖潔而已。二十二章 17 節顯示，信徒應當以只能在耶穌裏尋得生命，為正確的回應。就像七教會一樣，聖靈和聆聽再度配對出現。二十二章 17 節指出，聖靈和新娘邀請人前來白白接受生命水。奧斯邦認為這是出自福音書的耶穌傳統（太五 6；約四 14～15，七 37）。[22] 更簡單的是，將這視為身處永恆城市之好處的提醒（啟二十二 1），因為在其中有生命水，從上帝的寶座那裏流出來。天上城市的水不像地上的水源一樣平行流動，它乃是從上帝的寶座垂直流下。更重要地，天上城市不需要任何額外的設備，就可以享受生命水的滋潤，因為她擁有自己的水源。水的源源供應，確保了上帝之國度的長遠存在。上帝的國度永不止息，它的榮美也無窮無限！

總的來說，啟示者非常關切祂的子民是否依照末世的模式（eschatological paradigm）來生活。在傳統上，約翰被稱為「長老約翰」（John the Elder），但在此，約翰的身分並不由教會的職務來認定。約翰自稱為「你們的弟兄」（啟一 9）。換言之，他以自己在上帝家裏的地位，與小亞細亞的信徒認同。這個在榮耀之前同擔患難的弟兄關係，不論對小亞細亞的信徒或約翰來說，都是相當真實的。因為約翰接受幫助他忍耐的信息，因此聆聽者也應該順服。當約翰看見圖像時，聆聽者也應該與異象的圖畫認同。解讀啟示錄最困難的挑戰，就是它的應用性。為要對這部分有更正確的詮釋，我們應該對讀者回應的理論（reader-response theory）有些認識。從書信的內容和其他的歷史背景，來創造古代讀者的概況，無疑將對啟示錄為倫理勸誡的詮釋大有幫助。約翰已經履行出自舊約和新約之傳統的先知職分。現在是讀者決定他們是否要藉著順服，認同約翰而成為局內人的時刻。當他們成為局內人時，他們將要履行他們在地上的職責。不論在哪一個團體中，某種規範的要求總是難免。約翰的異象同樣激勵讀者有所回應。毫無回應是無法被接受的行為！

如果有人無法肯定啟示錄是否真正具有倫理的層面，那麼二十二章 18 至 19 節應當可以解決他的疑問。這兩節經文明顯根據小亞細亞的情境而寫，因為當時異端學說不斷充斥七教會。耶穌要求讀者謹慎處理包含在啟示錄中的教導。像耶洗別和尼哥拉黨之類的人，應該特別小心。有些讀者可能認為，這兩節經文表示正典的結束。雖然啟示錄是正典結束的最後一卷書卷，但警告的意圖卻和正典毫無相關。拿走所得之分的嚴重警告，乃是針對七教會而發出。教會雖是真實的「基督的身體」，但卻包含真正和虛假的成員。那些混亂信息的人，將在時間的考驗下，被識破他們虛假成員的身分。他們將無法獲得基督徒所能享有的祝福。對於讀者的了解，將在下文另一個詮釋角度的討論中繼續進行。

1.1.5 前言和結語是古今的連結

約翰以讀者熟悉的舊約耶和華為前言的開始。約翰顯然以讀者當時的屬靈光景為開始，然後再帶領他們前往他要他們達到的境界。更確切地說，約翰藉著旁徵（allusion）耶和華的名字，開啟啟示錄的前言。毫無疑問地，即使小亞細亞的基督徒大部分為外邦人，他們還是相當熟悉出埃及記的傳統。因為保羅的神學（或任何猶太宗教），以上帝在舊約大部分的救恩故事（soteriology）為根基。

在此，約翰將上帝描述為「今在、昔在、以後永在」（《新譯本》；啟一 4、8，四 8，十一 17）。對於七教會中任何一位熟悉耶和華之聖名的人而言，這個描述正是對耶和華名字的詮釋。因為出埃及記三章 14 節的耶和華，與“to be”的動詞有關，具有「祂將是」（He will be）的含義。為甚麼約翰將「今在」置於「昔在、以後永在」之前呢？事實上，約翰乃在表達希臘文現在時態的不完全意味，這種意味存在於希伯來文的不完全時態中。出埃及記三章 14 節在論及上帝的名字時，原文含有「我是」（I am）一詞。「我是」實際來自“to be”動詞的不完全形式。更進一步的連結，可見於出埃及記三章 12 節。在這節經文中，上帝向摩西說：「我必與你同在。」「我必」（I shall be）也是衍生自“to be”的字根。可見，希伯來文的「我是」，並不完全等同英文的現在式。相反地，它具有非常強烈的未來意味。如此說來，耶和華的名字涵蓋一位今在、昔在和以後永在的上帝。這不啻代表上帝不但超越時間，並且凌駕於歷史之上！

在此的希臘文分析展現，耶和華永恆不變的掌權。祂的掌權由祂的本質開始，並且經由祂偉大的名字躍然流露。當約翰說「今在」時，他已經涵蓋希伯來文的永恆存在。為使外邦聆聽者更容易了解「今在」的含義，約翰刻意加上「昔在和以後永在」，以更進一步定義希伯來的「今在」概念。[23] 約翰並沒有為讀者帶出甚麼新鮮的觀念，他只是以讀者所知的，再次提醒他們。現在，他們必須針對他們已經知道的有所回應，好使他們能夠領會關乎不為人熟悉之基督的更新知識。有關基督不為人熟悉的屬性，容後討論。

約翰以變化的措辭（啟一 8），更進一步地定義「今在、昔在、以後永在」（《新譯本》；一 4）這項真理。一章 8 節使用阿拉法和俄梅戛這兩個字母首尾，來表達上帝和耶穌共有的屬性（一 8、17，二十一 6，二十二 13）。這種描述基督的方式，出現在啟示錄開始和結尾的筆法（二十二 13）；清楚顯示啟示錄的內容，完全與在基督裏的歷史和國度有關。基督不僅講話，祂自己就是話語（Word）。這項描述也以新鮮的方式，展現耶和華的名字所具有的嶄新意義。啟示錄的異象所包含的主要重點，可見於二十二章 10 至 20 節上。在這段經文中，約翰為已經為人熟悉的基督，增添更加豐富的資訊。首先，約翰在二十二章 12 和 13 節，展現耶穌是誰。這個題旨也出現在一章 8 和 17 節，很可能是前言的提醒。此處對於阿拉法和俄梅戛／首先和末後／創始和成終的定義，指出基督對於賞賜的全知，因為上下文與賞賜有關。耶穌配得成為審判者，因為祂握有歷史的所有資訊。耶穌的警告則與義人和惡人有關（二十二 11）。審判總是以行為為基礎（二十二 12）。[24] 基督已經說話了！

讀者應該很容易看見，強烈的耶和華題旨。在原來的出埃及故事中，我們看見耶和華向以色列的拯救者摩西，啟示自己的名字。事實上，摩西似乎是惟一親眼看見耶和華顯現的人（出二十四 9～11）。[25] 從約翰的角度來看，這代表甚麼意義呢？在此，約翰以像摩西一樣的先知身分出現，他遵循耶穌基督這位新摩西的執事傳承。耶和華的名字的提醒，非常符合出埃及記的情節。讀者肯定了解出埃及記的旁徵，因為以色列國的出埃及，是基督徒救恩的隱喻靈感。既然舊約的某些部分，是新約救恩的基礎，那麼出埃及記的一般敍述題旨，對一世紀的基督徒讀者來說，就不是嶄新的資訊，而是一種已經接受的前提。[26] 賦予基督的多種名字，有幾分新鮮的意味；但在意義上卻十分古遠。約翰的異象是耶和華領導新以色列出巴比倫的管道。更確切地說，約翰的摩西先知角色，承繼了相同的權威。以預言為開始和結束的筆法，證實了約翰的權威。惟一與摩西不同的是，耶和華將釋放祂子民的方式。不像當初摩西真正帶領以色列人走出曠野，約翰乃是以異象的記錄和寫作，引導上帝的子民。約翰的啟示錄成為，教會走出巴比倫曠野的路徑。

摩西的意象也傳遞非常強烈的領袖信息，尤其針對教會中的假先知而言（這方面的問題，將在七教會的討論中出現）。根據許多社會學家，基督教之所以能夠成功，乃是因為它的領袖結構。我相信這種看法，具有部分的真實性。「摩西」在上領導上帝的子民的結構，是舊約的領袖模式。基里他塔斯（Dimitris J. Kyrtatas）指出，在傳統上，許多教會歷史學家相信，基督教在優越的知識理念上獲得勝利。[27] 然而，在沒有結構的情況下，理念也無法獲勝。可見，約翰對於摩西和先知角色的旁徵，反映出領袖和領袖結構的重要性。因為惟有藉著這些管道，他的教會才能繼續興旺。在充滿敵意的反對中，從底層冒出的領袖和領袖結構，很可能讓教會因為文化的融合，而踏上毀滅之途。

有關約翰和摩西的附記如下：

根據上帝顯現和摩西的題旨，在解讀約翰有關復活基督的啟始異象方面，希羅的詮釋角度常被忽略。在希羅對猶太歷史的了解上，與耶和華有關連的摩西，扮演著非常顯著的角色。我甚至大膽地向詮釋者建議，千萬不要錯失這方面的關連。柯頓（George H. van Kooten）在有關希羅研究的近期文章中指出，希羅背景和理解猶太教與啟示錄之間的關連，仍然鮮少有人注意。他認為猶太人的上帝，為這個領域的研究帶出不少啟發。[28] 然而，柯頓並沒有將希羅背景和啟示錄連結在一起。我將在下個段落的討論中，採用這篇博學文章中的資料來展現摩西－耶和華題旨的相關性，因為讀者在他們先前的理解中，早已熟知摩西－耶和華的關連。小亞細亞教會由外邦信徒主導的根本事實，確實為整個基督起始異象的理解提供了路徑。更確切地說，基督的異象乃是以上帝在西奈山向摩西顯現的形式出現。這段經文和希羅討論的主要議題，就是耶和華的名字。無怪乎，約翰也強調上帝的名字，及其與耶穌基督的關連。總的來說，約翰的前言乃為闡明，基督徒對於上帝和基督的觀點。

有關摩西的最早期討論，當屬年代史編者萊斯沃斯的赫蘭尼科斯（Hellanicus of Lesbos），他的研究是希臘文中有關摩西的最古老參考。在早期年代，如同公元前四和三世紀的作家阿卜德拉的赫卡泰歐斯（Hecataeus of Abdera），已經將摩西視為一個可敬的人物。而就在基督降世之前，人種誌學家和地理學家亞歷山大．波利希斯托（Alexander Polyhistor）注意到，摩西是上帝的名字的接受者。亞歷山大似乎使用猶太文獻，來證實他的資訊的有效性。有關上帝的名字的啟示，亞歷山大的說明與出埃及記的記載十分接近。不過，他添加了一些近乎幻想而非事實的細節描述。亞歷山大將他的研究傳授給希吉努斯（Hyginus），而希吉努斯繼續教導著名的奧維德（Ovid）。毫無疑問地，亞歷山大所流傳下來的看法影響了社會，因為希吉努斯是奧古斯都的指定圖書館長。不論摩西在外邦人中間，受到正面或負面的評論；他是凡嘗試了解猶太教之人有興趣的研究對象。摩西和猶太教無法分離。在奧古斯都統治時期的希臘歷史學家西西里的狄奧多羅斯（Diodorus Siculus），曾經撰寫許多有關摩西的著作（Diodorus

Siculus 1.94.1～2）；但他將摩西與耶和華的名字相連在一起，並且將耶和華稱為“*Iao*”。我們可以猜測這個名字出自“*Iao*”和「耶和華」（YHWH）的第一個音節之間的相近發音，並且狄奧多羅斯也不是惟一將這個名字，賦與猶太人之上帝的作家。

事實上，巫術的紙草木（magic papyrus）證據（PGM III.263ff.）指出，有些希臘人向“*Iao*”和這個名字的變化詞祈禱，並且將其視為迷信／超自然的咒文。這種“*Iao*”的異教，持續發展至公元五世紀。名字之間的關連清楚顯示，希臘人接觸一些從被擄歸回的猶太人，而這些猶太人一點也不懼怕稱呼耶和華的名字。這項觀察消除了一種常見的看法，換言之，許多人以為從被擄歸回的所有猶太人，都同意停止提耶和華的名字。公元前一世紀的地理學家斯特拉波（Strabo），在他對於猶太人宗教的記錄中，也知曉耶和華的意義（Strabo *Geography* 16.2.35）。摩西和耶和華的名字也密不可分，尤其是上帝在摩西蒙召時的顯現。

附記到此結束，究竟上述的附記有何意義與目的？

在約翰的時代，人對於猶太教、耶和華和摩西有極大的誤解。因此，約翰使用前言，來校正這類的錯誤看法。約翰利用外邦信徒的基本知識，帶出他在拔摩島看見耶和華肉身顯現的重要信息。因此，約翰是新摩西。而整個異象也使教會繼續成為上帝的子民。七教會在耶和華的新出埃及中，具有中心的地位。約翰是他們出巴比倫／埃及的領袖，因為他有像摩西一樣，遇見真實創造主耶和華上帝的經歷。

約翰的修辭策略展現，他藉著不同的語言重複一個概念。藉著主權（lordship）語言的處境化，約翰帶出與現代讀者處境直接相關的實際應用。儘管後文將有更多的背景討論，仍然值得在此指出一些批判羅馬政權的意味。首先，「主與神，神的化身」

是稱呼約翰時代之羅馬皇帝多米田的一般方式。多米田皇帝從公元八十一年開始掌權。在十五年的掌政時期中，他積極建立重要地位，剷除眼中敵人，征服英德邊界，逼迫「無神論者」（即一神／反對以形體代表上帝的猶太人和基督徒），並且為羅馬恢復奧古斯都的榮耀。[29] 的確對一般羅馬人而言，一神的堅持和獨一上帝與人類的徹底區別，是十分新奇的觀念。這種新穎的宗教尤其容易受到誤解，並且導致無端的攻擊。因為多米田皇帝生性好疑，並且時常缺乏成熟的判斷，因此他甚至極端到毀滅自己家人的程度。約翰的統治權詞語不但是一種神學陳述；在政治上，它也是針對不公義羅馬統治者發出的負面攻擊。換言之，上帝而非羅馬皇帝，才是真正的國王。

即便教會處在受苦的環境中，上帝仍然掌權。歷史上古久的耶和華仍然不變，祂同樣掌控現今的政治局勢。約翰已經展現以色列那位古久又為人熟悉的耶和華。約翰以耶穌和上帝的巨大神學意象，展開美麗的序曲。約翰使用涵蓋一切的圖畫，來連接上帝過去和未來的計劃。上帝並非古代的神話。祂永遠存活，並且不斷地在歷史中工作。毫無疑問地，上帝關切任何一個歷史情境。這就是約翰在一開始，就想要傳遞給讀者的信息。不論境遇好壞，上帝仍然是全能的。當有人詢問：「誰關心？」時，處在任何情況中的基督徒都會回答：「上帝關心！」現在，約翰已經預備向讀者顯示為人熟悉的基督，而這位基督就是啟示錄信息的基礎。

為人熟悉的基督，就是聆聽者經由耶穌的歷史見證人（即福音書和它們的來源）而認識的耶穌。一章 5 節明說，信息「來自耶穌基督」這位信實的見證人。華萊士（Daniel B. Wallace）指出，「信實的」和「見證人」的希臘文格式（主格的）；與「耶穌基督」的希臘文格式（屬格）並不相配。屬格的「耶穌基督」強調了，「信實的」和「見證人」的本質。[30] 耶穌確實是一位信實的見證人。「見證人」與受逼迫的見證人（啟二 13 下），是相同的用字。希臘文在「信實的」之前帶有冠詞，表示強調的意味。雖然耶穌已經使教會得自由，並且使教會成為國度的祭司，但耶穌仍然繼續深愛著教會。[31] 約翰對耶穌的描述向讀者保證，歷史的耶穌在十字架的受苦之後，依舊活著。在地上，耶穌見證父上帝的榮耀；經由復活，耶穌見證上帝的公義。

耶穌的復活預示了二十章 4 節，因為屆時在耶穌裏的死者將要復活，並與耶穌一同作王一千年。一千年的精確意義，將在啟示錄的數字系統段落中，再詳加討論。就目前來說，我們可以確定耶穌的生命成為信徒未來的生命。耶穌也被稱為「世上君王元首」（啟一 5）。這不啻是針對以巴比倫為象徵之逼迫者的公然對抗。這也預示耶穌基督的王權，將為地上統治者帶出的最終審判。耶穌的王權具有今世和政治的含義。啟示錄的問安，是直接來自上帝和耶穌的個人語調。在為古老的神學披上嶄新的意義之後，約翰現在已經預備展現全然的新事。古代的肖像不僅是真實的圖畫，它們還傳遞意識理念，並且時常帶出人物的最佳特徵。例如，在多米田之妻的畫像中，我們看見與眾不同的捲髮；多米蒂亞（Domitia）的捲髮顯示，她為當時的社會設定新穎的時尚與風貌。以同理推之，我相信基督這幅非凡的圖畫，具有傳遞理念信息的功能。更進一步地說，異象的展現方式，與古代讀者從理念角度觀賞藝術的方式相符一致。

了解耶穌之畫像的最佳方式，就是將其與約翰時代的聞名皇帝雕像相比。奧古斯都皇帝在第一城門（Prima Porta）的雕像，是最佳的候選。斯圖爾特（Peter Stewart）在他巧妙的羅馬藝術研究著作中，以下列的特徵概述這些雕像。[32]

第一，這些雕像顯示一位穿著軍裝，年青又勝利的奧古斯都。

第二，奧古斯都的姿勢和武器，和古代的希臘英雄非常相像。

這類的肖像不僅吸引羅馬人，更為羅馬統治之下的希臘人所熟悉。他獨特的臉部特徵和髮式，甚至在他死後仍然為人仿效。像提比留斯（Tiberius）的皇帝繼承者，就喜歡製作具有奧古斯都特徵的雕像。這些雕像的背後，似乎蘊藏著一些意識理念的目的。至少它們為普羅大眾，設下了羣起仿效的美學時尚。其他時候，這些雕像也藉著佳美的相面特徵，宣告皇帝的偉大統治。為了領略相面學的重要性，我們必須從真正的比例來觀察這些羅馬雕像。我還記得當我走在羅馬城裏時，我看見一些古代雕像的比例極不尋常。在腿部的對比下，這些雕像的頭部特大，軀幹也稍嫌過長。這種設計的理由，乃是根據觀賞者由下往上觀看的事實。如果藝術家以真實的比例雕刻雕像，那麼由下往上觀看的結果，將只看見雕像下半部身體的強調。因此，既然由下往上觀看的角度，無法清楚看見頭部和軀幹的正常尺寸，藝術家只能創造不合比例的大頭和軀幹，來彌補這種觀賞角度的缺憾。這種雕刻比例將使身體的每部分特徵，完全展現在觀賞者的眼前。可見，在羅馬藝術的寫實主義背後，還是有許多意想不到的理想主義。

我將一章 12 至 18 節的人子異象，稱為「不為人熟悉的基督」。祂之所以如此不為人所熟悉，乃是因為在這世界上，沒有任何一個可以與之比擬的完美相貌。在由一章 19 節開始的解釋之前，這位人物（Person）出現的理由好像謎一樣令人難以理解。這似乎暗示約翰很可能不明白，為甚麼這位具有神性的人物向他說話。雖然有些意象是場景的快速素描，但整個人子的描繪卻十分仔細。這種圖像的重要性不容忽略，因為藉著榮耀異象的顯現；約翰表達耶穌勝過眾假神，和祂的屬性遠遠超越任何一個人的信息。約翰刻意緩慢描繪的步調，帶出對於後面篇章和應用具有極大影響力的所有屬性。約翰對基督異象的仔細刻劃，帶出了下列九項重要的基督屬性。

第一，基督被稱為「像」人子的（啟一 13 上），這個稱呼與但以理書七章 13 節完全平行。在但以理書七章的上下文中，這位人物具有國王的身分。這是我們可以應用在耶穌身上的特徵。這位人物在一章 17 至 18 節所說的話，與一章 5 節有關耶穌的觀念非常相似。因此，我們可以安全地推論，這位人物就是耶穌。如此說來，約翰可能用象徵的語言來描述人子嗎？是的，整個「有一位好像人子」的概念，是來自但以理天啟信息的彌賽亞語言。而一章 17 節的「我是」用語，更是約翰描述上帝的屬性的獨特筆法。可見，「我是」用語肯定，這位人子是超越人類及其特性的上帝。它證實了耶穌的神性本質。更重要地，當約翰介紹以色列為人熟悉的上帝時，約翰藉著耶穌的屬性，將耶穌與耶和華的名字連結在一起。

第二，基督胸間束著金帶（啟一 13 下）。「金」一字在此重複出現（一 12、20）。可見，它代表金所象徵的價值或美名。這個金的材料或顏色預示了三章 18 節，這節經文鼓勵物質豐富但屬靈貧窮的老底嘉教會，以她所有的資財來換取在耶穌裏的真實富足。

第三，基督的頭髮像白羊毛一樣（啟一 14 上）。這個描述，與但以理書七章的萬古長存者的圖像完全一樣。它表達了基督的年齡或可敬性，還有祂在預言和救恩歷史中的角色。猶太人和羅馬人同樣對年長者相當尊敬。

第四，基督的眼睛好像火燄（啟一 14 下），因為祂是全知的。在致達七教會的所有書信中，耶穌清楚了解每個教會的景況。在一些景況中，事情的表面和實質完全相反（例如，二 9，三 17）。

第五，基督的兩腳好像在爐中發光的銅（啟一 15）。[33] 約翰用來描述兩腳的字彙，具有像銅一樣的乳香的意思。既然相同的屬性出現在二章 18 節，我們或許可以推論，基督的腳和審判或執行公義有關。祂行走在七個金燈台中間（一 12），也就是七教會（一 20）。十九章 15 節提及，同樣的雙腳還要踹全能上帝烈怒的壓酒池。基督的雙腳與一般的大不相同。它們代表上帝審判和公義的方式。基督將藉著踹全能上帝審判的壓酒池，來行使公義。

第六，基督的聲音像眾水的聲音（啟一 15）。眾水的聲音非常響亮。耶穌向教會發出的響亮聲音，現在正在小亞細亞各處產生回響。當啟示錄這封書信在每個會眾中大聲誦讀時，每個聆聽者將從長老的口中，重新聽到上帝的聲音。聆聽者必須常常回憶基督肖像所產生的巨大效力。眾水的力量龐大，同樣地，耶穌的聲音也充滿力量。我們很快就會看見，為甚麼耶穌的聲音如此有力。在現階段，祂的聲音似乎僅僅響亮與可畏（一 10）。

第七，基督的右手拿著七星（啟一 16）。藉著握住七教會使者的七星，耶穌對信息有完全的掌控。以七星為七使者意義重大，因為在希羅文化中，七星普遍被人敬拜：太陽、月亮、木星、水星、火星、金星和土星。這些在希羅神明中，佔次要角色的星星，在此被用來代表使者。換言之，這種象徵用法具有獨特的含義。約翰的異象將出自羅馬神話的故事，改寫為基督教的信息：耶穌對於信息具有完全的掌控。

第八，基督的口中發出一把兩刃的利劍（啟一 16）。基督的聲音不但響亮有力，更是致命。祂的話語是反對暴政的武器。祂的話語也是警告教會的審判工具。

第九，基督的臉發光好像正午的烈日（啟一 16 下）。這個描述代表耶穌極其榮耀。[34] 祂不僅像新摩西，祂的光和耶路撒冷的光，更是相互平行。更重要地，耶路撒冷聖殿和其他希臘神廟的東西走向，顯示在一天的開始和結束時，陽光都照耀著聖殿的兩邊。[35] 雖然這個臉的印象，似乎毫無特徵和表情，但我認為除了可見的光輝榮耀之外，約翰可能只是看見一個模糊的巨大形象而已。

若與死的皇帝雕像相比，基督的畫像無須誇大軀幹和頭部，來考慮由下往上看的觀看者。祂的特徵在平衡的比例中充分顯露。可見，基督的畫像不僅傳遞視覺的經驗，也包含神學的信息。從神學的目的來看，至終來自耶穌臉面的亮光，將為祂的子民提供無窮無盡的光明。一項大好消息就是，當天上耶路撒冷從天降下時（啟二十一章），她也充滿無比的榮耀。耶穌的光也預示天上耶路撒冷最終與永恆的光明（二十一 23，二十二 4～5），因為耶穌是光的源頭。救恩歷史和啟示錄開始與結尾之間的直接平行，無疑顯示耶穌的勝利是已定的結論。約翰的工作就是要說服他的讀者；根據他們的情況，啟示錄是惟一可接受的結論。在解讀基督畫像所有的象徵性時，讀者很容易錯失宏觀的「完整」畫像。

到底這幅畫像的功用何在？根據下列證據，我認為異象所描繪的英雄基督，應該是啟示錄其他基督刻劃的總綱性刻劃。孫寶玲博士在他上好的啟示錄註釋中，所提出的傳統性「萬王之王」見解極佳，不過我建議更具體將基督視為英雄人物。換言之，將啟示錄的基督視為一個統治的英雄人物，應該是最準確的詮釋方式。下列討論將為讀者提供這項觀察的必要模式（paradigm）。但在了解英雄人物之前，我們必須先了解古人對身體的看法。[36]

來自讀者世界的相面學（即古人對身體的看法），為觀察基督提供一個良好的方式。身體並不僅是結合在一起的有機部分，事實上，身體的每部分都有象徵性。相面學的傳統由亞里斯多德（Aristotle）開始，並且繼續影響整個希臘和羅馬的歷史。相面學也對醫學界有深遠的影響。希波克拉底（Hippocrates）這位公元前四世紀的希臘名醫認為，環境對人的特徵和性格具有決定性的影響（Hippocrates *On Airs, Waters, and Places* 15, 19）。這種特徵各自具有正面或負面的意義。換言之，環境的因素部分地決定了，相貌的特性和人的性格。加倫（Galen）的《醫學》（*Ars Medica*）雖然較啟示錄的年代為晚，卻代表一種較早並且持續的傳統，因為他的影響來自古代的哲學家亞里斯多德，和古代的名醫希波克拉底。[37] 加倫的相面學影響，和假藉亞里斯多德之名而寫下的一些著作（Pseudo-Aristotle）一樣，來自三方面。

第一，它從動物的類比來處理人類的特徵。

第二，自然界是賦予動物和人類特徵的創造主，因此讓兩者互相輝映。

第三，肉眼的觀察可以協助醫學上的預知。

因此，相面學可以多方面地被使用。最接近的類比就是，現代醫學根據對一個人身體情況的目視評估，而作出的診斷預知。

在古典的層面上，相面學是分析和詮釋一個人的重要方式。嚴格來說，相面學是根據某種身體特徵，來詮釋人的性格的藝術。現代的應用可見於「我不喜歡那個人的長相」的例子。這句話實際暗示，這個人的外貌表明了某種性格的缺陷。藉著身體特徵的象徵意味，希臘羅馬人以評價身體的某些資料，來詮釋非身體層面的性格。簡言之，人的外表反映人的心靈本質。[38] 甚至在今日，一般人還是常以外貌斷定他人的性格。舉例來說，一個人可能因為鮮紅的膚色，而被視為喝醉了酒。其實，他很可能只是因為精神上的不適，而非常不舒服。在啟示錄中，相面學的象徵意義超越，預知不認識之人的特性。更確切地說，每一個特徵的象徵，都具有文化的意義。這並不意味約翰倡導十足的相面學，約翰只是使用相面學的象徵層面，來傳遞他的觀點。整個身體的外貌，實際代表一個人真實的性格本質。並非巧合地，約翰描述的身體部分，大體上是古代人認為能夠顯明性格的重要部分。在託亞里斯多德之名而寫的作品中，一位公元前三世紀的作家，對於相面學多有立說。他認為眼睛、前額、頭部、臉部、胸部、肩膀、雙腿和腳部，都非常重要（*Physiognomics* 814）。作者以類比的方式，從自然界取得這些特徵；並使用動物的特徵來比較人類的特徵。更重要的是，相面學在較後的歷史中，被應用於英雄的文學描述中。如同歷史學家普魯塔克（Plutarch）的多位作家，都以鋒利的筆法仔細描繪英雄的身體外貌。[39]

總的來說，男性特徵是力量的標誌。寬闊的肩膀和精瘦的腰部，與今日對於強壯男人的理念毫無兩樣。[40] 眼睛、頭部和臉部也顯露人的性情。例如，膚色光鮮紅潤的人顯示熱情（*Physiognomics* 812）；眼睛閃閃發紅的人大表憤怒（*Physiognomics* 812）；眼睛銳利的人表示貪婪（*Physiognomics* 813）；明亮的眼睛則是勇敢和英雄的重要特徵（*Physiognomics* 807）。對亞里斯多德而言（Pseudo-Aristotle *Problems* 31.957），羞恥可能蘊藏在眼睛之內。肌肉發達的腳部、背部和胸部，也是力量的象徵（*Physiognomics* 810）。許多正面的特徵出自雄獅；雄獅頸項的長度幾乎與厚度相等，牠的雙腿快速又強壯，牠的鬃毛也遮滿了頭部（*Physiognomics* 809）。

在雕像中，我們可以從皇帝是否留有鬍鬚（希臘人的特徵），來辨別他是否對希臘人友善。可見，文化的相聯也可以藉身體的外貌來表達。另外，在判斷外貌上，衣著也佔據重要的角色。加里古拉（Caligula）皇帝因穿著像天神朱比特的服飾，而激怒元老院，因為他刻意顯示這些元老院議員，並非與他地位相等的人。在傳統上，皇帝至少穿戴與元老院議員相同的服飾，以假裝他是與他平等之人的領袖。皇帝活著時，誠然是元老院議員的首領，但他絕對不是上帝。如此說來，根據古代相面學的詮釋，耶穌的服飾、頭部、腳部、聲音、右手、嘴部和臉部，各自為我們帶出甚麼意義呢？

在解讀啟示錄時，我們可以使用比較古典的方式，從刻劃的角度來分析相面學。因為異象具有刻劃的目的。耶穌的所在地，的確顯示高貴地位的環境。如此說來，真實的肉身所在地，也有屬靈的價值。前文對於基督的描述，確實將基督視為一位英雄，因為祂以自己的血，將祂的子民從他們的罪中釋放出來。一個理想的羅馬領袖，尤其是軍事領袖，也必須與他的跟隨者分享自己的生命。羅馬英雄的文學肖像，充滿分享生命的題旨。而耶穌完全符合這個特徵。[41] 藉著與重要身體部分相連的象徵性，耶穌的特徵也顯示祂的至高無上。實際上，復活基督強烈地反照了希羅文化對於神明矛盾又含糊的來世觀念。[42]

一章 14 節的眼睛如同火燄。此處的眼睛藉著像火一般的特性，反映一種高貴的心靈。二元論的希羅人觀並沒有減低，蘊藏在耶穌驚人圖像背後的真實意義。[43] 對約翰的異象來說，眼睛展現極度的尊榮。耶穌不但撤銷十字架的羞辱，並且因著復活的本質而得到至高的尊榮。耶穌像燃燒火燄般的眼睛，傳遞了尊榮的意味。尊榮必須嚴肅以對。在這些英雄特徵之外，耶穌的衣服也肯定了祂的英雄地位。耶穌穿戴得勝的軍裝，就像那些從戰場凱旋歸來的將軍一樣。祂的白髮更揭示，祂是一位值得無上尊敬的古代英雄。當祂與邪惡的獸爭戰時（啟十九 19～21），祂的英勇無畏可以和最偉大的競技者相比。祂因此配得更高的尊榮。相反地，歷史學家蘇埃托尼烏斯（Suetonius）以毫無奉承之意的筆尖，描述加里古拉、尼祿和多米田共同具有的無力瘦腿；他們一點也不像戰爭的英雄（Suetonius *Caligula* 50.1; *Nero* 51; *Domitian* 18）。競技者不但是羅馬家庭的熱門話題，也是授課講堂的修辭題目，因此，基督的英雄和可敬畫像，一點也不難想象（參 Tacitus *Dialogus* 29）。[44] 這個異象誠然是耶穌基督的最終勝利。

基督的異象也顯示，某種衣服會為穿戴者帶來尊榮。衣服對於統治者尤其重要。事實上，無法使自己穿著合宜的人，常常顯露較低的地位。經常被蘇埃托尼烏斯當作笑話的加里古拉，就是一個屢次被自己衣服絆倒的人（Suetonius *Caligula* 35.3）。[45] 雖然寬外袍並不容易穿著整齊，但一國之首應該具有整齊的外貌；就像現代有教養的人，應該知道如何打好領帶一樣。衣服為人帶來尊榮或羞恥。衣服也成為地位的標誌。在狄奧（Dio）它處的記錄中，加里古拉把自己打扮得像維納斯女神一樣（Dio Cassius 59.26）。[46] 狄奧的記載應該是一個具有暗示意味的笑話。顯然人民並不喜歡加里古拉。在更廣的社會形象上，衣服也代表階級。耶穌的衣服肯定了祂尊榮的地位，那些與祂穿著相似的敬拜者，都將分享祂的尊榮地位。可見，基督的全部衣著不但沒有減低，反而增添與祂屬性和跟隨者相關的尊榮地位。相反地，那些與巴比倫連結並且拒絕祂的人，將面臨無盡的羞恥。毫無疑問地，基督符合所有外邦信徒眼中的英雄和尊貴畫像。祂的外貌和穿著，流露十足的英雄角色。

基督的異象不但鼓勵所有的信徒加入基督的團隊，並且強烈反對皇帝敬拜的起源：英雄敬拜。羅馬人確實將侵略性的軍事征服，視為他們的主要使命（Livy 7.2.3～4）。因為英雄敬拜、軍事勝利和皇帝敬拜至終緊密相連，因此約翰的寫作充滿高度的政治性。[47] 非常多數的皇帝敬拜學者，和幾乎所有的啟示錄聖經註釋者，都忽略甚至在奧古斯都生前，即存在的神明式英雄敬拜。即便奧古斯都在生前沒有被當作神明來敬拜，證據卻顯示一般老百姓在他生命後期時，已經在家中為他設立神龕，並把他當作神明來敬拜（Tacitus *Annals* 1.73）。[48] 這種作法和中國人在家中，為祖先設立的神龕很相似。另外，出現在上層社會家中的半身雕像也顯示，尤其在皇帝死後，人私下敬拜皇帝的行動。奧古斯都生平沒有發動國家性的英雄敬拜，並不表示家庭敬拜皇帝的宗教不存在。可見，人民將皇帝與家庭神明並列一起。將奧古斯都奉若神明，已經在當時盛行的民間宗教中發生。[49] 在奧古斯都死後，發生在家庭中的私人皇帝敬拜，終於變成正式的官方行動。因為根據一項神話記載，一隻老鷹將奧古斯都的神靈帶至天上。死後被視為神明的皇帝，就像由羅繆勒斯（Romulus）到亞歷山大的諸多英雄一樣。因此，奧古斯都不過沿襲舊有傳統成為人所敬拜的神明。

新約證據顯示兩個國度之間的對照，是福音書接連出現的題旨。我們也將看見，基督的軍隊和撒但的軍隊之間的戰爭，是啟示錄的首要題旨。啟示錄的國度理想和保羅寫作中的國度理想同樣顯著，只是約翰使用其他方式表達而已。[50] 約翰最喜歡用「主」（lord）一字，來稱呼復活之後的基督（post-resurrection

Christ）。「主」一字的意義實際超越「主人」（master）的標準意義。對一般的羅馬公民來說，凱撒就是「主」的終極和標準典範。當耶穌仍在地上時，祂已經面臨與正視許多政治和國度的議題。如此說來，不論是英雄、皇帝或兼具兩類身分的人，都必須降服於真實的「主」之下！

英雄敬拜與小亞細亞高度相關，因為呂基亞（Lycia）的諸王（小亞細亞西南部）首先將自己的肖像刻印在錢幣上，並且用這種錢幣付薪給雇佣軍。[51] 奧古斯都也有相同的作法，好像刻意提醒雇佣軍：「記得誰付你們薪水。」另有些統治者則發行特別的錢幣，以紀念與英雄事迹有關的特別事件。這些錢幣大聲訴說，皇帝如何取得權力的故事（尤其是亞歷山大、朱利安和奧古斯都）。身為軍人，他們為人民雕刻自己氣勢宏偉又脅迫盯人的雕像。他們是接受敬拜的完美英雄。就像今日世界的許多角落一樣，凡握有軍權的人，就控制了國家。皇帝敬拜的起源與英雄敬拜密不可分。英雄敬拜可以遠溯自希臘「英雄」亞歷山大大帝的時期。亞歷山大大帝在世時，他已經被賦予神明的地位。很多時候，英雄敬拜的異教嘗試將皇帝，與已經存在文化中的有名神話人物相連在一起。從亞歷山大到奧古斯都和在他之後的皇帝，都可以看見這項特徵。

從埃及的錢幣中，我們發現亞歷山大具有公羊角的肖像；原來公羊角是偉大的英雄死後，人民將他和埃及神明連在一起的象徵。縱使亞歷山大的英雄生涯，在他三十二歲的英年早逝中被終止，但他的影響力卻可從公元前一世紀龐貝的一個別墅中看見。在這個別墅中，有一個仔細描繪亞歷山大的馬賽克地面。從馬賽克的圖畫中，我們看見亞歷山大在伊薩斯（Issus）的戰役中（公元前 334 年），正用矛刺殺一個波斯人。一個多過二十年之久的傳奇性戰役，竟然被展現在遙遠的龐貝城，英雄的生命特質和影響力的龐大，可見一斑了。既然勝利者和那些敬拜勝利者的人，是歷史的作者，那麼英雄人物及其事迹，自然創造了歷史的記憶。

試想亞歷山大的生命和政權有多短促，因此他從英雄演變為神的快速，就太令人驚奇了。他偉大的程度實在叫人讚歎。他的故事也顯示一個廣泛敬拜英雄的社會。在另外一些例子中，對於像馬拉松選手，城市建立者和其他立下非凡英勇事迹的民間英雄的尊崇。（例如，海克力斯；亞馬遜女傑；斯巴達的領袖萊桑德〔Lysander〕，和中國人尊崇關公的方式一無兩樣。關公大約是公元三世紀的戰爭英雄，至今仍被中國警察和暴徒雙雙敬拜。）甚至連荷馬筆下偉大的醫師埃斯庫羅庇俄斯（Asklepius），都因他的醫治能力，而得到神明的地位。埃斯庫羅庇俄斯素以捲成圈的蛇為他的記號。就像中國的神明一樣，隨著時間的過去，連英雄都變成神了。在亞歷山大之後，托勒密（Ptolemies）的政權打開將皇帝視為神明的大門。甚至連一些皇帝的妻子，都得到神明的地位。

軍事力量、愛國的法西斯主義和國家宗教，都十足相連。舉例來說，每年的春季，羅馬帝國的祭司就打開兩面神（Janus）的聖殿大門，以表示軍事行動季節的開始。到了晚秋的時候，這些門再度被關上，以表示軍事行動季節的結束。當軍事行動的季節開始時，羅馬帝國馬上宣傳他們所有的軍事征服，都是防禦性的。換言之，所有的戰爭都是為了防禦意大利的國土。在基督教的神學理解之前，「公義戰爭」（拉丁文是“*bellum iustum*”）的觀念，早就存在於羅馬了。在某種意味上，地中海的歷史以過去的羅馬戰爭，證實了這項事實，因為在羅馬四周的城邦，也一樣好鬥和殘忍。[52] 然而，到了元首政治的時代，這種現象就愈來愈減少了。自我防禦很可能不再是羅馬擴展版圖的主要動力（或藉口）。

在羅馬人中，凱撒大帝（Julius Caesar）是皇帝英雄敬拜異教（emperor-hero cult）的最著名開山祖師。西塞羅（Cicero）提及的「神明 Julius」頭銜，充分說明了凱撒的地位。十分自然地，如果有人被當作神明來敬拜，那麼這些人一定是將自己的出身，追溯至希羅英雄伊尼亞斯（Aeneas）和希臘愛的女神維納斯的羅馬皇帝。皇帝敬拜是羅馬帝國試圖藉古舊傳統，來合法化自己政權的部分行動。在羅馬皇帝中，凱撒大帝不論從世界的哪個層面來看，都是一位真正的英雄。今日可能是最古老之一的年老凱撒大理石半身像，於二〇〇八年在法國的隆河（Rhone）被發現。光是這個重要的考古遺物證據就顯示，英雄凱撒的地理征服有多深遠。深埋在河底的雕像位置揭露，古高盧人有多恨惡凱撒的懲罰行動。雕像的頭部顯然被砍下，並且丟入河中。在亞歷山大的傳統中，凱撒開始征服極大部分的已知世界。當他在世時，他很想將自己與偉大的古代羅馬英雄羅繆勒斯連結在一起（Cicero *Ad. Att.* 12.45; 13.28）。這種連結不僅對凱撒重要，對羅馬城也非常需要，因為羅馬城迫切想要與古代認同，以展現令人尊敬的形象。雖遭暗殺而英年早逝，但凱撒仍像亞歷山大一樣，在活著時就得到神明的地位。或許凱撒高估自己非凡的能力，因而激怒元老院和疏離一些選舉人，至終導致自己的垮台。

在凱撒大帝之後，奧古斯都明顯創造一種「新共和政體」的假象，同時逐漸取得權力並且訴求於古代的傳統。甚至在他擊敗馬可安東尼（Mark Antony）之前，他已經在公元前二十九年，開始皇帝敬拜的異教。這個異教不僅在皇帝和人民之間創造一種距離，同時也讓人民和皇帝有某種關連。這就是皇帝敬拜的諷刺。取代原來名字「屋大維」（Octavian）的「奧古斯都」頭銜，指向了英雄敬拜。這個頭銜傳遞尊貴高位的意味，將奧古斯都和其他人分別出來，但卻沒有直接侵犯任何憲法上的議題。藉著避免與神明凱撒大帝相連，奧古斯都不但不顯自我主義，還能宣揚自己的偉大。證據顯示，依循第一位奧古斯都的傳統，所有羅馬皇帝在世時都獲得「奧古斯都」的頭銜。因此，我要將約翰的爭論，延伸到奧古斯都所普及的理念。更確切地說，皇帝敬拜始自奧古斯都，多米田不過是繼承人罷了。

約翰的信息不僅反對制度，並且反對參與其中的人。新近的研究顯示，並不是所有的尊榮，都是皇帝自加的。[53] 顯然，在一世紀共和政體之後的時期，元老院定期向皇帝建議，將聖殿獻給他。奧古斯都圓滑地取得權力的位置。他藉著將自己放在道德改革家的角色上，而與那些最高掌權者並列。[54] 對奧古斯都而言，道德是贏得名譽和尊敬的管道。奧古斯都在掌權時期，建立一種避免過度神性尊榮的政治傾向，而他的政策則被提比留斯和革老丟（Claudius）所遵循。他不能讓人覺得，他的權力大過元老院。他的精明完成了凱撒大帝的野心。繼提比留斯而起的加里古拉，一反奧古斯都的作法，他大大地侮辱了羅馬的上層社會。他將他的馬當作皇帝敬拜的祭司，並藉此嘲弄隸屬於他的元老院議員。他因此變得極不受歡迎。事實上，羅馬元老院扮演重要的角色，而皇帝只是向它回應而已。依次地，皇帝有責任供應那些隸屬於他的人。這是贊助人和被贊助人（patron and client）之間互相遷就的一種極端制度。制度和皇帝是一起合作的共犯。

其實，奧古斯都可因自己在軍事上的功勳偉業，而輕易地輕視別人。在阿克提姆岬（Actium）擊敗馬可安東尼的決定性戰役中，奧古斯都建立了羅馬帝國；他的成就被歸功於朱比特（Jupiter）的祝福。各種各類的神話被用來宣傳奧古斯都具有神性的王權（Pliny *NH* 15.136）。馬可安東尼為與奧古斯都競爭，也將自己與伊尼亞斯相比。[55] 這些神話顯示，想要成為「新羅馬」之領袖的權力競爭。新羅馬明顯脫離凱撒大帝的共和政體。而人民也藉著一種"*corona civicia*"的古代儀式，更進一步地加重了皇帝的權力。"*corona civicia*"是人民將一個橡木花圈，放在皇帝家門之上的加冕儀式。[56] 橡木是一種和朱比特有關的植物。藉著這個儀式，奧古斯都地上的政權，就平行了朱比特天上的權力。奧古斯都被視為將羅馬從更多戰爭毀滅中，拯救出來的偉大父親。奧古斯都是一位偉大的救主。

因著大眾，尤其是市井小民的極度崇拜，奧古斯都將自己的雕像運至歐洲各處的殖民地；其中有二百五十尊至今仍然存在。[57] 甚至在邊境的羅馬設防，皇帝的雕像也被設立在軍官院內（拉丁文稱為"*principia*"）的一個地方，這個地方很像一個小禮拜堂。為免有人輕看雕像，這個小禮拜堂永遠有人守衛。這是一項重要的觀察，因為雕像常被視為雕像所展現之人的化身。然而，雕像也有理想化這個人物的功能。有時候，好奉承的藝術家，會將雕像雕刻得比本人年輕。而宗教禮儀也常以洗滌儀式、遊行和裝飾等引人注目的方式，展現這些雕像。[58] 這種戲劇化的姿態，展現雕像和所代表之人的緊密關係。恐遭與凱撒大帝相同命運的奧古斯都，在掌政時期刻意降低自己的神性地位，但他仍與羅馬的神話英雄伊尼亞斯認同，並將自己的事迹和羅馬神明朱比特相比（Horace *Odes* 3.5.1～4）。

如果奧古斯都真正想要強調自己的權力呢？他會採取哪種藝術途徑呢？甚至在統一帝國的阿克提姆岬戰爭勝利之前，奧古斯都已經鑄造那將其出身與維納斯女神和戰神相連的錢幣。[59] 事實上，這類神話人物早已深植在羅馬人民的腦海中。因此，有名的藝術家和皇帝，雙雙利用這類的神話題旨。既然從來沒人親眼見過希臘和羅馬的神明，皇室家族就成為這些神明肖像的面容。一方面討皇室家族喜悅的藝術家，可以得到贊助和支持；另一方面皇室家族也樂意接受這種榮耀。在羅馬的藝術中，宗教雕像的大小主要顯示皇帝的神性，而宗教雕像的數量則顯示皇帝的野心。[60]

我們可以想像在**不**願降低自己神性的皇帝周圍，環繞著多少製作雕像的工業。因為各處的錢幣，都刻印著與羅馬神明相似的皇帝，而馬可安東尼也為自己鑄造與海克力斯（Hercules）相似的錢幣。[61] 可見，每個人都想成為具有神性的英雄人物。多米田為了確保自己的神明地位，更堅持在自己的雕像上塗抹一層金漆，因為金子是專為神明預備的材料。[62] 他還將十月重新命名為“Domitianus”。這類雕像和鑄幣無疑以意義深長的方式，傳達了代表之人物的信息。例如，因著多米田被暗殺，而導致他的雕像被毀滅的行動，竟然引起羣眾的高聲歡呼（Pliny *Panergyric* 52.4～5）。[63] 無怪乎，派珀（David Piper）在他的《藝術插圖史》（*The Illustrated History of Art*）一書中如此說：「藝術是有功能的：它是奢侈的附屬品和地位的象徵；它讚揚國家的榮耀、家庭的名望、國家或民間英雄的聲譽——它是一種宣傳藝術。」[64]

除了藝術革命之外，奧古斯都在政治上也精明非凡。更確切地說，奧古斯都以建築上的努力，為羅馬打造了以他為首的大家庭形象。雖然他的統治未達共和理想，他卻能使用不同的方式，使人民信服他統治的合法性。以整個家庭榮譽的觀念，徵求支持的奧古斯都，很輕易地建立了他所夢想的都市，並為自己留下歷史的標誌。在對戰爭已經厭倦的人民來說，奧古斯都不論留下何種標誌，都令他們歡心。賽姆（Ronald Syme）在他優異作品《羅馬人的革命》（*The Roman Revolution*）的前言中寫著：「和平與帝國。在二十年內戰和軍事獨裁的高點中，羅馬結束了世紀的混亂。歸順一個統治者，總比人民之間的戰爭來得好。自由不再，不過也只有非常少數的羅馬人曾經擁有過它。君主政治帶來了協調與一致。」[65]

在奧古斯都的政權之後，元首政治的權力被加大，以致元老院不再具有凱撒大帝時代的權力了。儘管在尼祿政權的早期年代，尼祿假裝給予元老院些許自由，但權力的魅力實在太大了。即便在一世紀的歷史中，元首政治仍然顯現專制君主和元老院之間的權力鬥爭。所有的皇帝都知道，權力是使他被奉若神明的管道。在尼祿掌政時期，權力掙扎實在太過劇烈，因此尼祿雖然還活著，元老院卻另外任命加爾巴（Galba）為皇帝。這項行動引發他的被捕，以及他最後的蓄意自殺。尤有甚者，奧古斯都在活著時就被奉若神明的情況，與過去的亞歷山大具有不可思議的相似之處。可見，當皇帝愈有權力時，他愈可能在活著時就被視為神明。皇帝敬拜與皇帝權力和野心相關，就像納粹德國崇敬希特勒一樣。根據上述簡短的歷史概論，我們可以總結皇帝敬拜是一種「皇帝－英雄敬拜」。皇帝成為人民的救主。

不同民族的殖民，的確有助於英雄和皇帝敬拜的發展。勝利的行進隊伍，就是一個上好的例子。在一般殖民地的勝利行進隊伍中，我們可以看見權力的充分流露。這種勝利的行進，就像一個正在上演中的戲院一樣。這台戲經過充分的預備，以展現象徵羅馬權力（例如，老鷹）和皇帝榮耀的各種戰利品。如同現代的殖民勢力一樣，羅馬將自己變成一個博物館的城市（例如，大英博物館）。羅馬和現代殖民勢力之間的不同在於，羅馬的博物館有時經由遊行來展現，因為它的主要目的並不在於研究其他文化的古老遺物，乃為展現帝國和皇帝的權力。精細的外國藝術，成為滿帶宣傳目的之軍事掠奪品。在軍事勝利的行進中，祭物也被獻給各種神明。皇帝的神明君權和諸神之間互不矛盾，因為羅馬人是多神論的。

多米田更是擴大勝利行進的戲劇性，他使用完整的對話和戲劇安排，讓奴隸演出俘虜的角色。這種古怪的行進方式，清楚傳遞皇帝的單一信息：羅馬統治者配得最高的尊榮。羅馬軍人、皇帝和將軍向他的人民展示，他們將被征服的世界帶回羅馬。如果一般的羅馬公民無法負擔經常性的國外旅遊，那麼羅馬軍隊將藉著刻意誇大的展現，將世界帶回家中。外國奴隸和外國貨物的戲劇性進口，將導致都市化的興衰；成為羅馬帝國之標誌的都市化，將是後面篇章的討論主題。在英雄敬拜方面，羅馬皇帝的信息清楚已極：「我們藉著軍事的征服，將世界帶給你，因此敬拜我們吧。」我們必須記住，視覺是影響被殖民讀者的重要方式。無怪乎，約翰使用人子的異象，使讀者對偉大的英雄基督留下深刻的印象。約翰在此的異象，針對任何一位膽敢挑戰人子之絕對神聖主權的皇帝發出反擊。因為這位人子的榮耀，使世上最偉大的皇帝戲劇展覽都黯然失色。

「末世觀」（eschatological view）或羅馬人的缺乏末世觀，也促成英雄異教的發展。既然希羅世界對於來世盼望的看法並不明確，死後英雄與真正神明之間的區分，就變得模糊不清。甚至在死後，英雄的記憶仍然存活在崇拜者的腦海中。然而，在喪葬的藝術和皇帝的喪葬儀式中，似乎可以發現死人升天的意味。[66] 更重要的是英雄異教的社會功能。在古代，不論是埃及、波斯、希臘或羅馬（甚至中國），許多皇帝為自己加上神明的地位，以保持社會的秩序。在這種制度中，許多皇帝藉著一些令人興奮的英雄功績，來獲得英雄的尊榮。很快地，神明地位成為這種英雄人物的常規。晉見皇帝和敬拜神明的相似姿勢（即跪下），說明了英雄敬拜可能很快變成皇帝敬拜的原因。在約翰的時代，敬拜活著的皇帝比較盛行於帝國的東部，因為東邊離羅馬較遠，因此更需要得到皇帝的贊助。約翰的讀者剛好位處帝國的東邊地帶，他們受到英雄敬拜之宗教的強烈影響。在這種背景之下，基督不僅是一位具有神性的君王，祂更是一位終將拯救受苦教會的天上英雄。約翰的信息清晰明了：基督是我們的英雄！

另一個解讀的角度，就是對照四處移動的人子和希臘羅馬的巨大雕像。這些雕像包括看似神明又鍍金的多米田雕像。希臘人一向以他們的「世界奇觀」（wonders of the world）為聞名。其中之一就是在奧林匹亞的宙斯雕像。它經過奧古斯都大幅度的整修。[67] 這個雕刻著坐寶座上的宙斯雕像，高達十二公尺（四十英尺），在整個神廟中佔最重要的地位。這個藝術品是大約公元前五世紀之著名古典雕刻家菲狄亞斯（Pheidias）的手工作品。雕像的右手邊握著勝利女神乃琪（Nike），象徵希臘絕對在握的勝利；他的左手則握著像火炬一樣的權杖。這個坐著的宙斯，成為羅馬人建造更多宙斯雕像的典型模式。

另一個世界奇觀就是建造於公元前四世紀的羅得巨像（Colossus of Rhodes）。這個跨越羅得島海港的巨像，展現太陽神（Helios）的圖像。他頭上的皇冠和自由女神有些類似，象徵閃耀的光線。既然沒有人看過任何一位神明，因此這些雕像都是藝術家的想像成果。在亞歷山大的將軍托勒密（Ptolemy），打敗圍困海島的軍隊之後，人們為贊助神（patron god）太陽神，造了這個巨像。再次地，軍事和宗教連結一氣。羅得巨像的圖像與人子的肖像完全吻合，因為他們共有發光的臉面。現在約翰和他的讀者，終於看清楚上帝的偉大和超然了。人子展現上帝的圖像，祂的光芒使其他神明黯然失色，更遑論自稱為具有神明地位的皇帝了。約翰在啟示錄記下人子的異象，乃為激勵讀者仰視盼望的獨一來源。

從多種角度觀察完整的圖畫之後，我們現在可以根據前言來摘要這幅圖畫。這項步驟極其重要，因為前言是啟示錄的開始。從出埃及記的層面來看，啟示錄的開始實際關乎耶和華的顯現，因此約翰成為新摩西。如同摩西當日被上帝奇妙可畏的顯現所驚愕一樣，如今約翰也親身經歷耶穌基督不為人熟悉的一面。更確切地說，約翰是新摩西，他是新出埃及的新領袖。整個圖畫再次肯定約翰不可置疑的權威，他以這項權威寫下了千古不朽的啟示錄。

1.1.6 前言和結語的總結

啟示錄的前言和結語雙雙以上帝和基督為焦點。許多關乎上帝和基督的描述，也完全相同。這種結構提醒讀者，甚麼是啟示錄的主要議題：耶穌是誰、耶穌所行的事和祂的僕人（例如，約翰）所當有的回應。上帝和耶穌不但現在是，也將永遠是首先與末後的！

成為啟示錄核心人物的耶穌，在前言和結語中，將世人劃分成兩個羣體。凡像作者約翰一樣跟隨耶穌的人，都屬基督徒的羣體。凡不跟隨耶穌甚或抵擋耶穌的人，則屬非基督徒的羣體。前者屬於基督教信仰的局內人，而後者則屬於基督教信仰的局外人。局內人和局外人的身分，將產生極為不同的生活方式和景況遭遇。因為在約翰的時代，整個羅馬帝國基本上與基督教信仰對立為敵。在多神信仰和皇帝敬拜的文化中，身為局內人的基督徒，反而成為遭受被拒絕甚或被逼迫的異類人物。當局外人大享與羅馬帝國融合的各項利益時，局內人面臨堅定跟隨主和與世界妥協的抉擇。

上帝深知信徒的試探與掙扎，因此藉著出現在前言和結語的禮拜儀式，召喚地上教會正視敬拜的重要性。約翰在「主日」的寫作（啟一 10），以及他在前言和結語所使用的「看哪」一詞（一 7，二十二 7），在在顯示他邀請讀者加入敬拜的迫切心懷。敬拜具有多重的功能。它不僅加深信徒與上帝的關係，激動信徒起而行的倫理生活，更強化信徒對於耶穌主權的敬重。主耶穌必再來的警告，也已經成為當時禮拜儀式的一種標準慣例。可見，上帝要地上教會藉著敬拜的生活，來顯示和經歷自己局內人的身分。尤有甚者，敬拜一方面可以幫助信徒完全以上帝和耶穌為焦點，因此減低來自世界的誘惑壓力。敬拜另一方面也可以幫助信徒，不斷思想來自天上的價值觀，因此提高自己正確抉擇的能力。

生活行事的正確抉擇，是信徒不可輕忽的重要責任。因為外在的生命表現，正是信徒局內人身分的寫實和反映。因此，信徒是否遵守天上的價值觀，成為信徒是否忠心跟隨上帝的指標。雖然綜合啟示、預言和書信等三種不同的體裁，啟示錄卻在前言和結語中清楚顯示，倫理的勸勉是它始終不變的一貫題旨。事實上，讀者對於遵行天上體制或地上體制的抉擇，端賴他們對於居所的看法。在觀看和聆聽的敬拜中，異象的敍述向讀者的眼光，發出了震撼的挑戰。當他們看不見新耶路撒冷的榮耀，並以地上財物為焦點時，他們滑落在短視的陷阱中。當他們需要在正直上有所抉擇時，他們是在兩類價值觀之間掙扎。

啟示錄有力地揭示，地上表面危機和天上真正危機的強烈反照。約翰為困難的抉擇提供了明確的答案。藉著異象的敍述，約翰為那些接受「啟示」的人，創造一種自我的概念。而小亞細亞的文化背景，則成為轉變社會身分的情境。更確切地說，由身分和倫理誡命而來的倫理要求，將規範合宜或不合宜的行為表現。身為一個獨特天啟、預言和異象啟示之接受者的社會身分，是產生團體行為的認知途徑。一言以蔽之，眼光或價值觀是一切的根基。

在明示宗教的界標、禮拜的儀式和倫理的勸勉之後，前言和結語以古今的連結，為地上教會展現救恩歷史的連續性，並且肯定所有救恩的惟一根基。前言和結語多次以相同的詞語，描述耶和華和耶穌的屬性。其中以「今在、昔在、以後永在」，和「阿拉法和俄梅戛／首先和末後／創始和成終」尤其顯著（啟一 4、8，二十二 13）。古今的連結使歷世歷代的教會確信，上帝永遠不變的信實和掌權。拯救以色列人的耶和華，仍然要在現今的世代拯救祂的子民。儘管政權繼續更迭輪換，耶和華依舊是掌管歷史的主。古今的連結使信徒輕看政局的逆勢和不利的環境，因為永遠存活的上帝，還在歷史中與祂的子民同行。在救恩不斷延展的肯定中，過去的救恩歷史為上帝的子民，帶來無法搖動的信心盼望。

約翰的啟示錄並非心血來潮的隨筆之作，因為工整與精密的前言和結語，展現了約翰的巧思和安排。約翰不但在前言中前瞻性地提醒信徒，要認知自己的身分和對生命作出抉擇，更在結語中回顧性地激勵信徒，務必保守自己的聖潔和義行。上帝的話語輕慢不得。因為祂是阿拉法，是俄梅戛；是首先的，也是末後的；更是創始和成終的上帝！

註釋：

1 決定屬於哪種啟示的關鍵，在於“ 'Αποκάλυψις 'Ιησοῦ” 一詞。到底“ 'Ιησοῦ” 屬於哪種所有格？

2 本書並未深度涉及這項理論的學術層面。有關宗教中局內人－局外人的界限研究，塔費爾（Henri Tajfel）的著作對聖經學者有高度的影響力。他的作品可以回溯至一九五九年。Henri Tajfel, *Human Groups and Social Categories: Studies in Social Psychology* (Cambridge: Cambridge University Press, 1981)，代表他在這方面的重要貢獻。

3 我借用塔費爾有關羣體的初始模式（seminal model）來表達我的陳述。他與其他學者合著的著作很有影響力。他為恩惠建議如下的模式。（參 Henri Tajfel, M. Billing and R. Bundy, “Social Categorization and Intergroup Behavior,” in *European Journal of Social Psychology* 11 [1971], 149～178。）恩惠＝最大的利益加上最大的區別。在啟示錄的例子中，最大的利益和最大的區別幾乎不可分割。凡遵從這種「最大的」之道路的人，必然獲得上帝和基督的最大的恩惠。如果根據塔費爾在現代社會心理學研究所使用的模式，並且從現代的角度來看，恩惠大部分具有負面的意義。但若從上帝的角度來看，上帝給祂的跟從者之「恩惠」必然代表正面的意義。在這個模式之外，我們可以再加上「尊榮與羞恥」的模式。後者已經普遍出現在人類學、社會學和聖經詮釋中。參坎貝爾（J. K. Campbell）的初始研究：J. K. Campbell, *Honor, Family and Patronage* (Oxford: Oxford University Press, 1964)。

4 Karmela Liebkind, “Acculturation,” in Rupert Brown and Samuel L. Gaertner (eds.), *Blackwell Handbook of Social Psychology: Intergroup Processes* (Oxford: Blackwell, 2001), p.388.

5 有關祭司兄弟會異教的資料，可見於包含仔細描述之碑文（Arval Acta）。參 Ittai Gradel, *Emperor Worship and Roman Religion* (Oxford: Clarendon, 2002), pp.18～20, 131。

6 我說「社會的」，並不代表我相信基督教信仰不具個人的層面，而是因為起初的情境具有相當濃厚的社會意味（就像社會身分、社會、人際關係等）。例如，基督教和猶太教的核心信仰都融合了社會的層面。會堂不但具有宗教的功能，還具有創造社區連結的社會功能。後繼而來的教會，也會包含這個社會層面。然而，這個層面不以文化，而以相信基督的共同信仰為根基。本書的許多讀者可能會誤解，我採用的模式和方法相當世俗化，但實際上，這些方法具有修正西方「與上帝有個人關係」之狹窄模式的目的。相反地，這個社會模式顯示，所有的關係、家庭成員，和公共行為都與信仰的身分相關，因此，身分實際超越個人敬虔的奇想。它和耶和華為以色列設立的舊約模式比較一致。並且比較不像美國的民主政教分離所產生的現代私有化宗教。

7 John Turner, "Towards a Congnitive Redefinition of the Social Group," in Henri Tajfel (ed.), *Social Identity and Intergroup Relations* (Cambridge: Cambridge University Press, 1982), p.21.

8 Michael J. Lovaglia, Reef Youngreen and Dawn T. Robinson, "Identity Maintenance, Affect Control, and Cognitive Performance," in Shane R. Thye and Edward J. Lawler (eds.), *Social Identification in Groups* (Amsterdam: Elsevier, 2005), p.66；本書使用美國黑人作為一個很好的例子。許多黑人在身為黑人的表面身分和作為一個好學生之間掙扎。許多成績優良的黑人，常不自覺地受到壓力，好像他們背叛了自己的傳統一樣。毫無疑問地，膚色與一個人獲取優良成績的能力毫不相關。然而，許多人必須克服這種表面的攔阻，才能達到成績良好的目標。

9 Michael A. Hogg, "Uncertainty, Social Identity, and Ideology," in *Social Identification in Groups* (Amsterdam: Elsevier, 2005), p.214；這裏指出人類具有藉著團體身分以獲得確定性的渴望。這個觀念可以直接應用在約翰的啟示錄。因為約翰在一章 5 節，二章 10、13 節，三章 10、14 節，十九章 11 節等經文中，使用相同的字彙，描述誠信的基督和教會中忠心的信徒。

10 保羅也在使徒行傳十九章 31 節，使用友善的措辭來形容這類的權力中間人（power broker）。

11 Stephen Smalley, *Revelation* (Downers Grove: IVP, 2005), p.570；這裏注意到，十章 4 節告訴約翰，要封上七雷所說的信息，並且不可寫出來。這個矛盾僅能使用，有些信息還是有點模糊不清來解釋，尤其是與審判有關的信息。

12 如此說來，團體的定義，乃是根據信仰羣體的情境而來。而寫作就是奧克斯（Penelope Oakes）所稱的「某種獨特情境的過程」。參 Penelope Oakes, "The Root of All Evil in Intergroup Relations?" in Rupert Brown and Samuel L.

Gaertner (eds.), *Blackwell Handbook of Social Psychology: Intergroup Processes* (Oxford: Blackwell, 2001), pp.8, 11。在此，情境具有社會－歷史的層面。

13 在《十二使徒遺訓》中，禮拜天的用字是“κυριακῇ ἡμέρα”，和此處的用字相同。

14 參 F. D. Gilliard, “More Silent Reading in Antiquity,” in *Journal of Biblical literature* 112 (1993) pp.689～694; M. Slusser, “Reading Silently in Antiquity,” in *Journal of Biblical literature* 111 (1992), p.499。

15 *PCol*. 採自懷特（J. L. White）書中的紙草樣本。參 John L. White, *Light from Ancient Letters* (Philadelphia: Fortress, 1986), p.34。

16 相同看法，參 Wilfrid J. Harrington, *Revelation* (Collegville: Liturgical Press, 2008), p.223；這裏認為根據啟示錄，可以看見一種《十二使徒遺訓》之原始來源的存在，這種看法應該不致於太大膽。

17 這個議題十分複雜，有關定義這個傳統之社會意義的最佳參考資料當屬：Gradel, *Emperor Worship and Roman Religion*。有關這個議題和古代看法的學術研究，不但無法提供完整的了解，反而使人更加困惑。

18 這個字實際包含，護衛或堅守某事的涵義。這個字要求堅忍。

19 「時候」的用字不是“χρόνος”而是“καιρός”。約翰所談論的時候，不是一般的時間，而是上帝為了自己的目的而設立的一個特定時間。時候前面的冠詞顯示，上帝所設立的特別時刻，已經快來臨了。

20 Grant R. Osborne, *Revelation* (Grand Rapids, Mich.: Baker Academic, 2002), p.781.

21 Osborne, *Revelation*, p.789；這裏指出，另外六處經文（啟一 3，十四 13，十六 15，十九 9，二十 6，二十二 7），也都同具堅忍的題旨。

22 Osborne, *Revelation*, p.794；他的觀察可能是對的，因為福音書的記錄，多次以水的隱喻來象徵耶穌在世上時，提供給世人的救恩。

23 當然，四章 8 節也以「昔在、今在和以後永在」的不同次序出現。羅偉：《啟示錄》，上冊（台北：中華福音神學院，2007），頁 238；這裏指出，這是最合理的次序。但我相信他是根據英文文法的現在式來判斷。英文的現在式是「現在」，但這個意義並不存在於希臘文中。我認為，最佳的方式是將出現次序的不同，視為風格的變化。

24 這節經文到底應用在信徒或非信徒之上？這方面的觀察可能會引起神學辯

論。解釋這節經文的一種方式是，對非信徒而言，審判是完全的刑罰；而對信徒而言，則是獎賞的有無。耶穌使用付款（payment）的用字（中譯為「報應」）來描述祂的審判。無論如何，我們不是得到刑罰，就是得到賞賜。觀察這節經文的情境，最好從羅馬帝國的角度進入。本書特別針對七教會的問題，提出討論。《新英文譯本》（New English Translation, NET）在加註中，將這個付款的用字，翻譯為「償還」（pay back）。

25 對於耶和華之「身體」的更仔細研究，參黃嘉樑：〈耶和華的身體〉，《山道期刊》總第十九期（2007 年 7 月），頁 3～20。此文對於基督顯現之事件的完全了解和意義蘊涵，極有幫助。

26 出埃及的隱喻和救恩的題旨，也是如同以賽亞書和以西結書之先知書卷的重要主題。這些主題對於被擄後的猶太人深具意義。而耶穌和使徒就是來自被擄後的猶太人羣體。既然耶穌的家譜被分別記載在馬太福音和路加福音中，被擄後的觀念無疑對一世紀的基督徒，也具有相當重要的意義。

27 Dimitris J. Kyrtatas, "The Significance of Leadership and Organization in the Spread of Christianity," in W. V. Harris (ed.), *The Spread of Christianity in the First Four Centuries* (Leiden: Brill, 2005), pp.54～55.

28 George H. van Kooten, "Moses/Musaeus/Mochos and His God Yahweh, Iao, and Sabaoth, Seen from a Graeco-Roman Perspective," in George H. van Kooten (ed.), *The Revelation of the Name YHWH to Moses: Perspectives from Judaism, the Pagan Graeco-Roman World, and Early Christianity* (Leiden: Brill, 2006), pp.107～138。這篇文章和啟示錄無關，但與這段經文卻有極重要的關連。

29 有關人民被處決的犯罪明細表，參 Richard Alston, *Aspects of Roman History, AD 14～117* (London: Routledge, 1998), p.183。參 Suetonius *Domitian* 10～11 和 Dio Cassius 67.11～14。

30 Daniel B. Wallace, *Greek Grammar Beyond the Basics* (Grand Rapids: Zondervan, 1996), p.62；這種建構模仿自《七十士譯本》（Septuagint）。

31 在希臘文中，一章 5 至 6 節的時態明顯改變。由現在式的「愛」，變成「脫離」（freed）和「成為」（made）的不定過去式（aorist）。

32 Peter Stewart, *Roman Art* (Oxford: Oxford University Press, 2004), pp.12～14.

33 「發光的／ χαλκολιβάνω」的複合字，包含了 " χαλκό " 和 " λιβάνω " 兩個字。第一個字代表青銅，是銅和錫的合金。第二個字代表乳香的意思。

34 H. Ulfgard, "In Quest of the Elevated Jesus: Reflections on the Angelomorphic Christology of the Book of Revelation within Its Jewish Setting," in Mogens Müller and Henrik Tronier (eds.), *The New Testament as Reception*, Journal for the Study of the New Testament Supplement, 230 (London: Sheffield Academic Press, 2002), pp.120～130；從耶穌現在像一個天使的圖畫中，看見昆蘭的背景。其實在這個幾乎怪異的形象中（不論是象徵的或異象的），根本沒有甚麼天使的特徵。即便有可能與昆蘭的天使連上關係，小亞細亞的讀者會知道嗎？

35 有關東西走向的討論，參 Andrew Ramage, "The Excavation and Finds," in Andrew Ramage and Paul Craddock, *King Croesus' Gold: Excavations at Sardis and the History of Gold Refining* (Cambridge: Harvard University Press, 2000), pp.73～74。

36 新約學者一般對身體的隱喻和修辭，都缺乏興趣。華人學者中的例外是龔立人：〈教會是基督殘障的奧體（身體）〉，《山道期刊》總第十九期（2007 年 7 月），頁 84～99。整個第十九期的山道期刊，都以身體為討論主題。然而，在一般新約學者之間，有關羅馬人對身體之看法的研究仍不普遍。因為許多人理所當然地認為，羅馬人對身體的看法，與現代人的價值觀相當一致。我認為這是一種錯誤的看法。參 Dale B. Martin, *The Corinthian Body* (New Haven: Yale1995)；這是他極具影響力的著作，努力修正學者對這方面研究的忽略。作者清楚顯示，現代人對身體之看法如何形成。現代人的觀念來自笛卡兒極端的二元劃分定理（參頁 1～6）。

37 有關公元二世紀之加倫的生平討論，參 Rebecca Fleming, *Medicine and the Making of Roman Women: Gender, Nature, and Authority from Celsus to Galen* (Oxford: Oxford University Press, 2000), pp.257～272。

38 Ben Witherington III, *The Paul Quest: The Renewed Search for the Jews of Tarsus* (Downers Grove: IVP, 1998), p.37；美好外貌的證據，可見於修辭家之間。他們盡其所能地以贏家的面貌出現，同時以輸家的面貌攻擊他們的對手。Martin, *The Corinthian Body*, p.35，使用詭辯家為例子，他們經常以攻擊身體上的特徵，來表達他們的對立。

39 Arthur Keaveney, *The Army in the Roman Revolution* (London: Routledge, 2007), p.11.

40 例外，可以包含有雄厚腰部的人。不過，作者似乎指出，腰部不能因為肥胖而完全突出（*Physiognomics* 810）。雖然肥厚的腰部，似乎比較像力量的象徵，但獵人想要獵取精瘦腰部之動物的討論，卻帶出例外。尤有甚者，更多有關腰部至胸部，和胸部至頸部之間的比例討論也指出，假藉亞里斯多德之名（Pseudo-Aristotle）的作者，對於肥胖的表示不滿。

41 參 Keaveney, *The Army in the Roman Revolution*, pp.9～10；有關龐培（Pompey）和凱撒之英雄肖像的討論。龐培是凱撒大帝的敵手，最後被凱撒大帝擊敗。

42 在新約聖經中，死的身體的觀念，常被譯為「死人」（例如，林前十五 21、42）。事實上，這個字代表死的身體，完全沒有任何的生命氣息。希羅世界的來世觀很難想像一個屍體可以復活，遑論一個真正復活的身體。如果基督這個復活的身體，為要將小亞細亞基督徒指向榮耀的來世，那麼基督復活的身體將完全除去，基督徒對於殉道的所有懼怕。

43 有關人類身體的二元觀念，在希波克拉底（Hippocrates）的寫作中表達得最好，因為他認為人的身體是靈魂的容器。參 Fleming, *Medicine and the Making of Roman Women*, p.95。

44 Catherine Edwards, *Death in Ancient Rome* (New Haven: Yale, 2007), p.49.

45 Glenys Davies, "What Made the Roman Toga virilis?" in Liza Cleland et al (eds.), *The Clothed Body in the Ancient World* (Oxford: Oxbow Books, 2005), p.125.

46 Shelley Hales, "Men are Mars, Women are Venus," in Liza Cleland et al (eds.), *The Clothed Body in the Ancient World* (Oxford: Oxbow Books, 2005), p.131.

47 Mary Beard, "Roman street theater," in Catharine Edwards and Greg Woolf (eds.), *Rome the Cosmopolis* (Cambridge: Cambridge University Press, 2003), pp.25～29；作者是一個羅馬方面的歷史學家，她也將宗教、軍事和政治連結在一起。

48 塔西圖（Tacitus）論及，敬拜奧古斯都的神龕在他死後不久就被人設立；但沒有電子郵件和電視的傳播，人民怎麼可能知道呢？更有可能的應該是，這種習俗在奧古斯都生命晚期的時候，已經成為民間宗教了。畢竟，甚至在他還活著時，許多詩人和雕刻的藝術作品，已經將他和其他神明並列比較了。

49 Gradel, *Emperor Worship and Roman Religion*, pp.110, 202～207；這是一個例外。

50 參曾思瀚：《傳到地極——羅馬書初探》（香港：基道，2008）。

51 Susan Walker, *Greek and Roman Portraits* (London: British Museum Press,

1995), p.10.

52 有關這方面的觀察，參 Arthur M. Eckstein, *Mediterranean Anarchy, Interstate War, and the Rise of Rome* (Berkeley: University of California, 2006), pp.181～243。本書為羅馬的鄰邦同樣殘忍的看法，提出令人信服的論證。

53 參 Elaine Fantham, *Julia Augusti: The Emperor's Daughter* (London: Routledge, 2006), p.60。

54 Fantham, *Julia Augusti*, p.60.

55 Paul Zanker, *The Power of Images in the Age of Augustus*, trans. Alan Shapiro (Ann Arbor: Michigan, 1990), pp.45～46。在另一個情況中，馬克安東尼將自己和希臘的酒神相比，因此使奧古斯都的支持者抓到機會，毫不留情地恥笑他是一個酒鬼。然而，毫無疑問地，在小亞細亞的奧古斯都肖像中，也可看見酒神的圖像。參 Susan E. Wood, *Imperial Women: A Study in Public Images, 40 BC～AD 68* (Leiden: Brill, 1999), photo 2。

56 Gradel, *Emperor Worship and Roman Religion*, p.50.

57 Walker, *Greek and Roman Portraits*, p.66.

58 Jas Elsner, *Roman Eyes: Visuality and Subjectivity in Art and Text* (Princeton: Princeton University Press, 2007), p.11.

59 Zanker, *The Power of Images in the Age of Augustus*, p.196.

60 有關雅典娜（Athena）雕像的討論，參 Nigel Spivey, *Understanding Greek Sculptures: Ancient Meanings, Modern Readings* (London: Thames and Hudson, 1997), p.166。

61 Zanker, *The Power of Images in the Age of Augustus*, p.45.

62 Pat Southern, *Domitian: Tragic Tyrant* (London: Routledge, 1997), p.46.

63 Catherine Edwards, "The Art of Conquest," in Catharine Edwards and Greg Woolf (eds.), *Rome the Cosmopolis* (Cambridge: Cambridge University Press, 2003), pp.48～49.

64 David Piper, *The Illustrated History of Art* (New York: Crescent, 1995), p.47.

65 Ronald Syme, *The Roman Revolution* (Oxford: Oxford University Press, 2002), pp.2, 9.

66 參 Gradel, *Emperor Worship and Roman Religion,* pp.306, 312。

67 E. Norman Gardiner, *Olympia: its History and Remains* (Oxford: Clarendon, 1925),

p.159。雕像的模型，參 Judith Swaddling, *The Ancient Olympic Games* (Austin: University of Texas, 1994), p.8。

1 奧古斯都的瑪瑙

這個瑪瑙刻自三層的纏絲瑪瑙。它是第一位羅馬皇帝奧古斯都（公元前27年～公元14年）的一幅畫像中的殘片。奧古斯都的姿態威嚴，他帶著劍帶，左邊還以矛炫耀；這些都象徵他的軍事權威。他的服飾更是象徵性地展現女神密涅瓦（Minerva）。鑲著寶石的頭飾，在中世紀時期才被加上。這個頭飾顯示，中世紀以當時適合的皇冠，來詮釋皇帝的圖像。更重要的是，奧古斯都和神明的關連。這種公然以神明的特徵來描繪皇帝的圖像，可能只是為了讓少數人看見而設計。更確切地說，在血腥的內戰之後，奧古斯都崛起成為獨一的統治者。當時為了讓更廣大羣眾得以看見奧古斯都而設計的圖像（例如，雕像和錢幣上的刻畫），都相當適度，並且在任何一個階段都沒有和神明相連。可見，這個中世紀強調皇帝特徵的詮釋，在歷史事實方面，具有令人意外的正確性。（圖片源自 commons.wikimedia.org）

2 奧古斯都的宗教功能

根據我在哥林多博物館拍攝的奧古斯都照片，我們可以發現一些指出奧古斯都篤信宗教的清楚標示。這兩幅圖片是奧古斯都的雕像。雕像所展現的奧古斯都並不是一位神，但他顯然具有濃厚的祭司功能。這個雕像的重要性不容忽略，因為它代表奧古斯都與哥林多人同在的重要意義。他的服飾顯示他不僅穿著正式的寬外袍，並且戴上頭巾以彰顯他的祭司身分。他的頭巾在胸部之處更明顯可見。它時時提醒哥林多人，奧古斯都的宗教角色。這個雕像是奧古斯都受居民歡迎的實際指標，因為他起初被選為祭司院（College of the Pontiffs）的祭司，後來才被任命為首席祭司（*pontifex maximus*）。因著這個職位，奧古斯都很快地成為希臘運動會的首領。如此說來，奧古斯都很成功地將宗教融入他的帝國野心中。（俞若蘭攝）

二

爭戰中的七教會

2.1 角度二——七教會：教會的問題和處境

無可置疑地，七教會在啟示錄的理解上，扮演重要的角色。七教會的地點強烈暗示，小亞細亞所展現的豐裕財富和帝國贊助。安妮．約翰斯頓（Ann Johnston）在她的考古研究中觀察到：「像別迦摩、以弗所和士每拿等較大的都市，似乎一直都有造幣廠。除了少數的例外之外，亞洲大部分的都市都生產幾種不同類型和金額的錢幣。這一切充分顯示皇帝的富有。」[1] 這幾個都市加上撒狄，也各自擁有不間斷的錢幣鑄造和印模工場。[2] 啟示錄二章以小亞細亞城市的討論為開始，一直到三章的結尾才結束。小亞細亞顯然是宗教的溫牀，因為盧西安（Lucian）這位公元二世紀初期亞述的諷刺作家指出，有遠至印度和巴比倫的人，前來小亞細亞宗教朝聖。[3]

雖然啟示錄模仿書信的格式，但卻沒有完全依照古代書信的寫作慣例。下列兩項證據可以證明，七教會不僅以字義的方式表達具體的意義，並且帶著普世化的修辭功能。

第一，從每封書信的形式來看，這些書信以基督為中心的倫理是普世化的，因為每封書信的結尾都是：「有耳的就應當聽。」（《新譯本》）可見，作者約翰認為七教會的問題，具有普世的意義。現代問題的確切本質未必和七教會相同，但問題的一般性質卻仍然一樣。

第二，從地理角度顯示的通商路徑安排，我們可以安全地推論，這些以完整的內容重新被抄寫的書信，是給當地所有教會誦讀的。這項觀察更肯定我認為，「七」至終指向普世教會的論點。當然，理解的起始點，仍須是七教會的背景。[4] 不過，這些書信顯然不僅為了這七間命名的教會而寫。尤有甚者，將地方性的原則應用於普世的趨勢，清楚揭露耶穌的絕對權威，和七教會預表其他教會的象徵功能。然而，這並不表示七教會只是教會典型而已。她們是真實的教會，但她們也具修辭主題的功能；她們的出現一方面成為其他教會的正面模範，另一方面也提醒其他教會避免可見的弱點。如此說來，這些書信成為特殊和普遍原則的平衡，它包含教會生活的規範和陷阱，可應用於普世的眾教會。後文的討論將顯示，當我們從羅馬帝國的背景來解讀異象時，啟示錄到處都有驚人的倫理生活應用。

啟示錄二和三章屬於一個段落，因為七封書信明顯被送至七教會的使者。然而，同屬啟示錄一書的連貫性，使七封書信與整個地區所有教會的關切密不可分。除了士每拿和非拉鐵非教會之外，其他教會都面臨三個相同的問題：異端、逼迫和屬靈貧乏。另外，大部分的書信也都具有五部分的綱要：基督的屬性、基督的全知、基督的責備、基督的糾正和基督的應許。顯然，給士每拿和非拉鐵非這兩個好教會的書信，就看不見基督的責備和基督的糾正。十分恰當地，約翰將出自七教會地理和社會背景的隱喻，和他在啟示錄一章所接受的基督異象連結一氣。一方面，啟示錄一章引介了二和三章；另一方面，啟示錄二和三章強化了一章以基督為中心的異象。

基督出現在每封書信的開始部分似乎指出，各異其趣的基督圖像直接針對每個教會不同的地點和問題而提出討論。換言之，基督獨特的畫像，成為解決教會問題的部分答案。當我們解讀基督的描述時，我們必須觀察這些書信的爭辯和修辭性質。在保羅給小亞細亞教會的書信中，我們看見以描述基督的方式，帶出教會獨特情境的長久傳統（例如，弗一章；西一章）。書信開始的格式，已經為原始讀者所熟悉。因此，將基督的描述，僅視為基督論的教導（Christological teaching），顯然是一種錯誤。實際上，基督的描述乃是說服讀者，在行動和態度上有所改變的一種寫作策略。更確切地說，在每種情況下，基督的描述具有鼓舞而非僅是教導的功能。只從教導的角度解讀基督，將錯失信息的中心和小亞細亞基督徒（尤其是保羅）的書信的寫作慣例。約翰和他的讀者早已對書信的格式和寫作方式，具有共同的了解。

在處理每個教會的光景時，約翰也使用地理特徵和地方歷史，來例證教會所面臨的問題。下文將針對這方面，作更仔細的討論。如果可能的話，讀者應該盡量從與教會緊密關連的地理和歷史來解讀書信，因為它們共同具有深刻的象徵意義。每封書信都以基督的應許為結語。伴隨著基督的屬性，基督的糾正和應許也為每個教會的問題，提供了答案。

這些書信的安排大致相同，因此本書的詮釋將以約翰安排的標準格式為基礎。在每封書信的結尾，基督的應許為「得勝者」（overcomer）存留。「得勝者」是一種軍事或運動的隱喻，暗含掙扎的意味。如此說來，每封書信都各自展現不同的掙扎圖畫。這也是為甚麼下列段落，以「問題」為開始的原因了。

2.1.1 從背景看以弗所教會的問題

以弗所教會的歷史，可以回溯至使徒行傳的時代。她的背景與宗教、社會體制和經濟歷史相關。新約聖經他處的證據顯示，以弗所乃是由像亞基拉和百居拉等優秀領袖建立的教會（徒十八章）。有些學者建議以弗所的基督教，在保羅抵達以弗所之前已經成立，成立的日期可以遠溯至使徒行傳二章的五旬節（Pentecost）。[5] 總的來說，根據路加的記錄，保羅對以弗所教會的影響極其重大。使徒行傳十八章對於領袖百居拉的重視，無疑顯示女人在以弗所承擔宗教領袖的重要性。以弗所本身就有一個女性的宗教人物：亞底米（Artemis），而在敬拜亞底米的儀式中，也有女祭司存在。亞底米的影響是如此寬廣，以致希臘、非洲、意大利和高盧等地，都有亞底米雕像的複製品存在。[6] 以弗所的基督教信仰，繼續傳遞至提摩太這位領袖身上（提前一 3）。以弗所教會特別以保羅的福音，來對抗當時的異端教義。提摩太前書的討論顯示，當時的教會是由長老和執事領導的組織羣體。在困難和異端教義中爭戰，並且維持神學正直的以弗所教會，成為這類教會的象徵。

出自以弗所的第一個問題徵兆，可見於使徒行傳十九章保羅初訪以弗所的宣教中。因為保羅的福音而大大騷動的以弗所，無疑顯示超越宗教層面的影響力。以弗所城的亞底米宗教，第一次顯示它與保羅福音的正面衝突。事實上，保羅的講道導致全面性的暴動，因為以弗所的經濟可能因為信仰的改變而遭受重大影響。在一世紀羅馬歷史學家迪奧・克瑞索托（Dio Chrysostom）的演講中（Dio Chrysostom *Or*. 31.54），我們看見亞底米神廟的庫房，具有城市銀行的功能。就像現在的銀行一樣，它甚至能夠以收取利息的方式借貸金錢。特里比爾科（Paul Trebilco）認為，出現在使徒行傳十九章 31 節的幾位首長，很可能屬於敬拜皇帝的異教，同時也是富裕的公民。[7] 他的看法誠然相當合理。

既然以弗所是小亞細亞的經濟首都，我們很輕易就能想像，保羅的福音對以弗所及其周圍地區所產生的巨大影響。就建築來說，亞底米神廟是古代奇觀之一，它的尺寸是雅典眾神廟（Parthenon）的四倍之大。[8] 僅是亞底米神廟的大小，就宣告了以弗所的偉大；它遠遠超越像雅典的其他城市。至少，亞底米神廟代表以弗所的成功。因此，翻覆神廟，猶如直接侮辱以弗所一直引以為傲的信仰。換言之，亞底米異教極大影響以弗所的宗教、城市和經濟生活。如果保羅所傳的福音挑戰了亞底米宗教，那麼整個城市的生活都將面臨備受衝擊的危險。

亞底米是以弗所的標誌。她對於跟隨者的慈善屬性，和馬利亞對許多羅馬天主教徒的慈善相似（我完全無意將這兩個宗教連在一起）。因此，對於尋找安全庇護的人而言，亞底米神廟是他們的避難所。在有關以弗所最透徹的研究中，特里比爾科提出亞底米女神受到鄰近地區影響的觀察。[9] 如此說來，這個宗教展現這個地區的融合傾向。

出自以弗所的錢幣，將以弗所稱為「雙重守殿者」（the two-time temple keeper），因為她同時保有亞底米神廟和敬拜皇帝的異教。[10] 雖然這些錢幣屬於約翰寫作啟示錄不久後的年代，但以弗所在小亞細亞的重要性，已經穩固地建立。亞底米和政治的連結，也可見於他處的錢幣。例如，有些慶祝城市間之條約的錢幣，也印有亞底米的圖像。[11] 甚至有一段時期，亞底米異教竟然使敬拜凱撒的異教黯然失色。在公元二十三年，以弗所失去了建造敬拜皇帝神廟的機會，而使士每拿取得這項尊榮，因為以弗所的亞底米異教實在力量太大了。這項證據揭示，亞底米異教和敬拜皇帝異教之間的競爭。根據亞底米的政治影響，羅馬或許認為以弗所不須再有另一所敬拜皇帝的神廟，因為亞底米神廟已經發揮了政治上的功能。如果我的證據詮釋正確，那麼亞底米神廟也具有融合政治的能力。雖然亞底米似乎是福音的主要敵人，但城市的問題（也就是教會的問題）卻超越反對教會的單一來源。事實上，皇帝敬拜也使以弗所成為小亞細亞諸城中的顯要城市。

以弗所是受羅馬贊助的城市。觀察以弗考古遺物的約翰斯頓如此說：「以弗所有大量的希臘銀器和青銅器；而從奧古斯都到加里恩努斯（Gallienus），大量的青銅製品都有皇帝的肖像。」[12]這些肖像顯示帝國支持的重要性。另外，多米田的建築計劃亦展現，混合的愛奧尼亞和哥林多建築風格。如此說來，以弗所之所以被列為七教會之首，部分乃因教會本身的卓越性，和以弗所在經濟、宗教（敬拜假神明）和文化上的優越性。保羅的小亞細亞宣教，尤以以弗所教會為顯著。的確，以弗所擁有的優勢地位，使她成為向鄰國炫耀羅馬力量的代表。

毫無疑問地，以弗所融合了宗教和政治。除了奉獻給凱撒大帝（Julius Caesar）的神廟之外，以弗所也有一個敬拜皇帝的神廟；其中有一尊高達二十四英尺的多米田雕像，他手中握著一支長矛。很有可能地，多米田的圖像與希臘主神宙斯所擁有的雷電有關。另外，奧古斯都神廟和奧古斯都與妻子利維雅（Livia）的雕像，也成為上面市場的主要焦點。這個建築物乃是奉獻給亞底米、奧古斯都和提比留斯的。而體育館本身則是在羅馬時期奉獻的，它具有非常濃厚的羅馬建築風格。以弗所城主辦的運動會始於公元八十九年，也與敬拜皇帝的神廟有關。僅是皇帝的雕像，就有大約五十三尊。[13]敬拜國王的壓力不僅發生在過去的年日，這種持續的傳統早已成為以弗所司空見慣的事。換言之，拒絕敬拜多米田，無異代表拒絕成為一個良好的以弗所居民。

以弗所的猶太人在以弗所建立的會堂不只一家。就像小亞細亞的許多猶太人一樣，猶太人口和耶路撒冷的聖殿維持牢固的關係。而奧古斯都的命令也允許聖殿稅的徵收（Josephus *AJ* 16.167～168）。再次地，宗教、財務和政治無可避免地連接在一起。猶太公民不需服從違犯他們信仰的法律，但這是否包含向皇帝跪拜的法律，仍是一項未解決的爭論。不論真實情況為何，基督徒並沒有享受同等的權利，因為當時基督教並不是一個受到保護的官方宗教。保羅的家庭教會中，有許多基督徒為要獲得與猶太公民相同的保護，經常陷入重新與會堂建立關係的誘惑。這種誘惑的確相當大。

2.1.2 從書信看以弗所教會的問題

在致以弗所教會的書信中，問題的第一個徵兆可見於約翰在一開始對於基督的描述。約翰所描述的基督顯示，祂對於信息和使者具有完全的掌控。這項描述與一般的羅馬宗教體制（特別是皇帝敬拜和亞底米異教）完全有關。

首先，基督右手拿著七星（啟二 1）的描述，雙重地象徵代表羅馬神明的七個星座和七個教會的使者（一 20）。基督完全掌控並且超越羅馬的宗教體制，因為基督的圖畫也與敬拜多米田的異教對立。二章 1 節的七星也指向一個孩童。如同馬提雅爾（Martial）的詩所描述地，王子在空中移動並與七星戲耍。另外，從器物的證據來看，在一個紀念多米田死去之兒子的錢幣上，看見有七星在他頭上。我們知道在同一個錢幣上，多米田死去的兒子被稱為神明。[14] 這是多米田為死去之兒子哀傷的方式，因為他對來世毫無把握。對這些皇帝來說，被奉為神明是觸及永恆的途徑。在這個臭名昭著的錢幣上刻著：*“divvs Caesar Imp. Domitiani F.”*。*“F”*代表*“Filius”*，就是拉丁文的「的兒子」（son of）。因此，錢幣的刻印翻譯為：「神明凱撒多米田的兒子」（拉丁文的英譯是“the son of the divine Caesar Domitian”）。若與自稱為神明“Julius”（即拉丁文的*“divi filius”*）之子的奧古斯都相比，[15] 多米田的確更上一層樓。基督向多米田顯示，祂才是真正的君王；祂的王權不僅涵蓋由奧古斯都開始的過去朝代，並且掌管由多米田控制的現代政權。

基督的圖像也強烈反照以弗所的贊助女神（patron goddess）。約翰不僅提及基督的屬性，他更談論基督的作為。以弗所的所有居民，每年將虛假女神明亞底米放在馬車中遊行。而耶穌卻在七個金燈台「中間……」（啟一 12～13、20 下），並且只有祂的選民可以經歷祂的同在。基督的這些圖像，為要顯示與以弗所教會敵對的所有宗教勢力，而以弗所教會已經成功地抵制這些宗教的影響。甚至有些人假藉使徒的名義，傳講虛假的福音（二 2、14～15）。經文並沒有說明，這些假使徒傳講的異端內容。然而，經文明顯呈現，以弗所教會非常關切一般羅馬宗教體制的影響力。以弗所教會也被一個頗受歡迎的尼哥拉黨所包圍（二 6、14～16、20～25），這些人是否與假使徒有關，就不得而知了。

以弗所教會必須全神貫注地攻擊和抵制有害的宗教體制。不過，她的熱誠可能發生了錯位的問題。因為她在憤怒邪惡異端之同時，沒有以對基督的愛為焦點。問題的起因就是「忘記」（參啟二 5）。「回想」的現在式，代表持續記住的提醒。短暫的記憶對於教會的健康毫無用處。基督提醒教會，祂是終極超越的主。在與基督的關係和攻擊外邦宗教之間，教會當以前者為優先的焦點。

為甚麼約翰呈現這種基督圖像？因為教會必須明白，基督對於天上國度和地上光景所握有的權威和掌控。基督的畫像，似乎成為以弗所教會記得復活基督的有力提醒。不再知道基督的主權，很可能是失去起初之愛的原因。失去起初的愛，很可能導致一種向內生長的信心；這種信心在作見證的更大使命上毫無效果。「得勝」一字指出爭戰中的教會；然而，以弗所教會的爭戰對象並不是魔鬼，而是自己所失去的愛心。起初之愛的喪失，是教會對未來可能產生之影響的致命敵人。最後，將燈台從原處移去，代表燈台失去功能的意思（啟二 5）。任何一個沒有燈台的地方，就沒有光亮。

2.1.3 從背景看士每拿教會的問題

士每拿這個現代的土耳其伊茲密爾（Izmir）省，素來以偉大的希臘史詩作者荷馬的出生地為誇口。[16] 她也是僅次於以弗所的第二大港口。她的重要性使她成為繼以弗所之後的第二個教會。士每拿的建築物以冠冕的形狀，圍繞帕加斯（Pagus）山丘。根據《圖亞納人阿波羅傳》（*Life of Apollonius*），「士每拿的冠冕」是小亞細亞讀者非常熟悉的慣用語。然而，耶穌揭露沒有任何事物是常在的，就像士每拿歷史顯示這個城市的榮耀不斷被毀滅一樣。惟獨耶穌的冠冕是永恆的。另外，「沒藥」（myrrh）一詞來自士每拿的名字，可見她化妝品工業的昌盛。沒藥也被當作異教敬拜的焚香。[17] 地理學家斯特拉波也告訴我們，在小亞細亞頻繁地震之後，被重建多次的士每拿，因此成為神祕鳳凰的象徵。

更重要地，士每拿和撒狄競相爭取建築奉獻給提比留斯的神廟，而她不但贏得建造的尊榮，並且士每拿成為「守殿者」的城市。這個頭銜使士每拿消除了從亞歷山大開始就有的希臘影響。羅馬無疑想要對自己的文化，有比較嚴謹的控制。士每拿非常樂意遵循這種要求。將生命的冠冕賜給士每拿信徒，這賞賜非常合適，因為士每拿是一個象徵鳳凰從灰燼裏復活的城市。鳳凰是來自埃及的傳奇，而埃及的文化則對死亡著迷，所以促成使用沒藥防腐木乃伊的習俗（Herodotus 2.86）。士每拿並沒有被沒藥永遠埋葬與防腐，相反地，她像鳳凰一樣從灰燼中復活。比較之下，基督的死裏復活更顯榮耀，因為祂永遠不再被死亡脅迫。士每拿教會所面臨的壓力，完全來自外部。士每拿有許多銀和鐵的同業公會，可見，士每拿的猶太人，具有非常高等的經濟地位。

有些證據顯示，士每拿也有競技比賽的活動。希馬發現一個碑文聲稱，有個名叫朱利葉斯（Julius Menecles Diophantus）的人，因在搏鬥中表現優異而獲得獎賞。[18] 還有一種搏鬥發生在基督教和地方權勢之間。例如，後期士每拿教會的主教坡旅甲（Polycarp）因為控訴猶太人，甚至在安息日遭害（公元 156 年）。最後，醫治神明（Asklepius）也在一棟漂亮的建築物中被膜拜。因著上述的事實，士每拿居民非常以他們的文學遺產、工業生產、適應能力和商業成就為傲。

2.1.4 從書信看士每拿教會的問題

有關基督屬性的啟示，始於二章 8 節。耶穌被稱為首先的、末後的和死去又活過來的。「死去又活過來」的短語，代表「變成一具屍體，但現在卻繼續活著」的意思。不像外邦異教的生殖神明在季節的變化中，不斷重複死去和復活的過程，基督死後的復活卻是永永遠遠的。城市的背景極端重要，因為基督不像城市需要屢次重建，基督的復活只有一次。基督的復活常久不變。耶穌賜下的醫治的不但真實，更超越掌管醫治的神明（Asklepius）。耶穌首先以自己永恆生命的展現，為相信祂的人提供永恆的生命；祂是所有終將承受永恆生命之人的領袖。基督的圖畫顯示，基督是士每拿所代表之一切的對照。士每拿教會很可能因為來自城市文化的逼迫和來自會堂的毀謗（啟二 9），而備感沮喪。[19] 他們的控告者極其豐富，但他們卻貧窮缺乏。許多人甚至遭受死亡的判刑。[20] 在這樣的光景中，公義何在？然而，基督的圖畫提供了答案。基督是超越一切的終極得勝者。

2.1.5 從背景看別迦摩教會的問題

別迦摩位於士每拿的東北邊，也是今日土耳其的貝加孟（Bergama）。在現今的時代，別迦摩是一個最能保存希臘風格的城市。她的梯形城市設計充滿希臘風格的建築格調，堪稱小亞細亞的模範城市。她的文化也可以和古代的亞歷山太城相比。她的許多文化遺物，現在都被珍藏在德國柏林的別迦摩博物館牆壁中。事實上，有許多羅馬的文化遺物已經被移至博物館，許多文化遺物的日期都早於約翰的時代，但呈現了高度的希臘歷史和影響。別迦摩尤以都市設計和建築物為聞名。由於她是啟示錄七個城市中最被挖掘的一個城市，因此她比小亞細亞其他都市，有更多值得學習的地方。從被挖掘出來的文化遺物中，別迦摩的道德光景躍然呈現在眼前。例如，男人和男童的性行為畫像，可見於發掘出來的器皿中。[21] 現代讀者可能對這項發現深感震驚，但希臘人和羅馬人卻將這種行為視為平常。

別迦摩坐落在圓錐形的山丘上，或許這就是約翰在信中提到「王座」的原因了。別迦摩的衛城可以俯瞰士每拿。當參觀者從下方衛城的主要街道走進城市時，將經過一個公共浴池。而當他經過市場時，將看見宙斯的祭壇，由這個祭壇往上攀登大約二十六個台階，就可以進入神廟。這個祭壇經過重建，並陳列於柏林的別迦摩博物館。別迦摩的紀念碑也畫著希臘人得勝波斯人的戰爭場面。紀念碑上還有一些次要的藝術作品，紀念其他的軍事勝利，例如，希臘人得勝加拉太人的戰爭。顯然，古代宗教將民族主義、種族驕傲和宗教信仰，天衣無縫地結合在一起。別迦摩不過是小亞細亞諸多城市中的一例罷了。這些遺物所展現的信息清楚響亮：神明和希臘人同在。

極其自然地，城市設計者也將可以容納一萬個座位的戲院（八十多排），安排在愛奧尼亞風格的酒神（Dionysus）神廟旁邊。這個神廟就在宙斯祭壇的西邊。[22] 設計者的安排十分貼切，因為酒神是戲院和縱情的神明。戲院是提供社交的場合，人們只要付小小的費用就可以得到娛樂。有時候，甚至窮人都有主人贊助他們，前往戲院觀戲。這種公開場面可以持續一整天。在衞城較下方的醫治神明（Asklepius）神廟，也相當重要。它在大運動場旁邊的位置顯示，別迦摩致力於醫治的熱誠，就像醫治之神的獻身一樣。另外，就在附近的公共浴池，也讓參與者在先熱浴，而後冷浴的交替變化中，增添不少醫治的效果。別迦摩的醫藥傳統產生了著名的古代醫師加倫。他在約翰寫作啟示錄之後不久出生，常被人與古代希臘醫藥的創始者希波克拉底（公元前 460～380 年）相提並論。

更值一提的是赫倫（Heroon）紀念碑。這個紀念碑專門被用來敬拜別迦摩已經死去的君王。早在奧古斯都時期，就有一個神聖的地區專門奉獻給皇帝使用。根據上述的英雄敬拜討論，別迦摩將多米田奉為地方神明的作法，顯示羅馬皇帝和英雄敬拜之間的緊密關連。[23] 奧古斯都的雕像也矗立在別迦摩城中。尤有甚者，凱撒也是神明之一。雖然凱撒的王座似乎在別迦摩，但二章13節指出撒但的王座也在別迦摩。約翰的寫作針對任何一種不敬拜獨一真神的宗教，更深入地提出爭辯。希馬為王座列出五項可能的詮釋，其中包含上述的政治詮釋。[24]

第一，王座可能一般性地指向，別迦摩在異教敬拜中所扮演的重要角色。

第二，王座可能暗示衞城的形狀。

第三，王座可能指宙斯的祭壇而言。

第四，王座可能特別指敬拜醫治之神的異教而言。

第五，王座可能指別迦摩成為皇帝敬拜中心的角色。

這些宗教紀念碑提醒所有的參觀者，神明的確和別迦摩城市同在。約翰的書信警告原始讀者，千萬不要忘記在城內，有另一股邪惡勢力的存在。

觀看別迦摩及其歷史，我們發現英雄敬拜，是一種文化必要。因為加拉太入侵者是一個持續的威脅。對抗這些具威脅性之種族的最清楚標示，就是兩尊雕像。一個是著名的「死亡的高盧人」雕像，它顯示一個死亡的加拉太人。另一個雕像顯示，被擊敗的加拉太戰士自殺的景象。雕像一般被用於宗教的歡慶或皇帝的頌揚。在這個例子中，雕像的主題不僅為了藝術的表現。它更具有慶祝別迦摩擊敗敵人，和尊榮凱撒大帝成功禁止高盧人前進的目的。[25] 因著軍事上的需要，別迦摩有一些運動場專門為訓練戰爭的運動員而設立。別迦摩甚至有一個運動場，專為孩童而設立。毫無疑問地，別迦摩將他們對自身安全的信心，建立在這些「英雄」之上。身為一個具有強大軍事力量的城市，他和兩約之間（Intertestamental period，公元前二世紀）之阿塔利德王國（Attalid kingdom）的關連，為她帶來對付外國入侵者的堅強保護。雖然在羅馬統治之前，有許多爭奪權力的派系戰爭，但阿塔利德王國仍然相當獨立。羅馬本來是同盟國，後來變成殖民地擴展者。

別迦摩也是一個資源非常豐富的城市。別迦摩是一個擁有細薄羊皮紙的城市，這種細薄羊皮紙的名稱（即“parchment”），實際源自別迦摩城的名字。這種細薄羊皮紙是一種書寫的材料，因此展現別迦摩對文學的重視和她的文學成就。她的圖書館號稱有二十萬本藏書，僅次於當時的亞歷山太城。[26] 我們必須記住，書是當時富人收藏的奢侈品。他們常在自己的別墅中，建築私人圖書館以便藏書之用。這種收藏證明希臘統治者的文化。這種動物皮紙的使用，乃是因為禁止紙草（papyrus）進口別迦摩的緣故而產生。當時托勒密（Ptolemies）為要防止別迦摩圖書館太過強大，而發出這項命令。結果羊皮紙竟然比紙草更容易為讀者使用，因為它不需要做成卷軸，反而可以被分成頁數來閱讀。在更方便的羊皮紙「技術」之下，紙草最終遭到被淘汰的命運。

在別迦摩圖書館之外，佇立著奉獻給別迦摩最古老與最重要之女神雅典娜（Athena）的神廟。一個碑文將她描述為「勝利的提供者」，顯示這位贊助女神的重要性。另一個比較次要的女神是地母女神（Demeter, earth-mother goddess），她的神廟座落在城市的周圍。雅典娜超越地母女神的合理解釋，可能與雅典娜具有軍事戰神的形象大有關連。繁殖相當重要，但軍事的防衛更顯重要。敬拜皇帝的異教，也揭露羅馬帝國的強大勢力。[27] 別迦摩和羅馬的關係，可見於她在小亞細亞所佔據的領導角色。因為她擁有奉獻給羅馬城的守護女神和奧古斯都的神廟，所以她是小亞細亞第一個被封上「守殿者」之頭銜的城市。在約翰的時代，別迦摩可能因為成為敬拜皇帝的城市，而在重要性上超越以弗所。根據羅馬和撒但之間的關連，我們可以十分肯定，書信對別迦摩城的判決，也是針對羅馬和撒但的控訴。

2.1.6 從書信看別迦摩教會的問題

二章 12 節的基督屬性，來自一章 16 節的描述。基督這項屬性在許多方面，顯示它的重要性。

第一，二章 13 節提及安提帕被殺。

那些握有刀劍的人似乎是壞人。基督在此，以祂公義的利劍反擊這些惡人。將基督和安提帕連結在一起的圖畫顯示，教會可能因為安提帕的殉道而倍感受挫。殉道的事實反映出，當時刑法制度的建立。在共和政體之後的帝國政權下，死刑的判決更加增多，甚至連公民都可能面臨死亡（例如，保羅）。[28] 然而，真正的問題仍然存在：「如果上帝祝福教會，為何安提帕殉道而死？」約翰將安提帕與基督連結為要顯示，安提帕的死亡例證了像基督一樣的英雄信心。安提帕的死亡就像羅馬士兵勇敢地為祖國而死一樣，不過安提帕認同的並不是羅馬帝國，而是他的主耶穌基督。[29] 縱然世界嘲笑安提帕，安提帕卻是一位得勝者，而不是受害者。在約翰的筆下，基督和安提帕雙雙成為偉大的英雄。

第二，二章 14 節提起上帝的道似乎部分走偏了。

按照受書人的屬靈光景，這把兩刃利劍可能是安慰，也可能是警告。基督絕對會藉著祂的話語的審判，為安提帕復仇。祂也會用這把利劍，和祂所有的敵人爭戰（啟二 16）。基督的屬性為受書人展現可能的選擇。他們必須作出抉擇。雖然「有些人」跌倒，但**整個**教會必須悔改。耶穌的話語是反擊謬誤教訓的利器。別迦摩教會一定在不正確的教導中掙扎。因此，由基督的話語（即利劍）帶出真理的教導，是惟一有效的補救方式。

另外，基督透徹的責備出現於二章 14 至 15 節。它明說「有些人」，因此並非所有的人持守錯誤的教訓。基督只為「一些事」責備別迦摩教會。不像推雅推喇教會一樣，基督為「許多事」責備他們。不過，雖然只有一些人有罪，但整個教會都有消滅異端的責任。約翰在此引用舊約的故事，作為教會敵人的隱喻。在民數記二十二章 18 至 19 節，巴蘭並沒有馬上遣走巴勒的使臣。相反地，他在民數記二十二章 19 節，炫耀他和上帝對話的能力，並藉此表明他的先知身分。

第一，巴蘭的問題與他從宗教使命得利有關。

第二，上帝的憤怒可能與巴蘭蓄意咒詛而非祝福的惡心有關（民二十二 35）。

令人驚訝的是，耶和華的使者竟然叫巴蘭與巴勒的使臣同去。因此，巴蘭的問題並不在於與巴勒的使臣同去，乃是在於他並沒有執行「只要說我吩咐你的話」的先知責任（民二十二 35）。巴蘭的背景顯示，貪婪和驕傲的問題極其明顯。巴蘭的預言可能具有非常強烈的帝國涵義。他的名字很可能具有「吞吃者」（devourer）的意思，因此將他與具有「征服人」（overcome the people）之含義的尼哥拉黨，並列在同一範疇內。這些壞人就像巴蘭一樣是假先知。他們的貪婪、驕傲和錯誤教義，具有顛覆教會的危險。原始讀者應當看清，這些假先知實際是巴蘭的同類。顯然，教會外部有許多假先知，大大傳講異教的諭言。不過，這並不是基督真正關切的問題，因為撒但是幽暗世界的管轄者。基督真正關切的是教會內部的問題。教會內部不應該有假先知出現。教會應該是明白真理，不被謬誤迷惑的地方。

最後，基督的應許出現於二章 17 節的「隱藏的嗎哪」。與祭偶像之物相反，這個嗎哪是一種祝福而不是咒詛。嗎哪是以色列在曠野漂流時所吃的食物。如此說來，「隱藏的嗎哪」是上帝為第二次出埃及的全新供應。「白石」則是另一種特別的殊榮。當競技場的參賽者榮獲一生的獎賞時，他會獲頒刻有"*SP*"的白色徽章。"*SP*"具有「成功通過試驗」的意思。如果競技場的比賽是約翰使用的隱喻，那麼白石就象徵，基督認定信徒為祂的國度所貢獻的成就。教會應該與基督聯合，以共同對抗錯誤教導的威脅。基督的賞賜肯定了行動的必要性。基督不應該單打獨鬥。基督要求別迦摩教會整體，與祂聯手作戰。

2.1.7 從背景看推雅推喇教會的問題

推雅推喇就是現今土耳其的阿卡沙（Akhisar），位居利鋭谷（Lycus Valley）的南邊。除了少量碑文和錢幣的發現之外，推雅推喇算是一個尚未被探勘的城市。推雅推喇由西流古一世（Seleucus I）建立。在「羅馬和平」（*Pax Romana*）之前，推雅推喇一直是不同政權的邊疆軍事前哨。[30] 保羅帶領信主並以賣紫色布為業的婦人呂底亞，就是推雅推喇城的人（徒十六 13～15）。推雅推喇以紫色染料為最聞名，這種染料來自當地的植物。我們無法確定，像呂底亞這種商人在成為基督徒之後，是否會在公會中面臨各樣困難。很有可能的是，在熟悉小亞細亞商業公會的環境下，任何想要完全參與公會的人，都必須違反使徒行傳十五章的使徒教令。因為位居主要道路，加上在約翰寫作啟示錄之前已經有兩百多年的和平時期，致使推雅推喇有足夠的時間，發展成一個小亞細亞相當成功的商業城市。推雅推喇的商業還包括皮革、羊毛、亞麻布和青銅製品。當約翰寫作啟示錄時，推雅推喇的成功幾乎高達歷史頂點。

除了經濟貿易之外，推雅推喇位居主要道路的地理位置，也使她成為軍事防禦的重要設防。推雅推喇的軍事傳統，為城市帶來運動競賽的重要性。她具有三座體育場，專門訓練城市的年輕人。而她的軍事文化，也使英雄敬拜自然成為文化革命的一部分。推雅推喇的城市英雄推林諾司（Tyrimnos），也以坐在馬背上，肩上背著戰爭的斧頭，另一手拿著具有潔淨禮儀意味的桂冠枝葉，而成為錢幣的特徵。這位英雄和城市的守護神關係密切，而守護神的神廟就坐落在城市的前面。

推林諾司被視為城市及其領袖家庭的神明祖先，他同時被視為太陽神阿波羅。既然推雅推喇必須依靠別人的力量，她因此成為依靠羅馬的最佳候選人。奧古斯都一定曾經贊助過推雅推喇的一次運動競賽，因為有一個錢幣專為記念皇帝的贊助而鑄造。推雅推喇的衞城較小，與其他六個城市比起來顯得單薄。推雅推喇也是一個典型的小亞細亞城市。她敬拜多種神明，其中包括阿波羅、亞底米、醫治之神和雅典娜等。雖是較小的城市，但致推雅推喇教會的書信，卻是七封書信中最長的一封。換言之，基督的優先次序與物質無關，而與屬靈有關。

2.1.8 從書信看推雅推喇教會的問題

二章 18 節的基督屬性，包含下列三種描述。

第一，基督的頭銜是「上帝之子」，這個頭銜只在啟示錄出現一次，可見它的獨特性。毫無疑問地，這個頭銜具有雙重的爭辯功能。一方面，它攻擊敬拜洛諾斯（Kronos）神明之子宙斯的宗教；另一方面，它攻擊敬拜多米田皇帝的異教。多米田的兒子被視為神明的兒子，因此多米田自然成為神明。「上帝之子」的獨特出現，表明父上帝是歷史的驅動者，祂全然超越異教信奉和帝國主義。

第二，基督的「上帝之子」的頭銜，也具有另一種重要的功能。我將其成為彌賽亞的倫理用法。這個用法和詩篇二章 9 節的彌賽亞引證非常連貫。不是「上帝之子」，而是詩篇二章 9 節的用語，再次被用於起示錄十九章 15 節的彌賽亞身上。二章 25 至 29 節指出，信徒將和基督同享權威，因為詩篇二章 9 節所描述的不是基督而是信徒。上帝的第一個兒子基督，將收納由上帝的眾子組成的新國度，而這些眾子也將與基督一同掌權。這項觀察非常重要，因為推雅推喇在軍事上的需要，使她必須強烈依靠皇帝的贊助。

第三，基督的兩腳像「光明的銅」。這種青銅極端堅硬和昂貴。十九章 15 節描述，基督的兩腳將要踹上帝烈怒的壓酒池。這個圖像清楚易明，因為在二章 20 和 23 節，基督將向耶洗別和她的兒女執行嚴厲的審判。兒女的提及顯示，異端的散佈已經深植在教會中。教會竟然容忍「耶洗別」「女先知」的錯誤教導（王上二十～二十一章）。她的信息不但錯誤，並且反對約翰這位真正先知的教導。[31] 聆聽者的愛心可能超過限度，因此在沒有責備的情況下，容許這些異端教師自由存在。雖然耶洗別自稱先知，約翰卻稱她為婦人耶洗別。女人在基督教中的角色，與猶太教的大不相同，因為女人是教會所歡迎的會員。在教會中，女人也是受過教育的一分子，因為她們不但有機會學習信仰的知識，並且有機會參與積極的事奉。

然而，當假女先知興起時，我們看見女人濫用權利的例子。女先知應該是教會的正式事奉人員。隨意容忍邪惡的推雅推喇教會，顯然缺乏洞察現實的能力。尤有甚者，舊約的耶洗別是腓尼基人，所以此處的耶洗別，很可能與十八章 11 節的腓尼基商人隱含相關。如此說來，推雅推喇教會和別迦摩教會，同樣沒有能力抗拒外來的影響。就神學方面的總結來說，基督的名字超乎萬名之上；基督的眼目滲透萬事萬物；基督的道路既完美又公平。

儘管這段討論和以行為得救無關，但真正得救的信心，卻有信徒的行為為印證。

在基督的應許方面，二章 28 節明說，得勝的將同享基督的榮耀和影響力。在它處經文，「晨星」描述基督的屬性（啟二十二16）。「晨星」具有多方面的涵義。從異教的角度來看，晨星針對地方異教女神明維納斯發出攻擊，因為維納斯是眾星中最明亮的佼佼者。啟示錄這顆晨星，象徵了新時代的降臨（參二十二16）。尤有甚者，祂引進光明來審判世界的黑暗。總結而言，新時代的降臨將征服所有的黑暗，尤其是偶像所帶來的沉淪。一方面，推雅推喇有善行卻沒有正確的知識；另一方面，耶穌卻同時擁有善心與真知識。

2.1.9 從背景看撒狄教會的問題

撒狄是位居以弗所之東五十英里的城市，也就是今日土耳其的薩爾特（Sart）。將近五十年的時間，撒狄城被挖掘並且進行研究。她位居進入內陸的通商路線上，因此具有相當獨特的優勢。撒狄是一個具有歷史的城市，因為她不易被攻取的戰略性地點，使她成為希臘人重視的戰爭要地。早於公元前八世紀的遺物發現，顯示撒狄深受東方的影響。陶器用品就是最容易看見這種影響的標幟。來自東方的外來影響不但影響撒狄的藝術，並且影響撒狄製造陶器的技術。[32] 若沒有與鄰邦的繁榮貿易，這種影響力不可能形成。撒狄里底亞（Lydia）國王的傳奇金子，也引起許多考古學家的興趣，因為撒狄曾經是里底亞的首都。里底亞人（Lydians）也享有為公元前七世紀地中海世界發明錢幣的美名。

冶金的專家發現，具有錢幣文化的金子品質，和不具錢幣文化的金子品質，呈現驚人的差異。[33] 使用錢幣的文化，顯然比較能夠產生優質的金子。換言之，在約翰的時代，撒狄已經擁有享受豐盛財富的長久歷史。財富和撒狄就像同義字一樣。

拉梅其（Andrew Ramage）簡要道出撒狄的特徵：「金子和撒狄……在古代的記錄中，無可避免地交織在一起。」[34] 這是一項重要的事實，因為金子只在少數地方生產，而撒狄很可能就坐落在金礦山丘之上。為要成功使用金子，使用者必須建立有效生產金子的技術。將金子從自然礦物中分開與提煉出來，牽涉極其複雜的技術問題。如此說來，撒狄是一個具有高度複雜文化歷史的城市。撒狄是一個奢侈、富裕和安舒的城市。物質的外表，常給人帶來許多假象。根據希臘歷史學家希羅多德（Herodotus），富有的國王克羅索斯（Croesus）曾經與公元前七世紀的偉大聖人、政治家和立法者索倫（Solon）相遇。國王克羅索斯發現，雖然自己擁有巨大的財富，但索倫並不認為克羅索斯是一個最快樂的人。從哲學的角度來看，撒狄的確是一個自我滿足的地方。

在約翰的時代，撒狄不再是一個重要的城市。考古學家發現在約翰的時代，錢幣的產量急速驟減。最好的解釋可能是公元十七年的地震，致命性地破壞了撒狄的商業貿易。城市的重建需要時間。在提比留斯皇帝重建計劃的幫助之下，撒狄與士每拿相爭建立敬拜提比留斯的神廟。她所要爭取的乃是「守殿者」的尊榮頭銜。最終，士每拿贏得這場競爭。不過在約翰的時代之後，撒狄也建立了兩間敬拜皇帝的神廟，因此她得以為自己「守殿者」的尊榮地位鑄造錢幣。努力爭取羅馬人的贊助，顯見於撒狄的歷史中。撒狄缺乏主要的建築發展，可能因為她在約翰的時代急需重建沒落的經濟。錢幣方面的發現也顯示，鄰近區域的經濟短缺，因為鄰近地區的錢幣也明顯減少。[35]

過去的歷史顯示，撒狄一向被視為一個在地理和軍事上堅不可摧的城市。有些證據指出，撒狄的金子曾經被用來招募雇佣軍隊，以對抗米甸波斯的侵入。[36] 著名的古列王在一次軍事行動中，必須經過撒狄（Herodotus 1.15ff.）。因此，他懸賞徵召能夠滲透撒狄的英勇之士。剛巧一位軍人看見遺失頭盔的撒狄守衛，下山取回頭盔的路線。因此，古列王的軍隊採取同樣路線，經過懸崖進入竟然無人防守的撒狄缺口。然而，撒狄並沒有記取古列王的歷史教訓。三二〇年之後，安提阿古大王（Antiochus the Great）以完全相同的方式進攻撒狄，因為撒狄的士兵依然只在一處站崗，卻忽略其他堅固地區的防衛。

撒狄也是一個具有多樣性宗教和道德觀的地方。從挖掘者所發現的克羅索斯國王奉獻明細表，我們看見奉獻給位於特耳菲（Delphi）和其他地方之阿波羅神廟的豐富禮物，根據希羅多德，其中有些禮物還是金子（Herodotus 1.92）。[37] 還有一些屢次出現的碑文證據顯示，從公元前六世紀開始，就有敬拜亞底米女神的異教存在。[38] 事實上，早在一九一〇年，具有六十英尺高之巨大圓柱的愛奧尼亞亞底米女神廟，就是哈佛－康乃爾考古隊（Harvard-Cornell team）挖掘撒狄的第一個地方。[39] 與亞底米異教的連結，使撒狄和以弗所有緊密的宗教關係。如同任何一個蒙受希臘影響的城市一樣，撒狄早在公元前六世紀，就有敬拜宙斯的異教出現。撒狄更像許多小亞細亞城市，擁有與大母神區伯利（Cybele）緊密相連的宗教，因為她是撒狄的守護神。[40] 許多陶器模型的證據，也揭露撒狄居民的性行為方式。由模型的發現，我們看見這類藝術品的廣泛生產。[41] 總的來說，撒狄就像大部分的小亞細亞城市一樣：她是一個具有強烈融合性的城市。

2.1.10 從書信看撒狄教會的問題

三章 1 節上是基督屬性的描述。在這幅圖畫中，基督握有七靈和七星。如同我們在一章 4 節的研究所見，七靈很可能就是七星。七星已經於一章 20 節和二章 1 節出現在耶穌的手中。七靈和七星之所以同時被提及，乃是因為他們描述相同的人：使者。這是提醒以弗所教會，注意上帝的啟示的方式（啟二 1）。撒狄教會和以弗所教會有一個相同的問題，就是信仰的倒退。手中握著七星的基督，仍然掌權。撒狄教會可能因為自己的安舒生活，而懷疑基督嚴厲責備的真實性。這就是基督強調信息之超自然性的原因了。在信仰上倒退的主要原因是，沒有將上帝當作上帝，或沒有承認基督的權威和掌控。

根據三章 1 節，撒狄教會似乎是一個死的教會。然而她的死並不明顯，因為她具有活生生的美名。這就是為甚麼耶穌是七靈和七星持有者的原因，因為這些使者是傳遞信息的人。可見，甚至在一個死的教會中，耶穌都具有完全的權威。另外值得注意的是，四章 3 節的「紅寶石」（carnelian）的發音，和撒狄極其相似。事實上，這個字很可能是撒狄之名原來的字根。啟示錄四章的意象，清楚展現上帝偉大的主權。撒狄已經忘記了上帝的主權，這項提醒將再次出現於四章 3 節。

死亡的隱喻極不尋常，因為保羅在過去也使用這個隱喻，來描述一種呆滯的基督教信仰（弗五 14）。約翰重新活化這個隱喻，並將其應用在撒狄整個教會中（啟三 2）；約翰警告教會要甦醒並且警醒勿怠。撒狄教會似乎沒有甚麼屬靈價值存留，因此基督要他們把剩下的堅強起來。屬靈的健忘症，是撒狄教會信仰退後的主要原因（三 3）。撒狄教會就像撒狄城一樣，以健忘為特徵。撒狄教會缺乏與主的認同，因此基督的應許與白色的衣服有關。白衣象徵穿戴者純潔的身分，就像古代羅馬公民所穿的寬外袍一樣。以白衣帶出反對寬外袍的詮釋，似乎針對女人可言。因為許多學者和戴維斯（Glenys Davies）一樣，認為只有娼妓和犯姦淫罪的女人才穿寬外袍。[42] 然而，最近的學術討論指出，這種聲稱的證據並不清楚。[43]

此處的白色衣服不見得強調寬外袍，因為白色可見於與儀式、祭司職責、政府官員、公民身分和婚禮有關的所有衣服中；在這些活動中，白色象徵純潔的意義。在今日的西方，白色仍是這些活動的象徵（例如，婚禮、祭司衣袍、受洗衣袍）。白色預示在啟示錄的終結，將有更美之事來到，因為這些人將以祭司國度的身分（啟一 6），參加羔羊的大喜婚宴（十九 7）。這些身穿白衣的人是天上國度的公民。如今他們以天上公民的身分，活在地上的國度中。既然這裏沒有提到任何一種逼迫，我們可以安全地推測，魔鬼並沒有攪擾撒狄教會。撒狄教會是如此安舒的教會，她對於自己的傷害，遠比魔鬼使用異端來破壞其他教會更甚。

2.1.11 從背景看非拉鐵非教會的問題

非拉鐵非是今日土耳其的阿拉謝希爾（Alasehir）。她是一個時常發生地震的城市，位居撒狄東南方二十八英里之處。誠如我們對於推雅推喇的簡短討論一樣，我們對於非拉鐵非的討論可能更顯簡短，因為我們缺乏文學和遺物方面的證據。一般來說，古代的城市都直接被現代的城鎮所覆蓋。註釋家大致同意，非拉鐵非除了強烈的安那托利亞（Anatolian）特徵之外，還呈現希臘文化的影響。總的來說，非拉鐵非是一個文化綜合的地方。這個特性或許也解釋了，為何猶太人容易在這種文化中生存。這項觀察可以幫助我們明白三章 9 節的陳述。

在公元十七年的區域大地震之後（這個地震也大幅度地影響了撒狄），許多居民逃離自己的家園，並且住在城外的小屋，以避免更嚴重的餘震發生（Tacitus *Annals* 2.47.3～4）。[44] 這種城市建築的模式，在小亞細亞的歷史中似乎十分古老。這種模式其實相當合理，因為房屋密度不大的城市，至少不會有建築物倒塌在其他建築物之上的問題。因此，人民就在城市外面，過起農耕的生活。靠近火山地區的上面部分，富含肥沃的土壤，特別適合良好的農業發展，尤其是葡萄的種植。[45] 優質的葡萄酒生產，肯定為附近弗呂家（Phrygian）鄰居的任何儀式慶典，提供充足的飲酒供應。

如果多米田皇帝在公元九十二年所發表的詔令被加以執行的話，那麼非拉鐵非將是慘遭最大打擊的地區。詔令基本上下令關閉一半的葡萄園，並以種植可食之農作物為取代（即取消與葡萄相關的飲料）。在地震之後，非拉鐵非獲得五年的自由，不用向提比留斯繳納貢物。因為提比留斯大力協助非拉鐵非再次重建，因此為了表達感激之意的非拉鐵非臣子，將自己取了一個「新凱撒利亞」（New Caesarea）的別名。[46] 所以，凱撒敬拜的異教明顯具有存在的理由。較後的教會歷史證據似乎指出，猶太人在禱告中祈求基督徒不可進入上帝的國度。可見，當時猶太人對基督徒的敵意，已經相當強烈了。

2.1.12 從書信看非拉鐵非教會的問題

如果這封書信具有爭辯的性質，那麼基督的屬性如何教導我們，非拉鐵非教會所面臨的挑戰？出現在三章 7 節的基督屬性，具有下列三項特徵。

第一，基督是聖潔的。

基督的屬性不僅具有道德層面的性質，也包含因特殊使命而分別為聖的意義。根據不同的經文處境，新約中的「聖潔」一詞，各自具有不同的使命意義。例如，約翰福音十七章 19 節的耶穌，特別為了成為選民的贖罪祭，而被分別為聖。而在啟示錄中，耶穌分別為聖以行使啟示錄為耶穌帶出的使命，即審判。耶穌成為贖罪祭的時刻已經過去了。如今是審判的時候。

第二，基督是真實的。

從前面幾封不同教會書信的語調來看，小亞細亞實在是一個充斥錯誤信仰的地方。基督的真理不僅堅穩立定，並且能夠駁斥異端。基督的判斷顯示祂的真實，因為三章 8 節明說，基督知道非拉鐵非教會的美善行為。儘管他們有軟弱之處，但基督也知道他們忠心地遵守上帝的話語。受到諸多苦難的非拉鐵非教會雖然最軟弱，卻是最堅強的見證人。基督更知道非拉鐵非的敵人，就是自稱猶太人的撒但一黨（撒但具有控告者的意思），他們專愛說謊話。毫無疑問地，敵人與會堂的關連，讓我們看見許多小亞細亞基督徒所身處的現實。無怪乎，他們時常面臨與會堂重新建立關係的極大誘惑。

第三，基督拿著大衛的鑰匙。

這個意象顯示耶穌掌控進入大衛國度之門。耶穌就是真正的彌賽亞，因此祂可以為非拉鐵非教會的信徒開門（啟三 8）。非拉鐵非的信徒不再懼怕地震，因為他們在上帝的國度中已經有一個安全的永恆居所。他們現在可以驕傲地行走在教會敵人面前。雖然會堂的門已經關閉，但他們現在可以勇敢地進入上帝國度大大敞開的門。

2.1.13 從背景看老底嘉教會的問題

老底嘉是今日土耳其的埃斯基希薩爾（Eskihisar），位居非拉鐵非的東南部，可能是小亞細亞諸城中，最不受希臘文化影響的城市。在約翰的時代，老底嘉的方言仍然盛行。老底嘉在利銳谷（Lycus Valley）的地理位置，使她成為從愛琴海進入安那托利亞高原（Anatolian plateau）的必經路線。[47] 在歷史上，歌羅西是這個地區的首要都市，很可能有一位保羅帶領信主的信徒，在此建立教會。老底嘉的宗教特徵，與附近的一個聖城希拉波立的名字（Hierapolis）互有關連（西四 13）。現在被認為是遺址的希拉波立，她的稱號早就出現在公元前二世紀的錢幣上。她以溫泉聞名於世，因此說明了她在醫治和其他使人寬心的活動方面的普受歡迎。因為擁有兩個羅馬浴池、一個運動場和許多神廟，老底嘉吸引許多前來尋求各種樂趣的廣大羣眾。

老底嘉城市的名字，由安提阿古二世（Antiochus II）的妻子而來。她是盛產烏黑亮澤和柔軟羊毛的富裕城市（Strabo *Geography* 12.8.16）。安提阿古三世（Antiochus III）曾經安頓二千名猶太人在這個地區。有證據顯示猶太人所擁有的金子，可見當時的猶太人口相當龐大（Cicero *Pro Flacco* 28.68）。[48] 這些金子指出兩項重要觀察。首先，老底嘉是一個富裕的城市。事實上，她是弗呂家地區（Phrygian area）的首富城市。[49] 吸引許多猶太人移居此地的最大原因，很可能就是老底嘉的舒適環境。[50] 因為位處地震帶，因此她也受到地震的損傷。最接近約翰時代的地震毀害，當屬尼祿掌權的時代。（然而，資源豐富的老底嘉，拒絕了羅馬政府的援助〔Tacitus *Annals* 14.27〕。）

從現在的老底嘉遺址，可以看見一個龐大的羅馬導水溝渠，非常適合供應城市所需的用水。老底嘉也有一個使用特殊粉末製造弗呂家眼膏的醫學院（Strabo *Geography* 12.8.20）。老底嘉聚居不少猶太人，連當地統治者都沒收他們對耶路撒冷聖殿的奉獻。[51]

老底嘉以銀行、衣服和地毯而聞名。雖然羅馬政府提供重建城市的支援，但財源豐富的老底嘉，卻拒絕羅馬政府的金錢資助（Tacitus *Annals* 14.15）。老底嘉在公元六十年的地震之後，完全憑自己的財力重建廢墟，她的富裕可見一般。

2.1.14 從書信看老底嘉教會的問題

如果書信具有爭辯性，那麼這封書信為我們帶出老底嘉教會的哪些問題？三章 14 節的基督屬性，具有三項特徵。

第一，基督的名被稱為「阿們」。

「阿們」源自希伯來文的“*amet*”。以賽亞書六十五章 16 節，以「阿們」代表上帝的名字。當上帝向約翰啟示這段經文時，祂可能想到一羣具有猶太背景的聆聽者。毫無疑問地，當時有一些猶太基督徒，因為信仰的緣故而被逐出會堂。最初的希伯來文不含母音，因此，「阿們」應該拼為“*amt*”。約翰刻意使用“*amet*”一字，不僅為要顯示有關耶穌的真理，更要展現祂完全掌握歷史的權威。“*A*”和“*T*”是“*amet*”的首尾字母，也是希伯來文字母的首尾排列。“*M*”則代表中間的意思。如此說來，基督從起初到中間以至末了，都是真實的。這其實是閃語表達阿拉法和俄梅戛的方式。

第二，基督是忠信真實的見證人。

忠信真實更進一步展現「阿們」的屬性。基督的特性就是上帝的特性。從另一個角度來看，老底嘉教會剛好是基督的相反，因為她並不忠信。她的行為更是不冷不熱。一般常見的解釋，將不冷不熱視為一種測量屬靈溫度的暗喻。其實這個暗喻和教會的屬靈光景毫無關係。[52] 相反地，水溫的背景和當地的水源供應緊密相關。原來老底嘉的水源，出自利銳谷的希拉波立。上游的希拉波立有許多具有醫治效果的溫泉。而流到下游的歌羅西時，水質非常適合居民使用，因為其中的多種礦物質已經被沖刷乾淨。老底嘉教會就像中游的水源一樣，既不冷也不熱。她不但沒有醫治的能力，也無法供應生命的水源。耶穌寧願他們或熱，可以醫治病人；或冷，可以解人乾渴。但他們卻不冷也不熱。事實上，他們毫無用處。

安適富裕的環境，很可能是導致老底嘉教會不冷不熱的主要原因，因此基督對於老底嘉教會毫無嘉許之言。當基督盡情地讚美非拉鐵非教會時，非拉鐵非教會和老底嘉教會之間的對照躍然呈現。換言之，老底嘉教會是非拉鐵非教會的完全相反。這項觀察幫助我們明白，為何啟示錄一章的基督屬性，沒有出現在最後這兩個教會的書信中。原來，這兩個教會被放在一起，以展現他們在倫理方面的對照。讀者應該注意非拉鐵非教會的優點，並且避免老底嘉教會的缺點。

第三，基督具有「上帝的創造的元首」的地位。

祂是上帝創造的開始和根源。基督至高無上。基督在三章 18 節上，勸老底嘉教會向祂買金子、白衣和眼藥膏。基督的勸告暗示，教會在羅馬的贊助下，從與外邦人的貿易中獲利。老底嘉教會需要更加豐富，但這豐富並不來自世界，而是來自基督的純淨金子（啟三 18）。老底嘉教會也需要身分的認同，但這項認同並不來自社會，而是來自象徵純正信仰的白衣（三 18）。老底嘉教會更需要清楚的異象，但醫藥買賣的眼藥膏不能幫助他們，惟獨洞察全地的「上帝的創造的元首」，才能幫助他們看清異象。可悲的是，他們竟然將這位至高的統治者關在門外（三 20）。基督絕對有權利將門毀壞並且強行進入，但基督卻選擇溫和的方式。凡將門關上的教會，現在必須快快向基督敞開！

2.1.15 七教會問題摘要（I）：背道

背道的觀念與兩類宗教力量緊密相連。外在的宗教力量是其中之一。就如以弗所的亞底米異教，是基督教會的真正威脅，因為這種異教和地方經濟連成一氣。當基督教宣告一神和破除偶像的信仰時，它不僅與希羅宗教的多神觀念對立，更是威脅了城市的商業福利。讀者或許會問：「如果一神論是關鍵議題，為何猶太教對希羅宗教沒有產生任何威脅？」不可見的上帝，的確是猶太教信仰的重要核心。然而，猶太教之所以沒有威脅製造異教偶像的當地工業，乃是因為猶太教並不是一個以傳教為首要使命的宗教。雖然皈依猶太教的信仰改變也的確發生，但卻不像保羅宣教那樣地大幅展開。保羅和他的跟隨者都是積極的福音傳播者和教會建立者。

更確切地說，信仰傳播並不是一世紀猶太教的主要特徵。當外邦人皈依猶太教時，他們必須藉著更像猶太人，才能進入猶太教的羣體。而保羅宣教和小亞細亞教會的作法，卻恰恰相反。保羅和他的跟隨者從耶穌的觀點，為猶太教成為上帝子民的觀念，灌注了嶄新的意義。在不需要任何儀式，只要承認主耶穌基督的一神信仰之下，他們為大批外邦人開展了福音的大門。改信基督教的眾多人數，使先前和當時的任何宗教都黯然失色。而當時羅馬宗教無以數計的神明，以及流傳已久的祖先傳統，更是蒙受了極大的羞辱。基督教的信息內容和傳揚方法，不但主動並且積極，因此被標誌為威脅當地宗教和經濟的顛覆性信仰。在新約聖經中，信仰和文化未必總是相互對立，但常見的衝突卻值得注意。

從上述的討論中，我們看見像外邦異教這種外在力量之所以威脅教會，乃是因為教會先威脅了他們。外邦異教對於基督教的反應，實際來自基督教努力傳揚福音，使人歸信基督的宣教行動。總的來說，基督教的宣教本質，是產生外在壓力的主要原因。

除了外在壓力之外，教會也面臨來自假教師的內在壓力，就像巴蘭、尼哥拉黨和耶洗別的謬誤教導一樣。出自這些人的虛假教導，似乎想要腐敗基督教的基本身分和純淨教義。極其自然地，這類教導源自小亞細亞的各種宗教習俗。具體而言，這類教導引誘信徒離開使徒行傳十五章的使徒教訓（apostolic decree）和道德潔淨。這類教導容許信徒在神廟裏吃祭過的食物，並且放任他們的性淫亂。教會則以下列兩類典型的方式回應這種教導。第一，他們積極抵制這種教導，以致忘記了基督教信仰最重要和最基本的真理（例如，以弗所教會）。第二，他們選擇以妥協教義和容納錯誤教導為對策。更確切地說，他們對於錯誤教導並沒有加以回應。這類教導通常都受到文化的高度影響。

2.1.16 七教會問題摘要（II）：逼迫和社會壓力

羅馬的陰影大量地出現在啟示錄中。她的贊助體制肯定控制了小亞細亞的商業。羅馬的體制要求忠誠，但卻非完全的忠誠，因為小亞細亞的居民也相信其他的宗教。羅馬只要求人民，將羅馬視為忠誠的優先。那些執行羅馬旨意的人，當然要求人民遵守以羅馬為優先的原則。當我們解讀啟示錄時，我們必須了解對古代人而言，宗教和政治常常具有不可分割的關係。正如戴森（Stephen L. Dyson）的所言：「羅馬的宗教是一種人民的活動。」[53] 由哲學的角度來看，宗教是回溯希臘傳統，以合理化現時政府的管道。更具體而言，宗教是許多市井小民與過去連結的惟一方式。在約翰之後不久的偉大希臘地理學家鮑薩尼阿斯（Pausanias），對於神龕及其歷史意義的故事記錄有加。[54] 希臘過去的光榮遺產為羅馬增添了一些古代的色彩，因而成為羅馬受尊敬的宗教根源。

在較低的社會層面，人民必須看到政府官員獻上昂貴的祭物來取悅神明，以獲得佳美的生活品質。事實上，他們還必須獻上額外的祭物，來遮掩祖先的罪過（Horace *Carm*. 3.6）。忽略這些重要事務的地方統治者，將令人懷疑他的政治能力。儘管並非所有的古代政治制度都具宗教性質，一世紀的羅馬政府卻在制度和國家宗教上，蘊涵強烈的宗教意味。我們認為宗教和政治可能分離的假設，乃是我們以二十一世紀的眼光，觀看一世紀而產生的結果。事實上，政教合一並非君士坦丁（Constantine）的新創意。君士坦丁只是創造一種古老制度的君士坦丁版本。前文的例證（例如，錢幣的鑄造）清楚顯示，羅馬公然宣告皇帝是神明，或是某一個神明的兒子。基督教反對羅馬的制度，並不是因為它不愛國，而是因為它積極抵制羅馬所要求的宗教式忠誠。當人回應羅馬所要求的忠誠時，人必定犯下對主耶穌不忠的錯誤。

儘管小亞細亞的道德光景，並不比帝國其他部分更糟，但這地區的道德淫亂，卻為基督徒和猶太人雙雙帶來負面的影響。不像我們的孔子亞洲文化或猶太－基督西方文化，羅馬人並不禁止孩童接觸各種形式的性習慣。他們的性觀念，與今日文化大不相同。因此，當時的基督徒一定遭受許多隨從社會常規的壓力。書信對於性淫亂的討論，是不容詮釋者忽略的現實。我們很難想像扎根於舊約倫理的成熟信徒，會作出道德淫亂的行為。如果保羅和他的跟隨者，為七教會立下了根基（我相信他們的確如此），那麼七教會一定知道這類的性行為，並不符合基督教的信仰。下文的討論將展現，約翰也以性淫亂的隱喻，來比喻其他種類的社會壓力。我相信約翰使用性淫亂的隱喻，乃是因為性淫亂與基督教的道德觀完全相反，同時卻又是整個羅馬帝國盛行的道德觀。總的來說，隨從社會習俗的壓力，對當時教會的確是一項巨大的挑戰。

除了羅馬所造成的外在壓力之外，猶太教也為基督教增添來自會堂的逼迫。如果我們從歷史的保羅來看，我們就不難理解基督教當時的難處。保羅的教會一向具有改變和革新猶太教的聲譽，因為他為猶太教注入以基督為中心的焦點（Christocentric focus）。這方面的觀察，在一些啟示錄的研究中備受忽略。究竟為甚麼猶太教認為，基督教是他們的重要敵人？根據過去的歷史，革老丟在公元四十九年將猶太人逐出羅馬，因為他們與羅馬的基督教信仰似乎有關。自然地，許多像百基拉和亞居拉的人士，都遷移至東方。尤有甚者，有些人為了經商的緣故，更是通過希臘向東進入小亞細亞。猶太人被驅逐的事件，無疑使猶太人對基督徒產生惡感，因為居所的變動和遷移，使他們喪失原有的社會地位。基督教更進一步地成為猶太教的真實威脅，因為它不但與猶太教緊密關連，並且因主動的傳教方式，而有超越猶太教的趨勢。換言之，基督教在下列兩方面，使自己與猶太教形成對立。

第一，它導致猶太人失去在羅馬經營的生意。

第二，它聲稱自己是猶太教信仰的最佳取代。

信仰的改變，不僅因個人的心意改變而產生。若從旁觀者以基督教革新猶太教的角度來看，基督教的根本存在似乎對猶太教產生極大的不利。如此說來，猶太教的反應其實是這種歷史－社會力量的自然結果。

為教會帶來問題的多種壓力，成為毀壞教會基本存在的威脅。在約翰的時代，基督教並不是一個官方認可的宗教。它比較像猶太教的一個教派，與猶太教共享一些相同的宗教信仰和常規。雖然基督教的傳福音運動增長最快，但早期基督教仍然遭受許多負面力量的威脅。在沒有官方宗教的階級結構之下，任何事情都可能發生。對約翰來說，基督教信仰的生存處於極大的危機中。缺乏強烈的身分認同，會使曾經如此有果效的教會宣教，失去它的動力。我們必須了解，教會的傳福音宣教完全取決於她對基督的單一效忠。這種排外的信仰心態，在其他宗教中並不顯著。當皈依和宣教不復存在時，基督教信仰將遭受無可挽救的打擊。在其他選擇所給予的好處之下，放棄基督教信仰的引誘尤其強烈。信徒可能覺得隨從而非偏離社會規範，是比較容易的生活方式。基督教的確偏離一般的社會規範。在啟示錄中，效忠羅馬將為人帶來經濟上的富庶。從猶太人逼迫的角度來看，信徒關切的議題是社會地位和金錢的損失。逼迫讓人在金錢和耶穌，而非羅馬和上帝之間作出選擇。更確切地說，啟示錄的世界突然與今日的世界如此相近，因為在其中，金錢、妥協和政治是如此緊密相連。今日的教會，也面臨相同的挑戰！

2.1.17 七教會問題摘要（III）：屬靈貧瘠

約翰選擇這些大都會城市為受書人，乃因羅馬對城市區域的影響較大。這些城市對基督教的價值觀，行使強烈的壓力。雖然許多詮釋者從城市本身的歷史－社會環境，看見許多七教會的隱喻，但有些詮釋者仍未看清一項明顯的信息：每一個教會都受到各自環境的強烈影響（不論好壞）。比這些隱喻更基本的前提是：教會處在約翰時代的城市中。藉著身處城市的地位，教會成為上帝的城市，而與當地城市形成對立。在新耶路撒冷的較後段落中，將有更多有關典型地上羅馬城，成為隱喻對照的討論。環境的事實的確有可能導致教會的屬靈貧瘠。

屬靈的貧瘠似乎與教會的屬靈光景密切相關。有時候，像以弗所教會的錯誤焦點，將讓基督大為不悅。屬靈的貧瘠也似乎和一些教會的物質光景恰恰相反。例如，富裕和自給自足的老底嘉教會，具有惡劣的屬靈光景。連撒但都不需費吹噓之力來打擊她。然而，她似乎是最富有的教會。換言之，屬靈貧瘠的教會在信仰上妥協，以使她的會員能夠致富。這個問題的中心就是，教會在世界中失去自己的身分。教會成為城市景觀的一部分。這個現象和今日教會的掙扎頗為相似。許多時候，教會領袖不願針對某些議題提出討論，乃是因為他們不想讓教會富有的會員失去生意，因而導致教會奉獻的下降。至終，教會慢慢偏離了自己的身分。

雖然教會在掙扎中，約翰的勸誡卻伴隨著嘉許。甚至連死氣沉沉的教會，都有生命盎然的會員。換言之，那些未受污穢沾染的會員，繼續維持著掙扎中的教會。他們必須留心教會的危險，並且為問題的解決竭盡心力。對所有教會來說，基督繼續要求教會為自己的現時光景負責。只有少數幾位敬虔的會員，自滿於現時的屬靈成熟是不夠的，他們必須執行上帝賦予他們的重要職分。他們必須幫助他們在掙扎中的教會。

2.1.18 七教會問題的總結

致七教會的書信具有兩方面的功能。

第一，他們為教會所面臨的問題，提出解決方法。這些都是非常實際的問題。

第二，他們成為小亞細亞地區所有教會的警告。就像現代語言的說服力一樣，約翰的信息是：「不要像這個教會，要像那個教會」等。

另外，七封書信的內容，都包含下列六個要項。

第一，書信內容講述基督的至高無上。書信的結構指出，基督應該是教會的首要優先。在每封書信中，不論教會是好或壞，基督總是出現在書信的前頭。藉著基督在書信出現的位置，約翰提醒所有教會，勿忘基督在教會所佔的地位。

第二，書信內容提出基督解決各教會問題的全能。出現在每個教會的基督肖像各異其趣，代表基督的屬性對地方教會各自的問題，具有獨特的意義。尤其重要的是，七封書信從啟示錄一章各自擷取基督不同屬性的方式，再次展現基督的獨特屬性，對於個別情況的意義。在後將更深入討論的基督肖像，肯定了基督解決所有教會問題的完全能力。

第三，書信內容說明基督的無所不在。每封書信都從描述基督的第三人稱，轉變至第一人稱的「我知道你的行為」。人稱的轉變顯示，耶穌對於每個教會的親密參與。祂不僅是一個遙遠的「第三人稱」，更是一個與教會十分親近的「第一人稱」。祂的參與揭露祂深知教會好、壞，或醜陋的光景。沒有任何事超乎祂的掌控！

第四，書信內容強調基督的公義。書信中的獎賞與懲罰制度顯示，甚至在有問題的教會中，都有忠實於基督的個別信徒。可見，基督認識那些留在掙扎中之教會的個別信徒。更確切地說，上帝將一些忠實的個人留在不忠實的教會中，好讓教會成為更好的地方。

第五，書信內容言及每個教會的責任。書信中的獎賞和懲罰制度顯示，每個教會都必須共同地為自己的屬靈健康來負責。雖然有忠實跟隨基督的個別信徒，但整個教會必須為自己所創造的環境來負責。

第六，書信內容挑戰教會的爭戰能力。「得勝」的字彙指出，教會在爭戰中。教會的爭戰對象有時是外在的問題（例如，融合），有時卻是自己的問題。從外邦人的角度來看，融合主義十分容易明白。但除了猶太人之外，很少人能夠明白一神論（monotheism）的涵義。現在竟然連外邦人都接受這種觀點，對教會外大多數的多神論者來說，皈依基督教實在是一件令人困惑的事情。另外，參與公會的偶像敬拜將帶來財富，但卻必須付上昂貴的屬靈代價。到底這樣的行為，有甚麼害處呢？！！啟示錄的洞察的確適切不同時代的信徒，因為在教會歷史上，融合主義甚至在約翰死後仍然繼續蔓延。如此說來，教會是一個持續爭戰的有機體，她在地上嘗試正確地代表基督。這種掙扎將永不間斷，直到基督再來。只要基督尚未再來之前，啟示錄這封書信的原則，將繼續對歷世歷代的教會，產生適切的應用性。

註釋：

1 Ann Johnston, “The Greek Coins,” in T. V. Buttrey et al (eds.), *Greek, Roman, and Islamic Coins from Sardis* (Cambridge: Harvard University Press, 1981), p.1.

2 Johnston, “The Greek Coins,” p.6.

3 Jas Elsner, *Roman Eyes: Visuality and Subjectivity in Art and Text* (Princeton: Princeton University Press, 2007), p.21.

4 Jörg Frey, *Die johanneische Eschatologie I*, WUNT 9 (Tübigen: Mohr, 1997), pp.412～413；這稱為末世觀的個人化和集體用法。我相信根據新修辭模式，作者「兩者兼具」（both-and）的方法十分合理。

5 例如，Paul Trebilco, *The Early Christians in Ephesus from Paul to Ignatius*, WUNT, 166 (Tübingen: Mohr, 2004), pp.107～110。亞波羅出現在使徒行傳十八章的證據，可能指出在保羅抵達之前，已經有某種基督徒羣體存在。

6 Elsner, *Roman Eyes*, p.236.

7 Trebilco, *The Early Christians in Ephesus from Paul to Ignatius*, p.166.

8 更多討論，參 John and Elizabeth Romer, *The Seven Wonders of the World* (New York: Henry Holt, 1995)。

9 Trebilco, *The Early Christians in Ephesus from Paul to Ignatius*, p.24。這項優質的研究是特里比爾科的博士論文，經過修正之後的版本。它仍然是近代這方面主題的最透徹研究。

10 有關這個主題的完整研究，參 Steven J. Friesen, *Twice Neokoros: Ephesos, Asia and the Cult of the Flavian Imperial Family* (Leiden: E. J. Brill, 1993)。

11 Trebilco, *The Early Christians in Ephesus from Paul to Ignatius*, p.27.

12 Johnston, "The Greek Coins," p.1.

13 Trebilco, *The Early Christians in Ephesus from Paul to Ignatius*, p.35.

14 參 Michael Grant, *Roman History from Coins: Some Uses of the Imperial Coinage to the Historian* (Cambridge: Cambridge University Press, 1958), plate 10.6～7。

15 有關奧古斯都錢幣的印版和討論，參以下的權威研究：Paul Zanker, *The Power of Images in the Age of Augustus*, trans. Alan Shapiro (Ann Arbor: Michigan, 1990), pp.34～36。

16 Colin J. Hemer, *The Letters to the Seven Churches of Asia in Their Local Setting* (Grand Rapids: Eerdmans, 1989), p.57.

17 有關這方面的議題，參 Hemer, *The Letters to the Seven Churches of Asia in Their Local Setting*, p.58。

18 Hemer, *The Letters to the Seven Churches of Asia in Their Local Setting*, p.69；書中載有精確的碑文內容。

19 注意二章 9 節有關撒但的雙關語。在希伯來文中，撒但代表「毀謗者」的意思。在此，那些屬撒但一會的人，也是「毀謗者」。這些猶太人是撒但的兒女。

20 下在「監裏」代表等待行刑的死囚。當時的監獄制度和現代的不同，因此囚犯不會被判決坐監。他們不是被送去勞改，就是在監獄裏等待死刑的處決。「冠冕」一字常指，帶在死者頭上以尊榮死者的冠冕。但在此，冠冕不僅指死者的冠冕，也是得勝者的冠冕（就像奧林匹克競賽一樣）。死亡是一個人接受冠冕或賞賜的時刻。

21 John R. Clarke, *Looking at Lovemaking: Constructions of Sexuality in Roman Art, 100 B.C.～A.D. 250* (Berkeley: University of California, 1998), p.36, figure 7；這裏顯示一幅出自公元前二世紀晚期的畫像。在它處發現的類似畫像，可以證實這幅畫像的真實性。

22 愛奧尼亞風格起源自公元前五至六世紀的希臘。它比古典的多利斯（Doric）風格，更帶裝飾的意味。它的主要特徵是圓柱的頂端，具有兩個稱為凹槽的圓圈。它的修長之美，和較厚重與較單調的多利斯風格成為對照。從象徵的角度來看，根據奧古斯都時代的著名建築家維楚維斯（Vitruvius），愛奧尼亞風格比較女性化，而多利斯風格則比較男性化（*De Architectura* 5）。

23 這似乎非常普見於小亞細亞。有關老底嘉錢幣的樣本，參 Steven J. Friesen, *Imperial Cults and the Apocalypse of John: Reading Revelation in the Ruins* (Oxford: Oxford University Press, 2001), p.62 figure 4.2。

24 Hemer, *The Letters to the Seven Churches of Asia in Their Local Setting*, pp.84～85。更多皇帝敬拜的詮釋，參 Harald Ulland, *Die Vision als Radikalisierung der Wirklichkeit in der Apokalypse des Johannes: Das Verhaltnis der sieben Sendschreiben zu Apokalypse 12～13* (Berne: Francke, 1997), pp.78, 83。

25 事實上，高盧人後來已經十分厭倦於他們為與凱撒作戰而投入的耗損投資。整個土地大大受苦，他們也沒有必要更進一步地瓦解社會，因此他們降服於凱撒大帝的統治之下。參 Kate Gilliver, Michael Whitby, and Steven Saylor, *Rome at War: Caesar and His Legacy* (Westminster: Osprey, 2005), p.96。

26 更多背景資料，參 David E. Aune, *Revelation*, WBC (Dallas: Word, 1997), p.180。

27 更多資料，參 Allen Brent, *The Imperial Cult and the Development of Church Order: Concepts and Images of Authority in Paganism and Early Christianity Before the Age of Cyprian* (Leiden; Boston: Brill, 1999)，以及較舊但極有價值的著作：J. Nelson Kraybill, *Imperial Cult and Commerce in John's Apocalypse*, Journal for the Study of the New Testament Supplement, 132 (Sheffield: Sheffield Academic Press, 1996)。直至二十世紀中至晚期，有關敬拜羅馬皇帝的異教研究，不是被歸類為無甚價值之國家宗教週邊研究，就是從基督教的角度來觀察。因此，沒有太多有幫助的資料，與啟示錄相連。

28 O. F. Robinson, *Penal Practice and Penal Policy in Ancient Rome* (London:

Routledge, 2007), pp.187～188.

29 在帝國的情境中，為羅馬而死的榮耀非常重要。參 Catherine Edwards, *Death in Ancient Rome* (New Haven: Yale, 2007), pp.20～22。希臘人更是超越羅馬人，給予那些為軍事理想而死的人，極高度的讚揚。

30 Ramsay, *The Letters to the Seven Churches* (London: Hodder and Stoughton, 1907), p.323; Hemer, *The Letters to the Seven Churches of Asia in Their Local Setting*, p.107.

31 Paul B. Duff, "Wolves in Sheep's Clothing: Literary Opposition and Social Tension in the Revelation of John," in David L. Barr (ed.), *Reading the Book of Revelation: A Resource for Students* (Atlanta: SBL, 2003), p.66。在這篇文章中，爭辯的意味尤其清楚。

32 以歷時性（diachronic）的次序排列的陶器明細表，參 Judith Snyder Schaeffer, Nancy H. Ramage, and Crawford H. Greenewalt, Jr., *The Corinthian, Attic, and Lakonian Pottery from Sardis* (Cambridge: Harvard University Press, 1997)。

33 P. T. Craddock, "Historical Survey of Gold Refining," in Andrew Ramage and Paul Craddock, *King Croesus' Gold: Excavations at Sardis and the History of Gold Refining* (Cambridge: Harvard University Press, 2000), p.31.

34 Andrew Ramage, "Golden Sardis," in Andrew Ramage and Paul Craddock, *King Croesus' Gold: Excavations at Sardis and the History of Gold Refining* (Cambridge: Harvard University Press, 2000), p.14.

35 A. Johnston, "The Greek Cities," in T. V. Buttrey, Ann Johnston, Kenneth M. MacKenzie, and Michael L. Bates (eds.), *Greek, Roman, and Islamic Coins from Sardis* (Cambridge: Harvard University Press, 1981), pp.3～4.

36 Ramage, "Golden Sardis," p.18.

37 Ramage, "Golden Sardis," p.20.

38 Johnston, "The Greek Cities," p.7.

39 Ramage, "Golden Sardis," p.23。一些建築物細節的新近繪圖，可見於 Crawford H. Greenwalt, Jr. et al (eds), *City of Sardis: Approaches in Graphic Recording* (Cambridge: Harvard University Art Museum, 2003)。圓柱的建築，參 Greenwalt (ed.), *City of Sardis*, pp.82～83。這些柱子比以弗所亞底米神廟，和雅典衛城中許多神廟的柱子來得高。

40 Stephen Smalley, *Revelation* (Downers Grove: IVP, 2005), p.80.

41 Clarke, *Looking at Lovemaking*, p.37, figure 8.

42 Glenys Davies, "What Made the Roman Toga *virilis*?" in Liza Cleland et al (eds.), *The Clothed Body in the Ancient World* (Oxford: Oxbow Books, 2005), p.128.

43 Liz Cleland, *Greek and Roman Dress from A～Z* (London: Routledge, 2007), p.154；這裏為寬外袍為何與不道德之女人有關聯的說法，提出另一種解釋。寬外袍本身無法遮掩女性的身軀線條，因此應該只供男性穿用。可敬的女人會穿著另一種衣服來隱藏自己的曲線，以避免男人的注視。例如，有道德的羅馬已婚女子會穿一種稱為"*stola*"的外衣，以避免男性的注視。可見，穿寬外袍之女性的道德議題（如果真有人如此穿著），是隱含甚或隱喻的，而不是真實的。

44 Hemer, *The Letters to the Seven Churches of Asia in Their Local Setting*, p.156.

45 Hemer, *The Letters to the Seven Churches of Asia in Their Local Setting*, p.155.

46 "Philadelphia," in *International Standard Bible Encyclopedia* (Grand Rapids: Eerdmans, 1995).

47 Hemer, *The Letters to the Seven Churches of Asia in Their Local Setting*, p.178.

48 Hemer, *The Letters to the Seven Churches of Asia in Their Local Setting*, p.182.

49 Smalley, *Revelation*, p.95.

50 Hemer, *The Letters to the Seven Churches of Asia in Their Local Setting*, p.183；這裏引述後來的拉比文獻，聲稱猶太人因為老底嘉奢侈的生活而大量移入老底嘉城。

51 Hemer, *The Letters to the Seven Churches of Asia in Their Local Setting*, p.182.

52 更多資訊，參 M. J. S. Rudwick and E. M. B. Green, "The Laodicean Lukewarmness," in *ExpT* 69 (1957～1958), pp.176～178。

53 Stephen L. Dyson, *Community and Society in Roman Italy* (Baltimore: Johns Hopkins, 1992), p.157.

54 Jas Elsner, "Structuring 'Greece'," in Susan E. Alcock, John F. Cherry, and Jas Elsner (eds.), *Pausanias: Travel and Memory in Roman Greece* (Oxford: Oxford University Press, 2001), pp.19～20.

三

敘述的社會和歷史背景

3.1 角度三——社會敘述情節的角度

上述所有的討論，都與歷史資料和背景緊密相關。另外，情節設計如何在約翰異象的敘述中展現功能，也是不可或缺的重要觀察。讓我再次強調，異象的敘述次序，乃是根據約翰觀看異象的次序而定。因此，情節所包含的許多小故事，必須在整個異象的聆聽之後，才能清楚了然。

第三個角度將幫助我們明白，如何應用約翰故事的情節。在大部分的故事中，情節都以人物必須面對的問題為開始。接著，每個人物針對問題的回應，扮演自己的角色。最後，敘述者（啟示錄中的約翰）帶出結果，好為整個故事闡釋正面與負面的道德教訓。根據最終的結果，敘述者為讀者提供消極的警告或積極的勸勉。

觀察啟示錄敘述情節的最佳起始點，就是二十章的千禧年。這一章經文值得我們稍加研究，並將其當作啟示錄的摘要情節。這個故事以天使捉住魔鬼並將牠綑綁在無底坑為開始（啟二十1～3）。在此之後，約翰看見殉道者和基督一同作王一千年

（二十 4～6）。一千年過後，撒但以迷惑的手法聚集上帝的敵人，接受上帝永恆的審判（二十 7～10）。比爾（G. K. Beale）以最令人信服的論證，將千禧年視為教會時代的隱喻。[1] 他以啟示錄十二章 7 至 11 節和此段經文（二十 1～10）在結構和主題上的相似，為他的論證基礎。[2] 這兩處經文雙雙包含天上景象（十二 7，二十 1）、天使和魔鬼的戰爭（十二 7～8，二十 2）、魔鬼被驅逐到地上（十二 9，二十 3）、魔鬼被釋放並欺騙地上列國（十二 9，二十 2～3、7～8）、時間的短暫（十二 12 下，二十 3）、魔鬼的傾倒（十二 10，二十 4），以及聖徒的掌權（十二 11，二十 4）等平行內容。

除了比爾的論證之外，巴比倫的討論也適切約翰的時代背景。十七章 8 節提及，獸將要從無底坑上來，然後走向滅亡。獸從無底坑上來的時間顯示，當巴比倫在約翰時代大佔優勢的時期，邪惡的力量可能十分猖狂。與一般誤解完全相反，啟示錄的無底坑並不是地獄。「硫磺的火湖」反而與現代基督徒的地獄觀念較接近。事實上，無底坑是一個限制極度邪惡的地方（啟九 1～2、11，十一 7，十七 8），而不是硫磺的火湖（二十 10）。如此說來，撒但被捆綁在無底坑，代表牠的力量受到限制。對約翰的時代來說，十七章 8 節最合理的假設應是，基督在地上持續打擊撒但邪惡工作的時期。硫磺聽起來很像所多瑪毀滅的旁徵，不過在此硫磺代表永恆的毀滅（參十一 8；創十九 24）。聖徒在中間階段（intermediate state）的掌權，也合乎啟示錄七章和十四章的圖畫。二十章 7 至 10 節的最後戰爭，是十九章 19 至 21 節的重述。如此說來，從啟示錄的結構設計來看，在轉接進入新天新地之前，千禧年的故事是觀察情節摘要的最佳經文段落。

在觀看啟示錄任何部分或全書的情節之後，詮釋者必須根據原始讀者的經驗來理解這些情節。文學和遺物方面的證據，成為理解原始讀者經驗的最佳進入。文學大部分由上層社會的角度寫成。而遺物的證據，則代表上層社會和市井小民的綜合觀點。所以，這個被稱為原始讀者經驗的複雜網絡，的確揭露原始讀者對於啟示錄故事的反應。從這個角度來看，啟示錄的文本是一種社會敍述，因為它也帶出了原始讀者的社會世界。本書的敍述刻劃將觀察平衡的證據，以了解啟示錄的人物如何傳遞啟示錄的信息。

在解讀和收集背景證據時，小亞細亞公民的社會經驗和一般人所知的羅馬城是非常重要的考慮（來自多重的資訊泉）。經由讀者世界的資料檢視，我們可以觀察原始讀者如何在社會的情境中，經驗從無底坑被釋放出來的魔鬼所行的邪惡作為。換言之，啟示錄的信息和讀者的社會經驗緊密相連。雖然啟示錄的原始讀者大部分是不識字的市井小民，但戲劇的觀賞和詩歌朗誦的聆聽經驗，已經為他們的敍述世界灌注了豐富的文本資訊。誠如本書即將展現的，社會經驗是啟示錄原始讀者詮釋啟示錄的重要資訊庫。

社會經驗來自階級的區別和城市的都市計劃。這種區別是創造社會禮儀意味所不可或缺的。社會的尊嚴必須依靠這種區別來保存。因此，當我們在後文觀看城市的意象時，羅馬都市化的討論將緊隨出現。而當我們觀看女人的意象時，性和性別角色也將一併出現。儘管有些主題似乎毫不相干（例如，女人和建築物），但啟示錄的敍述情節卻經由創意的刻劃將它們連結在一起。性別和城市的象徵世界將展現，撒但如何工作以及聖徒要如何得勝牠。本書將由這個層面探討啟示錄，以從啟示錄的象徵世界尋出重要的信息。

另一種詮釋啟示錄情節的方法，就是歷史的比較（comparative approach on history）。羅馬歷史雖由上層社會的角度寫成，但它依舊反映羅馬居民的日常生活。當時並沒有基督教日期和「公元」作為記載的根據，因此羅馬人時常根據執政官，來記錄歷史的年代。事件的發生都在羅馬利益代表者的嚴謹控制之下。換言之，他們「製造」歷史。如此說來，在缺乏更好的描述之下，歷史成為掌握政治權力者之所有事迹的循環記載。這些事迹可能偉大，也可能極其平凡。相反地，啟示錄顯示另一種運行的權力，它將歷史帶至最高點。無怪乎早期教會將啟示錄放在正典的最後部分，不僅因它較晚的成書日期，更因它成為**整本**聖經之一部分的神學功能。

舊約對啟示錄的影響，導致早期教會異端馬吉安（Marcion）將啟示錄排斥於正典之外這種錯誤的做法。尤其顯著的影響，可見於來自出埃及記的故事和但以理書的預言。凡認為但以理書的預言應驗在啟示錄的人，都將啟示錄視為上帝的計劃的最後揭曉。約翰和符類福音的作者，在但以理書的天啟詮釋上，具有相同的看法。最明顯的平行經文如下：馬太福音二十四章 30 節，二十六章 64 節；馬可福音十三章 26 節，十四章 62 節；和路加福音二十一章 27 節。就正典和神學的角度來看，啟示錄成為聖經最後一卷書的地位，實在完美無缺！尤有甚者，基督教和羅馬的兩類歷史觀，顯示出兩類意識理念和兩個國度的衝突。身為整本聖經的最後部分，啟示錄直接對照了聖經的歷史觀和異教的歷史觀。

註釋：

1 G. E. Ladd, *A Theology of the New Testament* (Grand Rapids: Eerdmans, 1974),

p.630；這裏從新約聖經的其餘部分來論證，教會時代是一個暫時的國度。他的神學論證使象徵的詮釋站得住腳，但比爾的文學論證還是最有力。

2 G. K. Beale, *The Book of Revelation: A Commentary on the Greek Text* (Grand Rapids: Eerdmans, 1998), p.992.

四

綜合信息──啟示錄的立體觀

當我們將前言、結語和七教會與背景相連時，一幅生動的圖畫躍然呈現在我們眼前，使我們得以詮釋啟示錄全書。約翰要求聆聽者注意他的異象。

首先，約翰聲稱基督徒的身分是「國度和祭司」。這是出埃及記十九章 6 節，用來描述以色列是上帝的子民的語言。國度顯示子民事奉君王，而祭司則是專職事奉的人。這些人必須明白，他們只隸屬於一位君王── 耶穌基督。他們必須在以色列的救恩歷史傳統中，認同自己是上帝之新子民的身分。披戴新身分的基督徒，必須了解活出上帝子民身分的涵義。「國度和祭司」的語言顯示，啟示錄使用的語言可以由其字面展現象徵的意義。更進一步地說，啟示錄中的所有暗示，都具有相同的傾向。與多米田相反，有誰可以被稱為「我主，我上帝」？在這個簡短的異象中，耶穌顯現真主和真神的榮耀（參 Suetonius *Domitian* 13）。多米田不是上帝也不是主，惟獨耶穌是真正的主與上帝！

究竟上述三種角度，與詮釋啟示錄刻劃的新修辭模型（New Rhetoric model）有何關係？事實上，彼此之間有非常緊密的關係。因為圖像時常很含糊，它們可能創造一些非作者心意的意義。所以，這三種角度提供不可或缺的界限，來控制可能過度狂野的啟示錄圖像。

我將一貫地使用這些綜合角度，以從基督、教會和他們的敵人的刻劃中，擷取約翰所要傳遞的信息。從後面兩者（即教會和敵人）與基督的關係，我們將看見教會是正面的模範典型（exemplar model），而敵人則是負面的典型模式（prototype model）。[1]

註釋：

1. Don Operario and Susan T. Fiske, "Stereotypes," in Rupert Brown and Samuel L. Gaertner (eds.), *Blackwell Handbook of Social Psychology: Intergroup Processes* (Oxford: Blackwell, 2001), pp.28～29；從社會心理學的角度，提出模範典型和典型模式的兩個措辭。這兩位作者的文章，也清楚解釋任何一種「典型」（type）都會造成某些社會結果的事實。西方的社會心理學，大多數較專注在種族問題的觀察上，因此對於新約聖經中的非種族議題，僅能提供有限的洞見。它倒是極能幫助我們理解，作者、文本和讀者之間的關係，因為所有的溝通都各具不同的社會情境。在這個例子中，我發現典型和社會結果之間的關聯，必定影響了啟示錄的讀者。約翰所創造的模式，必然具有說服的效果。然而，為本書的寫作目的，我必須重新定義這兩位作者所提出的模式。更確切地說，模範典型具有為所有「局內人」（在啟示錄中，即指小亞細亞的基督徒），設立可以遵循之模範人物的目的。而典型模式則具有告知讀者，某種人（在啟示錄中，即指基督的敵人）將是何種樣子的目的。兩類模式各具不同的說服目的。第一種模式的目的，乃為說服人去遵循；而第二種模式的目的，則為說服人逃避或抵制。我相信這種模式在如何應用啟示錄似乎難以理解的異象方面，會給我們極大的幫助。有關種族歧視的討論，參 David Wilder and Andrew F. Simon, "Affect as a Cause of Intergroup Bias," in Rupert Brown and Samuel L. Gaertner (eds.), *Blackwell Handbook of Social Psychology: Intergroup Processes* (Oxford: Blackwell, 2001), p.153。

第二部

兩類女人的故事

引　言

討論刻劃時，「陳腐的用詞」（stereotype）特別值得注意，因為它是針對某個特定人物的負面刻劃。這類負面肖像大部分來自不正確的資訊和誤解。如果我們採用一般人對「文明」羅馬人的想像作為詮釋根據，那麼我們對壞人的刻劃將顯離譜與錯誤。那麼到底哪種羅馬畫像是正確的？羅馬是否只在逼迫基督徒時，才顯得邪惡？還是她對當時社會有更寬廣的負面影響？在啟示錄中，約翰使用壞人來廣泛刻劃基督的敵人。

一般來說，西方教育主要以希羅文化為中心，因此西方人對於羅馬文化抱持一種比較正面的看法。這種觀念展現一幅羅馬人是高度文明的畫像。羅馬尤其以「羅馬和平」聞名於世。然而，如果我們深入觀察隱藏在過度樂觀之羅馬畫像的背後——甚至在「羅馬和平」時期——我們將看見另一幅截然不同的羅馬畫像。這段討論將斷然顯示，約翰對當時社會所彩漆的圖畫，比一般西方對於羅馬的想像，來得更為真實。約翰的信仰所產生的社會經驗，成為他刻劃敵人羅馬的基本架構。約翰對「局外團體」（out group）的羅馬和她忠誠跟隨者那邪惡化的刻劃，實際不帶個人的偏見，乃是無可否認之社會現實的寫照。他的信息清楚已極：基督徒應該盡一切力量避免或抵制敵人的典型模式。

一

故事摘要

女人的故事是主導啟示錄的故事之一。以漢弗萊（Edith M. Humphrey）為代表的一些學者，注意到約翰至少於啟示錄的寫作中使用三位女人。顯然，約翰極為藝術地使用這些意象，來對照教會及羅馬世界的不同價值觀。[1] 許多近代的研究發現，女人畫像所代表的涵義，其實遠超藝術層面的表達。在更進一步的觀察之下，我們發現女人的畫像亦具社會性的功能，因為它指出了家族譜系、社會地位、行為模範，以及男性對於女性的完美想像。約翰對於女性的描繪，也未離開當時的傳統觀念。

如同保羅在加拉太書（加四章），使用撒拉與夏甲為例子一樣，在約翰的時代，以女人為象徵或預表的寫作方式，並非不尋常之舉。在啟示錄中，羅馬是所有失敗者的領袖，而新娘則是所有得勝者的領袖。約翰的寫作，很有可能是他對當時羅馬帝國的一種回應。約翰沒有被羅馬帝國的榮耀所蒙蔽，他看見羅馬這位大淫婦的真面目。由羅馬的錢幣中，我們看見羅馬城的守護女神（Roma）的雕像，她是代表羅馬帝國主義的一個重要人物。許多羅馬人瘋狂地膜拜羅馬城的守護女神，但約翰卻以輕蔑的態度唾棄她的存在。在約翰的爭辯中，啟示錄不但是一本攻擊羅馬帝國的政治註釋，它更是批判教會及世界屬靈光景的剖析透視。

當釋經者將啟示錄的爭辯語調，視為釋經的重要考慮時，啟示錄十二章的婦人為釋經者帶出了幾種令人好奇的釋經選擇。有些人認為她是馬利亞。有些人認為她是以色列。還有一些人，創意地將婦人視為馬利亞及真以色列的混合，因為她的孩子具有雙重的身分：她的孩子一方面是彌賽亞，另一方面則代表彌賽亞的羣體。我認為較合理的看法，乃是將婦人視為包含上帝所有子民的羣體，而彌賽亞則從這羣體誕生而出。

約翰也使用其他的女性意象，為啟示錄中的戰爭帶出生動的描述。在約翰的眼中，教會是蒙喜愛的婦人。約翰將教會視為新娘，如同裝飾整齊的新婦一樣，教會以新娘的身分不斷地出現在啟示錄中。她不像巴比倫，僅以外表的艷麗珠寶為裝扮，純淨的衣袍才是她的標記。她身穿白衣，因為她的衣袍已經被羔羊的血所洗白潔淨。因著對於羔羊的忠誠，她獲得難以言喻的榮美，遠比巴比倫轉瞬即逝的艷麗來得更為出色。她的寶石具有永恆的價值，並且與上帝對使徒及十二支派的工作有關（啟二十一 12、14）。而巴比倫的榮耀，則來自她與列國君王交易地上財物的能力。約翰將巴比倫與其他國家的關係，視為淫亂的行為。巴比倫雜亂地與列國相交。淫亂的巴比倫，顯然強烈地對照了毫無瑕疵的新娘。

讀者應該了解，當時的小亞細亞是一個具有多元文化及商業交易的地方。它的確是羅馬發展經濟的中心要地。對於原始讀者來說，約翰的爭辯筆法，更成為他們不應參與羅馬經濟體制及商業行為的警告。如同新婦的教會，只能將自己獻給獨一真神。如此說來，約翰對於巴比倫的描述，實在極為準確。他刻意地選用舊日的龐大帝國，來勾畫逐漸逼近羅馬的滅亡時刻。約翰並沒有使用擬人化的方式帶出巴比倫，他以獸的象徵，形容巴比倫的體制。她的多位統治者，都符合獸的特徵，但約翰顯然對獸的身分保持開放的態度。約翰要所有的選民遠離巴比倫（啟十八 4 及下）。藉著女性意象的使用，約翰要教會知道，上帝所強調的乃是單一的獻身與忠誠。

約翰也使用家長的隱喻，來象徵上帝與子民的關係。當然，這種隱喻的使用法，也超越字面上的意義。約翰以父權的觀念為隱喻，因為當時就是以父權的家庭結構為社會的主要型態。生活在不同社會形態的今日讀者，很可能使用不同的隱喻，來表達約翰的寫作。總而言之，約翰既非特意傳揚父權形態的價值觀，也對性別保持中立的態度。隱喻僅是約翰與原始讀者的溝通方式，因此，現代讀者對於隱喻的了解，不可依據自身的價值觀，乃要以當時讀者的理解為基準。

註釋：

1 Edith M. Humphrey, "A Tale of Two Cities and (At Least) Three Women: Transformation, Continuity, and Contrast in the Apocalypse," in David L. Barr (ed.), *Reading the Book of Revelation: A Resource for Students* (Atlanta: SBL, 2003), pp.81～96.

二

角度一和角度二的觀察

仔細觀察文本的現代讀者，在重複閱讀啟示錄之下，當發現啟示錄是一本前後貫通並且一氣呵成的上等佳作。當我們從前言和結語的第一個釋經角度，來觀察約翰所刻劃的女人隱喻時，持續浮現的題旨和字彙，不但強化了信息的力量，更散發出震撼歷世歷代讀者心靈的深邃蘊涵。而爭戰中之七教會的第二個釋經角度，則從約翰所使用的女人隱喻，釋放出信徒對未來無限的憧憬和佳美的期盼。然而，這種憧憬和期盼並非脫離現實的虛幻夢想，而是扎根於永在之上帝與羔羊寶血的堅固信仰。下文將按女人隱喻在啟示錄出現的次序，分別解析婦人（啟十二章）、大淫婦（十七至十九章）和新娘（二十一章），各自與前言／結語和爭戰中之七教會之間的關連。深信第一和第二個釋經角度，將讓我們更清楚約翰的寫作用意，和原始讀者所領受的實際信息。

2.1 十二章的婦人

如同前文故事摘要的簡論，將十二章的婦人視為包含上帝所有子民的羣體，當屬最合理的看法。她最好被理解為上帝在地上的子民的象徵。因此，出現在十二章的婦人，是最直接與教會地上生活相關的一個人物。[1] 換言之，婦人代表在地上忠於基督的信仰羣體，他們是一羣遵守上帝命令，並且堅持耶穌見證的人。在生產的痛苦呼叫、生下的孩子將被吞吃、產後就必須逃難，以及可能被大水沖去的重重威脅之下，約翰藉著婦人受苦的鮮活描述，為地上教會揭露艱難的現實挑戰（啟十二 4、13、15、17）。[2] 然而，約翰也藉著米迦勒和他的天使得勝撒但這天上景象、上帝對婦人的供應和保護，以及婦人及其子孫忠心至死的生動筆觸，表達出正面地激勵地上教會努力向前的理想目標（十二 4、6、7～9、14、16）。

如此說來，十二章的婦人也象徵理想的地上教會：雖然活在被撒但逼迫的環境中，卻仍依靠羔羊的血、自己的見證甚或殉道的犧牲，不斷地得勝有餘（啟十二 10～11）！她所面對的挑戰，是與反對她所代表之天上榮耀的敵人爭戰。她具有女人在地上所有可敬的功能（即生育兒女）。與她相反的是耶洗別這位婦人，耶洗別似乎也因生育兒女（二 23）而受尊敬，但她實際是羞恥的。她的生產和教導執事有關（二 20）。就像漢弗萊所指的，耶洗別在書信中扮演著為教會製造問題的關鍵角色。[3]

2.1.1 角度一：前言和結語

啟示錄的前言為全書設下前舖，因此許多題旨重現在十二章的婦人敍述中。而婦人敍述對於前言的回響，更是前呼後應地將啟示錄的主要信息，再次地深印在讀者的腦海中。

十二章這位重要的婦人，和一章的基督畫像有些獨特的相似處。約翰對她的描述極其榮耀，因為她和發光的星體有關（即太陽、月亮、星星）。啟示錄一章的耶穌右手拿著七星，祂的臉也像正午的烈日一樣發光（啟一 16～17）。光的題旨和天上耶路撒冷光明的未來有關（二十二 5），但現在也照亮在這個婦人所代表在地上的上帝子民之上。可見，這位地上的婦人是某種天上理想的反映。這位婦人因蒙揀選而得的榮耀，直接與前言中耶穌基督的榮耀畫像相互輝映（一 13～16）。雖然耶穌基督的榮耀無可比擬，但一個理想的教會卻能夠成為祂的縮影。另外，婦人所生的孩子，將來要用鐵杖治理列國（十二 5），這不但與前言身為地上眾君王之統治者的耶穌基督相符一致（一 5），更應驗了基督從上帝子民羣體而出的古老預言。

發生在天上的戰爭（啟十二 7），讓讀者理解與上帝敵對勢力的真實存在。[4] 雖然撒但已被打敗，被摔在地上，並且自知時日無多，但牠卻大大發怒並且極力迫害婦人和她其餘子孫所代表的地上教會（十二 8～9、12～13、15）。藉著婦人的敍述，約翰帶出撒但邪惡的本質，以及牠敵對上帝的工作。約翰的筆法栩栩如生，使信徒不敢輕忽撒但的迷惑伎倆，以及隨時可能面臨的逼迫患難。約翰生動地使用「吞吃」（十二 4）、「迷惑」（十二 9）、「控告」（十二 10）、「發怒」（十二 12、17）、「迫害」（十二 13）和「沖去」（十二 15）等用字，來形容撒但向地上教會發動的戰爭。撒但的攻擊使地上教會，因著上帝的道和耶穌的見證而陷入患難。他們正是與約翰同享患難、國度和忍耐的弟兄（一 9）。婦人受患難的異象，成為約翰與地上教會受患難的寫實。如此說來，婦人受患難的刻劃，使地上教會的信徒認知患難的無可避免。在接受殘酷現實的挑戰時，他們益發紀念在拔摩海島與他們同受苦難的弟兄約翰（一 9）。

在刻劃婦人的過程中，約翰帶出現實的環境，但他卻不要信徒因此而喪膽消沉。約翰正面地為信徒帶出得勝的確據。約翰以羔羊的血和所見證的道，帶出被逼迫者和殉道者的至終得勝（啟十二 11）。信徒得勝的把握，回響了前言中耶穌基督以血救贖信徒的大愛（一 5）。原來，信徒能夠因著信仰不愛惜自己的性命（十二 11），乃是因為耶穌基督先愛了我們。出現在前言中的「愛」一字，雖簡單卻有力。它使得出現在十二章的殉道者，更加壯烈與感人。尤有甚者，在前言的對照之下，耶穌基督的愛更是濃厚地瀰漫在婦人的敍述中。藉著婦人的敍述，約翰勸勉地上教會要剛強壯膽。信徒應當謹記撒但已經戰敗（十二 10），牠的逼迫正如困獸猶鬥。然而，上帝的保守與供應卻永不間斷（十二 6、14、16）。因此，信徒當如耶穌基督所說的：「不要懼怕！」（一 17）。前言對於上帝和基督屬性的仔細描繪（一 4～5、8、17～18），加上耶穌基督握有死亡和陰間之鑰匙的權柄，更是印證了弟兄在婦人敍述中的得勝把握。

「見證」一字，兩次出現在婦人的敍述中（啟十二 11、17）。可見婦人所代表的地上教會，具有作「見證」的重大使命。「見證」一字，更在前言中出現四次（一 2、5、9）。如此說來，啟示錄不但關乎耶穌基督的見證，也關乎基督跟隨者的見證。基督跟隨者踏著基督的腳蹤，繼續成為忠信的見證人。因著見證，信徒流露著與世界有別的生命；因著見證，信徒表明永在、全能與公義的上帝。而信徒也因著見證而受逼迫，甚至殉道而死。然而，曾經死過卻首先復生（一 5）、並且永活的基督（一 18），已經成為信徒復活生命的初熟果子。無怪乎，眾天和住在其中的，都要因殉道者的得勝而歡樂（十二 12）。

婦人所代表的地上教會，也具有遵守上帝命令的特性（啟十二 17）。前言清楚明示，聽見並且遵守上帝話語的人，都是有福的（一 3）。一章 3 節可謂啟示錄倫理教導與應用的樞紐經文。可見，約翰在前言的重要教導，實際地活在婦人所代表的地上教會中。雖然地上教會所處的環境險峻多艱，但上帝同在的保守和未來的生命冠冕，使得這些忠心遵守上帝命令的信仰戰士，成為最蒙福的一羣。

在前言角度的解讀下，十二章的婦人隱喻，展現出更加鏗鏘有力的信息。掙扎於內憂外患之間的地上教會，當以婦人所設下的理想教會為目標，剛強壯膽地往前行。同為第一個釋經角度的結語，也為十二章的婦人刻劃，帶出更加豐潤的色彩。

在結語中，約翰藉著自己想要敬拜天使的錯誤，帶出天使、約翰和所有遵守上帝話語的人，都是同作僕人的重要信息（啟二十二 9）。這些僕人當行的首要優先，就是敬拜上帝（二十二 9）。因著遵守上帝命令的連結，結語為婦人所代表的地上教會，增添了豐富的蘊涵。換言之，地上教會是上帝的僕人，除了遵守上帝的命令和為上帝的道作見證之外，地上教會還要在敬拜中，經歷上帝的同在、公義和大能。

宗教界標的觀念，也清楚呈現在結語中。「不義的」、「污穢的」、「行義的」和「聖潔的」等用字，揭露兩個不同的羣體（啟二十二 11）。而「城裏」和「城外」的分隔，更顯示了互不交錯的宗教界標。洗淨自己袍子的，可以有權到生命樹那裏；這羣人具有「團體內」（in-group）的身分。顯而易見地，十二章的婦人正是「團體內」的典型代表。更確切地說，出現在婦人敍述中的弟兄，因著羔羊的血已被完全洗淨（十二 11）。而他們為了所見證的道，不惜自己的性命，更是行義和聖潔的至高表現（十二 11）。如此說來，十二章的婦人所代表的理想地上教會，以蒙受的救贖恩典和相稱的聖潔義行，清楚地劃下了團體內和團體外的宗教界限。

具有阿拉法／俄梅戛、首先的／末後的、創始的／成終的之屬性的耶穌基督，使得上帝對地上教會的保守與主權更加令人信服（啟十二 5～11、14～16）。如果上帝握有掌控歷史的主權，又具永在全能的特性，那麼地上教會即便經歷各樣艱難，都將堅信未來的得勝勢在必得（十二 12）。地上教會所遭受的逼迫與患難，也將在掌握賞賜與報應之權柄的基督手下，得到公義的伸張（二十二 12）。

最後，令人驚心動魄的「我必快來！」（啟二十二 7、12、20），在與「請你來吧！」的交織之下，帶出了團體外之人的懼怕無望與團體內之人的喜樂期盼（十二 12）。前言的「日期近了」（一 3）加上重複出現在結語的「我必快來！」（二十二 7、12、20），更是雙倍地活化了魔鬼知道自己「時日無多」的生動描繪。的確，地上教會的艱難與逼迫是有時間性的。在短暫痛苦中仍然堅守真道的地上教會（十二章），將享受生命樹和生命水的永遠福分（二十二 14、17）。

總的來說，前言和結語的第一個釋經角度，在約翰的精心用意和巧筆安排之下，深化了十二章的婦人隱喻。在前言和結語的參照之下，十二章的婦人所代表的地上教會，呈現宗教界標（啟十二 11、17）、禮拜儀式（二十二 9）和倫理勸勉（十二 17）等獨特功能與重要題旨。滿帶榮耀與充滿義行的婦人（十二 1、11、17），也成為天上理想的反映。十二章的婦人是地上理想教會的表徵，因為除了在逼迫中堅穩站立，並且忠心持守上帝的命令和耶穌的見證之外，約翰沒有描繪婦人和她其餘的子孫，有任何軟弱和問題。這項觀察為我們引進第二個釋經角度的解讀。

2.1.2 角度二：爭戰中的七教會

啟示錄二和三章的七教會，是啟示錄全書的收信對象。七教會所處的地理位置，以及基督出現在每封書信中的獨特畫像，使得七教會成為普世教會的縮影。這七間教會成為七種各異其趣之教會形態的代表。每個教會具有不同的優點與缺點，各自在信心和義行之間掙扎。[5] 這些優點反映了理想教會的特質。而需要面對與糾正的缺點，則在遠離理想教會的危險之下，成為上帝對普世教會的責備和警告。致七教會的書信清楚顯示，教會和世界之間的劃分並不容易。因為玷污、淫亂和異端，也充斥在不少教會中（啟二 14、20，三 4、18）。可見，地上教會實際處於困惑和妥協的地步中。[6] 既然十二章的婦人代表理想的地上教會，那麼從第二個釋經角度來解讀十二章的婦人隱喻，當使上帝對教會的心意更加顯明。同時，信徒在十二章婦人敍述中的得勝，也當成為爭戰中之七教會攻克軟弱的激勵。

如同前述，十二章的婦人敍述清楚記載，撒但的邪惡本質和牠對地上教會的敵對與逼迫。十二章所呈現的撒但面目，具有迷惑普天下、晝夜控告信徒，和不放過任何時刻逼迫信徒的特性（啟十二 9～10、12）。當我們從第二個釋經角度來解讀婦人的敍述時，撒但的猙獰與醜陋更是流露殆盡。僅從七教會的書信內容來看，撒但及其黨徒就不斷地重複出現（二 9～10、12～13、24，三 9）。除了這些明顯提及撒但的經文之外，還有多處經文暗示，撒但暗中破壞教會的伎倆（二 6、14～15、20、24，三 9）。其中尤以二章 24 節最為重要，因為經文明指不跟從耶洗別異端教訓的人，就是不認識所謂撒但深奧的事的人。如此說來，充斥在地上教會中的各樣異端教導，都有可能是來自撒但的攻擊。而隨從異端的背道，正是七教會的軟弱特徵之一。更確切地說，在第二個釋經角度的解讀之下，撒但迷惑普天下的邪惡本質，更加透徹地被識破。在兩處經文的對照之下，約翰的巧妙筆法更加突顯，而他警告教會不可輕忽撒但明暗攻擊的苦口婆心，更是感人至深。

十二章的撒但自古至今，從未放棄逼迫上帝子民的機會。從想要消滅那將來要用鐵杖治理列國的孩子開始，直到逼迫婦人和她其餘的子孫為止，牠所發動的逼迫和患難持續不斷（啟十二 4、6、13、15）。而爭戰中的七教會，也同樣面臨永不止息的患難挑戰。其中尤以士每拿教會將受患難十天的信徒（二 10），和忠心至死的見證人安提帕（二 13）為顯著例證。可見七教會雖然不盡完全，但卻仍在某方面展現理想地上教會的特質。

七教會也當在耶穌的應許和聖靈的提醒之下，努力活出得勝的生命。不論是起初愛心的喪失（啟二 4）、異端教導的容忍（二 14～15、20）、毫無生命氣息的不完全行為（三 2）或疏於主道的遵守（三 13、16），七教會都當如同婦人敍述中的弟兄一樣，奮力活出得勝有餘的生命（十二 11）。另外，婦人其餘的子孫，就是那遵守上帝命令，並且堅持耶穌見證的人（十二 18）。而「遵守」和與其類似含義的用字（例如，持守、跟從），也不斷地出現在七教會的書信中（二 13、15、24～26，三 3、8、10～11）。可見，地上不完全的教會必須在遵守主道和上帝的教訓方面全力以赴，以使自己達到理想地上教會的目標。這恰好合乎約翰對於婦人和她其餘子孫的刻劃與描繪（十二 17）。

由個別教會的角度來看，基督對於推雅推喇教會的應許，不但符合婦人所生的男孩、將來要用鐵杖治理列國的描述（啟十二 5），更引申出地上教會及其得勝者，將行使耶穌治理權柄的榮耀（二 26～27）。而推雅推喇教會的假女先知耶洗別，更與十二章的婦人成為直接的反照。耶洗別的異端教導、淫亂引誘、不肯悔改和生育淫亂兒女（二 20～21、23），恰好與婦人的遵守上帝命令、忠貞不二和生育聖潔子孫（十二 5、11、17）強烈對比。

兩個女人同具生兒育女的生殖能力，但她們的後代卻因屬於基督的「團體內」或「團體外」，而有截然不同的命運和下場（十二10、12，二22～23）。

在十二章和致七教會書信的對照解讀之下，我們對於婦人所代表的理想地上教會有更深刻的欣賞，而對爭戰中的七教會也有更具體的洞察。撒但對婦人和她其餘子孫的逼迫，繼續展現在七教會的殘酷現實中。尤有甚者，撒但使用各種方式來迷惑七教會的邪惡，更讓我們看見七教會與敵對環境爭戰的不易。撒但絕對不是虛假的幻象，七教會所面臨的撒但攻擊，成為十二章婦人刻劃的寫實反映。就像十二章的婦人和她其餘的子孫，同受上帝的保守與供應一樣，處境艱難的七教會，也將因基督的屬性和基督對於教會的應許，而成為繼續爭戰的得勝信徒。七教會的信徒不可因逼迫和社會壓力而喪志甚或背道，因為撒但早已被天上的米迦勒和他的天使所擊敗（啟十二7～9）。撒但已被打敗的事實，應當成為受苦信徒的最佳激勵與安慰！在七教會中，士每拿教會和非拉鐵非教會最能反映婦人所代表的理想地上教會，因為基督對他們沒有任何責備，只有滿滿的鼓勵和安慰。可見，只要地上教會願意堅守上帝的命令和耶穌的見證，地上教會必能實現理想教會的目標。

2.2 十七至十九章的大淫婦

約翰使用大淫婦巴比倫來代表羅馬帝國的筆法，顯示他在寫作上的精心思慮。不論從猶太人被擄的患難歷史，或巴比倫帝國興衰的世界歷史，讀者都可以從巴比倫的隱喻中擷取豐富與多元的蘊涵。巴比倫這個名字，與大淫婦即將沉淪的預言密不可分。

巴比倫實際是一個被擄和疏離的地方。然而，巴比倫也是一個具有異象之眼光的人可以親見上帝榮耀的地方（結一章）。[7] 更確切地說，從負面的角度來看，大淫婦巴比倫代表興盛一時的羅馬帝國，將因政治與貿易的野心和道德的腐敗而速速滅亡。從正面的角度來看，約翰以大淫婦巴比倫將面臨的嚴厲審判和命運終結，激勵地上教會要與巴比倫有所分別，並且活出聖潔與忠誠的生命。將大淫婦對照十二章的婦人，可以清楚看見兩羣不同的子女：一羣是跟隨羅馬帝國及其價值觀的世人，另一羣則是跟隨羔羊及其生命見證的教會。[8]

約翰以大量的篇幅仔細描繪大淫婦巴比倫的罪惡。從政治的野心，商業的奢華到對獸的宗教敬拜，撒但的影子處處可見。換言之，大淫婦巴比倫所代表的羅馬帝國，並不僅是一個世界上的政治或軍事帝國。她實際象徵一個與上帝和祂的子民敵對的龐大勢力。約翰對於大淫婦的刻劃，再次使他的讀者警覺所處環境的複雜艱難，以及被試探四面包圍的危險。更重要地，大淫婦巴比倫的沉淪結局，勢將成為地上教會在患難中的最大安慰與激勵！

大淫婦的角色，清楚揭露羅馬制度的虛假應許，以及上帝的真實應許。大淫婦的最後命運就是成為被拋棄的人（啟二十二15）。所有與她相關的人，也將成為被拋棄的人（二十二 15）。敬拜上帝的不斷提醒（二十二 9），響亮地定了地上制度的罪，因為地上的制度敬拜巴比倫的一切，卻不敬拜獨一真神。

2.2.1 角度一：前言和結語

有關大淫婦巴比倫的篇章雖多，但重要題旨的呈現卻鮮明清晰。這些題旨和前言遙遙呼應。因此，從第一個釋經角度來解讀約翰對於大淫婦巴比倫的刻劃，勢必讓讀者對於大淫婦巴比倫的罪惡與結局，有更深刻的領悟。大淫婦巴比倫是啟示錄中最負面的角色，與其有關的獸（不論是海中的獸或地上的獸）更是直接與上帝對抗的首要敵人。從第一個釋經角度的前言，來解讀大淫婦的敍述時，我們將看見真實與虛假的統治權、富足與患難的試探、暫時與永恆的君王、罪惡與聖潔的生活，以及有福與有禍的結局之間的相互對照。

首先，在大淫婦敍述的一開始，約翰就生動地帶出國度的觀念。他以「坐在眾水上」（啟十七 1），帶出大淫婦與世上多民、多人、多國與多方的關係（十七 15）。與她行淫的地上眾王（十七 2），也間接地暗示了羅馬帝國控制地上列國的權勢。而交織出現的七位王、十王和王權等用字，更流露出地上國度囂張的統治權（十七 10、12～13）。十七章 18 節更明指，大淫婦就是有權統治地上眾王的那座大城。大淫婦巴比倫萬萬沒有想到，她即將面臨審判的厄運，因為她心裏常常以為自己是女王，絕不會看見悲哀（十八 7）。然而，不論大淫婦對自己擁有的國度有何想法，約翰卻斷然指出，大淫婦的國度、王位和統治權都是虛假的。因為只有得勝的羔羊，才是萬主之主和萬王之王（十七 14）。上帝的主權令人驚歎地呈現在十七章對於大淫婦的描述中（十七 17）。[9] 雖然巴比倫使人陷入被擄和混亂的光景，但當針對大淫婦的審判降臨之後，信徒不但可以從這種惡劣的光景中被拯救出來，全能永活的上帝也將永遠作王（十九 3、6）。[10]

前言的釋經角度讓我們看見，還有另外一種國度和統治者存在（啟一 5～6）。這個國度是由上帝的子民組合而成的，這些子民也都作父上帝的祭司。尤有甚者，這個國度的統治者是耶穌基督（一 6），而祂的政權將存到永永遠遠（一 6）。在上帝國度的對照之下，羅馬帝國所代表的地上國度更顯醜陋與邪惡。巴比倫代表的羅馬帝國藉淫亂而產生（十七 2，十八 3、9），但上帝的國度卻藉耶穌基督的愛和寶血而建立（一 5～6）。大淫婦經由「羅馬和平」的管道，向羅馬人顯示她的愛。但隱藏在「羅馬和平」背後的，只是無盡的貪婪野心和自大驕傲。反觀，真實的統治者耶穌基督，則以捨棄自己性命的大愛，將祂的子民從罪惡中釋放出來（一 5）。在統治者自私自利或無己無私的對照下，約翰讓我們看見虛假與真實的統治權。至終，這兩類不同的統治權，產生兩類極端對立的國度。一種國度稍縱即逝，另一種國度卻永遠長存。

聲名狼籍的大淫婦巴比倫，尤其在啟示錄的末了部分扮演顯著的角色。她的出現與角色，羞辱了所有跟隨羅馬生活和習慣的人。她的陰影也籠罩著啟示錄全書。一章 7 節所引用的旁徵，出自寫於巴比倫的但以理書（參但七 13）。但以理書第二部分的反帝國主題，無疑影響了啟示錄反帝國的主題。

在大淫婦的刻劃中，約翰也使用多彩多姿的字彙，來描述羅馬帝國的繁華與富庶。多色的亮麗衣服、光鮮的珠寶裝飾，和昂貴的金杯器皿等（啟十七 4），展現了大淫婦的奢華與揮霍（十八 3）。而約翰仔細列舉的貿易商品，更是揭示了羅馬帝國在食衣住行各方面的高等享受（十八 11～13）。[11] 在巨大財富與無盡奢華之間，我們看見一羣與巴比倫帝國無分無關的子民（十八 4）。這些子民就是被羅馬帝國逼迫的地上教會和聖徒（十七 6，十八 24）。上帝的子民不但沒有陷入羅馬帝國的腐敗中，更以自己的鮮血跟隨基督的腳蹤行（一 5）。他們寧願捨棄世上的榮華，為了上帝的道和耶穌的見證，而與在拔摩海島的約翰，同享患難、國度和忍耐（一 9）。在前言的對照下，出現在大淫婦敍述中的聖徒顯得如此孤單。但在孤單卻有別的生命中，他們守住了上帝的道和耶穌基督的見證（一 2～3）。因此，他們是有福的！

雖然大淫婦所代表的羅馬帝國享有世上的榮華與富貴，但她傲看世界的君王，卻只能擁有短暫的王權。他們不過是一羣暫時的君王罷了！約翰重複使用「先前在、現今不在、將來要……」的詞語（《新譯本》；啟十七 8、11），來對照約翰在前言中描述上帝和基督之屬性的「今在、昔在、以後永在」（《新譯本》；一 4、8）。兩者間的對照，強烈顯示羅馬君王的短暫和基督君王的永恆！

約翰之所以使用大淫婦來象徵羅馬帝國，乃是因為羅馬帝國具有淫亂和不聖潔的特性。羅馬帝國的淫亂和政治有關（啟十七 7～13），和商業有關（十八 3、9），也和宗教有關（十八 2）。大淫婦所騎的朱紅色獸，也布滿了褻瀆的名號（十七 3）。而約翰更以婦人喝聖徒的血，甚至喝醉了，生動描繪大淫婦敵對上帝和逼迫教會的邪惡本質。表面光鮮榮華的大淫婦，實際充滿淫亂、可憎之物、罪惡和不義（十七 2、4，十八 4～5）。她和穿上光潔細麻衣、並且充滿義行的聖徒成為反照（十九 8）。前言開宗明義地指出，地上教會是上帝的國度與祭司（一 6）。既然是全心事奉上帝與聖殿的祭司，當以聖潔為首要優先，那麼教會和上帝的子民，必然也具有聖潔的特性。前言藉著國度和祭司，所帶出的聖潔觀念，更加使得大淫婦的罪惡赤露敞開。

大淫婦對於自己的結局始料未及。因為自以為必永遠坐著為王的她，竟然被十角和那獸恨惡，並且用火將她燒掉（啟十七 16）。原來，連大淫婦的毀滅，都是上帝旨意的實現（十七 17）。在「一日之內」和「一時之間」的交錯出現之下（十八 8、13、17、19），約翰鮮活地勾勒巴比倫滅亡的快速與突然。天使的聲音強有力地宣告了上帝的審判（十八 1～2），而天上大羣人的響聲，也訴說著上帝真實公義的審判（十九 1～3）。大淫婦巴比倫的傾倒，再次證實聖徒的苦難是短暫的，而上帝的公義和審判則是確定的（十七 1、17，十八 8，十九 2、11、15）。約翰在大淫婦敘述中，對於上帝之公義和基督之審判的描述，無疑回響了前言對於基督之屬性的刻劃。前言的基督畫像，描繪基督的口中吐出一把兩刃的利劍（一 16，十九 15）。前言的基督畫像，也描繪基督的兩腳好像在爐中精煉過的發光的銅（一 15），這雙腳可以用來踹全能上帝烈怒的壓酒池（十九 15）。另外前言更以「不要怕！」勸勉教會，可見基督是伸張公義的審判主。更重要的是，耶穌基督握有死亡和陰間的鑰匙。因此，惟獨祂配得成為審判世界的主。在前言清楚的題旨之下，大淫婦的滅亡顯然是已定的結局。大淫婦有禍了，而曾經被她逼迫的教會和聖徒則有福了！

前言的基督畫像在前瞻大淫婦巴比倫終將傾倒的期盼中，為地上教會灌注了勇氣與激勵。前言所強調的祭司與國度觀念，不但蘊涵倫理的勸勉，也更深一層地展現大淫婦的淫亂與罪惡。而上帝與基督的屬性，和羅馬君王的對照，至終帶出宗教界限所劃定的永生與永死。第一個釋經角度的前言，的確為已經豐富多姿的大淫婦刻劃，增添另一種意想不到的色彩。

當我們從第一個釋經角度的結語部分，來解讀大淫婦的敘述時，行義和聖潔與不義和污穢，即刻躍入眼簾（啟二十二 11）。因為有關不義和污穢的字彙，不斷呈現在約翰對大淫婦的刻劃中。令人震驚地，淫亂、污穢、褻瀆、喝血、污靈、罪惡和不義等用語，竟然大量地被拿來形容這個曾經不可一世的羅馬帝國（十七 2～5，十八 1～5）。不論羅馬帝國的疆土如何廣闊，財富如何雄厚，權勢如何強大，上帝所想起的盡是她的罪惡滔天和不仁不義（十八 5）。可見，人的眼光和上帝的眼光大有區別，人所追求的也常與上帝所喜悅的背道而馳。

極其自然地，她的報應不但必然來到，並且得到加倍報應的後果（啟十八 6、8），因為審判她的主上帝是大有能力的（十八 8），審判主將照著各人所行的報應她（二十二 12）。大淫婦果然在頃刻之間失去一切（十八 8、10、17、19）。她的毀滅是完全的，她在世人面前消逝於無形，因為她的珍饈美味、華麗美物、珠寶衣飾、彈琴奏樂、手藝技工、推磨之聲，都永遠不再出現了！大淫婦的悲慘命運不在於暫時的毀滅，乃在於永遠的沉淪，因為在新耶路撒冷降臨時，她將永遠被排除於城外（二十二 15）。

大淫婦是敵對上帝的，她與在結語中敬拜上帝的子民完全對立（啟二十二 9）。大淫婦不但沒有敬拜上帝，她更褻瀆上帝並且逼迫聖徒（十七 3、6）。跟隨基督的人白白接受生命的水（二十二 1、17），而污穢的大淫婦卻醉飲聖徒的血（十七 6）。這是何等強烈的反照。無怪乎，她要受審判的咒詛（十七 1），她所騎的獸要走向滅亡（十七 8、11），而燒她的煙也要往上冒直到永永遠遠（十九 3）。尤有甚者，當新耶路撒冷降臨時，所有跟隨耶穌基督的人，都可以享受生命樹的供應和醫治（二十二 2）。但跟隨大淫婦的人，不僅沾染敗壞淫亂的生命，更淪落在無盡的悲哀痛哭中（十八 9、11、15、19）。

穿插在大淫婦敍述中的羔羊婚筵，再度突顯潔淨的新娘和淫亂的巴比倫之間的強烈反照（啟十九 7～8）。這位預備好自己，並且穿上光潔細麻衣的新娘，和聖靈一同出現在結語中（二十二 17）。他們邀請口渴的人和樂意的人，一同享受白白的生命水（二十二 17）。反觀，大淫婦巴比倫到處與人行淫（十七 2、4，十八 3、9、23，十九2），至終與和她一起行淫的人同遭毀滅的結局。

「有福的」也在短短的結語中一再重現（《新譯本》；啟二十二 7、14）。「有福的」應許和確據，不禁使讀者想起大淫婦巴比倫的「有禍了」（《新譯本》；十八 9、16、19）。與大淫婦一同行邪淫的地上眾王、藉著大淫婦發財的商人，和所有靠海謀生的船長和水手們，都痛苦地喊著說：「有禍了！有禍了！這大城，巴比倫，這堅固的城啊！」（《新譯本》；十八 9、16、19）。約翰刻意對照「有福的」和「有禍了」的藝術巧筆，讓讀者再次認知抉擇的重要性。跟隨上帝或跟隨世界的抉擇、遵守上帝的道或隨從世界的價值觀、忠於耶穌的見證或與世界妥協的引誘，成為信徒無時無刻的挑戰。像新娘一樣的地上教會，將以忠誠跟隨主的代價，獲得有福的生命；像大淫婦一樣褻瀆與敵對上帝的列國列民，將因淫亂和不義的惡行，而飽嘗有禍的後果。大淫婦在上帝的咒詛中永遠沉淪（二十二 3），她的世界充滿黑暗（十八 23），她的世界在寂靜的痛苦中呻吟（十八 22～23）。相反地，得享新耶路撒冷福分的聖徒，將在上帝的光照和羔羊所帶來的光明之下（二十一 23，二十二 5），以歡喜快樂的聲音不斷讚美永遠作王的上帝（十九 5～6、10，二十二 9）。

再次地，第一個釋經角度的結語部分，為大淫婦的刻劃帶出更生動的解讀果效。在結語的對照之下，大淫婦的淫亂更加污穢，大淫婦的不義更加罪惡，因此大淫婦被毀滅的結局，更加令人無話可說。至終，黑暗的消滅與光明的實現，有力地肯定了邪惡撒但的短暫，與聖潔公義全能上帝的永恆。

總的來說，第一個釋經角度的前言和結語，為已經生動的大淫婦刻劃帶出更上一層樓的洞察。處在逼迫患難中的地上教會，將因地上國度的短暫和天上國度的永恆，得到急需的安慰和前進的動力。而地上教會也不會因為地上國度的虛榮而被誘惑，因為地上國度無一能與新耶路撒冷的豐富與美景相比。更重要地，大淫婦的傾倒和有禍，使地上教會更有力量堅守主道，因為他們所信靠的是首先的／創始的，和末後的／成終的上帝！

2.2.2 角度二：爭戰中的七教會

第二個釋經角度為大淫婦的敍述，帶出既精彩又生動的對照。因為大淫婦所代表的羅馬帝國，就是七教會所處的環境和爭戰的對象。約翰藉著大淫婦的刻劃，鮮活地展現羅馬帝國的邪惡本質，使讀者更清楚了解七教會的問題誘因，和七教會所面臨的艱難挑戰。尤有甚者，大淫婦的仔細描繪，更讓讀者看見七教會所應具備的爭戰能力。如果七教會繼續有背道、逼迫／社會壓力，和屬靈貧瘠的問題，那麼七教會又如何能夠與勢力龐大的羅馬帝國對抗呢？

出現在士每拿教會、別迦摩教會和非拉鐵非教會的撒但與其黨徒（啟二 9、13，三 9），前瞻了出現在大淫婦敍述中七頭十角的獸（十七 7）。這獸正是撒但的化身，將與羔羊作戰（十七 14）。換言之，被撒但幕後操縱的整個羅馬帝國，都針對基督和祂的教會發動戰爭。從七教會的角度，我們看見撒但運用各種方法攻擊教會。這些方法從說毀謗的話（二 9），將信徒下在監裏（二 10），殺害基督忠心的見證人（二 13），到隨意說謊（三 9）等，令人防不勝防。然而，這些爭戰的方式仍是眼睛可見，耳朵可聽的攻擊策略。

最可怕的是，撒但使用似是而非的伎倆，暗中摧毀教會對於真道的持守與異端的辨認。大淫婦敍述中的獸（啟十七 8、11），正是撒但使用暗器的最佳例證。描述牠「先前在、現今不在、將來要從……上來」的詞語，就是牠以假亂真欺騙世上那些名字沒有被記在生命冊上之人的詭計。牠使世人大大驚奇（十七 8）。牠更使用混淆信仰的異端教導，滲透教會使信徒因持守巴蘭和尼哥拉黨的教訓，而犯了行淫之罪（二 14～15）。推雅推喇教會的假女先知耶洗別，教導和引誘上帝的眾僕人行淫亂，吃祭過偶像的食物，就是撒但陰險的最佳例證（二 20、24）。因為經文明說，推雅推喇教會還有一些不跟從耶洗別教訓，也不認識所謂撒但深奧的事的人（二 24）。這些人在上帝的真道上是得勝的。

大淫婦所代表的羅馬帝國，除了以死亡逼迫信徒和以異端滲透教會之外（啟十七 6，二 24），大淫婦也以世上的榮華財富，引誘地上教會與羅馬帝國妥協（三 17）。大淫婦的華衣、美食、文藝和宴樂等種種人間享受（十八 12～23），在引發羨慕之情的同時，為信徒設下了與世界妥協的陷阱。大淫婦巴比倫是財富的來源。不幸地，財富是老底嘉教會驕傲的禍根（三 17）。因此，地上教會必須在令人眼花繚亂的繁華世界中，堅守遵守上帝的道和為耶穌作見證的重要使命。尤有甚者，啟示錄中的地上財富，是屬靈貧瘠的指標（三 17）。更確切地說，羅馬制度在促進教會屬靈健康的層面上，實際無法提供任何貢獻。

另外，大淫婦巴比倫與教會的敵對，清楚顯見於二章 7 節具爭辯性的生命樹。據稱生命樹生長在靠近幼發拉底河與底格里斯河的伊甸園中。在古代傳統中，巴比倫可以賜予生命樹，然而現在，上帝賜下生命樹的應許。可見，雖然在羅馬帝國的大環境之下，每個教會各自面臨不同的困難與挑戰。但耶穌應許凡得勝的，必能享受生命樹的果子（啟二 7）、不受第二次死的害（二 11）、領受新的名字（二 17）、以鐵杖治理列國（二 26～27）、穿白衣與耶穌同行（三 3）、作神聖所裏的柱子（三 12），和與耶穌一同坐在寶座上（三 21）。地上教會的得勝，將使地上教會成為有福的。這些福分都是與上帝為敵的羅馬帝國，所無法享受的。

大淫婦的刻劃展現了真實的羅馬帝國，也解釋了七教會為何時時處在爭戰中的原因。羅馬帝國是不容忽視的大敵，而爭戰中的七教會也在不同的破口上，顯示各自的軟弱。但從致七教會的書信中，我們看見每個教會都有得勝者。當地上教會願意正視自己的軟弱與問題、並且從「那城出來」時，[12] 地上教會就能堅定不移並且得勝有餘。而堅定與得勝的最重要關鍵，就是緊緊跟隨約翰在異象中所見的耶穌基督（啟一 13～16）。基督以不同的屬性出現在每封書信中，這些屬性就是教會對抗大淫婦和修正自身問題的方法與答案。當地上教會真正了解基督的至高無上、無所不在、全能和公義時，地上教會就能解決背道、逼迫／社會壓力，和屬靈貧瘠的問題。基督是地上教會面對大淫婦的最佳利器與力量來源。

在第二個釋經角度的解讀下，致七教會的書信和大淫婦的敍述相互呼應。兩者的對照，使得七教會所處的羅馬帝國環境，生動地呈現在讀者眼前。而七教會所面臨的艱難挑戰，更是鮮活地深印在讀者的腦海中。致七教會的書信成為大淫婦敍述的具體例證，而大淫婦的敍述也成為致七教會書信的真實背景。尤有甚者，大淫婦的傾倒和地上教會的得勝，更是與出現在七教會書信中的基督屬性相符一致。上帝與基督誠然是萬主之主和萬王之王（啟十七 14）！

2.3 二十一章的新娘

在世人接受連天地都逃避的白色大寶座審判之後，那些名字沒有記在生命冊上的，就經歷被拋在火湖的第二次死亡（啟二十 11～15）。而名字登記在生命冊上的，就得享新天新地、新耶路撒冷和新生命的永遠福分。約翰以新耶路撒冷帶出新天新地的景觀。而代表新耶路撒冷的，就是約翰筆下的新娘（二十一 2）。約翰藉著新娘的刻劃，為難以想像的未來美景帶出具體的描繪。用新娘來代表聖城新耶路撒冷，似乎令人難以理解。但若從約翰使用大淫婦來表徵羅馬帝國的角度來看，新娘代表新耶路撒冷，就顯得合理多了。更確切地說，既然約翰使用大淫婦淫亂、貪婪、野心和邪惡的本質來揭露羅馬帝國的問題，那麼約翰也同樣使用新娘忠貞、潔淨和蒙丈夫喜愛的特性，來展現新天新地的美好。

新娘是從天上降下來的新耶路撒冷，她打扮整齊等候丈夫（啟二十一 2、9～10）。乍看之下，新娘好像僅僅代表聖城新耶路撒冷。然而，上帝要親自與祂的子民同在的應許，暗示新娘所代表的新耶路撒冷，是由上帝的子民所組成的（二十一 3）。換言之，新耶路撒冷是忠心跟隨上帝和基督的信徒所組成的。新耶路撒冷的一切都是更新的（二十一 5）。屬於新耶路撒冷的信徒不再有死亡和各樣痛苦，因為先前的事都過去了（二十一 4）。新耶路撒冷不但榮耀光輝，潔淨無瑕疵，並且能夠自由出入（二十一 11、18～21、25、27）。在地上以信仰與行為，正確表彰自己和基督之關係的聖徒，就像打扮整齊等候丈夫的新娘。有一天他們會從撒但的捆綁中被釋放出來（二十 10），並且進入與上帝永遠同在的新耶路撒冷。[13] 尤有甚者，他們得以蒙受見主面的福氣（二十二 4），這是歷世歷代地上聖徒無法想像的憧憬與盼望。[14] 如此說來，新娘所代表的新耶路撒冷，就是地上教會未來蒙福的完美景象。

2.3.1 角度一：前言和結語

第一個釋經角度的前言，為二十一章的新娘刻劃帶出更深一層的蘊涵。新娘得以享受的蒙喜愛和徹底更新，是地上教會的引頸盼望。雖然前言沒有具體討論聖所的議題，但與聖所有關的字彙卻暗示了另一種聖所的存在。「作他父上帝的祭司」（啟一 6）和「七燈台」的重複出現（一 12、20），無疑顯示聖所的觀念。這個似乎無實際形體的聖所，在新娘敍述的詮釋下，驟然明朗化。原來前言所前瞻的聖所，並非有形的建築物，而是上帝和羔羊的榮耀同在（二十一 22）。新的聖所矗立在新娘所代表的新耶路撒冷城中。換言之，上帝和羔羊就居住在由人組成的新耶路撒冷中。在新耶路撒冷城中，上帝的子民將以祭司的身分，事奉讚美上帝直到永遠（一 6）。而羔羊也將在金燈台所代表的教會中間，與教會永遠同在（一 13，二十一 3）。

新娘的敍述也和前言成為強烈的對比。在前言中，信徒和約翰一同分享患難、國度和忍耐（啟一 9）。他們必須在艱難的環境中，遵守上帝的道和耶穌基督的見證（一 2～3）。環境的險惡和逼迫，令信徒害怕戰兢。因此，耶穌在前言中，以「不要怕！」激勵約翰，並且以自己永遠存活和握有死亡／陰間之鑰匙的權柄，為約翰加力（一 17～18）。反觀，身處新耶路撒冷的信徒則不再有任何懼怕，因為先前的艱難和挑戰已成過去了（二十一 4）。得勝的信徒將永遠享受上帝的同在、光明、富足與不再飢渴的生命（二十一 3、6、11、18～21、23）。新娘所代表的新耶路撒冷，是受苦中的信徒日夜盼望的應許。然而，他們的等待並非永遠，因為前言說「日期近了」（一 3），而耶穌基督的再來也是必定的（一 7）。凡恆心忍耐的信徒與教會，終將承受新天新地的福分（二十一 7）。

奇妙地，前言和二十一章同以「大聲音」一詞，帶出令人可畏的異象和信息（啟一 10，二十一 3）。前言的大聲音帶出基督的畫像，而二十一章的大聲音則帶出上帝同在的應許。這兩個大聲音所帶出的話語，都是可信與真實的（二十一 5），因為它出自今在、昔在、以後永在的上帝，和信實見證人耶穌基督（一 4～5）。在永活全能上帝的應許之下（一 18），信徒必然得見新天新地和新耶路撒冷的實現。在前言和新娘敍述的對照下，未來美景的盼望是實際的。教會所當行的，就是為上帝的道和耶穌的見證忍耐到底！

最後，約翰以「地上眾君王的統治者」描述耶穌基督的稱號（啟一 5），也完全應驗在新天新地之中。因為上帝和羔羊坐在寶座上（二十一 5），並且地上眾王都要把他們的榮華帶到這城來（二十一 24、26）。總的來說，前言和新娘敍述的前後呼應，為啟示錄帶出了一氣呵成的完整信息。

隨之出現在新娘敍述後的結語，更自然地為新娘的刻劃，作了簡明有力的總結。在結語中，約翰清楚展現女人的身分，就像基督潔淨的新娘一樣（啟二十一 2）。這顯然是一種將新耶路撒冷和羔羊親密連結在一起的隱喻。在前面的上下文中，新娘和羔羊的關係，像極了新娘和新郎的關係。究竟為何羔羊成為新郎的隱喻？惟一可以解釋的原因就是，贖罪的神學（atonement theology）似乎充滿整本啟示錄。新郎對新娘的愛，使他為新娘犧牲生命。就像舊約的獻祭制度，羔羊成為交換的管道，祂使新娘從不潔淨成為潔淨。如此親娘才配得上並且預備妥當地，參加羔羊的婚筵。可見，新娘直接和潔淨的議題相關。

結語和新娘敍述的參照解讀，也使上帝子民的身分定義更加寬廣與清楚。新娘敍述中的上帝的子民是得勝與承受福分的（啟二十一 7），他們與不信和淫亂的人剛好相反（二十一 8）。他們分別屬於「團體內」和「團體外」的不同羣體。「團體內」的羣體享受永遠的福分，而「團體外」的羣體則慘遭第二次的死亡（二十一 8）。這與結語中的「城裏」和「城外」逕相符合（二十二 14～15）。「團體內」和「城裏」的人，是潔淨的（二十一 7），因為他們是袍子已經洗淨的有福者（二十二 14）。尤有甚者，這些有福的人都是遵守啟示錄預言和敬拜上帝的僕人（二十二 7、9）。在啟示錄的結語部分，約翰再次強調上帝子民的身分特質。可見，凡跟隨基督的地上教會，都應該珍惜自己的尊貴身分，並且活出與身分特質相稱的生命！

另外，約翰筆下的「快要發生的事」、「我必快來」和「日期近了」（啟二十二 6～7、12、20）等措辭，更讓人有一種緊鑼密鼓和事情就快要發生的感覺。約翰生動有力的筆觸，使新天新地的盼望不再遙遠。新娘所代表的新耶路撒冷及其包含的一切榮美，實際是指日可待的美景。

結語不但再次重複新娘敍述中的「這些話是真實可信的」（啟二十二 6，二十一 5），並且更進一步提出「不可封了這書上的預言」的警告（二十二 10）。約翰用心良苦，他迫切希望他的讀者能夠因著上帝話語的真實可信，而守住所信的道。約翰深盼所有的聖徒，都能和他同聲說：「主耶穌啊，我願你來！」（《新譯本》；二十二 20）。

總的來說，第一個釋經角度的前言和結語，又一次地豐富了約翰對於新娘的刻劃。在前言的前瞻盼望與結語的回顧肯定之下，新娘活化了教會未來蒙福的完美景象。在新耶路撒冷中的完美教會，具有生命、潔淨和光明的特性，她得勝了死亡、污穢和黑暗的沉淪。新耶路撒冷的美景是真實的，因為這是上帝賜給約翰的異象和信息。地上教會不必害怕，因為在新耶路撒冷永恆榮美的比較之下，地上的逼迫與患難不過是短暫的過眼雲煙！

2.3.2 角度二：爭戰中的七教會

既然新娘代表教會未來的完美典型，從地上教會的角度來解讀新娘的敍述，更能展現完美教會與不完美教會之間的差距。尤有甚者，第二個釋經角度的解讀，正面地帶出地上教會有時也能反映完美教會之特性的優點，同時負面地揭露地上教會必須克服的各樣缺點。惟當爭戰中的七教會正視基督的責備，並以實際的行動糾正缺點時，教會才能得到基督應許的祝福。基督針對每個教會所發出的應許，成為爭戰中之七教會堅守真道的激勵。這些得勝者蒙福的各樣應許，大部分都出現在新娘的敍述中。顯然，約翰再次使用前瞻與回顧的巧筆，有力地帶出啟示錄的一貫信息。

具體來說，新娘的角色和在二至三章的七教會有顯著的關連。例如，使用性淫亂和偶像為背道之隱喻的討論，使得新娘不潔淨並且不適合結婚（例如，啟二 14、20）。潔淨和道德與尊榮相關，而不潔淨和不道德則與羞辱連結。既然在啟示錄中，衣服是潔淨的象徵（例如，七 14），那麼三章 4 節的白衣就是參加羔羊婚筵的衣服了，這與現代的新娘禮服非常相似（十九 8，二十一 1）。然而，如果教會向耶穌敞開大門（三 20），那麼教會就可以在現世的生活中預嘗基督的婚筵了。如此說來，新娘雖屬未來人物，但在現世的地上生活中，她仍具有一些特殊的涵義。

更重要地，讓我們對照未來的完美教會（即新娘）與現在的不完美教會（即七教會），以便從中學習如何建立合上帝心意的教會。

首先，以弗所教會具有堅守真道的特質，但她同時流露失去愛心的軟弱（啟二 2～4）。可見，以弗所教會在某方面，是完美教會的寫照。不過她的軟弱，也顯示她究竟是一個不完美的教會。基督應許以弗所教會，凡得勝的，必有生命樹的果子賜給他（二 7）。這個應許正是新耶路撒冷的佳美特性之一。生命樹的果子不但永遠不斷，更具有醫治病人的功效（二十二 2）。

士每拿教會則像一個模範教會，因為書信中沒有提到基督的任何責備。所看見的只是將要受患難的忠心聖徒（啟二 10）。這個教會在地上雖然患難和貧窮，卻最能彰顯完美新耶路撒冷的富足（二 9）。她所得到的得勝應許，是絕不會受第二次死的害（二 11）。這個佳美的特性也以不信者必受第二次死的反照，出現在新娘的敍述中（二十一 8）。

別迦摩教會同樣在完美教會和不完美教會之間掙扎。因為她雖有忠心的見證人安提帕為主殉道（啟二 13），但她卻容許巴蘭和尼哥拉黨的教訓，並且行淫亂（二 14）。因此，基督責備別迦摩教會，並且為得勝者賜下白石上寫著新名字的應許（二 17）。這個新名字的應許，同樣出現在新娘的敍述中（二十二 4）。當凡在地上忠心跟隨基督的人，都有新名字所代表的新身分。這個新身分不僅顯示他與地上公民的區別，更將持續到新耶路撒冷的更新國度中，直到永永遠遠。

撒狄教會在死活之間掙扎，她是上帝眼中不完全的教會（啟三 1～2）。但她仍有幾名反映完美教會生命的忠貞信徒（三 4）。這些忠貞的信徒未曾玷污自己的衣服，將像新娘一樣身穿白衣與主同行（三 4）。上帝也以身穿白衣，作為得勝者的應許（三 5）。身穿白衣最能反映新娘的忠貞與潔淨。基督以身穿白衣為應許，一方面帶出完美教會的理想目標，另一方面也為軟弱的教會，設下努力的方向。

最後，非拉鐵非教會在患難的爭戰中，遵守耶穌忍耐的道（啟三 8、10）。在書信中，我們也看不見基督的責備。可見，她雖僅有一點點力量，卻因沒有否認耶穌的名，而戰勝撒但並且得到基督的愛（三 9）。她與士每拿教會一樣，成為在地上展現完美教會特質的典範。基督以多重的應許，繼續勉勵非拉鐵非教會的信徒遵守忍耐的道。基督的多重應許，包含得勝者將在上帝的聖所作柱子、決不再出去、並且有多種新名寫在身上的濃厚祝福（三 12）。這些應許一一出現在新娘的敍述中。可見，上帝以未來的完美教會所具有的各樣特質，來作為非拉鐵非教會的賞賜。

地上教會永遠不可能完美，但只要地上教會願意與邪惡的環境繼續爭戰，地上教會絕有可能日趨完美教會的理想。除了出現在每封書信中的基督屬性，都能夠作為地上教會爭戰的依靠之外，新耶路撒冷完美景象的盼望，也成為地上教會爭戰的安慰。在第二個釋經角度之下，地上持續爭戰的七教會，更加突顯了新耶路撒冷的榮美與完全。而新耶路撒冷的敍述，也針對地上教會發出嚴厲的警告。聖靈向眾教會所說的話，有耳的就應當聽（啟二 7、11、17、29，三 6、13、22），不也包含了新娘的敍述嗎！

註釋：

1 孫寶玲：《啟示錄——萬主之主》（香港：明道社，2007），頁 274；作者認為，從新約的作品來看，懷孕婦人的象徵甚至應該延伸至基督的教會（參加四 26），因此，婦人也可以指涉教會（弗五 31～32）。

2 孫寶玲：《啟示錄》，頁 272；這裏指出在生產的艱難中疼痛呼叫（十二 2），不是指肉身生產時的過程，而是比喻艱苦，甚至爭戰。

3 Edith M. Humphrey, “A Tale of Two Cities and (At Least) Three Women:

Transformation, Continuity, and Contrast in the Apocalypse," in David L. Barr (ed.), *Reading the Book of Revelation: A Resource for Students* (Atlanta: SBL, 2003), p.88.

4 Stephen Smalley, *Revelation* (Downers Grove: IVP, 2005), p.317；這裏指出，大龍是所有邪惡國度的化身，也是所有邪惡的本質，因為大龍被視為魔鬼撒但自己（十二 9，二十 2），也就是和上帝與美善敵對的終極力量。

5 Smalley, *Revelation*, p.59.

6 Christopher Rowland, *The Book of Revelation: Introduction, Commentary, and Reflections*, NIB (Nashville: Abingdon, 1998), p.654.

7 Rowland, *The Book of Revelation*, pp.681, 685～686.

8 孫寶玲：《啟示錄》，頁 393。

9 Grant R. Osborne, *Revelation* (Grand Rapids, Mich.: Baker Academic, 2002), p.628.

10 Smalley, *Revelation*, p.466.

11 孫寶玲：《啟示錄》，頁 410；這裏指出，大淫婦受審判的原因並不針對財富本身，而是背後的不公義、貪婪、壟斷和剝削等邪惡行為（參十三 17）。

12 孫寶玲：《啟示錄》，頁 412；「從那城出來」並不是單純的空間轉移或遷徙，而是義無反顧的轉向，需要付出高昂的代價。

13 Smalley, *Revelation*, p.537.

14 Rowland, *The Book of Revelation*, p.730；這裏指出，雖然約翰使用結構和空間的語言，來描述新耶路撒冷，但他的核心信息，卻是上帝和人之間面對面的關係。

三

角度三的觀察——原始讀者的性別世界

3.1 羅馬帝國的女人

為要了解巴比倫大淫婦和異端所生之不合法子女的意義，我們必須根據羅馬的哲學、法律和社會習俗來了解整個隱喻。這些都是原始讀者所熟悉的背景，因此在將其與約翰所寫的猶太－基督教價值觀相互比較之前，我們應該先行了解羅馬社會對於性別的道德和羞恥／尊榮觀念。當時的女人較早結婚，或許因為婚姻制度背後，蘊藏著家庭尊榮的意義和功能。設若年輕女人到了青春期仍未結婚，並且因隨意的越軌行為而失去童貞，家庭的尊榮將陷入危機。因此，最好的方式，就是在她們成年之後馬上安排婚嫁。毫無疑問地，羅馬帝國的女人在丈夫的重要性上，扮演著舉足輕重的角色。[1] 凡羞辱丈夫的女人，甚至連奧古斯都的女兒朱莉婭（Julia），都將被視為局外人。又如奧古斯都的妻子利維雅所具有的頭銜一樣，皇帝的妻子多米蒂亞（Domitia）也被賜予“*Augusta*”的頭銜。多米蒂亞非常在乎頭銜，在多米蒂亞之後的皇帝妻子，也固定擁有相同的頭銜。[2] 可見，約翰的女性意象並非偶然的巧合。

雖然羅馬的作家對於女人的智識能力，持有不同的看法，但在上層社會中，女人的教育相當普遍。若與她們的希臘前輩相比，羅馬帝國的女人（或一般羅馬的女人）顯然更有機會，在帝國的社會中運用她們的權威。在萊茵河附近的軍事行動中，奧古斯都惟一孩子朱莉婭的女兒（大）阿格麗品娜（Agrippina the Elder），甚至在勝利之後視察軍隊，並且分發獎金。[3] 縱使（大）阿格麗品娜是少見的例外，羅馬上層社會的女人依然比過去的希臘女人，擁有更多的基本權利。一般的教育對於管理上層階級家庭的女人，是不可或缺的必要。有些女孩甚至和男孩一起上課。可見，羅馬上層階級的女人，都受過相當良好的教育。不過，教育並非定義女人角色的因素；女人生活和影響的領域，才是定義女人角色的關鍵。一般來說，她們的角色並不僅由道德或婚姻來界定。還有其他指標，展現女人存在的羅馬社會空間。在羅馬的圖畫和文學證據中，有兩項事實清楚呈現。

第一，最完美的理想就是，女人屬於一個令人尊敬的私人空間。她「在內部」的位置，使她安身在社會尊榮的保護界限中。這對於包含上層至下層階級的所有女人，都是真實的。如果我們隨便看看龐貝城（Pompeii）的繪畫，我們很快便會注意到，男人的膚色較女人黑黝。顯然，畫家刻意顯示不同的亮度，可能是膚色不同的一個原因。然而，我們很容易得到一個清楚的結論。換言之，男人黑黝和女人姣白的膚色，是因為男人時常在屋外活動，而女人則多半留在屋內。皮膚白嫩似乎是女性美的理想，但事實上這是主外與主內的社會空間所造成的結果。

第二，女人屬於一個界限分明的空間。在羅馬社會的公開場所中，女人通常都有自己的區域，很可能是為了保護她們免受男性不端行為的侵擾（就像今日的足球賽場合）。當時的女人需要被保護。

這些有關女人的理想，直接出自羅馬社會的某個階層。我相信它們主要出自社會的最上層階級。

一個公眾可以直接接觸性別角色的地方（甚至公眾大部分是不識字的），就是羅馬帝國女人的肖像，這些肖像被收藏在意大利內外的各處博物館。一般而言，一世紀的藝術作品都被擺置在公共場所。甚至在私人的居所內，藝術作品也被放在稱為中庭的公共場所。所有的訪客都可從中庭的陳列，認識這個家庭的家庭歷史和身分地位。[4] 私下地，這些藝術作品明明講述：「這是我們家庭的故事。」而公開地，帝國皇室的肖像，更不只是向有興趣的家庭訪客傳遞信息而已。在公開的陳列中，這些羅馬帝國的女人，代表社會應該遵循的典範。即便在真實的生活中，這些女人未必總是完美，但她們的肖像卻永遠毫無瑕疵。她們為女人的角色設定了標準。

公共場所是社會互動發生的地方。藉著將藝術作品放置在公共場所中，羅馬政府傳遞並且強化羅馬人民，對於性別角色的價值觀。藝術作品中的女人顯示出，女人受尊敬和被接受的角色常規。現代可見的平行例證，就是英國的黛安娜公主，她的全球性慈善工作堪稱傳奇。雖然有關她死亡的詳情仍不確定，但她的理想典範仍然引發英國整個社會的尊敬和愛戴。羅馬帝國女人的肖像可被公眾親眼看見，是所有女人典範的最佳宣傳。因為當時的女人有許多事務纏身，她們的忙碌使雕塑家無法擁有，為坐在他眼前的女人雕刻的奢侈。因此，雕塑家只能雕刻被理想化的雕像。畢竟，這些雕像中的女人，如何可能像雕塑家所雕刻的一樣永遠年輕呢？從理念和實際的角度來看，相同的情形也可見於皇帝的雕像中。

典型模式的存在，讓我們看見一幅理想的圖畫。這些雕像所代表的女人，並不是現實中有血有肉的女人，而是羅馬帝國女人在帝國中施展大量權力（或有些少量）的展現。[5] 公元前二世紀之後，羅馬政府禁止朱莉婭的雕像繼續生產，因為她的通姦行為羞辱了奧古斯都的家庭。這個例子證明了，這些女性雕像所具有的社會重要性。朱莉婭（奧古斯都和他第一任太太斯克里波尼婭〔Scribonia〕所生的女兒）嫁給繼母的兒子提比留斯（奧古斯都再婚之後的繼子）的婚姻，是父親奧古斯都下令執行的。這一樁毫無愛情的婚姻，導致朱莉婭在性方面的放蕩行為。她的放逐嚴厲且殘忍，她被禁止享用所有的酒類和上好食物。在沒有奧古斯都的許可之下，她也不許和任何男性接觸。因為她羞辱了家庭，因此她代表模範妻子的所有雕像完全被撤除。

可見，理想雕像的人選，必須維護家庭的尊榮。朱莉婭的確玷污了奧古斯都的家庭尊榮。不過，朱莉婭的雕像被禁止，也為我們指向另一個重要觀察。換言之，她的雕像被禁止，顯示她的理念對社會的巨大影響力。她被放逐的不人道境況，尤其是不准男人訪問她，更是肯定了她的影響力所具有的危險性。像朱莉婭這種羅馬女人，的確具有重大的影響力！有關朱莉婭的研究，最有幫助和最新近的作品，應該是備受尊重之范瑟姆（Elaine Fantham）的《朱莉婭・奧古斯都》（*Julia Augusti*）一書。[6] 在其中范瑟姆提到，朱莉婭主動抵制她虛偽的父親，因為她父親的道德和婚姻忠誠都備受質疑。雖然她最後還是輸了，不過她所帶出的社會衝擊卻相當強烈。由此可見，忠誠的形象和她們所行使的權力，形成直接的正比。

在羅馬帝國女人的肖像中，最重要的當屬利維雅。她的雕像的數目強烈顯示出，她超越其他許多帝國女人，而成為羅馬婦女的典範（archetypal woman）。許多正在行使職責之女祭司的雕像，都形似利維雅的樣子。女人（尤其是皇家婦女）對於國家宗教的參與，尤其顯見於奧古斯都和平的祭壇（拉丁文是“*Ara Pacis Augustae*”；英文是“the Altar of Augustan Peace”）。在這個祭壇中，奧古斯都五十二年的妻子利維雅的頭上披著頭巾。[7] 這個獨特的祭壇，在表達羅馬理念方面尤顯重要。因此，甚至在錢幣上，都有部分的描述出現。她的頭巾未必表示卑屈的公共角色。因為多種不同的利維雅雕像，讓我們更難定論她的頭巾是卑屈角色的標誌。連穿著祭司衣服的奧古斯都，自己都戴著頭巾。或許，利維雅的頭巾具有顯示尊貴的用意。可理解地，在奧古斯都死後，利維雅變成皇帝敬拜異教的女祭司。她的尊榮和奧古斯都的緊密相連。她敬拜死去的奧古斯都，以免為自己招來羞辱。在她死後，人民以“*Julia Augusta*”的稱號，把她奉若神明來敬拜。她的死亡顯示她至終是皇室家庭局內人的顯赫地位。

利維雅的許多雕像，證實我們從文獻中對她的認識。她不但是最高貴家世的女人，也是一位富裕和有權的女人。她毫不猶疑地藉著她的丈夫，行使她對羅馬帝國的巨大影響力。從她沒有為奧古斯都生育兒女，卻使她在先前婚姻中所生的兩個兒子之一的提比留斯，成為明顯王位繼承人的事實來看，她所握有的權力範圍實在深廣。但她同時是一位固守傳統角色的女性，她親自為奧古斯都在公共場合所穿的衣服紡紗織布（Suetonius *Augustus* 73）。[8] 我很難相信如此高貴的女人，會親手做日常紡織的工作，而不會吩咐婢女處理這類的家庭雜務。不過我認為，蘇埃托尼烏斯的記錄，具有宣傳與發揚女人傳統角色的目的。這個故事記載的象徵性可能比真實性來得大。在一個井然有序的家庭中，織布機是非常重要的儀器，它通常被放置在中庭，以象徵女人為家中之男人紡紗織布的生產角色。[9]

傳統的中國家庭也使用「內人」的觀念，來代表主理家庭內部事務的妻子。雖然羅馬的女人並不總是被私人的空間限制，但她多數被與私人空間有關的美德所定義（例如，生殖、家庭管理等）。[10] 換言之，就是在公共場合，羅馬的女人還是運用「內人」的角色，來發揮她的影響力。儘管古代女人所擁有的權利，不能與現代女人相比，但她們仍能使用其他的方式，對丈夫施展相同的影響力。利維雅藉著所有羅馬人都重視和尊敬的家庭美德，來發揮她的公眾影響力。在利維雅這位第一夫人身上，羅馬人看見真正的「貴婦」（lady）。她沒有破壞任何羅馬尊榮，甚至更進一步地保存她丈夫的尊榮，因此為她自己帶來更大的權力。在蘇埃托尼烏斯所記錄的醜聞中，甚至謠傳她提供年輕女子給自己的丈夫玩樂，因此產生一種缺乏真正忠貞的婚姻。這顯然嚴重違反基督教的道德標準。[11]

因為利維雅遵守所有的羅馬規矩，因此在奧古斯都死後，她和她的兒子提比留斯共同攝政，顯然握有政治實權。她的許多優秀特質、超越的政治背景、魅力和美貌，可能是奧古斯都與斯克里波尼婭離婚，然後娶她的最主要原因。[12] 她的尊嚴和可能極為嚴肅的個性，在她雕像的面部表情中展現無遺。她幾乎毫無笑容！身為第一夫人和所有妻子的榜樣，她展現女人必須兼具尊嚴和貞潔。她死於公元二十九年，死時正好八十六歲（當時頗不尋常的老年年紀）。她的長壽總結了一段長久和具影響力的生命。墓碑上讚揚一般女人紀念詞，最能代表奧古斯都時代的理想：「我貞潔又端莊；我不認識羣眾；我對我丈夫忠貞不二。」[13]

許多文獻來源可為約翰之前和約翰當時的女人觀，清楚地提供指標和資料。在共和政體解散前七世紀左右，羅馬建國的早期傳奇曾提到，被羅馬俘擄的色賓女人（Sabines）在嫁給羅馬人時，所表現的活力和勇敢。這些女人勇敢十足地衝上戰場，調停羅馬人和色賓人之間的休戰。[14] 因此，好女人的觀念穩固地建立在羅馬社會中。女人的刻劃實際是一種傳遞理想的工具。基本上，羅馬所傳遞的簡單信息就是：「惟一的好女人就是，嚮往成為好『羅馬』女人的女性。」醫學文獻是揭露女人角色的重要來源之一。從預後的目的來看，這些文獻似乎極具「科學性」（有時候它們的確如此），但它們同時展現當時的性別觀念。[15] 儘管肖像研究的證據可能顯示相反的觀察，但年輕女子在結婚之前都被隔離起來。[16] 這種理想可以遠溯至約翰之前的時代。我不相信，小女孩完全被禁止和小男孩玩耍。然而，醫學文獻顯示，小女孩比小男孩更需要保護。甚至在現代的子女養育中，這種觀念還是十分盛行。舉例來說，希波克拉底的文獻顯示，根據相面學對於較弱性別的描述，女人的確屬於較弱的性別。

3.2 羅馬女人和宗教

羅馬的宗教制度清楚描述性別的差異，甚至連獻祭動物的性別都詳加說明。換言之，男性神明只接受雄性動物為祭物，而女性神明則只接受雌性動物為祭物。[17] 在教會中，我們看見耶洗別（啟二 20）到巴蘭（二 14）的異端教導到處滲透。性能力和母性，代表約翰時代典型的女人角色。尤其是還在進入應許之地前的出埃及經歷時，性能力和它所帶來的繁殖，相信是以色列和外邦人之偶像關係的隱喻。十分正確地，特里比爾科注意到在啟示錄中，性淫亂的字彙總是代表偶像崇拜。[18] 將生育兒女和宗教連結一氣的完整觀念，生動地流露在古代的宗教故事和藝術中。神明餵母奶的畫像，鮮活地帶出繁殖的描繪。許多小亞細亞的宗教（例如，大母神），都有帶著母系氏族特徵的神明存在。可見，這類字彙包含兩個層面的意義：宗教和性。

畢竟，在希羅世界（Seneca *Ep*. 122.7～8），性的隱喻曾經被使用於與性無關的主題上（在某些例子中，具爭論性質）。它所討論的是宗教，而不是性或道德的議題。宗教就像婚姻盟約一樣。約翰所使用的隱喻，包含但也超越性淫亂。因此，在檢視女人的性角色以完全了解隱喻之前，觀察一般希羅社會女人的宗教生活，就益顯重要了。不論在基督教的情境內或外，女人在宗教上，一向具有多種不同的角色。任何簡單的新約概論都會顯示出，女人對基督教的顯著影響，尤其是在保羅的宣教中（徒十六12～18；羅十六 1 等）。對於一般基督徒讀者而言，比較鮮為人知的事實是，女人也在她們的社會中佔據重要的宗教角色。

在小亞細亞的酒神和其他神祕異教儀式中，女人對宗教的參與十分明顯。女祭司也常常代表城市，行使神聖的獻祭儀式。被稱為「狂女」（maenad）的酒神女祭司，是酒神敬拜中聲名狼藉的瘋女人。在傳奇的故事中，這些女人的發狂可以導致一種放血的殘酷行動，動物被她們那似乎超人的力量撕裂得肢體殘缺不全。對基督徒而言，這些女人似乎著魔，一點也不神聖。有一陣子，這種儀式的大規模行使被羅馬人列為非法（公元前 186 年），因為社會實在需要法律和秩序。其他女人對宗教的參與，包括重要的希拉（Hera）異教。這個異教倡導希拉林（Heraean）競賽，就像女子的奧林匹克競賽一樣。許多國家認可的宗教（例如，亞底米、玻娜得亞〔Bona Dea〕、雅典娜尼基〔Athena Nike〕），都從貴族家庭選擇他們的女祭司。因此，國家藉著這些年輕女人，密切參與各種宗教。

3.3 羅馬女人和尊榮

性隱喻也適用於耶洗別的兒女，因為他們是性結合的產物。即便是以男人為中心的社會，女人在社會中的角色，仍然應該來自社會本身的意識理念。究竟羅馬社會如何看待女人？對於好女人品質的完整列舉，可見於《圖力雅頌》（*Laudatio Turiae*）的喪禮頌詞碑文，這顯然是對死去妻子圖力雅（Turia）的讚美。[19] 女人的品質，可被分為公共和私人領域兩個範疇。在公共領域中，女人必須確定她的一切所行，將為家庭帶來尊榮。她也必須使用她有限的權力，確保遺產的分配對每一方都公平與正直。在這種方式下，她向眾人宣告她是家庭局內人的有權地位。在參加競技比賽或其他公開場合時，她必須坐在體育場最高一排的指定座位。身為一個局內人，她被她的社會地位所限制。她不可像不名譽的女人一樣，四處放蕩走動。而在私人領域中，她被要求維持一個長久又忠貞的婚姻，雖然這種例子極為罕見。當丈夫遠離家門時，她必須管理家庭。而丈夫在家時，她也必須給丈夫審慎與真實的勸告。她必須毫無瑕疵地保持自己的貞潔。事實上，在羅馬共和政體時代（Livy 10.23），舊式的價值觀要求妻子只能結一次婚；但繼承權的缺乏，導致後來較為寬鬆的法律制定。總的來說，當時好女人的標準，與現代對於「好」妻子的理想，並沒有太大的差異。

甚至在約翰的時代之前，羅馬的元首政治（Roman Principate）想要回到「大好日子」。對於姦淫的控制可以回溯至梭倫（Solon）的時候，他容許人殺害正在行淫亂的通姦者（可能包含男性和女性）。為使這項命令繼續存在，奧古斯都開始制訂姦淫的法律。他的目的與道德毫不相干，主要是為了恢復社會的秩序。在羅馬的法律中，懲罰通姦之妻子的第一順位是丈夫，但丈夫自己卻可以隨意嫖妓。[20] 對於妻子的懲罰，較屬家庭而非國家的責任。如此說來，姦淫的法律乃為維持家庭制度的次序，而非道德標準的保守。這並不代表姦淫的法律，必定被上層社會執行。[21] 甚至奧古斯都自己，都違犯姦淫的法律。一般來說，身為高級地方法官的監察官，會為了道德的缺乏而施行懲罰。這種情況下的道德，並不具任何宗教性，反而與身為「羅馬人」的世界觀有關。更確切地說，羅馬人的形象包含對女人的性，加諸一種社會控制。社會秩序的一個重要標示，就是對女人的性加以控制（Livy 39.15.9）。就現實來看，這真是一種雙重的標準。如同前述，奧古斯都虛有其表的道德外貌，僅是攀登國家最高權位的手段罷了。他毫無維護道德的心意。他為其餘的羅馬統治者，設下了負面的趨勢。

為甚麼我們要觀察羅馬人的性習慣呢？對於羅馬人的性行為，有某種程度的了解是重要的，因為羅馬人大部分的性行為和價值觀，都和猶太－基督教的價值觀對立。基於婚姻關係而有的性接觸，具有政治的功能：繁殖男性繼承人和建立堅固的政治聯盟（例如，Soranus *Gyn*. 1.34）。除了一神論之外，性道德的範疇，可能是基督教和羅馬人最顯著的相異之處。因此，啟示錄的異象所含帶的性暗示，具有引發衝擊的價值。它不僅指出希羅文化的混亂價值觀，更顯明猶太－基督教根基於神聖盟約的性道德觀。如此說來，性暗喻並非羅馬價值觀所創造的二分法，它實際兼具社會和宗教的功能。下文將以原始讀者的世界為觀察的焦點。

在討論古代女人的角色時，性是一個不可避免的重要論題。雖然在約翰的時代，性不見得總是與道德相關，但它的確反映某種社會世界觀。根據醫學文獻，性並不是毫無控制的放縱享樂。一個可以禁慾的人，在肉體和心理方面必定相當強壯。公元四世紀的醫生奧芮培錫阿斯（Oribasius）引述加倫（Galen *Collectionum Medicarum Reliquiae* 22.2.19～21），對於過度之性行為可能造成的肉體傷害似乎十分小心。[22] 然而，加倫的理想，也受到先前關乎熱情的哲學影響。[23]

毫無疑問地，斯多亞學派（Stoic）在某些地方的優勢，也很可能促成這種負面性觀念的形成。尤有甚者，哲學對於過度熱情的反對聲浪，的確為創造具有真正次序的社會有極大的貢獻。過度的熱情（在此指性慾）絕對有害，因為它顯示一個人在道德品格培育上的失敗。就像沒有發生性關係的人一樣，一個潔淨的教會所展現的，實際是肉體和精神力量的極致。這種教會是合上帝心意的，就像古代的處女一樣，她一點也不像放蕩縱慾的羅馬。

現代詮釋者認為，基督教會以男性為中心的看法，其實是一種錯誤的觀念。他們的所見與真理完全相反。若從希羅作家對妻子和女兒之角色的角度來看，基督教實際是女權的積極倡導者。事實上，女權的包含和活力化，是早期教會增長的主要原因之一。[24] 更進一步地，貞潔的觀念並不是只強加在女人身上的雙重標準。貞潔是男人和女人都必須持守的道德品格。因此，貞潔被看重為蒙上帝喜悅和尊榮的標誌。基督教和希羅價值觀的不同之處在於，他們雖然雙雙看重處女的價值，但希羅文化卻同時容許男人享受嫖妓的性樂趣。妻子的最大用處在於生育兒女，尤其是男孩的繁衍。可見，以處女的圖像作為教會的重要隱喻，毫無保留地展現了基督教的價值觀。

教會裏面眾多的婦女和羅馬社會稀少的女嬰，不但形成強烈的反照，並且產生一些社會和屬靈方面的後果。保羅寫信給哥林多教會，教導信徒尋找同樣信仰的婚姻伴侶，實際反映信徒可能在教會外尋找「任何一位」不同信仰的配偶。可見，男性與女性之間的比例相當不平衡（林前七 39）。然而，因為不同信仰的婚姻連結，可能有一些丈夫在結婚之後因妻子而信主，因此也促成教會在人數上的增長。[25] 如此說來，就社會習俗的角度來看，非常令人喜愛的適婚年齡處女，是極具意義的隱喻。另外，就基督教會的成長來看，尤其是根據上帝在舊約以繁殖祝福子民的角度，非常令人喜愛的適婚年齡處女，也是極具意義的隱喻。

《敦倫縱覽：羅馬藝術的性愛架構》（*Looking at Lovemaking: Constructions of Sexuality in Roman Art*）一書，是對羅馬人性觀念的最完整研究。這本書的獨特之處，在於它所展現的支持證據。換言之，它的證據以羅馬家庭和公共場所陳列的性愛藝術作品為主。這本書對每一種可以想像到的戀童狂、異性戀和同性戀性行為，都一一加以描繪。來自小亞細亞的藝術作品數量驚人（例如，別迦摩、撒狄等）。[26] 這類的物質證據，可以由如同馬提雅爾和奧維德等很多羅馬作家的作品所證實。最有可能的是，許多奴隸被他們的主人性虐待。甚至有些法律記錄顯示，奴隸成為主人之間共同分享的性對象。[27]

希羅的性觀念非常不同。從這些藝術作品來看，性活動好像羅馬人紓解壓力，而非表達愛情的方式。這類的藝術作品乃為供人娛樂，因此，連戲院也有性交的模仿。僅就娛樂來說，性行為都有等級的區分。基本上，妻子用來繁衍男性繼承人，而娼妓則用來享樂。這種觀念具有強烈的男性中心和階級意識。通常都身為奴隸的娼妓，和貞潔的新娘穿著大不相同。在這種方式下，她可以為她的主人帶來「生意」，她很可能被人以輕蔑的眼光看待。她是羅馬制度的被逐者。雖然羅馬男人時常嫖妓，但雙重標準卻非常清楚，因為這些女人是被輕視的。在攻擊對手的陳述中，公元前一世紀著名的羅馬政治家西塞羅如此評論：「在他的家中，臥室有妓院。」（Cicero *Phil*. 2.28.69）。顯然，西塞羅稱他對手的女人為娼妓。將娼妓藏在家中，使得這個家庭一點也不像羅馬的家庭。另有些奴隸是有能力擁有奴隸之上流人士的性對象，他們專為主人提供私人的性樂趣。對一般百姓來說，娼妓院是尋找性樂趣的地方。

羅馬的道德（至少從基督徒的觀點來看）在城市所擁有的娼妓院數目下，展露無遺。這些娼妓院常以餐廳或旅館的面貌出現（Ovid *Amores* 1.8.63）。尤其是價錢合理時，許多酒吧女郎或旅館工作人員都可充當娼妓。這些女人永遠帶著社會羞辱，不僅因為她們的性行為，也因為她們低下的階級地位。李維（Livy）這位歷史學家在他的歷史著作中，定罪酒神的敬拜儀式過於嫖妓的行為，因為前者破壞社會次序，而後者只是顯示社會移位罷了。[28] 從羅馬的道德角度來看，前者比後者嚴重多多。可見，帝國的利益前提，遠超個人道德行為的利益。學者估計，在這個超過一百萬人的城市中，大約有四十五間娼妓院。[29] 就一個擁有大量人口的城市而言，這個數目似乎相當低，但卻間接帶出私下擁有性奴隸之上流人士的眾多。有些更具探險性的男人，甚至從男孩身上尋求性樂趣，同時以自己的妻子為繁衍後代的工具。

另外，龐貝這個保存良好的城市，也有描繪男性和女性顧客的娼妓院。甚至在上流人士中間，娼妓的使用（包括男性和女性）常因一些羅馬人視為低賤的性行為而產生（例如，口部的雞姦等）。在基督教尚未有太大影響力之前，這種行為並不被認為羞恥，因為奴隸不過是主人使用和丟棄的財產罷了。在羅馬的法律下，這種工作完全「合法」。羅馬的性工業和對待女人的方式，不僅無法被現代或猶太－基督教觀念接受，更是上流人士和一般平民之間的階級隔離。[30] 羅馬人的性娛樂也影響了宗教。除了高級妓女或娼妓的作愛景象，以及神話的強姦景象之外，最常赤裸的女人就是維納斯。她是羅馬人的愛神和古代女神明，這無疑代表她的性愛角色。[31] 因此，她的雕像代表正在做愛中的女人，也就是赤裸的女人。

然而，文字記錄卻從性的另一種角色為出發點。換言之，藝術家可以從男性的觀點，自由表達女性的特色。雖然一個合宜的女人，應該穿著社會所接受的服飾，但這些裸體雕像，就像現代的性愛藝術一樣，代表藝術家對裸體預備做愛之女性的原始美，所懷抱的完美理想。藝術是一種幻想，而在這種羞恥的幻想中，卻帶著些許的尊榮。現實可能是一幅更複雜的圖畫。從哲學的角度來看，許多如同斯多亞學派的哲學家，並不將性慾視為一種高尚的情感。對塞尼加（Seneca）而言，性愛缺乏自我控制力；而對斯多亞學派而言，性愛是一種可怕的軟弱。[32] 如此說來，慾望不被喜愛，因為它破壞社會次序。

在現實生活中，羅馬人的道德更顯複雜。將女人描繪為通姦者的筆法令人好奇，也是對憎惡之人既諷刺又真實的描述。因為這種女人導致社會的破裂。基於法律對通姦的看法，羅馬政治家喜歡控告他們的對手為通姦者（Cicero *In Cat*. 2.23; *Pro Sest*. 20 等）。這等控告不可能僅具修辭的功能，因為其中多少包含一些真實性。連奧古斯都都使用這種修辭策略，將馬可安東尼的愛人克利歐佩特拉，描述為埃及的淫婦。這種手段使人民轉向、並且敵對馬可安東尼。政治活動並非新鮮之事。這種道德敗壞尖銳地諷刺皇帝之所以能夠運用此種大權，乃是因為他是「男性」。身為男性，皇帝可以為所欲為。倡導以元首政治代替共和政體的奧古斯都，素來以他難以滿足的性慾為聞名，他曾經大膽地引誘元老院議員的妻子（Suetonius *Augustus* 62, 63, 69）。在婚姻方面，他先和自己的妻子斯克里波尼婭離婚，接著下令利維雅和自己的丈夫提比留斯．革老丟．尼祿（Tiberius Claudius Nero）離婚。最後他和利維雅結婚，並稱她為"*Julia Augustus*"。他實際違反自己在公元前十八年所制定的通姦法。這個法律被稱為"*lex Iulia de adulteries*"（朱利安〔Julian〕通姦法的拉丁文名稱），使通姦成為法律可以刑罰的公共犯罪行為。甚至在奧古斯都年老時，利維雅還為奧古斯都尋找女人（Suetonius *Augustus* 71），同時卻以通姦的罪名，懲罰（或使她成為代罪羔羊）奧古斯都的女兒（Seneca *De Ben*. 6.32.1）。[33]

奧古斯都的所作所為顯示出，他那毫無限制的權力。他的信息非常清楚，基本上他乃是宣告：「我可以擁有你的妻子或任何人的妻子。事實上，我也可以違反社會和法律的規定，因為我是世界上最有權力的人。」然而，我們對於奧古斯都的雙重標準也不需太過嚴苛，因為他所制定的法律，乃為使羅馬成為一個道德完美的社會。社會的成敗，至終取決於人民大眾如何應用這類法律。

奧古斯都自大的信息也遍傳在上流人士中，因為並非只有奧古斯都一人為所欲為。其他有權勢的人，也以性放縱的行為來施展他們的權力。只要男性的階級制度不受侵害，法律就公然允許雙重標準的存在。換言之，如果男人具有高階層的地位，他就可以和任何一位低階層的人有性行為（包含屬下的妻子）。這種法律所關切的是，保存家庭的尊榮和避免社會的羞辱；道德問題並不是最重要的焦點。這種法律展現次序和可敬的外貌，因為所有可敬的社會，都有至少外表看來正派的法律。在執行上，法律可能被選擇性地遵行。在較近約翰的時代，多米田以他的性放縱為聞名，除了他的妻子以外，他對每一個人都有性慾望（Suetonius *Domitian* 8.2）。在這種制度下，妻子幾乎沒有任何權利。有許多例子顯示，不少妻子因為丈夫醉酒而被揍死，這種案例竟然被視為「沒甚麼大不了」。[34] 總的來說，妻子的主要功能是生育兒女，而其他女性則是純享樂的性對象。

從希羅價值觀的角度來看，約翰的許多修辭極具侮辱意味。例如，皇帝因為他在性方面的優勢，因此成為最具權勢的人。皇帝在世界上設立了一個最有權力的制度。然而，約翰卻以女人，甚至是一個可恥的娼妓來形容帝國。在羅馬的性角色中，女人是性行為中的被動伴侶。娼妓顯得更加低賤，因為她靠屢次被侵犯為被動的伴侶來維生。她是社會最下層的渣滓。大男子氣概的羅馬英雄，總是以自己身為「男人」為傲。權力來自男子氣概。根據約翰的背景，娼妓是羅馬社會最沒有權力的成員，因為她不能為自己選擇單一的性伴侶，並且她的社會地位非常低微。通姦的提及更為圖畫增添豐富的色彩，因為娼妓不是合法的妻子，她的兒女也可能被遺棄與殺害。對一個以自身的男子氣為傲的皇帝或國家而言，被形容成淫婦實在是終極的侮辱。約翰的侮辱修辭，早被其他作家所使用。這些作家展現對手毫無男子氣概的準確描述，乃是司空見慣的事（例如，Plutarch *Jul. 4.4*；Dio Cassius 43.43.1～4；Seneca *Ep*. 95.20～21）。[35] 雖然具有強大的軍事力量，在上帝眼中羅馬不過是一個「柔弱與不道德」的女人。

3.4 羅馬孩童的透視

在性的討論之後，我們必須對與孩童相關的隱喻有些了解。

一些研究孩童的共同立場值得注意。第一，研究孩童的一個主要原因，就是在羅馬時期有大量的孩童畫像。根據努齊（Jeannine Diddle Uzzi）的廣泛研究，在羅馬帝國時期，寫實的孩童畫像最為顯著。[36] 第二，除了顯著的孩童藝術作品之外，最常用來描述孩童的拉丁文"*liberi*"包含男性和女性，的確適切教會的情境。了解對孩童之看法的相同性之後，我們還需要知道一些羅馬人對孩童的獨特看法。而羅馬人對孩童政策的施行，是明白孩童之重要性所不可或缺的。豐富的藝術、考古遺物、碑文和文獻來源隨手可及，可以幫助我們了解性和生育小孩的議題。

生育小孩是帝國權力的關鍵。男孩也是未來軍事力量和教會增長的人力資源。男孩為他的母親和他的國家帶來尊榮。他們是繼承人，因為他們是家庭的局內人；他們可以繁衍下一代，使家族的姓氏永遠存在。一世紀的羅馬人很難維持他們的人口，因為瘟疫和許多人為災害不斷吞食人的性命。因此，羅馬帝國很難保持男孩的歷史光榮傳統。所以，奧古斯都特別給擁有多位小孩的家庭減稅的優待（Dio Cassius 54.16.1～2）。相反地，在二十歲至五十歲之間沒有結婚的單身，將蒙受法律上某些不利的限制。[37] 從另一個角度來看，奧古斯都制定的繼承法律，適用於二十至五十歲的女人，以及二十至六十歲的男人，相信這和生育兒女的年齡範圍有關。[38] 極為諷刺地，羅馬人也以經常殺害女嬰的習俗聞名天下（P. Oxyrhynchus 744.G）。羅森（Beryl Rawson）在她《羅馬意大利的孩童和孩童時期》（*Children and Childhood in Roman Italy*）的博學研究中，以下列句子開始描述羅馬社會中的童年時期：「在羅馬社會中，一個孩子是否受歡迎取決於許多因素，例如，父母的地位和財務狀況、孩子的性別，和兄弟姊妹的數目。」[39] 孩子有時會被看成一種妨礙，尤其是女孩和通姦所生的孩子，更是備受輕視（Seneca *De ben*. 3.16）。在這種社會中，尤其就軍事服務和勞力資源的目的來看，只有男人是有用的。據我們所知，當時的教會照顧了許多被遺棄的嬰孩，尤其是女性孩童。

雖然在羅馬法律下，孩童有時似乎被虐待，但並不是每個家庭都輕視自己的孩子。根據現代法律和羅馬法律的差異，學者有時會誇大其詞地認為，羅馬社會的孩童一點也不受重視。錢幣和公共紀念碑上的孩童畫像，加上喪禮的藝術作品，不但是展現意識理念的工具，並使孩童成為社會狀況的指標。在著名的和平祭壇（Altar of Peace）中，奧古斯都和皇家的孩童一起出現。事實上，這是最早有孩子和父母並肩出現的帝國紀念碑。[40] 藉著皇家孩童的出現，紀念碑昭示未來的和平，端賴人民對皇族的支持。或許因為這種強烈的階級意識心態，導致奧古斯都禁止元老院參議員和女性自由民結婚的決定。[41] 為了表現帝國的雅量，甚至被俘的貴族孩童有時也被帶入皇宮，以訓練成優秀的羅馬公民。孩童也可能備受重視。許多刻著深情哀悼詞的石棺和墓碑，就是這方面觀察的最好證據。在羅森引述的一個例子中，孩子受到所有優秀特性的讚美，包括他的才能。[42]

有許多例子描繪，孩童新加入成為酒神密教的會員，象徵來世的喜樂、飲酒和筵席。[43] 在永恆與完美的筵席中，形似邱比特（Cupid）的孩子，與酒神相伴。[44] 對羅馬人而言，最後的安息是一場永恆的筵席。在公共的儀式中，孩童有時和得勝的將軍一起遊行。另有些時候，錢幣會刻印正在聆聽皇帝演講，或觀看皇帝大赦外國擄嬰的孩童。早在公元前一〇一和七十一年間，馬略（Marius）和龐培（Pompey）與他們父親並騎在得勝馬車隊伍中的畫像，就已經出現在錢幣上了。對於被擊敗的敵人而言，他們的孩童常在極盡羞恥和侮辱的情況下，被迫參加遊行的行列。他們和自己原來的家庭分開，並且與自己的文化疏離。舉例來說，在建於公元三世紀初期的賽佛留（Septimius Severus）拱門上，描繪著一個非羅馬人的孩子，在遊行的隊伍中，被羅馬軍人拖著走過街道的情景。[45]

而對羅馬人的孩童來說，他們的命運實際完全相反。許多時候，羅馬錢幣上的描繪顯示，皇帝正在對孩童施展恩慈（例如，給予禮物）。在殘酷的遊行中，孩童成為政治立場必須正確的實物教材。換言之，人民必須站在羅馬這邊。因為羅馬祖國的「父親」，即皇帝，供應所有孩童的需要。從尼祿到馬可．奧勒留（Marcus Aurelius），與孩童有關的政治場面尤其顯著。帝國的教導從幼年即開始。它所傳遞的信息是：「皇家孩童是我們的未來。」當聖經作者論及屬靈的繁育時，他們腦海中所反對的就是這種帝國的光景。可見耶洗別掌控教會的權力有多大。而性淫亂就是她混亂教會的手段。

現在，將孩童的隱喻放在一世紀基督教的情境中，是重要的優先。因著婚姻和孩童的隱喻，我們看見一個促成初期教會增長的現實。我們不可忽略，甚至在基督教的文獻中，使用生育孩子來描述屬靈的忠誠，是建立已久的傳統（例如，加四 21～31）。這個原因可從社會層面來理解。更確切地說，在現實中，家庭皈依基督教和將孩童養育成「基督徒」，是教會在人數上增長的重要原因。既然當時的父母，仍然為女兒安排婚姻（甚至在女兒離婚之後），因此信主的父母對新夫婦的信仰，至少具有部分的掌控。[46] 例如，如果每個基督教家庭有兩個孩子，而這些孩子也成為基督徒，那麼即使父母年老或在衰退中，教會的人數仍會超越雙倍以上。這其實是現代一些較老的歷史教會，增長的關鍵因素。如此說來，屬靈孩童的家庭隱喻，就成為每個家庭是否在屬靈上成長的現實反映。

相反地，羅馬人並不是孩童權利的積極倡導者。事實上，女嬰或畸形嬰孩常遭男家長拋棄，當然有時是為了經濟上的理由（即撫養女孩或畸形孩童的財務損失）。[47] 很多時候，新生嬰兒立刻被殺害，並且丟入下水道。因著兒子的優先繼承權，以及羅馬法律的父權制度（paterfamilias system），父母常對在經濟上依賴他們的女兒，抱著非常負面的看法。尤有甚者，因為缺乏撫養女嬰的經濟能力，已經有兒子的窮人更有可能拋棄生下的女嬰。因為女人低微的法律地位，羅馬人對於兒子的重視遠超女兒。然而，女人的缺乏，最後將導致一連串問題的產生。帝國常在不同的時期，因為女人過少而產生維持勞動人口的問題（Pliny *Panergyric* 22, 28）。[48]

鼓勵生育的政策，顯見於從凱撒大帝到奧古斯都及以後的皇帝中。具有較多兒女的家庭，得以享受納稅方面的優待。繁殖是重要的！同時，教會中婦女人數之多，也前所未見。她們生育新一代的男女嬰孩，以使教會的新會員不斷增長。甚至在鼓勵生育的最優厚帝國政策下，羅馬男人還是憑自己一時的念頭和價值觀，來主導他們是否生育兒女的決定。可見羅馬帝國主義也無法改變社會的外邦價值觀，因而產生人力缺乏的可怕後果。因為有許多女兒在教會中被撫養長大，因此教會具有的女性意象，更顯露深長的社會意義。

另有些時候，羅馬人將孩童視為麻煩，因此設計許多不同控制生育和墮胎的方法。墮胎的原始方式危及年輕女人的健康，時常導致無法生育的後果。所以，許多醫生並不願意進行墮胎的手術（Soranus *Gyn*. 1.19.60）。伴隨著負面的兒童觀念，還有不少的瘟疫，這些原因使外邦人的人口無法保持增長。根據舊約的一些教導，所有的猶太人和基督徒，肯定同樣厭惡殺嬰或節育的習俗。[49] 和羅馬習俗完全相反，教會對禁止殺嬰和墮胎的事大有貢獻，有時甚至收養這些被遺棄的嬰孩，將他們撫養成基督徒。羅馬人口無法和生育率配合增長，因此羅馬政府制定法律來倡導人口的增長。然而，人口短缺的問題仍然無法解決，因為羅馬男人依舊秉持為了個人的方便，他們可以隨時丟棄孩子的觀念。如此說來，孩童是教會增長的組成要素。僅憑教會佔優勢的生育率，就可以使基督教比羅馬帝國中的任何一種宗教，更快速地增長。無怪乎，孩童的隱喻時常被新約所引用。因為生育兒女是含有屬靈和數目意義的現實。一言以蔽之，外邦價值觀阻止生育，而基督教則倡導生育。

註釋：

1. Jasper Burns, *Great Women of Imperial Rome: Mothers and Wives of the Caesars* (London: Routledge, 2007)；此書為這個主題的研究，提供最透徹與新近的資料。
2 Pat Southern, *Domitian: Tragic Tyrant* (London: Routledge, 1997), p.36；此書為這方面提供更多討論。
3 Burns, *Great Women of Imperial Rome*, p.47.
4 Shelley Hales, *The Roman House and Social Identity* (Cambridge: Cambridge University Press, 2003), pp.46～47.
5 Susan E. Wood, *Imperial Women: A Study in Public Images, 40 BC～AD 68* (Leiden: Brill, 1999), pp.371ff.；這是優異的資訊來源，為雕像的分析提供大量的照片。
6 Elaine Fantham, *Julia Augusti: The Emperor's Daughter* (London: Routledge, 2006).
7 Wood, *Imperial Women,* figure 30～31。在公元十四年之後，利維雅也被稱為「朱莉婭．奧古斯都」（*Julia Augusta*）。公元十四年奧古斯都死亡時，利維雅繼承了奧古斯都所有遺產的三分之一。

8 Wood, *Imperial Women*, p.77.

9 Susan Treggiari, *Terentia, Tullia and Publilia* (London: Routledge, 2007), p.33.

10 Kristina Milnor, *Gender, Domesticity, and the Age of Augustus* (Oxford: Oxford University Press, 2005), p.114；尤其針對這方面，提供極有幫助的討論。

11 Burns, *Great Women of Imperial Rome*, p.9.

12 D-M. Perkounig, *Livia Drusilla Đ Iulia Augsusta: Das politische Porträt der ersten Kaiserin Roms*. (Bšhlau. Vienna, Cologne, Weimar, 1995), pp.40～41.

13 Elain Fantham et al, *Women in the Classical World: Image and Text* (Oxford: Oxford University Press, 1994), p.320。更多討論可見於 Milnor, *Gender, Domesticity, and the Age of Augustus*, pp.29～31。Fantham, *Julia Augusti*, pp.9～14；針對羅馬婚姻的法律－社會層面，提供上好的背景介紹。

14 Elain Fantham et al, *Women in the Classical World*, p.217.

15 女人較胖的觀察，就像現代醫學認為女人比男人有更高比例的身體脂肪一樣。

16 有關古典醫學文獻，參 Lesley Dean-Jones, "Medicine: The 'Proof' of Anatomy," in Elain Fantham et al, *Women in the Classical World: Image and Text* (Oxford: Oxford University Press, 1994), p.184。

17 Ittai Gradel, *Emperor Worship and Roman Religion* (Oxford: Clarendon, 2002), pp.22, 243.

18 Paul Trebilco, *The Early Christians in Ephesus from Paul to Ignatius*, WUNT, 166 (Tübingen: Mohr, 2004), pp.313, 324。然而，有些像馬丁（Dale B. Martin）的學者，則按字面意義（literal）解釋性圖像，因此將約翰視為禁慾主義的倡導者。另參 Dale B. Martin, *Sex and the Single Savior: Gender and Sexuality in Biblical Interpretation* (Louisville: WJKP, 2006), p.110。馬丁的解讀誠然以性，而非更廣的教會問題為焦點。

19 Mary R. Lefkowwitz and Maureen B. Fant, *Women's Life in Greece and Rome: A Source Book in Translation* (Baltimore: Johns Hopkins, 1992), pp.135～136.

20 Fantham, *Julia Augusti*, p.42.

21 Catherine Edwards, *The Politics of Immorality in Ancient Rome* (Cambridge: Cambridge University Press, 1993), p.35。我並不同意她無甚必要的懷疑論點。她認為古代歷史學家的許多聲稱，都是社會對於通姦問題之不安的誇張表達。她特別針對上流社會常見之通姦事件的歷史記錄提出懷疑。

22 Dale B. Martin, *The Corinthian Body* (New Haven: Yale, 1995), p.201.

23 Loveday Alexander, "The Passions in Galen, Chariton and Xenophon," John T. Fitzgerald (ed.), *Passions and Moral Progress in Greco-Roman Thought* (London: Routledge, 2008), p.176.

24 參 Rodney Stark, *The Rise of Christianity: How the Obscure, Marginal Jesus Movement Became the Dominant Religious Force in the Western World in a Few Centuries* (San Francisco: Harper, 1997), pp.95～128。

25 Stark, *The Rise of Christianity*, p.112；這個非常合理的假設，由斯塔克（Rodney Stark）觀察而得。另外也有一些出自早期教父的例子可見。

26 John R. Clarke, *Looking at Lovemaking: Constructions of Sexuality in Roman Art, 100 B.C.～A.D. 250* (Berkeley: University of California, 1998), pp.36～37；含有一幅來自小亞細亞的藝術作品，描繪著一個男人和一個男孩之間的性行為。

27 有關這類的記錄，參下列著作中的法律文件：Lefkowwitz and Fant, *Women's Life in Greece and Rome*, pp.77～78。

28 O. F. Robinson, *Penal Practice and Penal Policy in Ancient Rome* (London: Routledge, 2007), pp.9～13.

29 Clarke, *Looking at Lovemaking*, p.195.

30 參 John R. Clarke, *The Houses of Roman Italy, 100 B.C.～A.D. 250: Ritual, Space, and Decoration* (Berkeley: University of California, 1991), pp.220～221；Pamela Gordon, "Some Unseen Monster," in David Fredrick (ed.), *The Roman Gaze: Vision, Power, and the Body* (Baltimore: John Hopkins, 2002), p.101。

31 如同在龐貝的裝飾性藝術品（"rape of Cassandra"），它對強姦景象的描繪非常生動。可見當時人將男性對女性的暴力，視為一種娛樂的形式，與今日的色情片毫無兩樣。參 Beth Cohen, "Divesting the Female Breast," in Ann Olga Koloski-Ostrow, and Claire L. Lyons (eds.), *Naked Truth* (London: Routledge, 1997), pp.72～82。

32 Martin, *Sex and the Single Savior*, p.70。然而，我不相信馬丁認為，保羅要人在沒有慾望的情況下，發生性行為的這看法。事實上，慾望的角色似乎中立，直到慾望的對象清楚顯明是義或不義的。

33 Fantham et al, *Women in the Classical World*, p.315.

34 Lefkowitz, *Women in Greece and Rome*, p.96；顯示發生在公元一世紀的這類

案例。

35 Edwards, *The Politics of Immorality in Ancient Rome*, pp.63～64.

36 Jeannine Diddle Uzzi, *Children in the Visual Arts of Imperial Rome* (Cambridge: Cambridge University Press, 2005), p.13.

37 Edwards, *The Politics of Immorality in Ancient Rome*, p.42.

38 Beryl Rawson, *Children and Childhood in Roman Italy* (Oxford: Oxford University Press, 2003), p.96.

39 Rawson, *Children and Childhood in Roman Italy*, p.1.

40 Uzzi, *Children in the Visual Arts of Imperial Rome*, p.142.

41 禁令的更多討論，參 Thomas A. J. McGinn, "The Augustan Marriage Legislation and Social Practice," in Jean-Jacques Aubeert and Boudewijn Sirks (eds.), *Specvlvm Ivris* (Ann Arbor: University of Michigan Press, 2005), p.50。

42 Rawson, *Children and Childhood in Roman Italy*, p.20.

43 Janet Huskinson, *Roman Children's Sarcophagi: Their Decoration and its Social Significance* (Oxford: Oxford University Press, 1996), p.31。在這種描述中，常可看見與來世天堂相關的花環題旨。這個題旨對於理解和它完全相反的啟示錄的來世觀，極其相關。

44 其他學者將這種被稱為"putti"的天使雕像，視為完美的孩童，或像現代建構的天使孩童一樣。參 J. J. Pollit, *Art in the Hellenistic Age* (Cambridge: Cambridge University Press, 1986), p.154。

45 Uzzi, *Children in the Visual Arts of Imperial Rome*, p.1.

46 在西塞羅（Cicero）家中的婚姻安排，參 Treggiari, *Terentia, Tullia and Publilia*, pp.83～86。

47 值得注意的是，根據"Table IV in the Roman laws Twelve Tables"，畸形的孩童可以合法地被殺害。參 Lefkowitz, *Women in Greece and Rome*, p.95。

48 Stark, *The Rise of Christianity*, p.97；這報告出現在哥林多附近之特耳菲（Delphic）神諭上的名字顯示出，只有一個百分點的家庭撫養超過一位以上的女兒。

49 有關節育，參 Rawson, *Children and Childhood in Roman Italy*, p.114；他指出被用來節育的植物。有關希波克拉底的記載，清楚顯示一些奇怪的節育方法，這些方法對於健康的女人絕對無效。

3 | 和平祭壇的帝國行列

這個圖畫出自聞名的奧古斯都和平祭壇。我們必須注意，這個行進行列所描繪的典型帝國婦女和孩童。婦女對孩童表現的鍾愛，清楚例證羅馬婦女所當持守的角色。在和平祭壇上的另一處行列景象，有女人將手指放在嘴唇上，好像正在告訴她右前方的小孩，不要再胡鬧一樣，而男人似乎對孩童的行為不甚注意。可見，照管孩童是賢德女人的工作。（圖片源自 commons.wikimedia.org）

4 | 利維雅

利維雅（Livia）雕像毫無笑容，和出現在其他地方的雕像表情，幾乎完全相同。這些雕像的相似表情，顯示它們是從陳規的模型鑄造而成。相同的表情為要展現一項重要特徵：利維雅的尊嚴。（圖片源自 commons.wikimedia.org）

四

綜合信息——女人故事的立體觀

4.1 賢德的女人

啟示錄中的女人，是來自羅馬兩性世界的隱喻。雖然約翰沒有以女人的性別議題為焦點，但對於性別角色的了解，的確可以幫助讀者透過女人的角度來了解約翰的信息。第一個女性人物當屬啟示錄中那位有道德的女人。多數的當代學者都同意，她最可能代表上帝的子民。她肯定不是馬利亞，更不可能是夏娃。在我們更深入思考這位女人代表上帝的子民的意義之前，首先經由羅馬人的象徵世界，來研究這個圖像是非常重要的。在一種十分反諷的方式下，啟示錄十二章 1 至 6 節，可能描繪多米蒂亞（Domitia）在公元七十三年生下的孩子。這孩子死於公元八十三年。根據約翰與羅馬帝國的對抗立場，多米田皇帝的妻子多米蒂亞極有可能是啟示錄十二章 1 至 6 節的經文對照背景。她出現在錢幣的雕像中。在孩子死亡的悲慘事件之後，羅馬人按照底米特（Demeter）和區伯利（Cybele）的形象，將她視為眾神明之母並且雕刻在錢幣上。

當時，有許多女性人物被視為眾女神的化身。當多米蒂亞再次得寵之後，大約公元九十二年的錢幣就出現了她的雕像。出現在錢幣上的多米蒂亞身穿長袍頭戴面紗，坐在寶座之上的她伸手撫摸一個小男孩。這個小男孩手中握著權杖，刻印的文字寫著“*Divi Caesaris Matri*”。原來，這個小孩雖然死了，卻變成羅馬眾神明中的一位（啟十二 5）。可見，約翰筆下的多米蒂亞並不是一個蒙福的人，她不過是約翰用來攻擊羅馬帝國的一位人物罷了。相反地，啟示錄十二章的婦人是信心兒女所組成的羣體（十二 17 下）。這個羣體生出了一個兒子，也就是統治者（十二 5）。尤有甚者，古代文獻（*Testament of Abraham* B7.4～16）對於撒拉的描述，與啟示錄十二章 1 節中的婦人極為相像。她頭上所戴的十二星冠冕，反映了上帝對於亞伯拉罕的應許。上帝曾經應許亞伯拉罕，他的後裔將如天上的眾星一樣多。而此處的經文（十二 1），讓我們看見約翰以十二這個數字，象徵如同以色列的選民羣體。總的來說，約翰對女性人物的使用，與當時猶太人及羅馬人的用法十分相似。

出現在柱子中楣的雕像和家庭畫像中的羅馬帝國女人，具有訴說家庭故事的功能。啟示錄十二章不僅開啟，並且展現上帝的子民和撒但之間所有的爭戰。這個女人也訴說，上帝的子民在整個歷史上的故事。約翰筆下這位賢德的女人，確實可以從許多不同的詮釋角度來觀察。她沒有沾染任何不潔淨的事物，她是啟示錄中一位完全分別為聖的獨特女人。就像許多帝國的女人一樣，她對她的主忠誠。她是忠誠的記號。

她更像展示在公共場合中的女性雕像一樣，象徵著地上教會的理想典範。如同現實環境中的女人，不可能全然合乎雕像所展現的女性理想；不盡完美的地上教會，也不可能像賢德的女人一樣毫無缺陷。然而，賢德的女人為地上教會帶出仿效的榜樣。羅馬帝國藉著雕像，強化羅馬人民對於性別角色的價值觀；約翰也藉著賢德女人的刻劃，來強化教會對於自己角色與使命的認知。爭戰中的地上教會，需要有強有力的信息來穩固他們的信心，以免他們因軟弱而與淫亂敗壞的世界妥協。更確切地說，約翰藉著賢德女人的刻劃，釋放震撼人心的正面信息。反觀，大淫婦的刻劃，則成為令人戰兢的負面警告。

如同羅馬帝國的女性雕像，展現維護家庭尊榮的忠誠一樣，賢德的女人也藉著她生養子孫的忠誠責任，和她不與龍妥協的勇敢見證，維護了教會家庭的尊榮。賢德的女人非常得體地扮演她在教會中的角色，因此她為家庭帶來尊榮。羅馬帝國的女性雕像具有巨大的影響力。身處羅馬帝國的原始讀者，當因對於女人影響力的了解，更加體會約翰筆下的賢德女人，對地上教會可能產生的衝擊力量！

又像羅馬的老鷹一樣，賢德的女人展翅高飛（啟十二 14）；然而她不像女性的老鷹一樣，因為她並不在禍哉的宣告之下（八 13）。她的穿著非常華麗，她配得穿上帝國女人的宮廷衣裝，帶有象徵尊嚴的頭巾和某種服飾（十二 1）。她同時也是皇帝的強烈對照，因為當時的皇帝，喜歡將自己打扮得像星座所代表的神明一樣。例如，加里古拉喜歡穿得像朱比特（Jupiter）一樣。[1] 這位賢德的女人所穿戴的，顯示她的重要和尊嚴。因為她是與帝國女人對應的意象，因此她的光彩顯得益發重要。

帝國的女人以她們的生命，高舉帝國的男人。就像利維雅，甚至在她的主死亡與消失無影時，她依然敬拜她的主。同樣地，賢德的女人所象徵的地上教會，藉著福音事工繼續傳揚耶穌的大好消息。賢德的女人就像羅馬帝國的女人一樣，在內部的家庭生活領域中，以生養兒女和管理家庭來建立教會。羅馬的女人在丈夫的重要性上，扮演舉足輕重的角色。極為相似地，賢德的女人也在主耶穌基督的國度中，扮演不可或缺的功能。賢德女人所代表的地上教會，將以教會的生活關鍵性地定義教會的角色。換言之，地上教會就像羅馬女人一樣，運用「內人／局內人」的角色，來發揮她對教會和社會的影響力。賢德的女人為主忠心事奉，因此她和教會同獲尊榮。

當多米田的妻子多米蒂亞，被描繪為一個神聖的母親時，她也高舉了她的丈夫和兒子。她的確為自己的丈夫帶來尊榮。如果帝國的女人是羅馬地上國度的繁榮記號，那麼這位大有尊嚴的賢德女人，更是未來上帝國度的記號了。啟示錄十二章這位賢德的女人，和帝國的女人具有非常相像的功能；就像帝國女人為丈夫帶來尊榮一樣，這位賢德的女人也因此成為神家中的局內人。約翰對於賢德女人的刻劃預示了，啟示錄十九至二十一章的未來羔羊婚筵。她和太陽與月亮的關連，更加顯示她普世的影響力，尤指她生下救世主而言（啟十二 2）。

賢德女人的異象也展現她的繁殖力，這是深為羅馬人所羨慕的重要特徵。她所生下的男孩，至終將坐在天上寶座來治理列國（啟十二 2、5）。這也是她展現普世影響力之處。我們應該還記得，因為政治上的意義，繁殖力對羅馬人非常重要。第一，男性繼承人總是確保王位的傳承。第二，男性繼承人也容許強壯軍隊的建立。在第一方面，這位賢德的女人所生的男性繼承人，也具有政治的重要性，因為祂將統管全地（十二 10）。而在第二方面，她所生產的其他孩子（十二 17），也將在啟示錄七章成為上帝的軍隊。畢竟，在約翰的時代，上帝的軍隊並不是由女人組成的。所以，如果她以一個繁殖的實體來代表上帝的子民，那麼所有屬於上帝的子民，都是她生育的結果。事實上，繁殖的討論向原始讀者確保，教會內持續不停的繁殖和歸信。它為教會帶來盼望！雖然羅馬的生育率不斷下降，但教會卻經由歸信和生育基督徒兒女的自然增長（即由第一代基督徒養育的孩童），繼續繁衍。這種現象在約翰寫作的時代，的確相當真實。

從另一個角度來透視，羅馬女性神明的存在和酒神宗教的女祭司，無疑展露女人在當時信仰中的角色和影響力。這與女人在教會中的角色和影響力，具有某種程度的相互平行。然而，不像羅馬女性神明的任意而行，與酒神女祭司的狂亂放縱，聖潔的品德和有秩序的生活，是基督徒婦女當有的表現。尤有甚者，賢德女人其餘的子孫（啟十二 17），在耶洗別眾兒女的對照之下（二 23），更顯出約翰以生育的觀念，強烈反照教會增長和異端擴散的現實。換言之，不斷繁衍固然重要，但繁衍的子孫是否純正，卻是更重要的關注。約翰使用古代宗教深具「生育」的蘊涵，來刻劃賢德的女人和地上教會的重要功能。可見，約翰不但藉著刻劃女人的藝術巧筆，並且運用讀者可以了解的語言和概念（即原始讀者的資訊泉），來傳遞上帝所賜給他的信息。

羅馬社會對於姦淫的看法和法律的設立，也顯示以男性為主的社會，在性方面的雙重標準。羅馬的法律只為保持社會的次序和可敬的外貌，它並不涵具美善道德的本質。因此，羅馬社會的道德倫理觀，再次成為教會的強烈反照。教會的單一標準和真實品德，響亮地斥責了羅馬社會的雙重標準和虛偽表象。無怪乎，約翰在一章 3 節大力疾呼：「念這書上預言的和那些聽見又遵守其中所記載的，都是有福的，因為日期近了。」

最後，賢德女人的異象也顯露一些羅馬人的傳統，因為所有的女人都在父親家長的保護之下。在啟示錄十二章 6 節和 13 至 16 節，上帝既明顯又隱含地為教會提供保護。父親的保護非常重要，因為可以確保繼承人的繼承權利。可見，賢德的女人身為羔羊之繼承人和母親的雙重角色，使她得享上帝的保護。縱使他們中間有些人死亡，但他們仍像啟示錄二至三章的教會信徒一樣，至終得勝魔鬼（啟十二 11）。所以，勝利未必是脫離死亡的保證。勝利是殉道者死亡之後，仍然不斷回響的見證。不像耶洗別的兒女一樣將因審判而死亡（二 23），這些上帝的兒女為榮耀而被殺害。至終的保護來自上帝，因為上帝將使她免於審判；審判是羅馬和所有帝國勢力的終極下場。教會將繼續不斷繁衍，直到世界的末了；不像羅馬帝國，很快地就會全然消失。

總結來說，這位賢德的女人（即舊約的以色列和新約的教會）所象徵的上帝的子民，的確能夠攻擊外邦宗教和帝國制度。[2] 她的宇宙特徵，向所有的外邦宗教發出了強力的攻擊。

4.2 貞潔的新娘

新娘是啟示錄異象中第二個重要的女性畫像。貞潔的新娘是天上耶路撒冷的象徵。她穿著白淨尊貴，與她純潔的地位完全一致（啟十九 7，二十一 2）。在啟示錄中，聖徒的衣服特別和聖徒的義行相關（十九 8）。耶穌以「身穿白衣與我同行」，來描述撒狄教會中那些未曾玷污自己衣服的聖徒（三 4）。尤有甚者，耶穌更進一步以「得勝的，也必這樣身穿白衣……我還要在我父和祂的眾天使面前，承認他的名。」作為得勝聖徒的應許（《新譯本》；三 5）。可見，白衣不但象徵聖徒的得勝，更代表聖徒在上帝面前的名分。

對羅馬男人而言，白色的寬袍很多時候被用來炫耀他所具有的羅馬公民地位。然而，在此簡單的潔白衣服，僅僅顯示天上公民的純潔地位。表面看來，衣服為人帶來尊榮，但它的象徵意義卻展現，純潔和道德的行為才能產生真正的尊榮身分。啟示錄似乎很喜歡使用「聖徒」一字，來描述信徒。十分正確地，這些聖徒活出與他們地位相稱的生命。他們雖被羔羊的血所買贖（啟一5），但他們穿著象徵貞節和純潔的白色衣服（十九 7～8）。他們和巴比倫大淫婦所穿的朱紅色衣服，成為強烈的反照（十七 3）。新娘的公民身分，是確保無疑的。

新娘就像羅馬帝國的女性雕像一樣，她代表一種完美與理想的典型。然而，這種完美與理想並非遙不可及的夢幻。因為在羔羊寶血的救贖之下，得勝的地上教會將以新娘的身分，等待主耶穌基督的再來和婚筵。藉著新娘的刻劃，教會對於新天新地的未來美景，有更真實的確據。

成為羔羊的新娘，是何等的福分！預存在未來的福分與新娘的尊貴地位，成為聖徒在地上生活的佳美激勵。約翰對於新天新地的刻劃，生動流露上帝對子民的愛與供應有多豐潤。光輝榮耀、潔淨自由，與永遠富足的生命，是上帝對子民的不變應許。因此，地上教會將如同新娘等候丈夫一樣，期盼未來美景的來到。

新娘的最重要任務，就是預備自己。新娘必須預備自己不被污穢沾染，因為貞潔是新娘蒙丈夫喜悅的必備條件。身處在大淫婦羅馬帝國之中的地上教會，在貞潔的持守上，更是面臨艱鉅的挑戰。大淫婦的淫亂，突顯地對照了新娘的貞潔。大淫婦的刻劃，為羅馬帝國帶出多方面的寫實。在實際的性生活方面，羅馬帝國是一個將性娛樂視為尋常之事的腐敗社會。娼妓院和家中奴僕的存在，使得羅馬男人可以在性方面過著放蕩的生活。而對男女持具的雙重性標準，更赤裸地呈現人性的罪惡。另外，羅馬帝國在商業上與列國交易的貪婪，也被視為淫亂的象徵。不在其中有分的地上教會，必須在被社會拒絕與物質的窮乏中掙扎。尤有甚者，異端扭曲真理的教導，亦被視為一種淫亂的行為，而跟隨異端教導的信徒，更被稱為淫亂所生的兒女（啟二 22～23）。最後，羅馬帝國的多神信仰與皇帝敬拜，尤其顯露羅馬帝國不貞潔的淫婦特性。

在內憂外患的攻擊之下，地上教會仍當以新娘的貞潔為追求的目標。約翰對於大淫婦的刻劃，讓我們看見當時教會所面對的高度挑戰。在保守自己不被污穢沾染之同時，地上教會可能必須付出流出鮮血的生命代價（啟二 13，十二 11，十八 24）。如同羅馬社會適婚年齡的處女一樣，保守貞潔以在未來成為丈夫和家庭的得力幫助，將使新娘成為丈夫的最愛。更確切地說，新娘也像羅馬女人一樣，須在內部的家庭領域中預備自己。新娘必須在事奉、見證和敬拜方面多有裝備，因為新娘將和主耶穌基督一同擁有統治列國的權柄（二 26～27，十二 5）。

新娘不但預備自己迎接丈夫，並且等候美好的羔羊婚筵。這個婚筵的未來層面，常被忽視。事實上，整本啟示錄都在引頸仰望羔羊的天上婚筵。當我們從古代的訂婚時期來理解經文的意義時，我們就可以明白「現在」的重要性。「未來」定義了「現在」。更確切地說，現在就是訂婚時期。教會整體同心期盼未來的婚筵。如此說來，所有的受苦和艱難不過是訂婚過程的一部分罷了。將啟示錄大部分的內容視為訂婚的過程，應當不是過分誇張的說法。到底是甚麼樣的未來，能使教會前瞻期待？一定是比羅馬社會所能提供的更為美好，因此信徒才能抵擋與羅馬社會妥協的誘惑。現世生活的美好之事，絕對不能與未來相比。否則，不甚美好的未來，就無法為現在定義生命的意義。

與羅馬的宴會完全相反，羔羊的婚筵完全沒有家庭成員的區別。因為教會集體敬拜，與上帝同坐在寶座上的羔羊。在羅馬宴會中明顯出現的階級區分，不再出現於天上的筵席中。儘管羅馬的喪葬藝術有時候描繪來世中的宴會場景，啟示錄中的新娘卻真實地享受婚筵的夢幻。在羅馬人的家庭中，與大量飲酒有關的海克力斯和酒神，都是廣受歡迎的裝飾雕像。但天庭中的英雄，並不是超人海克力斯，而是耶穌自己。天上的婚筵不但喜樂滿滿，並且井然有序。它的歡樂和歌唱都以羔羊和上帝為焦點。它和希臘羅馬狂歡縱酒的酒神敬拜儀式完全不同；外邦人在其中得到的尊榮，成為基督徒眼中的羞恥。新娘和婚筵的聯想暗示，啟示錄的異象針對羅馬的理念和宗教發出攻擊。天上婚筵的異象，完全取代也以詩歌頌讚皇帝的皇帝敬拜詩班。被邀請的新娘，榮幸地成為特別嘉賓，她被包括在上帝的工作之內。而被排除在婚筵之外的羅馬理念和宗教，則蒙受極大的羞恥。總的來說，婚筵是劃分界限的管道。新娘的異象展現，羅馬信仰體制無法處理來世生活的貧瘠與空虛。

約翰在啟示錄的漸次進展中，不斷帶出天上理想和地上現實的對照。天上的敬拜與讚美（啟四章，十四章），對照地上的逼迫與殉道（二～三章）。天上已經得勝的戰爭，成為地上戰爭的得勝確據（十二章，十九章）。在堅守真道與忠心見證的抗爭中，騎白馬的基督為地上教會帶來終極的勝利與公義的審判。最後，新娘與新天新地的刻劃，更是為地上教會引出汰舊換新的完美境界（二十一 1）。如此說來，新娘的刻劃成為強化教會堅守真道，與活出見證生命的正面信息。因為雖然地上苦難連連，但新娘異象中生命水與生命樹的應許，卻為爭戰中的地上教會，灌注了滿溢的活力。而地上教會所面臨的黑暗前景，也因著新娘異象中的光輝榮耀（二十三 11、23～25），而顯得明亮無比。當新天新地降臨時，新娘可以永遠活在丈夫的保護下，她不需再擔憂來自撒但的控告與逼迫。

再次地，如同理想雕像的影響力，新娘的異象對於地上教會，也蘊藏著超乎想像的巨大影響力。羅馬帝國所傳遞的信息是：「惟一的好女人，就是嚮往成為好『羅馬』女人的女性」。在一種反諷的平行下，約翰所刻劃的新娘，生動地提醒地上教會：「惟一的好教會，就是嚮往成為貞潔『新娘』的地上教會」。

更重要地，除了仰望新娘所象徵的未來美景之外，地上教會保持貞潔的有力武器，就是聆聽並且遵守啟示錄所記載的預言（啟一 3）。無怪乎，已在前言大力提醒信徒，聆聽並且遵守預言的約翰，還要在書信的結尾，再度警告信徒勿忘遵守書上的預言（二十二 7）。願意遵守約翰教訓的信徒，必成為有福的人。他們將擁有主耶穌基督對所有得勝教會的佳美應許（二 7、11、17、26，三 5、12、21）！

總的來說，新娘的刻劃使我們清楚看見，約翰對於羅馬世界及其價值觀的純熟運用。羅馬世界對於未出嫁之少女的貞潔要求，平行地成為地上教會合乎上帝心意所不可或缺的要求。然而，羅馬世界的雙重標準與虛偽道德觀，也成為地上教會的掙扎與爭戰。約翰使用新娘來象徵地上教會與天上教會至終結合為一的筆法，不但感人至深，並且為歷世歷代教會帶出無比的盼望！如同等待新郎來到的新娘一樣，地上教會必須不斷抵擋來自各方面的誘惑試探，以活出蒙新郎喜悅的生命。因為在新天新地中，上帝與主將永遠與祂的子民同在。新娘的鮮活比喻，讓我們更深一層地看見地上教會在全力以赴的爭戰中，繼續等待主耶穌的婚筵！

4.3 羞恥的大淫婦

大淫婦是啟示錄第三個重要的女性畫像。在完全負面的形象下，大淫婦在啟示錄所佔的篇幅，超過其他任何一位女人。她應該和賢德的女人相互對照。達夫（Paul Duff）指出，她和賢德的女人在啟示錄十二和十七章直接平行。[3] 兩者都被描述為母親（啟十二 2，十七 5）；兩者都身處曠野（十二 6，十七 3）；兩者也在曠野吃喝（十二 6，十七 6）；兩者都穿戴衣飾（十二 1，十七 4）；兩者都與朱紅色七頭十角的獸（抑龍或獸）有接觸（十二 3，十七 3）；兩者都提到耶穌的見證（十二 17，十七 6）。這種平行的確顯示兩個女人之間的對照，但同時也展露兩者之間的一些相似性。或許這類的女性表現甚至發生在教會中，就像耶洗別的例子一樣。[4]

像賢德的女人一樣，她也被稱為母親（啟十七 5），但極諷刺地，她不是美好屬靈兒女的母親，而是淫婦之母。在和平祭壇的東端，有一個形像羅馬城的守護女神的女人畫像，坐在戰利品之上（即許多財富）。從經文對巴比倫大淫婦的描繪來看，巴比倫顯然也是偉大財富的來源。約翰所表現的肖像，的確是一位完全被財富充滿的女人（十七 4）。一世紀的讀者，肯定可以捕捉約翰的諷刺意味。她看起來很像羅馬的皇家婦女（十八 7）。這種女人雖然裝扮美麗穿著奢華，但因貴族婦女根本不該出現在羅馬的筵席中，因此我們知道她們是妓女。有些花瓶上的彩繪，帶有性意味地顯示妓女部分裸體地出現在筵席中。如此說來，雖然她們的衣著仍然可能和極端富裕的貴族女人無甚差別，但放蕩的穿著卻明明揭露她們低賤的身分。[5]

高級妓女的傳統在西方歷史存留一段很長的時間。當時一些比較貧窮的女人可以憑藉美麗和魅力，快速地獲取財富和權力。這些女人不僅在文化和娛樂上具有高度才能，她們同時是男人享樂的性對象。大淫婦的圖畫，帶著妓女的濃厚意味。雖然她因為出賣多項才能而致富，但她仍然是社會輕視與驅逐的對象。她與羅馬人心目中的理想女人完全相反，她代表沒有任何男人想要的結婚對象。她過度熟練的性技巧，就像口交或其他不尋常的性技巧，甚至不會出現在上層婦女的口中。這種淫蕩的女人只有一種目的：成為男人的娛樂。她可以累積財富，但她羞恥的地位卻不會改變。根據羅馬歷史的尊榮和羞恥觀念，大淫婦的圖畫實在是極端的羞辱。這就是啟示錄中的巴比倫。

更確切地說，約翰以大淫婦來形容羅馬帝國，赤裸裸地揭露了羅馬帝國的罪惡與羞恥。她的罪孽深重，當得死刑的判決。因此，使大淫婦沉淪的嚴厲審判，不但與她的邪惡相等，更是完全合乎上帝的公義。在約翰的巧筆之下，污穢的大淫婦鮮明地成為賢德女人與貞潔新娘的強烈反照。地上教會必須遠離淫亂的誘惑。在面對與世界妥協，或隨從異端的各樣挑戰中，賢德女人的忠貞跟隨與聖潔新娘的耐心等候，雙雙成為地上教會的典範。

財富十足的畫像完全符合羅馬的歷史。從早在公元前四世紀及以後的錢幣上雕鑄著皇帝的圖像，就可以看出意識理念和金錢與帝國主義之間的連結。甚至在皇帝死後，他在財務支持方面的權力依然栩栩如生。既然在這些錢幣上有許多關乎皇帝神性的陳述，這些錢幣更進一步地將皇帝像神一樣的權力，和羅馬的購買力連結在一起。

一般來說，大淫婦的罪和羅馬與其他國家來往的方式有關（啟十七 2）。地上的眾王和羅馬結盟，因此與她行淫。在他頗具分量的研究中，威廉斯（Derek Williams）指出，在早期的時代，羅馬帝國以十分具有彈性的方式訂立邊境條約：「設立與羅馬友好的首領、藉著行賄者，或給予商業方面的特權，甚至以容讓武器保存買通友好的種族，來監視那些不友好的種族等，都是當時與新鄰國設立邊境條約的方式。」[6] 羅馬帝國分佈軍隊的策略，也能夠防止外國不同派別之間的結盟，因為這些不同的派別若有結盟的機會，他們將在數量上遠遠超越羅馬。尤有甚者，羅馬吸引地上的眾民，因此住在地上的人，都喝她淫亂的酒（十七 2）。

此外，羅馬也逼迫那些為耶穌作見證的人（啟十七 6）。無怪乎，她啟動了十八章 10 節的第三和最後一個「禍哉」宣告。因此，雖然羅馬是淫婦之「母」，卻未見任何有關繁殖的陳述。原始讀者想必不會錯失約翰的諷刺巧筆，因為「母親」的稱呼，實際是約翰攻擊羅馬沒有繁殖後代的爭辯方式。羅馬人的繁殖慾望是公認的事實，可從許多紀念碑上觀察而得。例如，出現在和平祭壇的完美女性雕像德利思（Tellus；即母神），身旁圍繞著小麥、蘆葦、罌粟、牛和羊等象徵繁殖力的植物和動物。[7] 啟示錄並沒有針對巴比倫行淫而得的兒女，作任何仔細的描述。根據她行淫的多量和普遍，她應該有許多兒女。然而經文卻未提及任何兒女。孩童愈來愈明顯出現在公共紀念碑上的趨勢，充分流露羅馬帝國為要確保強壯軍隊和羅馬人口，而刻意強調繁殖的意識理念。又如前文的討論，在許多喪葬紀念碑和宗教－帝國神壇中，也有孩童出現。

可見，在羅馬理想女性的對照下，象徵羅馬的大淫婦不但沒有在家庭的領域中，扮演女人當有的正面角色，更沒有在幫助丈夫的功能上，發揮巨大的力量。她無子無孫，所有的生命表現盡是無恥的淫亂與污穢的貪慾！在啟示錄的異象中，大淫婦的經文所顯示的不生育特徵，具有濃厚的爭辯性。在與賢德女人的繁殖力對照之下（啟十二 17），不生育揭露了羅馬帝國所遭受的咒詛。因為沒有孩童，她的軍隊將減弱，她的人口將消退。她將消失於無形。換言之，繁殖力遭受咒詛，宣判了任何帝國的死刑。儘管她以許多愛人和婚筵為傲，在她中間將不會再有慶祝婚筵的燈光（十八 23）。她的咒語不再迷惑眾人，反而使人遠離。十角和獸將與她發生爭戰，並且瓦解羅馬的制度。

至終，她將被所有人遺棄，並且落入荒涼赤身的結局（啟十七 16）。她最後的赤身並非自願，乃是被人剝奪尊嚴。她的赤身顯示，所有華美的衣飾和珠寶都將被奪走。這是一個極盡羞辱的結局，因為有道德的女人絕對不會公開赤裸，除非她們是與其他女人共同沐浴，或與自己的丈夫享受性行為。這種非自願的赤身，是侮辱的最高形式。她尋求榮耀，但所得的卻是羞辱。她的命運和所多瑪完全一樣（十八 9、18）。她的結局與貞潔等候丈夫的新娘，形成強烈的反照。身為帝國之尊，羅馬本應活出女性雕像所展現的「好羅馬」女人的理想生命，但她反倒成為強化負面警告的信息。她對羅馬帝國毫無正面的影響力。根據原始讀者對於女性角色的理解，約翰剖析了羅馬帝國的敗壞，並且預告了她的沉淪。藉著大淫婦的刻劃，約翰鼓勵原始讀者認知現實環境的醜陋。然而，現實環境不能終止原始讀者對未來的夢想，因為約翰對於新娘的刻劃，激動原始讀者以新天新地終將實現的盼望，繼續生活在勢必得勝的爭戰中。

在最近的學術研究中，有一批學者以激烈的女性主義觀點，詮釋啟示錄中的女性人物。他們因為約翰使用女性的意象，而判定他的故事帶有厭惡女人的傾向。這種論點既無法解放女性讀者，又誤釋經文的原意。實際上，約翰對於巴比倫的淫亂描述，遠超雜亂的性行為，而指向對財富的貪婪之心。她所遭受的懲罰，也不代表男人可以隨意虐待行為不正的女人。巴比倫超越字面的意義，為約翰帶出有關不公義的更重要討論。可見，約翰的重點並不在性別差異或性別意義的研究。不管性別為何，教會應該活出公義與聖潔的生活，並且順服基督的權威。誠然新婦隸屬羔羊是不變的真理，但這個隱喻卻超越婚筵的字面意義，而帶出新耶路撒冷的公民必須順服耶穌的具體涵義。同樣地，不論信徒的性別為何，耶穌的主權永遠是基督徒生活的首要原則，因為不順服耶穌主權的人，就不再被稱為基督徒了。

註釋：

1. Ittai Gradel, *Emperor Worship and Roman Religion* (Oxford: Clarendon, 2002), p.148.
2 Edmondo F. Lupieri, *A Commentary on the Apocalypse of John* (Grand Rapids: Eerdmans, 1999), p.189；只將這位女人視為以色列的天上代表，我認為他仍缺少一種和聖經的救恩歷史相符一致的模式。她並不來自天上，但記號卻從天上顯明。在這個情況下，天上的地點僅僅顯示，當記號被顯明時，約翰是向上仰觀的。
3 Paul Duff, "Wolves in Sheep's Clothing," in David L. Barr (ed.), *Reading the Book of Revelation: A Resource for Students* (Atlanta: SBL, 2003), p.70.
4 Duff, "Wolves in Sheep's Clothing," pp.72～75；藉著列出一系列題旨和字彙的平行，帶出耶洗別和這兩位女人之間的關係。這種洞察力實在極好。
5 Liza Cleland et al (eds.), *Greek and Roman Dress from A～Z* (London: Routledge, 2007), p.154.
6 Derek Williams, *The Reach of Rome: A History of the Roman Imperial Frontier 1st～5th Centuries Ad* (New York: St. Martin's 1996), p.2.
7 Peter Stewart, *Roman Art* (Oxford: Oxford University Press, 2004), pp.43～44, figure 13.

五
對現代讀者的意義和應用

在三個釋經角度的深刻探討之後，十二章的婦人、大淫婦和新娘栩栩如生地帶出意義深遠的信息。這些信息不但適切原始讀者，更成為現代讀者的激勵與安慰。約翰使用女人來描述羅馬帝國，和細說教會歷史的過去、現在和未來，自然有其重要的原因。其中之一顯然是，女人具有相當突出的特徵。這些明顯不同的特徵，成為約翰傳遞有力信息的上好媒介。更確切地說，女人的特徵非常適合用來對照羅馬帝國和教會之間的相異點。約翰從女人的身分、功能、品德、影響力和命運等方面，來觀察教會歷史的進展和當時教會的處境。因此，我們也可以從這幾方面來思考，啟示錄中的女人刻劃對於現代讀者所涵具的意義與應用性。

雖然在時空上，現代讀者和約翰的時代相距甚遠，但上帝的話語歷久常新，永遠是信徒的生命依據。就像原始讀者一樣，當現代讀者遵守啟示錄的預言時，也成為有福的人（啟一 3）。約翰明確地使用三個女人，來代表兩類不同的羣體。這兩類不同的羣體象徵兩類對立的國度，與其所蘊含的對立價值觀。藉著女人與眾不同的特性，約翰尤其展現和對照這兩個羣體的相異之處。現在，讓我們從女人的身分、功能、品德、影響力和命運等方面，綜合省思啟示錄對於現代讀者的意義和應用。

第一，現代教會應該認知自己的身分。

一個認知自己身分的教會，才能正確扮演自己的角色，因為身分本質和角色扮演互為一體。啟示錄的三位女人展現清楚的身分定位。而身分定位的關鍵在於，她們抑局內人或局外人。極其明顯地，賢德的女人和新娘同具局內人的身分，而大淫婦則具局外人的身分。身為局內人的賢德女人和新娘是上帝的子民，他們雖然活在地上，卻具有天上公民的身分。即便身處現代教會的現代讀者與原始讀者相隔近乎兩千年之久，但兩者皆具局內人身分的這事實並沒有改變。因為兩者都是蒙羔羊寶血救贖的有福之人。兩者都因跟隨主耶穌基督，而與跟隨紅龍撒但的地上眾民有所分別。更確切地說，這三位女人所展現的局內人－局外人身分定位，對於現代讀者仍然適切。

啟示錄的女性人物非常重要，因為她們是局內人－局外人的界限標誌。約翰使用女人在「家庭內」或「家庭外」的身分，帶出宗教的劃分。舉例來說，在羅馬社會中，妓女的社會位置完全公開。她是公開場合的局外人。而一個有尊榮之女人的社會位置，則沒有完全公開。她留在私人的家中，以尊榮自己的丈夫。既然婚筵是最終的高潮，女性人物自然與男性的尊榮完全連結。在這個例子中，具有男性形象之上帝和羔羊的尊榮是主要的議題。因此，社會位置羞恥的局外人，停留在外面，而社會位置尊榮的局內人，則留在內圈中。這些象徵性的女人所顯示的局內人－局外人對照，為原始讀者指出一種方向。它提醒讀者，他們的真實身分不在世界制度中，而在羔羊裏。換言之，天上公民才是他們的真正身分。因此，從修辭的角度來看，這些女性人物所帶出的界限標誌，具有鼓勵信徒忠心不懈的目的。同樣地，身為局內人的現代讀者，不但應當以上帝的尊榮為至高的關切，還要活出合乎局內人身分的生命。

第二，現代教會應該發揮自己的功能。

身為局內人的女人，在家庭中具有多重的功能。這些功能包含幫助丈夫、管理家庭和生育兒女。而其中又以生育兒女為最重要的功能。約翰藉著賢德女人的其餘子孫，顯示生生不息的教會增長。不論教會所處的環境如何，教會總要藉著福音的傳揚繼續擴展。恐怖的逼迫行動和層出不窮的敵對方式，都不應該成為教會停止增長的攔阻。現實的經歷讓我們看見，苦難愈多的地區，福音的傳揚愈有力量。現代讀者與現代教會，應該藉著真理的教導和忠心的見證，竭盡所能地生養純正的兒女。

約翰也藉著女人之間不少如此平行之處，清楚指出教會可能將錯誤教導誤認為真理的事實。錯誤的教師，可能看起來像真正的教師一樣。當上帝將屬靈現實向約翰啟示之後，約翰的性別平行才展現錯誤與真實教導之間的對照。一般的觀察者可能無法分辨錯誤與真理，以致發生將假視為真的問題。約翰的巧筆警告教會，千萬不要忽略異端的嚴重危險。異端未必總以最邪惡或最明顯的形式出現。許多時候，他們以酷似真理的狡猾形式出現。約翰的信息提醒教會，小心分辨以看清真理。在約翰的時代，教會面臨尼哥拉黨、巴蘭和耶洗別的異端滲透。如今這些異端可能消逝無影，然而異端總是以各種各樣的面貌，繼續威脅教會。因此，現代讀者與現代教會，務必抵擋來自撒但的邪說謊言，並且不容異端教師在教會內任意而行。

第三，現代教會應該追求美善的品德。

身為局內人的女人，必須具有美善的品德。約翰以賢德刻劃十二章的婦人，並以貞潔表彰等候丈夫的新娘。這些美善的品德，與羅馬帝國對於理想女性的要求相符一致。因此，貞潔和淫亂的觀念，成為約翰對照羅馬帝國和地上教會的適切筆法。在羅馬帝國的淫亂污穢之下，教會的潔淨顯得更加寶貴與重要。教會必須在淫亂的大環境中，保持出污泥而不染的潔淨。而潔淨的議題，無法脫離與上帝對立的世界價值觀。因此，教會必須在不合乎上帝心意的環境中，繼續爭戰並忠於真理，以使自己成為隨時可以迎接丈夫的新娘。根據女人的品德來看，賢德的女人連同大淫婦巴比倫，清楚展現了羅馬帝國的背景。這兩段經文幫助我們從古看今。換言之，大淫婦巴比倫的特徵，尤其可見於現代的社會中。現代人對於財富的追求，和與社會風氣妥協的軟弱，不正與當時教會信仰背道、屬靈貧乏，和社會壓力的問題不無兩樣嗎？可見，現代教會與現代讀者所面臨的威脅和挑戰，和羅馬時代非常相像。

約翰使用淫亂的觀念，來表達人與上帝之間的關係。淫亂的關係不但使人敗壞，並且使人在上帝的審判之下沉淪消失。如同巴比倫受審判一樣，姦淫的罪也必遭受懲治。巴比倫已成過眼雲煙，羅馬帝國也不再佇立。然而，我們仍可看見巴比倫或羅馬帝國的影子，重現在一些現代國家中。在現今世界的不同角落中，仍有許多聖徒為了信仰的堅持，過著各處奔跑、受窮乏、患難、甚至苦害的生活。他們是世界不配有的人。至終，這些逼迫聖徒的現代國家，也將如同巴比倫和羅馬帝國一樣，不再被世人留念。而這三個女人也成為約翰帶出倫理勸勉的實物教材。

第四，現代教會應該運用自己的影響力。

就像身為局內人的女人具有影響家庭和社會的能力一樣，教會不論對內或對外，都擁有巨大的影響潛力。因此，教會應當將影響力的發揮，當作教會的挑戰之一。當我們解讀約翰的女人異象時，我們一方面發現當時賢德的女人，似乎頗有影響力。另一方面，我們發現約翰仍受當時社會思想的影響，因為他沒有（也的確不能）從社會壓制的層面，來討論妓女的問題。事實上，當時有很多妓女是奴隸，而這些奴隸都是貧窮的受害者。雖然在女人的刻劃中，約翰沒有違反當時的社會慣例，但他確實將女人的重要性擴展至極限，因為啟示錄中的許多主要人物都是女人。

根據隱喻的研究，若否定隱喻的性別層面，將導致過度簡化隱喻的錯誤。顯然約翰並沒有以隱喻的性別為焦點，不過性別仍是不容忽視的觀察。帝國女人是用來顯示巴比倫財富的好對象。若不了解與帝國女人有關的象徵世界，詮釋者將會錯失約翰以巴比倫為修辭（常是反諷）設計的特別意義。性別研究對於真實了解約翰使用的字彙圖畫，非常重要。否則，巴比倫永遠是一個抽象的淫婦，她的圖畫永遠模糊不清。總的來說，現代教會應該像約翰所刻劃的女人一樣，藉著身分的認知、功能的發揮和品德的追求，為教會和社會帶出正面的影響力。

第五，現代教會應該堅信自己的未來。

如同約翰時代的教會身處在不完美的羅馬帝國一樣，現代教會也活在各種不完美的政治體制中。約翰時代的教會必須與各種困難爭戰，現代教會同時需要保持隨時爭戰的警覺心態。因為魔鬼知道自己的時日更加減少了（啟十二 12），牠的怒氣將帶出與上帝更多的對抗。尤有甚者，因著時代的進步與科技的一日千里，撒但魔鬼可以使用更多防不勝防的伎倆，來破壞現代教會的信仰。然而，現代信徒與教會時常忽略屬靈的爭戰。現代教會似乎在許多立場上選擇中立的看法。值得警醒的是，選擇中立就是選擇失敗，因為撒但是真實的，牠對於所有上帝子民的恨惡不容輕忽。[1]

賢德婦人的刻劃讓我們看見，遵守上帝的命令和堅持耶穌的見證，是現代教會對抗撒但的惟一利器。如此說來，上帝話語的正確教導和上帝話語的切實遵行，成為現代教會最迫切的任務和使命。可悲的是，在沒有實際逼迫的威脅下，許多教會教會反而因著環境的安舒，而喪失爭戰的警覺和能力。願現今仍在世界某些角落為主受逼迫的聖徒，成為多數現代教會的激勵和提醒。

現代教會必須在錯綜複雜和相對性濃厚的不同思潮中，分辨並且把持真理。現代教會必須從天上的角度來觀看生活的本質與真相。因此，現代教會更要在繁多誘人的屬世追求中，活出以上帝為優先的得勝生命。從世界的觀點來看，現代教會所追求的常是世人看為愚拙的。現代教會也未必擁有令人欣羨的豐富資材。但現代教會卻有最佳美的未來確據。現代教會將和歷世歷代的教會，一起等候羔羊的再來與新天新地的降臨。現代教會所盼望的未來與世界的大異其趣，因為現代教會將在永恆的未來中被愛惜、尊重、保護和供應。現代教會也將在永恆的未來中，與上帝同享尊榮與權柄。更重要的是，現代教會將為有上帝的同在直到永遠。如此美好的未來，當成為現代教會充滿喜樂和盼望最大動力。

註釋：

1 Grant R. Osborne, *Revelation* (Grand Rapids, Mich.: Baker Academic, 2002), p.465.

第三部

兩個國度的故事

引　言

啟示錄的教會色彩豐富並且充滿戲劇性。就像所有的新約作者一樣，約翰避免使用「基督徒」的稱呼，來描述信徒。古德曼（Martin Goodman）發現，使徒行傳十一章 26 節的「基督徒」源自拉丁文這觀察是正確的。[1] 在使徒行傳十一章中，這個字的結尾不是希臘文，而是由拉丁文音譯的希臘文。換言之，這個稱號原本是羅馬人用來稱呼基督徒的。這個稱呼讓人一瞥羅馬人對基督徒的觀點。就像所有的新約作者一樣，約翰避免使用這個稱呼，因為他不願他的讀者以別人的觀點來看自己。相反地，約翰要他的讀者保持與外邦人的觀點有別的身分。約翰與教會有真實的互動和經歷。他知道教會正處於無比的艱難中。因此，約翰的目的不在告知教會，他們的確處於困難的時刻。更確切地說，約翰的目的是要創造一個可以替代目前光景的現實，以使地上教會將啟示錄所刻劃的教會，視為效法的典範模式。在這種方式下，約翰的異象成為行動和全新態度的推動力。他的信息清楚有力：要像這些模範教會一樣。

註釋：

1　Martin Goodman, *Rome and Jerusalem: The Clash of Ancient Civilizations* (New York: Knopf, 2007), p.514.

一
故事摘要

1.1 戰爭的故事

1.1.1 戰爭的三個循環

根據猶太－基督教的背景來解讀上帝和祂的敵人之間的戰爭，是不容忽略的進入角度。戰爭的主要問題來自敵對的兩方。一般來說，在戰爭故事情節的結尾，總有一方勝利一方失敗。上帝的敵人被毀滅是預期的故事結尾，因為新耶路撒冷的得勝是猶太人的盼望（*2 Bar*. 72.2～4, 6）。可以肯定的是，這種上帝與邪惡之間的戰爭，很早就出現在聖經不同的故事中，但在兩約之間卻更為顯著（例如，但以理書、死海古卷等）。約翰遵循這個傳統來描述他的異象，以傳遞基督向教會發出的信息。

許多好的啟示錄註釋，都以戰爭為啟示錄的主題之一。因此，我將這個貫通全書的故事，稱為「雙軍記」。啟示錄讓讀者看見浩瀚的宇宙中，有一場戰爭正在發生。同時在地上，教會與羅馬之間的對壘也如火如荼地進行。更確切地說，教會與羅馬體制的所有參與者敵對抗爭。十四萬四千的數目，使讀者想起舊約在進入迦南應許地之前的軍隊數算。出乎意料地，地上的教會並沒有因暴力對抗敵人而得勝。相反地，她的成員將因堅守信心而成為殉道者，這些從大患難中出來的殉道者，必然蒙受覆庇並得享天上的榮耀（啟七 13～17）。不論在戰爭中或啟示錄中，「血」都是決定勝負的主要因素。好像象徵失敗的聖徒血迹，在啟示錄中反諷地成為教會的得勝途徑。

啟示錄中的戰爭以三個時期，或三個循環（像啟示錄的綱要一樣）出現，這種趨勢顯見於七印至七號，和最後至七碗的進展。一點也不令人驚訝地，印、號和碗都是帝國的圖像。印可被用於帝國的文件中，號可被用於異教的行進中，而碗則被用於行進之後的儀式中。印和書卷的圖像，也完全符合戰爭命令的觀念。在奧古斯都和維斯帕先（Vespasian）所遺留的一些文件中，有一種羅馬法律文件，必須被封印七次。[1] 戰爭是一件極嚴肅的事情，因為整個國家的尊榮都在危急的關頭。與天庭執行的審判有關的所有災難，顯示書卷是向羅馬帝國宣戰的記號。上帝的戰爭正在進行，而祂的尊榮將得到完全的維護。

大部分詮釋者都具有按連續次序、並分開解讀七印的傾向。我們應該儘量停止這種詮釋傾向，因為這種傾向將七印視為，一些按年代次序發生的怪異預言性事件。雖然四章 1 節似乎指出「以後必定發生的事」是未來的，但「以後」（after this）實際指在啟示錄的七封書信之後。「以後」並不指未來而言。羅偉根據但以理書七章 13 至 14 節的末世（天啟？）神學，將「以後」解讀為約翰的時代。[2] 其實，最簡單的解決方式，就是將「以後」視為約翰即將敍述之異象的一部分。訴諸於但以理書的神學實非必要。有一個簡單並且明顯的理由，讓我們看見七印必須一併解讀。這個理由就是，七印共同針對一本書卷，而不是分別針對七本書卷（啟五 1）。更確切地說，如果我們考慮約翰的異象經歷，我相信多數註釋者將七印當作焦點的解讀角度是錯誤的，因為七印是封上書卷的方式。重要的是，當七印漸次開啟時，**整個**滿帶內容的書卷宣洩出來。惟當整個書卷開啟時，所有要傳達的信息才變得完全。如此說來，七印乃是藉著七項同等重要並且彼此調和的要素，來展現一幅單一的圖畫。

如果七印之間果真具有次序關係存在（我一點也不確定這種次序關係的存在），我們應該可以約略看見羅馬帝國，從開始到約翰時代社會光景的歷史步驟。七印的描述愈來愈長並且愈來愈仔細，使得探討這種歷史事實的可能性消失。書卷開啟愈多時，書卷所揭示的也愈來愈多，這就是約翰漸次增加細節的原因。約翰所展現的圖畫顯示羅馬帝國的征服勝利及其後果，清楚指出上帝將審判帝國的原因。根據需要來看，以書卷作為寫作材料的情況有時相當罕見。可見，皇帝宮廷裏的書卷（就像在上帝天庭中的書卷），應當相當嚴肅地被用於歷史記載史料或法律文件上。啟示錄中的書卷，乃是上帝針對羅馬的控訴。羅馬各處殖民的歷史記錄，現在成為控訴羅馬的法律簡報。前面六印列出羅馬罪行的後果，它是等待執行的起訴文件。而審判的實現，則將出現在後面的十七和十八章。印的敍述適切並一致地，描繪了羅馬獲致成功的過程和後果。印的圖畫揭露因為帝國主義的關係，整個創造被徹底翻轉。在了解書卷的功用之後，我們必須注意五章 1 節提醒我們，書卷是屬於坐在寶座上的上帝和羔羊的。

有關印的基本觀察，也可適用於號。七號所提及的災害，基本上與七印的相似。就像印一樣，在每個號依次吹響時，細節的描述也愈來愈增加。這項觀察並不難理解。因為當書卷開啟愈多時，內容揭示的程度自然就愈來愈大，因此上帝忿怒的審判愈加顯明。就像一至四印成為一組一樣，一至四號也屬於一組。在第四號之後，一位天使插入愈來愈劇烈之災禍即將來臨的警告（啟八 13）。七號被包含在七印之內的根本事實（八 8～6），指出七號是七印的重新陳述或詮釋。盧皮納里（Edmondo F. Lupieri）將這種關係和在大娃娃中裝有相似之小娃娃的蘇俄娃娃比較。[3] 換言之，約翰的異象將號包含在印之內的意思，就是這些事件其實緊密相連甚至相同，只是以不同的方式表達而已。如同印一樣，號所帶來的自然災害，在羅馬都市化的模式下益發惡化。這不正像現代政府忽略，由自然災禍引發的廣泛社會問題嗎？

當我們繼續讀下去時，九章 12 節似乎為我們帶出某種引導原則：第一樣災禍過去了！在本質上，我們確實知道第一樣災禍，肯定與像蝗蟲一樣的生物為撒但宣戰的第五號有關。這個災禍的第一個重要細節，就是九章 1 節從天上落到地上的星。這顆星是一個人，因為它開了無底坑（啟九 2）。無底坑是所有邪惡來源的邪惡之處（十一 7，十七 8，二十 1）。在希羅眾神明和日曆上，星星和外邦神明不可分割。另外，就像在任何戰爭中一樣，受苦必然隨之而來（十三 10～11）。[4] 因此，聖徒也會在戰爭中受苦。第六號的來源可見於九章 13 節。這裏的金壇，與八章 3 和 5 節的一樣。極有可能地，受苦聖徒的祈禱藉著這個也執行審判的金壇達到上帝。這個故事也描述九章 14 至 15 節的審判執行者。當碗出現在最後戰爭並將一切毀滅時，審判達到高潮。上帝在**祂的**寶座上，留意羅馬的歷史。十一章 15 節及以下經文的第七號，再次顯示與八章 1 至 5 節相同的掌控方式。循環之間最接近的平行，出現在八章至十一章的號及十六章的碗之間。下列圖表將例證平行之處，以顯示這些循環不具時間次序，而是相同戰爭故事的重述。

第一號與第一碗＝地上的災難

第二號與第二碗＝血海與死亡

第三號與第三碗＝污染的江河與眾水泉源

第四號與第四碗＝日頭

第五號與第五碗＝黑暗

第六號與第六碗＝褻瀆上帝的幼發拉底河

第七號與第七碗＝巨響、閃電、雷轟、地震、大雹

真正的寶座屬於行將審判羅馬帝國的上帝。啟示錄的信息依然不變：不尊重公義和上帝的帝國擴展是錯誤的。另一個關乎這場戰爭的信息也不應被忽略：只沉浸在戰爭的問題上，也是錯誤的。至終，所有的災禍都引至上帝榮耀的救贖。上帝有一切答案！

總結故事循環的最佳方式，出現在二十章 4 至 10 節。這是一段頗具爭議性的千禧年經文。第一，在一千年之後，撒但再次變得有權力。撒但以獸的記號宣稱牠的權力（啟二十 4；參十三 16～18）。第二，那些死於戰爭的人，同時來到寶座之王的面前（二十 4；參七 14，十一 11）。第三，騎白馬的基督和祂所率領的其他騎白馬眾軍（十九 11～14），以超自然的快速贏得了最後的戰爭（十九 19～21，二十 9～10）。啟示錄的災禍由第一印的白馬開始，並以基督的白馬結束。[5] 歷史在發生之前即已定下的結論，再次被上帝的旨意所證實。已定勝利的信息，既響亮又清楚。戰爭的問題永遠無法超越勝利的榮耀！

具體來說，啟示錄的資料並沒有包含或排除，那些相信基督按字義或象徵性作王一千年的人。不論一個人對基督作王一千年的看法如何，一世紀的資料應該永遠是解讀這段經文的起始點。來自一世紀的這類事件及其信息，很可能再度發生。但無人可以保證，重複發生的形式為何。無論每個陣營從何種角度來理解

啟示錄的資料，這些資料都同等有用。如果未來真有按字義理解的作王一千年，那麼我們必須等到它來臨時，才能確信它真正發生。因此，本書選擇不針對這個難處理的問題作出回應。請讀者了解本書的立場。

1.1.2 競賽和得勝

啟示錄中的戰爭圖像非常普遍，其中一項涵義常被忽略：戰爭是一場競賽（game）。競賽和戰爭緊密相連，因為古代的競賽源自軍人的力量訓練。運動體能不足的人，不能成為好戰士。競賽的主要問題是，它必定有贏家和輸家。至少在啟示錄中，輸贏是不可或缺的重要信息。更確切地說，戰爭是參與其中之個人的生死競賽。在寫給七教會的每封書信中，約翰都提到個人的得勝（啟二 7、11、17、26，三 5、12、21）。在約翰的評估之下，這是所有基督徒的共同現實。這是每個基督徒必須面臨的挑戰。不像羅馬人為了尊崇在奧林匹亞的宙斯而舉行競賽，基督徒為了尊崇基督英雄而在整個帝國中舉行競賽。當我們想到戰爭時，我們通常想到軍隊之間的敵對與爭戰。然而，競賽也牽涉與有敵意之環境抗爭的個人。第一個牽涉戰爭的是戰士耶和華。凡跟從祂的，也有個人的責任。

前文已經涉及許多有關戰士和英雄的討論。除了指出戰士和英雄與軍事征服的故事有關之外，我們在此不需再重複這個主題的相關討論。在啟示錄中，上帝和基督之間的連結十分密切。一章 8 節描述上帝的語言，以及一章 17 節與二十二章 13 節描述基督的語言完全相同。由始至終，兩者在啟示錄中的關係緊密相連。因此，我們根本不須質疑，基督是否是舊約耶和華的具體實現。祂的確是！

更引人注意的是教會的個人責任。約翰早就在他的敘述中，傳遞這個觀念。更確切地說，他在二至三章致七教會的書信中，已經開始這方面的信息。二章 10 節的「冠冕」一字，有時被用來尊榮死者。[6] 然而在此，同樣的字被用作「生命的冠冕」。「生命的」充滿諷刺意味。這個字也可被用於競賽中的得勝者，有點像今日女性芭蕾舞蹈員的頭飾。這個綜合的圖像，是死亡和生命的競賽。如此說來，基督徒個人就像競技者，他的目標是榮耀，但他卻不須單打獨鬥。相反地，他在教會以基督為中心的制度內，找到自己的定位。

正常來說，我們會預期約翰使用多數描述皇帝冠冕的 "*diadema*" 一字，但這個冠冕應該專為萬王之王的主基督而保留（啟十九 12）。在敘述中，為誇耀權力而發動的戰爭，繼續在「冠冕」所扮演的角色下進行。被用於君王和神明的拉丁文冠冕用字（例如，羅得的巨像），可能是希臘文 "*diadema*" 的相等用字。在十二章 3 節和十三章 1 節，龍和獸也帶著 "*diademata*"。最後，在終結的勝利中，基督戴上冠冕（十九 12）。這項觀察非常重要，因為字彙用法從「壞人」轉到「基督」的改變，清楚顯示敘述中邪惡勢力的瓦解。藉 "*diadema*" 而來的權力轉移，顯示所有權威都應當歸屬基督，而非地上的統治結構。根據古代習俗，這種冠冕都是金子和寶石的綜合，無疑對照了巴比倫的金子和寶石（十七 4，十八 12）。

逼迫的情況被一些學者所質疑，但這種懷疑很可能毫無根據。因為羅馬人常以怪異的眼光看待基督徒。雖然基督教嘗試與猶太人分離，尤其是在公元七十年的災難之後，但他們同樣被羅馬人輕視。他們被輕視的理由並不因他們是壞人，乃因他們被標記為無神論者。當時凡不敬拜多神的人，就是無神論者。換言之，基督徒因為不願接受多神論宗教和愛國法西斯主義的容忍體制，而遭受逼迫。

個別基督徒負有責任的強調，也強烈地表現在兩個見證人的圖畫中。這兩個見證人是集體見證人的化身。這兩個見證人具有摩西、以利亞和更重要的耶穌（啟十一 5～6，一 15～16）的特質，因而流露一種上帝所賜予的預言能力。在舊約中，以利亞與耶洗別對抗，而摩西則帶領以色列人出埃及。四十二個月也可能是以利亞三年飢荒的旁徵（王上十八 1）。它更具體指出教會中背道的情況，就像耶洗別在以色列倡導巴蘭主義一樣。當約翰在一章 3 節和二十二章 9 節發預言時，先知約翰向耶洗別和巴蘭發動戰爭（啟二 20～23）。四章 1 節對約翰說「上這裏來」的呼召，使他具有認同兩個見證人的殊榮，因為這兩個見證人在死後，也被呼召「上到這裏來。」（十一 12）如此說來，就像這兩個見證人一樣，約翰也是一個見證人。教會因此蒙受先知約翰的領導，就像這兩位說預言的見證人一樣。可見，約翰的寫作是對抗撒但帝國勢力之戰爭的一部分。

究竟誰是這兩個見證人？許多詮釋者嘗試從歷史中，尋找與這兩個見證人完全符合的歷史人物。在強烈證據的支持下，我相信我們可以將這兩個見證人視為集體的身分（corporate personalities）。這兩個見證人身處聖所之內的根本事實，很可能指向聖所之內就是教會的觀察。在啟示錄中，聖所是上帝和羔羊的具體實現（啟二十一 22）。這兩個見證人因此成為教會事工的兩個層面，即摩西和以利亞的。這兩個見證人和殉道者有相似之處，因為他們都在耶穌再來之前（十一 12，七 14），就上到天上寶座前。如此說來，最好的解讀方式就是將見證人視為殉道者的兩類事奉。換言之，殉道者具有見證人和先知的兩類事奉角色。在針對耶洗別的戰鬥語言中，約翰就像以利亞一樣。約翰因此成為信心之人的有力榜樣，而他的敵對者則成為敬拜偶像者的負面典型。

聖城耶路撒冷被踐踏的情景，無疑是教會被逼迫的圖畫，就如同上帝的子民和祂的聖所在過去被逼迫一樣（例如，公元前一六四年的馬加比革命、公元七十年提多佔據聖所）。在這種方式下，這兩個見證人向他們的逼迫者和信仰的背道者，發出強烈的攻擊。這是亞哈和耶洗別的時代，因為上帝的子民隨從敬拜偶像的外邦人，背棄了他們與上帝的盟約。被外邦人踐踏的真正耶路撒冷，是忠心和為主作見證的教會。儘管十一章 4 節的「全地之主」有可能代表皇帝自己，但最好的詮釋，應該是將他視為上帝。在保羅寫完哥林多前書約略十年之後，有一個在哥林多附近的碑文，稱尼祿為全世界之主。[7] 在嘗試推翻上帝的權威的所有聲稱之下，教會的存在顯示上帝的同在。對於所有狂言褻瀆之語的人而言，教會是他們身上的一根大刺！

七章和十四章的十四萬四千人之間的平行，值得探討。這段異象所流露的反諷和藝術巧筆無可比擬，不容任何讀者錯失。從最基本的層面來說，上帝的子民受印具有對照十三章 16 至 18 節的功能，因為在偶像敬拜者的額上也印有「六六六」的數目。印具有鑑定的功能。主人也在奴隸的前額印上刺花，以顯示他的所有權。雖然這種習俗可能冒犯一些敏感的現代人，但在約翰的世界中，這種作法卻十分平常。約翰的原始讀者可以看見印上刺花的奴隸，在他們的街上四處走動。或許在讀者當中也有一些奴隸，他們完全了解這個圖像的意義。我們可以用許多不同的方式，來解讀上帝子民受印的經文，這些方式沒有一個是錯誤的。從希羅文化的角度來看，上帝子民受印可能是代表上帝認可、並且擁有自己子民的隱喻，上帝的子民不會受到上帝審判帝國的傷害。在二章 9 節和三章 9 節虛假猶太人的對照下，他們顯露**真正**以色列的身分。

七章的十四萬四千人明顯是在地上的子民羣體，因此引出一個問題：「如果這些人不僅代表相信的猶太人，更是上帝子民的象徵，那麼，為何七章 9 至 17 節會出現，天上無數穿白衣之人的對照？」答案其實非常簡單。上帝子民的數目，是為了地上戰爭的需要，因此，在天上的子民就不需再被數算。地上的羣眾如此龐大，以致必須一個從天上來的聲音宣告它的數目（啟七 4）。當我們明白七章十四萬四千人的象徵含義之後，我們就可以來思考十四章十四萬四千人的身分了。七章的十四萬四千人身處地上，而十四章的十四萬四千人則在天上。究竟發生了甚麼事？這個問題可由兩方面來觀察。

第一，我們可以很簡單地說這是兩個不同的羣體。但我認為這是一種錯誤的解讀。約翰為最個特定羣體標上數目，因為他們將要作一些特別的事情，也就是在地上的戰爭中代表上帝。因此，十四章的十四萬四千人乃是以七章的故事情節為前提。

第二，我認為最好的方式就是將這兩個羣體視為同一個羣體，但他們各在不同的地方。七章 3 節地上災害延遲的應許，確保十四萬四千人不會像其餘的世人一樣經歷苦難。然而，出現在十四章 1 節的十四萬四千人，竟然在錫安山上（即天上耶路撒冷？）。究竟發生了甚麼事？我相信這個異象傳遞一種經由（自然的或非自然的）死亡的救贖意味，因為十四章 4 節明說他們是藉著羔羊的犧牲，而獻給上帝的初熟果子。反諷的意味強烈流露，因為不論在競技比賽或戰爭中，死亡都代表失敗。但在此，死亡卻代表勝利。初熟果子的觀念也指出，將來會有更多死亡的聖徒加入這個羣體。還有更多要獻給上帝！死亡是拯救。死亡是買贖（啟十四 3）。死亡是得勝，因為其後的天上耶路撒冷將除去死亡的毒鈎。

戰爭必定有得勝者與失敗者。約翰採用性別、自然界，以及建築物等意象，描述啟示錄中的戰爭。他藉著啟示錄，向讀者顯明誰是真正的得勝者。真正的得勝者，就是那些堅毅不拔地跟隨羔羊的聖徒。再次地，約翰以反諷的手筆，帶出個人殉道是邁向勝利道路的真理。戰爭一定有傷亡，但傷亡未必帶來失敗的結果。其實在啟示錄中，死亡是進入天上永恆居留權的轉接過程。戰爭也帶來苦難，但苦難卻啟動人的祈禱。聖徒的禱告，也是上帝執行審判的一種方式。當聖徒的禱告上達上帝的居所時，上帝公義的手也下達罪惡的世界。耶穌戰勝所有反對上帝的敵人，不就是上帝公義傾下的彰顯嗎？如果耶穌以殉道者的身分而死，那麼基督徒也可能殉道犧牲。如果耶穌活著，那麼基督徒也會活著。在這個死亡競賽中，為正確理想而死的人將榮獲得勝者的冠冕。當信徒不再懼怕死亡時，死亡的問題就容易被克服。相反地，他必然擁抱隨之來臨的救贖。

1.2 兩個城市的故事

1.2.1 上帝之城和撒但之城：天上耶路撒冷和地上巴比倫

除了使用戰爭的故事之外，啟示錄中的上帝之城和撒但之城，也處於敵對的狀態。城市的主要特徵，就是他們都包含可以享受權利的公民，以及被排除於外的外國人。城市的隱喻或異象具有地理的特性。換言之，啟示錄一方面提及地上教會和她的敵人，另一方面也討論天上的戰爭。天上和地上，有彼此映照的效果（mirroring effect）。但同時，兩者之間也有清楚的差異。在訴說兩個城市的故事時，約翰使用一些相當重要的意象。第一，他將教會視為新以色列，以對照俘擄者巴比倫。第二，約翰以天上的寶座對照撒但的寶座。

對許多散居各地的猶太人來說，天上和新耶路撒冷一直是他們重建的末世盼望。在耶穌的時代，猶太復國主義十分盛行。有關這個盼望的文學證據，在約翰之前及約翰的時代到處可見（例如，*2 Bar*. 72.2～4, 6；*Pss. Sol*. 17.34）。然而，對約翰的讀者而言，他們無法完全了解耶路撒冷，因為他們未曾見過耶路撒冷。如果外邦基督徒以前是猶太信徒，那麼文學的構詞可能為他們提供耶路撒冷的部分圖畫。因此，他們對耶路撒冷的認識，很可能來自舊約被擄後先知書卷和傳聞的一般性描述。一般來說，與復國的蒙福盼望有關的學派思想，可分為兩大派。一派是不需經過彌賽亞就可以復國的說法，常可見於約翰寫作前的文獻資料中（例如，《摩西升天記》〔*Assumption of Moses*〕）。更重要的是，這種不需要彌賽亞的猶太教信仰，在約翰啟示錄之後的猶太人文獻中，變得十分重要與顯著。這種趨勢一方面決定性地分開了基督教和猶太教，另一方面也斷然地拒絕了彌賽亞的盼望。

對基督徒而言，新耶路撒冷也是他們的盼望。不過有些基督徒所盼望的新耶路撒冷，是一個具有實體的城市。這種看法顯見於公元三三七年之教會歷史學家優西比烏（Eusebius）的寫作中。他認為君士坦丁所重建的耶路撒冷教會，就是新耶路撒冷（Vit. Con. 3.33.1～2）。顯然有不少詮釋啟示錄的人，嘗試使用水晶球的方式將現今的時事，當作啟示錄預言的應驗。在日光之下，實在沒有甚麼新鮮的詮釋法。然而，約翰所描繪的圖畫卻指向來世。它和以基督為中心的猶太復國主義（Christocentric Zionism）非常相近。約翰的異象述說一個約翰時代的故事，他的故事不但反對猶太人的民族主義或一般人對耶路撒冷不完全的了解，還反對當時的羅馬帝國。更奇特的是新耶路撒冷的擺設，因為在寶座前也有七枝火炬點著（啟四 5）。讀者可能很想將四章 5 節的火炬視為七教會，但四章 5 節描述火炬的希臘文，以及一章 12 節描述金燈台的希臘文，並非同一字。較有可能的是，這些火炬被用來作為宗教上的裝飾。

說到相反的對照，約翰也以城市的用語，描述教會及她的敵人。當約翰談及新婦與巴比倫的衣裳時，他使用了極為相同的語言（啟十七 4，十八 12、16，二十一 18～21）。在釋經學上，相同語言的出現，常是釋經者必須將兩者加以比較的暗示。約翰對於耶路撒冷的描述，並不止於聖城的討論，他乃是要帶出耶路撒冷與巴比倫及其隸屬諸城的對照（八 10）。因此，我將這個故事稱為「雙城記」。在這個故事中，約翰以水平及垂直的綜合角度，帶出兩個城市的不同層面。以水平的角度來說，約翰由東（即巴比倫），到西（即耶路撒冷），甚至到「遠」西（即小亞細亞），帶出處於不同地理位置的各大城市。而以垂直的角度來說，約翰使用宇宙觀，帶出三度空間的現實（即天、地，及陰間）。馬歇爾（I. Howard Marshall）為這三個地方作出具體的描述。他認為，天是上帝的眾僕人敬拜之處，地是衝突不斷的地區，而陰間則是被囚的受苦之地。[8]

在地理－宇宙的描述系列中，我們看見海的出現。它在啟示錄中的角色十分令人好奇。不論在隱含或明顯的用法中，啟示錄的海大部分具有負面性的角色。當約翰提及拔摩海島時（啟一 9），他隱含地暗示海的存在。海島使人孤獨並與外界隔離，因此，海成為孤立約翰的主要原因。如果約翰被放逐的說法可信，那麼，海不但使約翰孤立，並且成為敵人迫害約翰的利器。啟示錄十三章 1 節的獸由海中上來，並且從撒但接受了權柄及能力。在此，我們明顯看見獸邪惡及敵對的意圖。獸的能力，使全地不跟從羔羊的人希奇詫異，並且敬拜牠。與邪惡的海成為反照的是，出現在啟示錄四章 6 節和十五章 2 節的玻璃海。玻璃海的象徵意義，在兩方面與邪惡的海恰成對照。第一，玻璃隱含羔羊與子民之間沒有隔離的關係。第二，聖徒站在玻璃海上，唱歌敬拜羔羊的畫面，與世人對獸的虛假敬拜成了對照。這些站在玻璃海上的聖徒，是一羣勝了獸和獸的像，並他名字數目的人（十五 2；參十三 3～4、7、14、18）。最後，當新天新地降臨時，將約翰與信徒隔離的海已經過去，而產生邪惡之獸的海也不再有了（二十一 1）。所有從大審判中出來的人，都將合而為一（二十一 24～26），而與獸一同行可憎之事的人，則將被擲出城外，永不得再進聖城新耶路撒冷（二十二 15）。

在啟示錄中，還有許多地理－宇宙方面的詞彙值得討論。這些術語的使用，與現代確定地理位置的方式和觀念大不相同。在古代，地圖及有關城市的描述，並不只是為了地理上的原因。古代的人並沒有適當的儀器，因此無法為他們所處的世界畫出精確的地圖。除了描述地理位置的功用之外，這些地圖及地理描述，常代表地圖製作者本身的理念。地圖的製作，在早期的人類文明中即可發現。大英博物館存有一張早至公元前六〇〇年的巴比倫世界地圖。因為缺乏現代多樣又方便的工具，古代的人對於整個世界的知識極為有限，所以巴比倫的地圖，僅以巴比倫及其周圍的環境為地圖的焦點。巴比倫當時的「世界」，實在非常狹小。這張範圍狹窄又粗糙的石頭地圖，可能是巴比倫知曉近鄰，控制征服之地，及探視軍事威脅的惟一工具。

在約翰的時代，維普撒尼烏斯·阿格里帕（Vipsanius Agrippa，公元前 63～12 年）的地圖，是具有意識理念之地理觀的最重要實例。這份著名的阿格里帕地圖，當然以羅馬為當時的世界中心。羅馬皇帝奧古斯都支持並完成這項計劃；他以羅馬殖民主義的觀念，定義了當時的世界範圍。顯然，政治因素是奧古斯都製作地圖的重要考慮，因為他急欲看見「羅馬和平」的確實執行。政治常是地理及地圖製作的共同理由。大部分的古代地圖，都是為了解征服之地的需要而製作。若是沒有土地的征服及殖民的政策，一國不可能對另一國有詳細研究及認識的機會。這並不是說，當時製作地圖的方法，比現代的更不科學或落後。然而，當時製作地圖的動機，顯然與控制征服土地的目的有關。這種目的不僅具有科學性，同時也具有實用性及政治性。

其實在某種程度上，現代的地圖也同樣具有多重的目的。從政治的角度來說，地圖為今日的國家及新的政治發展，劃下了清楚的疆界。毫無疑問地，約翰當時的地圖也具有多種不同的目的。約翰對於巴比倫及耶路撒冷的地理對照，為讀者帶出了有關小亞細亞的神學教導。如此說來，當約翰將東邊的巴比倫，與在其西邊的耶路撒冷相互比較時，他將讀者的注意力指向另一件更大的事。而這更大的事，就是發生在小亞細亞不同地區的善惡之爭。約翰以這兩個城市為理念性的隱喻，使讀者超越有限的世界，而進入毫無邊際的宇宙中。

約翰不但使用地理詞彙描述現實世界的水平層面，他還用另類的天體圖來把他的世界垂直分割。使用另一種宇宙性的地圖，將他的世界垂直地劃分為三部分。他把末世的實情，分開放在天、地和陰間三個場景中。他以三個地方，為讀者帶出末世的現實，這三個地方分別為天上、地上，以及陰間。在他的異象中，所有美善的事物都存在天上或由天上而來。起初，上帝創造了美好的世界，但現今的邪惡世界竟成為上帝的敵人。所有的可憎之事，都發生在地上或地下。在這三層的世界中，各樣事件不斷地同時發生，將人類一步一步往前帶向世界的終局。只有一些特殊的活物，可以自由地在這些不同的地方來去穿梭，也只有他們得以看見上帝的世界。除了約翰以外，惟獨眾天使及主耶穌，得以始終如一地觀賞上帝的作為。雖然龍被摔在地上（啟十二 9），但牠卻無法自由地來往於天地之間。由此，讀者可以了解龍所具有的能力並非無限。因為牠並不知道與上帝爭戰，將為牠帶來的後果。

在約翰的異象中，地上所發生的每一事件，都有其平行事件同時發生在另一個層面的世界裏。如同約翰的地理觀，三個不同層次的宇宙觀，也表達了約翰的神學理念。弗里斯森（Steven J. Friesen）的觀察頗為正確：「約翰嘗試讓他的讀者明白，耶路撒冷、羅馬，或任何一個地上的城市，都可以成為世界的地理中心。」[9] 約翰綜合水平的地理觀與垂直的宇宙觀，為真實的世界勾繪了一幅完整的畫像。這份具有多重空間的地圖，正代表了上帝對於約翰當時世界的看法。約翰的寫作筆法，為「地上的」巴比倫及「天上的」耶路撒冷，創造了新的意義與信息。而教會或上帝的選民，就是那即將從天而降的新耶路撒冷。

根據舊約的猶太傳統，耶路撒冷或錫安是象徵上帝的完全同在，以及彰顯救恩至高榮耀的地方（詩一百三十七 3；耶五十 5；參加四 25）。約翰以類似的用語描述上帝的城，為讀者展現一處福氣滿盈的完美之地。新耶路撒冷之所以如此榮美，乃是因為上帝使她分別為聖（啟二十一 10）。而也因著新耶路撒冷如此完美，約翰更加迫切地提醒他的讀者，務要在地上的生活中，竭力追求至善至美的境界。約翰不斷使用新耶路撒冷的意象，勸勉小亞細亞的各教會（二至三章）。他藉著新耶路撒冷的意象，要求每一位信徒知道他們具有天上及地上的公民身分。當地上的公民身分與天上的公民身分相互衝突時，信徒必須堅守立場，並以天上的公民身分為抉擇的第一優先。

除了地理意義之外，耶路撒冷的使用也含帶重要的歷史意義。約翰的異象使用歷史到最高的極限。從巴比倫的俘虜開始，我們可以看見許多關乎耶路撒冷的重要歷史循環。最為人所知的就是兩約之間的時期，大約在公元前一六五年左右。公元前一六七年，在敍利亞統治者（Antiochus IV Epiphanes）之下的外邦人，佔據並且褻瀆聖殿。猶大馬加比（Judas Maccabaeus）回到耶路撒冷，將他們趕逐出去並且潔淨聖殿。當希律成為猶太王時，他為羅馬人奪回耶路撒冷，並且開始他的建殿計劃。他死於公元四年，但重建計劃持續進行，直到公元六十三年左右結束。就在聖殿完成重建之後不久，提多將軍在公元六十八年的夏天，圍困耶路撒冷對抗猶太叛軍。戰爭持續至公元七十年，羅馬人完全攻取耶路撒冷，並將聖殿居住者殺戮殆盡。耶路撒冷的歷史，是了解啟示錄中的大逼迫的關鍵。

在十一章 2 至 3 節和 7 至 11 節，大約有三年半的逼迫接踵而來。常見的討論總是以現代事件為中心。但從歷史的角度來看，最好的解讀方式就是將這個數目和地點，視為耶路撒冷受苦歷史的旁徵。換言之，耶路撒冷被褻瀆，持續約有三年半之久。三年半的數目方便地被用來傳遞不完全的意味，因為它僅是七的一半。因此，在耶路撒冷的代表下，上帝子民的受逼迫不會永遠持續。約翰的異象誠然使用了歷史的敍述形式，來傳遞充滿盼望的信息。

約翰對於城市意象的使用，亦有其他值得注意之處。舉例來說，約翰當時的羅馬城，不但壓制基督教，並且提倡某些特別的宗教。約翰以聖城對照小亞細亞那些不聖潔的城市。在這些不聖潔的城市中，海代表具有邪惡力量的地方（啟十三 1 及下）。然而，在聖城中，海永不得再出現（二十一 1）。另外，約翰在啟示錄十八章對於羅馬的討論，與以西結書二十六至二十八章對於推羅的描述極為類似。約翰如此寫作顯然有其特殊的用意，值得讀者留心觀察。一般來說，推羅人或腓尼基人以造船及航海聞名於世，他們也以與世界各地通商而著稱。同樣地，海是羅馬人貿易通商的重要管道（十八 17）。既然新耶路撒冷將永恆地為居民提供生活的一切所需，貿易的行為或海的存在，都不再具有任何的意義。更確切地說，地上的城市是建築物的集合體，但聖城新耶路撒冷卻是人的集合體。

新聖殿，也成為邪惡廟宇的反照。在小亞細亞七個城市中的廟宇，都具有建築物的實體，但新耶路撒冷的新聖殿卻是基督自己（啟二十一 22）。當奧古斯都在以弗所為凱撒大帝及羅馬城的守護女神獻建祭拜的廟宇時，這個原已有名的城市，變成了小亞細亞的首都（Dio Cassius 51.20.6）。然而，以弗所成為膜拜羅馬皇帝的異教中心，卻要到多米田皇帝的時代（約公元 89 年）才被官方正式承認。而這個時間，正好與啟示錄的寫作日期相符合。以弗所以散佈膜拜羅馬皇帝異教，以及拓展羅馬帝國野心而顯著於當時，她的所作所為代表她效忠羅馬帝國的政治立場。在小亞細亞發現的碑文中，我們可以看見當時的人，在新年時期慣例膜拜奧古斯都的行為。這些古老文獻證實了，當時異教在小亞細亞的盛行。

在約翰的時代，建築的發展是當時都市生活的另一特色。希臘文化為當時的世界，帶來了較為複雜的建築風格，其中以哥林多圓柱最受歡迎。在發展的過程中，諸如多利斯及愛奧尼亞的古典幾何排列，被新式的建築風格所取代。當羅馬人成為世界的權力中心時，他們優勢地採用繪畫的藝術裝飾各種不同的建築物，為當時的建築風格加添了另一種新鮮的風貌。因此，當時的建築物不再具有一成不變的外形。多樣化使得當時的建築物，成為美麗及複雜的綜合表現。在許多方面，建築物已經失去原有的獨立性，而與周遭的環境融合在一起。羅馬人甚至更進一步地實驗，以磚頭代替石頭的建築方式。尼祿皇帝沉迷在建築之中，帶有天窗設計的圓頂建築是他的最愛。尤其是在羅馬大火之後，這種現象更加顯明。多米田皇帝喜歡帶有亞洲色彩的建築風格，但他醉心於構思自己的建築計劃，並且不忘表現他對於古典建築物左右平衡設計的喜愛。他的宮殿，徹底表達他的權威及藝術才能。

在小亞細亞諸多的建築物中，以弗所的亞底米神廟（Artemesion；380 x 182 英尺），是世界七大奇觀之一。這個身為優良港口的以弗所城，因著地理上的優勢，成為整個城市財務資源的寶庫。正因如此，其他城市想盡辦法，企圖反擊她的龐大勢力。古代的作家菲洛斯特拉托斯（Philostratos）聲稱，以弗所是「亞洲共有的寶庫，和需要的供應來源」（Vit. Soph. 1.23）。由以弗所的例子，我們看見財富的優勢及偶像的敬拜結盟為完美的夥伴。不論亞底米女神多麼偉大，不需要聖殿的耶穌顯然超越其上，因為耶穌就是聖殿。約翰在此為讀者提出了兩方面的挑戰。一方面，公元七十年之後，耶路撒冷的聖殿就不再存在。另一方面，以弗所的亞底米神廟依舊高聳站立，似乎佔據了勝利的上風。毫無疑問地，多米田皇帝為這棟華麗廟宇的維護，也貢獻了一臂之力。這些事情，都是原始讀者親身感受的生活現實。但至終，新耶路撒冷展現了上帝的威嚴與權柄。新耶路撒冷不只是一個宮殿，她是一個蘊含所有創造的完整都市。這個新的建築／城市，使得世界上的建築物不堪一比。她的完美，為地上的信徒帶出了無盡的屬天盼望！

新耶路撒冷還有一些重要的特徵，致使滿有榮華富貴的巴比倫大為失色。巴比倫人一向以他們的「空中花園」聞名於世。而亞述人也常常為他們所擁有的眾多植物及花卉而自誇。早在公元前八七七年亞述納西拔二世（Ashurnasirpal II）的時代，一個石碑的碑文已經記載了，這位君王在旅行與出征期間所收集的三至四十種的植物。亞述納西拔二世也在他的西北宮殿雕塑了兩個雕像。這兩個雕像的存在，指出當時文化對植物生命的看重，因為神聖的生命樹，剛好出現在王所鑄作的兩個雕像之間。有一個帶著有翅日圓盤的太陽神（Shamash），被放在生命樹的上方，象徵著眾神明滋養生命樹的豐滿福氣。這些雕像肯定使人想起在世界之初，上帝藉著伊甸園所賜給人的祝福。宮殿的另一個畫像，描繪了一個漂亮的花園，而在其中有一羣文士，正在紀錄公元前六三〇年亞述戰勝巴比倫的輝煌事迹。在往後的歷史中，波斯王古列也曾向前來拜訪的斯巴達將軍萊桑德，誇耀他表現在園藝上的無窮精力，並以此證明他毫無衰退的健康狀態。色諾芬（Xenophon）這位參與波斯軍隊的希臘傭兵，將這兩位勇士當時的對話詳細地紀錄下來。顯然，萊桑德對古列王所擁有的巨大花園，以及其對園藝工作的親身參與，留下十分深刻的印象。

以上的歷史例證，讓我們看見古代近東君王對於花園的重視。而當時的肖像研究，更顯明了生命樹在園藝世界所佔的重要地位。生命樹在近東的文化中，具有非凡的意義。在巴比倫及亞述的各類雕刻中，生命樹的主題不斷出現。極其自然地，出現在舊約伊甸園那棵上帝所創造的生命樹（創二章），正好對照了近東象徵肥沃及繁殖力的生命樹。更進一步地，由一些古代的研究，我們發現小亞細亞的宗教，與當時有名的風景區具有某種程度的關連。如同巴比倫，亞底米神廟也建在風景區的旁邊。色諾芬曾為一個與亞底米有關的廟宇，作出如下的紀錄：「在廟宇的四周，有一個包含多種果樹的花園，這些果樹每年都各按其時地，結出各類的沙漠果實。」（*Anabasis* 5.3.11～13）除了是各地水手停泊的上好場所，以及本地城市的財源寶庫之外，亞底米神廟也坐落在海灘旁邊的新鮮水泉之地。

與亞底米神廟成為強烈反照的，是新耶路撒冷的花園。在其中，有每月結果子的生命樹，以及供應居民生命需要的永久水源（啟二十二 2）。生命水直接由上帝和羔羊的寶座流出來（二十二 1）。世界的君王誠然坐在寶座上，亞底米女神也在行進的隊伍中佔有顯要的地位，而主神宙斯更是高坐在超越眾神明的寶座之上。然而，在上帝至高的權威下，這一切不但渺小，更不具任何光芒。世上沒有任何權柄，可與上帝的至高權威相比。凡跟從祂的人，必能得到真實與永恆的生命。生命樹不在巴比倫，賜人生命的河流也不在巴比倫（二十二 1）。這些寶貴的生命資源，也不存在於起初的伊甸園中。舊耶路撒冷已成過去，再也無法為人提供任何的生命需要。更遑論虛假的亞底米宗教。至終，人們只能從上帝重新創造的花園中，找到生命樹及生命河。連羅馬或巴比倫這兩個龐大的帝國，都無法與上帝的城市相比。新耶路撒冷是一個真正肥沃富饒的地方，因為她的居民將活到永永遠遠，而這正是豐富繁衍的最高表現。藉著伊甸園的圖像使用，上帝讓約翰知道，新耶路撒冷是一個涵具起初創造一切美善的樂園。人類被趕出最初的花園，但卻藉著來到新耶路撒冷的永恆花園，而獲得了第二次的機會。

除了在歷史背景上建構使用的隱喻之外，約翰對巴比倫及耶路撒冷的對照描述，也為讀者帶出他所要強調的真理。例如，新耶路撒冷具有蒙上帝揀選的特徵（即聖城），而巴比倫卻以被上帝拒絕而聞名於世（啟二十一 1；參十九 2）。另外，光明潔白的細麻衣，肯定了新婦的聖潔品格（十九 8），而朱紅色的衣服，則成為巴比倫奢華腐敗的標誌（十七 4）。羅馬的女性也喜歡穿著紅色的衣服，因為她們迷信紅色可以為她們帶來保護。約翰以相反的衣著圖像帶出真理的表達，不愧是深厚洞察力的流露。

約翰的創意性極高，他繼續以巴比倫身為大城的名譽，來對照新耶路撒冷的強大力量（啟二十一 16～17；參十八 10）。新耶路撒冷的強大力量，並非來自經商得財的靈巧聰明。相反地，她的力量來自由各種民族所組成的新耶路撒冷成員。十二天使、十二使徒及以色列的十二支派，象徵性地帶出新耶路撒冷的結構。新耶路撒冷並不是建築物的集合，她乃由人的成員所組成（二十一 12～13）。不錯，巴比倫也曾經由政治及經濟兩方面，得到人民的力量。巴比倫依靠商業的權勢稱霸世界，而新耶路撒冷卻因上帝的分別為聖而永遠長存。這兩個城市的結局，顯然完全相反。雖然羔羊曾經被巴比倫的體制所審判並殺害，但祂現在卻成為制裁罪惡的審判君王（一 7，五 6～7）。雖然基督徒的商人，曾經被逐出巴比倫的經濟體制之外，但如今巴比倫的客商將永遠被扔在新耶路撒冷的城外。雖然巴比倫的燈光不再照耀（十八 23），但上帝的榮耀，將永遠照亮新耶路撒冷城（二十一 11、23，二十二 5）。雖然巴比倫的生活淫亂放蕩，但彈琴作樂及婚筵慶祝的歡聲，卻不再被聽見（十八 3、23）。雖然上帝的選民生活在苦難中，但羔羊的婚筵卻將成為選民永遠的祝福（十八

24，十九 8，二十一 2）。因此，所有屬於上帝的選民，都應該因著約翰的城市比喻，而得到無比的激勵。當他們捨棄任何與撒但國度有關的事物時，他們就可以數算上帝國度的特權。

1.2.2 天上寶座和撒但的寶座：君王的天庭和撒但的統治

在看完有關以色列和巴比倫的故事之後，我們必須觀察約翰使用寶座場景，來對照撒但寶座的巧妙。如何進到寶座前，是寶座的最主要問題。只有某些人被允許進入，或的確想進到上帝或撒但的寶座前。

有四個主要角色，出現在天庭寶座。當我們討論下列四種活物時，我們將明顯看見天上寶座是新聖殿的重要題旨。更重要地，這個新聖殿和地上教會同時存在。地上教會應當以天上的異象，為他們地上禮拜儀式的典範。異象並不僅是一個水晶球，它實際是一個真實的倫理典範。出現在天庭的每個人物都各自扮演一個預表性角色（typological role），以使地上讀者擷取更深入的倫理涵義。

第一，最主要的人物顯然是坐在寶座上的耶穌基督（啟四2）。前文已經針對耶穌基督提出甚多討論。祂被稱為羔羊（五6，十四 4），祂也被稱為猶大的獅子（五 5）。這和十三章 2 節形像獅子的海中之獸，成為強烈的對照。

第二，二十四位長老在四章 4 節，扮演重要的角色。不像平常他們身為子民領袖的角色，在此二十四位長老的角色，是將他們的冠冕放在寶座前，並且敬拜那活到永永遠遠的。四章 11 節描述他們在寶座前吟誦著詩歌。我們必須記住，這封寫給七教會的書信，將天上的歌曲傳送給正在聆聽的七教會。如同天上的長老吟誦詩歌一樣，約翰也鼓勵地上教會藉著聆聽，接受並且加入天上的敬拜。

第三，出現在四章 5 節的上帝的七靈，被等同於七支火炬。

第四，天庭似乎有來自以西結書一章的四活物。但與以西結書一章四個混種活物不一樣，啟示錄中的活物是四種個別的獸。四章 8 節明說，活物的角色是晝夜不停地吟唱讚美。表面看來，這些活物似乎向基督吟唱與讚美，但實際上，這些歌是要讓正在聆聽的七教會，領受重要的讚美言語。毫無疑問地，歌是一種具有說服力的修辭，可以激發原始讀者產生正確的行動。

另外在天庭中，還有一個值得注意的羣體。更確切地說，這個羣體就是前文已經討論過的十四萬四千人（啟十四章）。他們在天庭專心敬拜上帝（十四 3）。他們接受了一首地上無人能懂的新歌。這個天庭場景為地上教會展現出，他們可以引頸盼望的更美天上生活。

當我們觀看圖畫時，我們應該由宏觀的角度，將圖畫視為啟示錄更大敍述的一部分。天上耶路撒冷和四章的起始天上異象，有大量的平行之處。首先，它們的物質組合非常相似。四章 3 節的碧玉和紅寶石，也出現於二十一章 11 和 20 節。四章 6 節的玻璃海，也出現於十五章 2 節。而四章 2 節的寶座也出現於二十章 11 節。

在天庭中的領袖是長老。而小亞細亞的地上教會，也有長老。地上的上帝之城，必須面臨一些天上城市所沒有的嚴重挑戰。這個挑戰與上文的戰爭題旨有關。雖然天上寶座有許多值得嚮往的，約翰也談到撒但的統治。與天上寶座對立地，撒但在某些地方也有堅固的營壘。二章 13 節的別迦摩教會，就是撒但「王座」所在的地方。上帝偉大寶座的終極表現，就是二十章 11 節的白色大寶座，它和其他的寶座截然不同。二十章 4 節的寶座，可能與四章 4 節長老坐在其上的寶座相同。這些寶座不但在外觀並且在尺寸上，和白色大寶座大不相同。二十章 11 節明說，天地都從坐在白色大寶座上的那位面前逃避，想必就是從上帝的面前盾於無形。如果天地（即一切）都逃離消失，可以想見白色大寶座必然大到可以充滿整個地上。這實在是一個巨大無比的寶座。我大膽猜測，這個白色大寶座，可能就是四章 2 節有上帝坐在其上的寶座。約翰不但用「大」，還用「白色」來描述寶座的筆法，乃為展現寶座的一些特性。換言之，大顯示尺寸，而根據啟示錄的顏色設計，白色顯示純潔（例如，啟七 9、13）。當上帝的公義在二十章 11 節充滿整個宇宙時，四章 2 節的偉大寶座，揭示了最圓滿的榮耀。這是善惡戰爭最適切的高潮。這也是戰爭法庭的審判。

既然寶座是有關統治權的政治語言，撒但王座的政治層面就值得我們注意。撒但王座的原本地點，可見於十二章 7 至 9 節。約翰以啟示錄十二至十三章，對照十四章寶座場景的筆法，值得我們觀察。這種對照方式呼籲讀者，將啟示錄十二至十三章，解讀為撒但統治權的建立。在十二章 7 至 9 節，撒但被米迦勒擊敗，並且從天上被摔下來。雖然十二章 7 至 9 節沒有以撒但王座的起源為主要焦點，但它確實為王座提供了最低限度的資訊。更要緊的是，這個王座如何發揮功能。王座的頭不是羔羊，卻是蛇或龍（啟十二 9、13）。在統帥方面，牠有從海中和從地上來的獸，為牠效命行事（十三章）。這些獸直接對照了出現在天庭寶座場景的活物。他們不但沒有敬拜上帝，更要求世人敬拜撒但。

第一個從海裏上來的獸是豹、熊和獅子的混種動物（啟十三 2）。這個獸似乎有一個已經醫好的致命傷。這個醫治的神蹟使全地的人都驚奇，他們拜獸並說：「誰像這獸？」這個諷刺的問題使人想起米迦勒擊敗撒但（十二 7），因為米迦勒具有「像上帝一樣」（God's likeness）的意思。「誰像這獸？」的問題顯示，地上之人從獸身上看見獨特之處。米迦勒的名字有力地揭示，甚至一個像上帝（但不是上帝）的人，都可以擊敗魔鬼。然而，獸以另一種方式顯示牠的獨特性：牠向聖徒宣戰（十三 7）。牠的力量並非來自上帝，而是來自牠的擁護者魔鬼。這個畫像非常適切尼祿，因為他是第一個向聖徒宣戰的皇帝。他對聖徒的逼迫大約始自公元六十四年六月十九日的羅馬大火之後，並且延續將近三年半（即四十二個月）。[10] 後文將針對這方面，繼續作更深入的討論。

第二個從地裏上來的獸，被稱為敵基督，因為牠和羔羊有一些相同的特徵（啟十三 11）。牠也是龍的代言人。牠不僅是龍的宣傳者，也是第一個獸的代言人。牠的能力包含叫火從天上降在地上，直接對照了上帝的兩個見證人（十一 5），因為從他們兩人的口中，可以發出火來。第二個獸也為第一個獸作像，並叫地上的人拜獸像。牠在那些跟隨制度之人的額上，印上「六六六」獸的記號（十三 16～18）。不拜獸像的人將被殺害（十三 15）。這些人和被上帝印上記號的十四萬四千人成為對照（十四 1）。再次地，前額是奴隸被印上刺花的地方，代表主人的擁有權。因此，在前額上印有「六六六」的人，就是獸的奴隸。下文有關獸之特徵的討論，將顯示這些獸不僅是某種人物，更是某種事工的典型（type）。更確切地說，牠們是撒但藉羅馬帝國行使邪惡的表彰。如此說來，前文將兩位見證人視為教會兩類事工的詮釋，顯然得到肯定。尤有甚者，兩個獸正好與兩個見證人成為對照，而撒但（即龍）則和基督（即羔羊）成為對照。人物的平行完美巧妙地配合在一起。

總結來說，在撒但的領域中，兩個獸的主要任務就是宣傳撒但的理想和目標（啟十三 4、14）。那些跟隨撒但的人，是地上的居民（十三 14），他們被欺騙並且被印上獸的記號（十三 16），他們也被稱為多種民族、羣眾、邦國、方言的人（十七 15），他們來自地上眾王、商人和船長（十八 9、11、17）。這些人和來自各邦國、各支派、各民族、各方言的無法數算之人，和額上印有上帝的記號並已在天庭的十四萬四千人（七 9，十四 1～3），成為強烈的反照。

兩個寶座代表地上統治的兩個領域。天上的天庭寶座場景絕對不會被邪惡所侵擾。邪惡勢力的命運清楚已定，因為龍和牠的兩個獸將被拋在火湖裏（啟十九 20，二十 10）。凡屬於正確國度的人，遲早都會來到寶座面前。在進入天庭之前，活在地上撒但寶座之下的信徒，應該已經承認那位坐在天庭寶座上的主權。

1.3 兩個體制的故事

1.3.1 道德的體制

論及道德，約翰具有絕對的價值觀。道德的主要問題在於，道德的議題必須根據對和錯來定義。因此，約翰的道德語言並非相關的。如同本書女人篇章所指，約翰使用明確的語言來劃界兩類不同的道德價值觀。約翰根據屬靈－宗教的角度來定義道德。

約翰對於城市的隱喻使用，也為讀者帶出了有關法律方面的觀察。這方面的觀察，成為約翰筆下「兩個體制的故事」。十一章 8 節是觀察「體制」的最佳選擇。約翰完美地使用「所多瑪和埃及」兩個字，來描述代表羅馬的大城。觀察這兩個地方的定義，最好從約翰的刻劃研究著手。

第一，這個地方是兩個見證人被殺害的地方。

第二，這個地方被稱為「大城」，有些註釋者認為約翰乃指耶路撒冷而言。[11] 因是救主被釘十字架的地方，這個象徵肯定指向耶路撒冷；但我認為它並不停止在耶路撒冷。因著聖徒的死亡，它的象徵意義自然延伸至羅馬。除非約翰刻意針對原始讀者毫無概念的未來事件而言，羅馬人在約翰的時代已經攻克耶路撒冷，並且踐踏和毀壞聖殿。更有可能的是，以約翰使用措辭的一致性來看，城市似乎借用古耶路撒冷的象徵意義來指向羅馬（啟十六19，十七 18，十八 10、16、18、19、21）。那麼，主為何在羅馬被釘十字架呢（十一 8）？約翰極有可能擴展耶穌的死亡，並將其與聖徒的死亡連結在一起。然而，兩者間的連結並不來自贖罪的犧牲，而是因為殉道的緣故。尼祿在羅馬釘基督徒十字架的殘酷逼迫，延續將近三年半（或四十二個月）之久。這不就像基督的身體——即教會——被釘十字架嗎？

逼迫的題旨也符合多米田的情境。如此一來，城市就成為一種制度的象徵。在兩個見證人死亡與復活之後，他們和約翰有相同的經驗（啟四 1），他們都上達天庭。當他們駕雲上天時，上帝的審判隨即臨到地上。他們的升天引進地上的第二樣災禍，和天上的讚美。大城因道德的問題被稱為所多瑪，並因奴役的問題被稱為埃及。

第三，這個地方被稱為所多瑪和埃及。所多瑪呈現外邦人最壞的一面，上帝曾經殺戮那裏所有的居民。很快地，這個地方將面臨他當得的命運。十八章 9 和 18 節顯示，巴比倫同遭所多瑪的命運（創十九 28）。或許，這就是上帝的子民被召出城的原因了（啟十八 4），如同羅得及家人被召出所多瑪一樣。所多瑪的類比流露出，巴比倫即將面臨無法逃脫的毀滅。埃及也是大城的重要象徵。就像大城巴比倫（即羅馬）一樣，埃及是一個奴役之地。就像過去的以色列人一樣，基督徒也應該從巴比倫出來（即羅馬）。

約翰在這個故事中所使用的象徵符號，不但正確並且恰到好處。他以裏外都寫著字的書卷為故事的起頭，為上帝所將執行的審判帶出合法性的強調。裏外都寫著字，代表書卷的法律文件性質。當書卷書完成之後，它所具有的法律效力永不得更改。封嚴書卷的七印，嚴肅地帶出世人無法逃脫審判的結局（啟五章）。上帝的書卷，如同法律文件一樣永遠有效。而另一方面，撒但是「在我們上帝面前晝夜控告我們弟兄的」那一位（十二 10）。顯然在約翰的時代，撒但藉著政治及宗教的體制，積極進行敵擋上帝的工作（二 9、13、24，三9）。雖然這些體制，在當時完全合乎法律的規定，但約翰卻一再地教導小亞細亞的教會，有關這些體制的邪惡及虛假本質。獨有上帝的體制才是世上惟一真實的體制，當祂伸出書卷執行公義的審判時，世界的體制將轉瞬消逝。教會的責任，就是耐心等候上帝的手施行審判。而領導不公義體制的撒但，將被扔在硫磺的火湖裏，晝夜受苦直到永永遠遠（二十 10）。當上帝的手施行最後審判時，身穿光明白袍的聖徒，將以永遠的生命，享受新天新地的完美祝福（二十一 9～11）。在兩個體制的爭戰對立中，上帝的體制必然得勝。

當約翰觀察上帝與世界政治體制抗爭時，他為讀者帶出兩者之間的強烈對照。巴比倫的體制代表短暫的世界觀，而新耶路撒冷的體制則是永恆不變的價值觀。「永恆的羅馬」是當時羅馬硬幣上的刻文。約翰對此理想發出攻擊，提醒讀者辨識甚麼才是真實又永恆的價值。上帝以「永恆的羅馬」為約翰帶出異象，蘊含極重要的神學意義。在啟示錄的前言中，約翰以阿拉法及俄梅戛描述上帝與羔羊，因為惟有祂們是昔在、今在、以後永在的全能者（啟一 8）。上帝的權威至高，世上沒有一人能夠與這位握有永恆生命的主宰抗爭。由約翰的異象，讀者看見羅馬所代表的一切權勢與財富，不過是一場無盡的虛幻與迷惑的欺騙罷了。

約翰由兩個角度，表達他對於這兩類體制的感受。第一，約翰明顯地宣告巴比倫即將面臨災禍的審判。第二，約翰隱含地壓制巴比倫及其跟隨者那褻瀆上帝的張狂言語。他也極少紀錄頌讚巴比倫體制的任何言論。在獸的描述上，約翰只提及獸褻瀆的名號及牠說誇大褻瀆話的口（啟十三 1、5）。只有一次，約翰直接紀錄地上居民對於獸的希奇與讚美（十三 4）。相反地，約翰對於聖徒的敬拜，不但仔細述說，並且遍佈啟示錄全書。約翰的對照寫作筆法，顯露了約翰的價值觀。對約翰來說，世人對於巴比倫的景仰及稱讚，將如過眼雲煙般地瞬間消逝。但聖徒對於真神及羔羊的敬拜，卻將持續到永遠（十四 2，十五 2 下）。同時，原始讀者的結論就是他們受制於道德義務，應該是正確效忠的一種結果。如此說來，基督徒的道德雖然是絕對的，卻完全取決於他們的敬拜。約翰將抉擇放在原始讀者面前！

1.3.2 宗教的體制

在約翰的時代，宗教與政治不可分割。宗教因此具有政治的層面，所以宗教必須論及承諾。這段敍述所針對的問題，與一生的承諾有關。

另一個與敬拜有關的聖殿討論，也是啟示錄的重要主題之一。我們可以將這段討論稱為「兩類宗教的故事」。許多與舊約聖殿或會幕有關的觀念，重現在約翰的異象中。在啟示錄中，約翰論及盛滿香的金爐、上帝的形象、祭壇，以及血的犧牲等禮儀性的要素（啟四 5，五 8，七 14，八 5；參出十九 16，三十 1～6）。約翰之所以視教會如同聖殿，乃為表達正確敬拜與錯誤敬拜的反照。正確的敬拜，必定包含禱告的要素，並且以被殺之羔羊為信仰的中保（七 14，八 4）。正確的敬拜，也必須具有適切的神學內容。而啟示錄中，所有讚美上帝及羔羊的敬拜之歌，不僅是神學內容的完美佳例，也是新約對於敬拜所下的具體定義。

聖殿的用語，使讀者想起一些與真假宗教有關的歷史背景。舉例來說，當約翰提到「祭司的國度」時，讀者自然會聯想到出埃及記的記載（出十九 3～6）。然而，在出埃及記的上下文中，上帝國度的祭司不僅負有施行宗教禮儀的責任，還隱含地象徵以色列的軍隊力量。對約翰來說，在不可避免的宗教戰爭中，教會如同當時的祭司，必須擔負護衞真理的重大使命。教會面臨的敵人，是所有拒絕耶穌及其跟隨者的虛假宗教。約翰以四組背景為隱喻，對照真實與虛假的宗教。

第一組背景，新耶路撒冷的建築，與巴比倫祭拜偶像的廟宇形成直接的對照。有些釋經學者注意到，約翰對於新耶路撒冷的描述與希羅多德對於巴比倫的歷史紀錄（Herodotus 1.178～179）極為類似。但重要的關鍵並不在於建築結構的相像，而在於敬拜對象的選擇。巴比倫人所敬拜的眾假神，與基督徒所敬拜的真神顯然無法相比。音樂的敬拜，也帶出真實宗教與虛假宗教的對照。當時膜拜羅馬皇帝的詩歌班遍佈小亞細亞，不時地以歌聲及樂器頌讚羅馬大君王。然而，頌讚真神的天上詩班，卻使膜拜羅馬皇帝及其他異教的詩歌班黯然失色。

第二組背景，新耶路撒冷與舊耶路撒冷的對照，帶出了基督教與猶太教的相異。象徵猶太教本質的耶路撒冷聖殿，已被羅馬人所毀壞。而新耶路撒冷卻為信徒帶來永存的基督國度。

第三組背景，新耶路撒冷的出現，也為當時的會堂帶出負面的對照。會堂是散居各地之猶太人的宗教象徵，可見約翰對於當時的猶太教，具有明顯的敵意。他對於會堂的評論不但直言不諱，並且極具煽動力（啟二 9，三 9）。但這並不表示約翰是一位反閃語族或反猶太人的激進分子，因為約翰的煽動性用語，與當時其他猶太教派對於猶太教的批評完全相同。居住在死海地區的信仰羣體，亦將耶路撒冷及其所代表的猶太教視為魔鬼的化身。因此，約翰明顯的反猶太教情緒，不過是當時社會不滿猶太教的一種正常表現而已。如同現代人稱呼不會講中文的華人為「非華人」，或稱呼住在美國的少數種族為「非美國人」一樣，這種說法並非根據真實的種族背景，乃是以理念性的前提為其言論根基。新聖殿與猶太教的聖殿，也有許多相異處。在希律王所建的聖殿中，外邦人與女人都被隔離於牆外。但約翰筆下的新聖殿，卻容讓所有的信徒自由出入；只有不信的人，才被拒絕於外。約翰對猶太教的反對，純粹來自猶太教對基督徒的拒絕與逼迫，因為猶太教無法接受基督徒所相信的彌賽亞耶穌（二 9）。

第四組背景，新耶路撒冷也是小亞細亞眾多異教廟宇的強烈對照。成為許多人的避難所的亞底米神廟就是一例。古代的耶路撒冷聖殿，也曾經因著她的偉大，而吸引許多來自世界各地的旅客及朝聖者。當新耶路撒冷從天而降時，列國列民都可以自由出入，並且享受上帝的管治。小亞細亞的居民以隨著號角響聲前進的夜間隊伍，慶祝亞底米女神的生日。然而，上帝審判的吹號聲，卻更響亮地宣告上帝即將臨到的勝利。另外，聖徒向上帝及羔羊的讚美樂聲不但感人心旋，也使人敬畏上帝的心油然興起。可見，約翰以當時讀者所了解的宗教隱喻對照真假宗教，並且帶出真正宗教獨一性的真理。雖然問題與一生的承諾有關，約翰的描繪卻已包含答案了。惟當人放棄所有其他的庇護時，一生的承諾才踏實產生。

註釋：

1 Stephen Smalley, *Revelation* (Downers Grove: IVP, 2005), p.128.

2 羅偉：《啟示錄》，上冊（台北：中華福音神學院，2007），頁 602。

3 Edmondo F. Lupieri, *A Commentary on the Apocalypse of John* (Grand Rapids: Eerdmans, 1999), p.138.

4 接著十三章 10 節被俘擄和被刀殺的語言，出現了聖徒要有忍耐和信心的呼籲！這的確暗示了聖徒的受苦。

5 我們可以辯論，六章 2 節的白馬是否與十九章 11 節的白馬相同。我比較偏向將六章 2 節的白馬視為預示（foreshadow）的提供，而不是將那裏的騎馬者視為基督。當然，騎馬者所帶的冠冕與基督君王的類似，但這也可能是後來形像基督之人的預示。我們可以說，第一匹白馬只是象徵即將推翻羅馬的一種王權。或許，白馬的象徵也足夠用來顯示，即將來臨的基督治理。

6 二章 10 節的“στέφανος”與十九章 12 節基督頭上的冠冕不一樣。參 Gregory M. Stevenson, “Conceptual Background to Golden Crown Imagery in the Apocalypse of John (4.4, 10; 14.14),” in *Journal of Biblical literature* 114 (1995), p.259；該文作者的研究極為寶貴，因為他為啟示錄中的冠冕意象，提供了清楚的區分。簡明的研究，參 David E. Aune, *Revelation*, WBC (Dallas: Word, 1997), pp.173～175；他認為冠冕的功能如下：榮耀和尊榮。

7 Joseph Fantin, “The Lord of the Entire World,” unpublished Ph.D. dissertation to the University of Sheffield (2007), p.xiii.

8 I. H. Marshall, *New Testament Theology* (Downers Grove: IVP, 2004), p.560.

9 Steven J. Friesen, *Imperial Cults and the Apocalypse of John: Reading Revelation in the Ruins* (Oxford: Oxford University Press, 2001), p.165；關於羅馬從小城市發展為一個強國，一個有用及簡略的討論，參 John Richardson, *The Language of Empire* (Cambridge: Cambridge University Press, 2008)；在其中，讀者將會發現，理查森（John Richardson）透過視像（vision）對羅馬歷史的理解，是

非常準確的。可惜，我較遲才接觸此書，以致討論中未觸及它。

10 羅偉：《啟示錄》，中冊，頁 1003；這裏認為，四十二個月具有「部分的」的意義，和士每拿教會必受患難十日相互平行（二 10）。這兩處經文都具有「部分的」的觀念。所以，逼迫的時間是有限的。

11 例如，Christopher Rowland, *The Book of Revelation: Introduction, Commentary, and Reflections*, NIB (Nashville: Abingdon, 1998), p.643。

二

角度一和角度二的觀察

上述故事論及爭戰中之教會的生命，她顯然具有頗高的死亡率。戰爭的故事也有三個循環，它的強度在循環一一出現時，依次增強。

根據前言和結語的第一個角度，漸次進展的循環代表歷史的開始與終結。在不斷的進展中，所有的循環都呈現走下坡的傾向。對讀者而言，他們不確定他們到底身處歷史的哪個階段。這裏的循環顯示，歷史的確涵具意義。舊約聖經已經以彌賽亞的來臨，定義歷史的意義。如今，啟示錄從彌賽亞第二次的來臨，重申歷史的意義。同時，上帝的子民應該熱切並警醒地等待彌賽亞的再臨。既然他們知道歷史具有意義，他們因此明白他們應該將誰當作英雄來敬拜。在世界上，有太多可以看見的英雄。但在這場戰爭中，耶穌是信徒應當跟隨的英雄。耶穌不僅知道戰爭所有的問題，他更具有所有的答案。耶穌的劍將支持教會與異端爭戰（啟二 16）。在教會高度的死亡率中，戰爭似乎沒有公義，然而，約翰的異象保證了一個佳美的結果。尤有甚者，循環展現出耶穌從祂的天上寶座掌控全權。

這場戰爭的壓力不僅來自羅馬帝國，也來自其他方面的挑戰。在教會之外，也有異端盛行。與信仰競爭的意識理念顯露出，讀者必須認知異端的打擊可能從後門潛入，未必總是由前門堂皇進攻。如果教會明白她是一個軍隊，她就能夠站立堅穩。軍隊的態度和能力同等重要。軍隊裏的個人必須了解，行動與個人的身分緊密相連。既然兩方的界限記號劃分得如此清楚，主的軍隊更當清楚這些界限。每個教會都該盡心竭力取得認知，因為每個教會所面臨的情境和應用都稍有不同。像以弗所教會一樣的教會，必須檢視教會的態度，以確保教會沒有失去首要的優先。在每個循環的壓力漸次增強時，教會的職責就是破除靜態，並且在進展中愈發堅強。雖然無人確知軍隊的人數，但主知道。因為祂清楚數算十四萬四千人。以祂超自然的眼力，祂可以透視萬事與萬物。

在啟示錄的意象中，戰爭也是一種競賽（例如，啟二 7、11 等）。既然競賽和尼祿與多米田的帝國主義有關，我們可以安全地推論，約翰的異象直接針對所有皇帝的虛假榮耀和統一，發出攻擊。與羅馬的虛假榮耀恰適相反，憑信心勇敢競賽的基督徒，可能以卑微的地位開始，卻將升至最高的榮耀。至終，無論種族或階級的區分，每個人都可以成為英雄。這也是適切教會的類比，因為她將所有的人引向羔羊。在競賽時，不論階級、種族和性別的區分，每個人都有必須履行的責任。在競技的競賽中，個人也相當重要。就像現代的職業摔角者或混合武功的競賽者，每一個參戰者都有一個戰鬥的名稱。在致教會的每封書信中，約翰都提及個人的「得勝」。因著得勝的結果，基督授予不同的獎賞。因為在許多「得勝」的討論之後，「我必定給」的應許隨之出現（例如，二 7、17、26 等）。

當戰爭的隱喻展現古代軍隊所特有的團隊精神時，競賽的觀念帶進個人的參與。當我們了解每一個競技者必須立下被燒、被綁、被打和被殺的誓言時，競技競賽的嚴酷就十分明顯了（Petronius *Satyricon* 117; Seneca *Ep*. 71.23）。[1] 雖然有許多競技者不過是奴隸，但連公元一世紀的哲學家，如斯多亞學派的政治家塞尼加（Seneca），都羨慕這些競技者的極度承諾。在接二連三的勝利之後，許多毫無價值的奴隸，轉身變成馳名的戰士。愈艱難的得勝，產生愈光彩的榮耀。在競技場中，英勇受到高度的重視。這種為了獎賞而許下的承諾，必須付上生命的代價。啟示錄的前言顯示，耶穌是英雄的典範。祂成為教會應該仰望的主要戰士人物。祂也成為所有參與競賽之人的鼓舞。在七教會的情況中，一定有些教會領袖在這場競技中掙扎。他們也必須以耶穌為他們的最終典範。當他們看見耶穌的典範時，他們就能在競賽中堅穩站立。啟示錄的結語，一方面顯示這場受苦的競賽必有結束的時候，另一方面暗示獎賞的賜予。在前等候的獎賞，將使讀者更願意承擔責任。信徒不會將眼目定睛在競技場內的皇帝，因為惟獨保證永恆勝利的真實主耶穌，才是個別信徒矚目的對象。

在兩個城市的故事中，公民身分的觀念十分重要。在屬靈意味上，公民身分顯示世上的每一個人都是公民。雖然羅馬的法律以不同的方式定義公民身分，啟示錄僅以在上帝的國度之內或外，來定義公民身分。只有屬於上帝國度的公民，才能夠自由出入城市（啟三 8；參二十一 25）。這個新耶路撒冷城和伊甸園的比較相當重要，因為它顯示新創造不僅包含「美好的事物」，還有公民的存在。啟示錄的異象傳遞已實現的末世論（realized eschatology），因為七章 1 至 8 節已經將尚未上到天庭的許多公民，視為新以色列的一部分。天上的公民身分完全流露在地上的行動中。公民的衣服代表他所屬的國度（三 4）。與七教會相關地，公民身分乃由認信和行動而來，因為致七教會的書信中那有關天上公民身分的字彙，加上了地上的勸誡。如此說來，啟示錄的倫理教導益顯重要，因為它成為公民在地上生活時的檢核表。

每個城市都有負責治理的人和被治理的人。約翰的原始讀者活在地上官員的治理之下。然而，前言中人子的榮耀圖畫，將指向真正治理的那一位。天上寶座的圖畫（例如，啟十四 1～5）將以普世的形式，重新出現在結語中（例如，二十二 12～21）。換言之，新天新地將包含一切，而天上國度的未來統治也必然實現。這幅圖畫邀請讀者與基督一同作王（參二 26～27，三 9，十二 5，十九 15），而不要被世界體制所轄管。可見，所有的天庭寶座場景，都是結語的預示。先嘗的滋味使信徒有力量繼續等候。因此，耐心與堅持是原始讀者不可或缺的挑戰。雖然地上的生活，將在順服地上的主或天上的主之間持續爭戰。但天上公民必須知道，若與永恆的天堂相比，地上暫時的所得實際輕如鴻毛。結語清楚顯示，地上的滋養絕對無法與永恆的滋養相比。天上公民在地上的行動，應該成為信仰的寫實。更確切地說，地上的教會應該反映天上的城市。她的公民理當展現經由行動所流露出來的祝福盼望。

兩個城市的故事也傳遞兩個寶座的信息。其一為上帝的寶座，另一則為撒但的寶座。這是小亞細亞原始讀者必須認知的重要事實。有時人們誤以為撒但的工作，一定以魔鬼的方式表現（例如，在耶穌和使徒的事工中）。實際上，啟示錄定義撒但的工作同時來自超自然和自然的表現。有關寶座的故事提醒原始讀者，雖然有許多方式表達基督在教會中的寶座，但撒但也用許多不同的方式攻擊教會。教會從背道到屬靈貧瘠的悲哀，都是邪惡力量暗中破壞教會見證的方式。寶座故事的重要性，也在於傳遞兩個國度的衝突。正如古老的以色列一樣，教會有耶和華坐在寶座上。當教會認定耶和華藉著羔羊為她爭戰時，教會就得勝。舊約中的大衛國度，歷經艱辛才得以建立。同樣地，教會經由耶穌基督而建立的新大衛國度，也得來不易。

在舊約，與以色列爭戰的巴比倫最後得勝。但新巴比倫和新以色列的對抗，將翻轉以色列過去的失敗。猶太人所盼望的，將在耶穌最後的勝利中完全實現。啟示錄的結語顯示天上寶座降臨地上，而耶穌的大能大力也吞沒了天和地。凡在巴比倫之下的所有地上寶座，終將消失於無形。但順服耶穌的所有地上寶座，卻將活在祂的統管之下（啟二十一 24）。跟隨耶穌的人（二十二 5），將與耶穌同享統管的權力。新以色列不僅是祭司和僕人的國度（一 6），也是王子的國度（二十二 5）。換言之，地上的效忠，實際有永恆的果效。

在兩個城市的故事之後，我們來到兩個體制的故事。約翰的第一個關切與道德有關。雖然現代詮釋者輕率地，將道德視為一種維多利亞時期的道德法規（Victorian moral code），約翰的寫作卻以不同的方式定義道德。對約翰而言，所有的道德詞語都與宗教有關。而道德的觀念，更進一步地與耶穌的公義相連。前言和七封書信充分流露，耶穌是公義統治者的圖畫。雖然約翰使用性的用語，但巴比倫的淫亂卻與性無關。約翰使用性作為生活的隱喻，因為這是基督徒和外邦人在生活上最不同之處。在前面的女人篇章中，我們對於性的議題已經提出足夠的討論。令人震驚的事實是，道德和宗教完全相連。基督徒的自我理解，與外邦人的價值觀完全分離。外邦人認為可行，甚至鼓勵實行的生活方式，現在必須經過重新的檢視。藉著性的隱喻，約翰挑戰原始讀者再次行使自我評估。現代倫理學家創造一種與宗教幾乎無關的倫理觀念（religion-less ethic），這種觀念根本不存在於約翰的寫作中。儘管在保羅的寫作中，道德和禮儀的要素似乎分離，約翰卻隱喻地將禮儀（即宗教的）和道德（例如，啟二 14，十八 3，二十二 15）混合在一起。如此說來，在小亞細亞的生活中，許多事情看起來似乎屬於宗教的範疇，但實際上卻與道德緊密相關。因此，約翰對道德的關切，為我們帶出這個故事的第二個重點：敬拜。

在兩個城市的故事中，敬拜扮演相當重要的角色。敬拜者必須有正確的衣服（啟三 4）。啟示錄的衣服觀念，非指穿著與敬拜皇帝者不同的衣服，而是指基督跟隨者必須有與身分相符的倫理表現。敬拜之所以重要的原因，來自第二次出埃及的經驗。在啟示錄的一開始，一章 12 節就以金燈台帶出聖殿的敬拜。而在致教會的書信中，約翰的確使用舊約的敬拜語言，來討論祭拜偶像的食物。結語也以相同的方式，帶出潔淨的討論（二十一 27）。有關舊罪的全新討論，將這個異象歸入出自舊約聖經的古舊傳統。它證實這個傳統的可靠性。這個傳統基本上劃分了偶像的敬拜者和耶和華的敬拜者。毫無疑問地，巴蘭和耶洗別的提及，肯定了這個劃分的界限。巴蘭存在於出埃及的情境，而耶洗別則活在最終導致被擄的以色列歷史背道時期。啟示錄餘下部分的無數讚美詩，更進一步地加強了這類的討論。可見，啟示錄不僅關切原始讀者不該敬拜的偶像，更明指原始讀者應該敬拜的真神。

讚美詩的材料也相當重要，因為這些讚美詩在天庭被吟唱。既然這些讚美詩具有地上敬拜的語言和形式，它們的目的不僅顯示在天庭中吟唱的讚美詩，更為所有的地上基督徒，留下他們可以使用的讚美詩資料。約翰的異象將天上的勝利之歌，賜給地上的原始讀者。如今天上的新歌在地上被吟唱著，就像摩西出埃及之後向耶和華唱的頌歌。那麼，敬拜的行動就成為已實現末世觀的展現。它是出巴比倫之過程的一部分。

從原始讀者耳聽接收的角度來看，這些讚美詩也深具意義。如同我們已經注意到的，地上敬拜獸的那些人，也在地上積極展開虛假敬拜的行動（啟十三 4）。然而，啟示錄對他們的敬拜鮮少記錄，而出現在記錄上的都不是以讚美詩的形式出現。當有人大聲朗讀啟示錄的內容時，原始讀者接受了啟示錄的信息。因此，在獸的敬拜方面缺乏記載資料，無疑顯示獸的覆滅。約翰的異象清楚流露，凡與羅馬敬拜有關的一切都不值得重複，但在天上的一切新事，都值得傳遞給地上的信徒。既然所有的讚美詩都向上帝吟唱，它們自然出現在前言中，因為惟獨英雄基督是值得讚美的！

註釋：

1 Carlin A. Barton, *The Sorrows of the Ancient Romans* (Princeton: Princeton University Press, 1993), p.14.

三

角度三的觀察——原始讀者的政治世界

3.1 引言——羅馬的海上和陸上建設

在約翰時代的羅馬歷史中，有許多關乎「羅馬」的意義的討論。事實上，「羅馬」並不僅是一個城市，她還代表一種意識理念。很像現代人所討論，究竟「英國人」或「美國人」在西方社會的大熔爐中，具有何種意義一樣。公元前一世紀的羅馬學者瓦羅（Varro）和公元前一世紀的羅馬政治家西塞羅，至少從上層社會的角度，廣泛地寫下羅馬城的意義。[1] 外國人和外國商人史無前例的遷入和影響，無疑威脅了羅馬人單純的身分。甚至在公元前二世紀左右，中國人已經開始每年藉著印度商人，將商隊送入羅馬的疆土中。[2] 與文獻證據有關的建築和藝術，也指出羅馬的特殊身分。羅馬的意識理念確實被建構在世俗末世觀的架構之內，並沒有清楚含蘊任何基督教價值觀。

羅馬最有名的早期神話，出現在魏吉爾（Virgil）稱為《伊尼亞德》（*Aeneid*）的寫作中，尤其可見於卷六和卷八（book 6 and 8）。在公元前一世紀的政治環境下，魏吉爾訴說英雄伊尼亞斯如何建立羅馬，以及伊尼亞斯如何藉著一連串的預言，將自已放在羅馬城市的「未來」中。顯然，魏吉爾是為了討奧古斯都的歡心。從許多世紀之前的荷馬，所承繼的伊尼亞斯古代傳奇，如今被加上羅馬的愛國主義和宗教精神。然而，我們絕對不可錯失，這個最能代表羅馬的預言末世故事，為羅馬這個大城的最後建立奠定了堅實的根基。換言之，羅馬代表古代傳統的末世觀，已經超自然地實現了。雖然這種末世觀非以基督為中心，但故事中的末世觀卻與後期所寫的啟示錄非常相似。這種有關末世的故事，不僅具有宗教性，更包含愛國和政治的意味。魏吉爾的理念為羅馬人民創造了希望。探討「羅馬」或「身為羅馬人」的意義，不但漫長並且是熱門的議題。在啟示錄中，約翰也熱烈地加入討論。

3.2 羅馬——好戰的航海員

一般來說，許多註釋者認為，海怪的觀念源自古代近東（例如，利維坦〔Leviathan〕、馬爾杜克〔Marduk〕等），但原始讀者的神話世界，應該是海怪觀念最適切的來源。約翰在此對於海中之獸的諷刺異象，與出自希臘神話的有害動物非常相似。在英雄神明海克力斯的神話故事中（mythic 12 labors），他殺戮了水蛇（Hydra），但水蛇的頭被砍掉之後，竟然能夠再長出一個新的。最後，海克力斯因他殺死這個怪獸的機智和力量而馳名。海克力斯最終能夠殺死這個水蛇，乃是因為他燒焦水蛇的傷口。若除了國家神話之外，從歷史來看，羅馬的成功是從海上和陸地開始，因為羅馬首先以強壯的海軍勢力，其次以強壯的陸地軍隊，穩固海上和陸地的權力。這種權力確保羅馬在海上和陸地，具有相當程度的安全。從奧古斯都到提多，軍事上的成就，總是幫助羅馬的統治者強化政權。鮮少有軍事成就的多米田，情急拼命地寫信給他的同盟，乞求他們要求羅馬的援助，以使他有機會展現強大的軍事能力，來贏得羅馬上下的尊敬。

根據波力比阿斯（Polybius），在羅馬第一次軍事行動之後約略三十年，羅馬才擊敗羅馬早期歷史中，在海上和陸地上最強壯的敵人迦太基人（Polybius 1.31）。尤有甚者，羅馬鄰邦勢均力敵的攻擊性，和羅馬最終攻克敵人的勝利，在在顯示史無前例的歷史成就。極為合理地，啟示錄十三章因為羅馬歷史的獨特性，而以羅馬完全的統治為焦點。海上和陸地的優勢掌控，顯示創造和建立「新羅馬」或「永恆羅馬」之領袖的勃勃野心，他就是那位像神一樣的人物。

永恆羅馬尤其能夠反映羅馬歷史的理念。華萊士·哈德里爾（Andrew Wallace-Hadrill）這位著名的英國古典學者，正確地將此稱為「新的世界次序……羅馬的新意味和身為羅馬人的意義」。[3]許多未能了解羅馬帝國成功之史實的詮釋者，總是喜歡將啟示錄中的獸和現代人物相互對應。事實上，獸的最主要功能乃是描述羅馬為何成功的兩個因素：海上和陸地的掌控。儘管一些啟示錄的學者，傾向將海和陸地視為某種邪惡的神話人物（例如，海怪、宇宙戰爭神話），我相信啟示錄中的海和陸地，清楚展現帝國建立的政治－社會－商業要素。它們代表尊榮的極致彰顯。

當我們觀察海和陸地時，我們必須從古代讀者的角度進入。不像現代讀者可以從地圖觀察地理形勢，古代讀者從另一個不同的角度來觀看世界。雖然我們仍然在平面上經驗海和陸地（例如，日落、日升等），我們卻能整全地將世界的四方看成一個地球。古代讀者看地圖時，乃以他們在世界所佔的位置為中心。他們最熟悉的海，可能就是地中海。一個超過一千年以上的古代傳統，將地中海成為「大海」。[4] 在一項十分透徹的研究中，古德曼指出地中海被視為「大海」（the great sea），尤其是那些與來自西方（即大海）之人有貿易的猶太人，更具此種觀念。[5] 對於具有猶太背景的人而言，約翰將進行航海貿易之海視為大怪獸之出處的筆法，一點也不稀奇。在經驗上，約翰一定相當熟悉海上旅行，因為他從陸地被移至拔摩島以接受異象。尤有甚者，古德曼指出：「地中海地區最好被視為，一個以海連結地方區域的網絡……多數船隻在靠岸之後，不在港口停留超過數天，很快地它們就返回自己的港口。」[6] 羅馬人不僅具有海上貿易的能力，還非常善於使用殖民地的希臘人為他們行使船隻，這些希臘人都是上好的水手。因此，羅馬藉著貿易建立海上的勢力。

對原始讀者而言，南方代表地中海的南邊，北方代表地中海的北邊（即羅馬）。西方代表西邊的羅馬，而東方可能代表東邊的希臘。可見，地理的字彙以帝國的意識理念為基礎。下面幾個段落，將從世界地圖的宏觀角度，和區域性海陸建設的微觀角度，來探討這個題旨。最重要地，里克曼（Geoffrey Rickman）如此說：「在羅馬帝國的統治下，整個地中海第一次（也是最後一次）在政治上統一。」[7] 藉著地中海多元文化和影響力的觀察，新近的學者趨勢排除希羅對地中海地區的狹窄定義。[8] 這種學術趨勢僅僅強調古代羅馬統治的現實。這些批評地中海文化並非如此統一的現代學者，錯失了一個要點：惟有羅馬人可以控制如此多元的文化，並且宣稱地中海是他們的海。[9] 儘管這些學者的看法可能合理地反映現代地中海地區的政治現實，但他們的評論卻顯示他們無法了解羅馬的偉大。在幾個世紀的城邦戰爭之後，羅馬終於為整個地中海地區帶出相當程度的統一。[10] 從那時開始，地中海地區成為歷世歷代歐洲強權的爭戰之地。聰明的古代羅馬人知道地中海的重要性，因此以它為中心征服多國、多民和多言的地上眾民。海的確是每個國家、種族、人民和語言的中心。

在約翰的異象中，海出現在地之前。這個出現的次序，具有非常合邏輯的原因。我們都知道，古代的地理研究並非容易之事。新近有關希臘地理學家鮑薩尼阿斯的學術討論，指出他的寫作具有自己相當濃厚的意識理念，或他觀看當時世界的方式。換言之，他一向被認為陳述事實的寫作，已經受到質疑。[11] 近年來有關「地中海」歷史的最重要研究，當屬科德登（Peregrine Horden）和珀塞爾（Nicholas Purcell）的《墜落的海洋》（*The Corrupting Sea*）一書。過去三年針對這本書發出的一些透徹回應，可見於聞名的古典學者哈里斯（W. V. Harris）所編輯的《再思地中海》（*Rethinking the Mediterranean*）。[12] 這些博學多聞的論文，首先在哥倫比亞大學的會議中被提出。下文有關海的看法，有部分是針對這些重要研究和其他類似的較舊研究，而發出的回應。

無可置疑地，若沒有海的統治權，羅馬帝國無法被建立。描述羅馬權勢的最佳方式，就是從元首政治（Principate）的建立開始。我認為海的象徵性和理念性，勝過它的神話性和生態性。例如，當時的錢幣雕鑄奧古斯都右手握著敵人船隻之船尾和長矛的畫像，以顯示他掌控海的權力。這個圖畫很可能仿效神話中的海神坡西頓（Poseidon）。[13] 這種錢幣可見於當時原始讀者每日的生活中，因為他們必須以錢幣進行交易。因此，他們在視覺上，不斷地被提醒羅馬帝國的強大力量。

就像我們的太空船一樣，在約翰的時代，船是高度科技的旅行工具。當時的造船工業就等同於現代的核子武器競賽。擁有許多可以使用的船隻，證明非凡的軍事能力。對小亞細亞的讀者而言，船的意象非常重要。在約翰寫信的七教會中，以弗所和別迦摩分別位處沿海地區。因此，原始讀者應該見過船隻，並且聽過船隻如何被建造和船隻的用途等。他們不像我們可以時常旅行至遙遠之處，因為他們沒有時間（生意或農作物需要他們的照顧），或他們也沒有現代的旅行服務可以使用（飛機、火車和汽車）。我們千萬不要因為「羅馬和平」的安全和便利，就誤以為古代的人可以到處旅行。只有閑著沒事、有別人為他們工作的富戶，才可能時常旅行。我認為許多新約學者和古典學者，太過天真地引用當時上層社會的寫作，因而提出古代人時常旅行的說法。將古代的旅行和現代的旅行相比，是不合時代的作法。古代人「可以」旅行，但這並不表示他們「時常」旅行。

若與任何古代旅行相比，保羅的旅行算是極不尋常了。然而，古代讀者可以為從未涉足的外國土地建構一幅圖畫，因為船員或旅行的商人，常常訴說外國的故事。原始讀者的資訊來自將消息帶回家園的旅行者，這些資訊可能是，旅行者從外國的當地人所獲得的事實或虛構故事。這些故事可能來自傳聞、詩歌或戲院的戲劇，甚至各種各樣的藝術品。觀看政治－歷史－社會－地理的資訊如何被傳遞的最佳方式，就是閱讀公元前五世紀希臘歷史學家希羅多德的作品。這位被公認為「西方歷史之父」的作品，包含一些他從未涉足之地的故事。似乎從這位偉大的希羅多德（Herodotus 5.10.10）得到許多靈感的著名古代地理學家鮑薩尼阿斯，如此寫著：「在希臘有許多景觀值得一看，也有許多奇景值得一聽。」聆聽的角色，對於地理學家更形重要。或許，最主要的故事就是羅馬的高度發展。經由海的傳播，古代人知悉遙遠的羅馬帝國四處得勝。

羅馬人從希臘人繼承了大部分的造船技術，因此羅馬的造船成為所有歐洲殖民勢力之大船的先驅和靈感。我們必須明白，航海發展就像今日的太空計劃或電子進展一樣。科技使各異其趣的地中海文化得以連結。[14] 它也促進快速的貿易。從意大利到西班牙的陸地旅行必須一個月的時間，但海上旅行卻只需兩週的時間。[15] 當時的航海革命，就像今天經由電子革命而產生的全球貿易一樣。時間就是金錢！更坦白地說，在這種方式下，財富來得更快。凡擁有最佳船隻的，就是贏家。在希臘人之前，船隻的建造總是以架構開始，或使用大小合適的厚板，先設定船隻的外形。[16] 在希臘人之後，造船的技術綜合這兩類方法，以更有效與更快速的方式建造船隻。到了多米田的時代，船隻的尺寸已經可以高達一百八十英尺長和四十五英尺寬。[17]

啟示錄十三章以海而非陸地為開始，不禁令人好奇。主要原因乃是所有陸地的軍事技術已經完全告罄，而海則是當時可以大大展現技術超越的地方。甚至連埃及的偉大文明，都無法像希臘人和羅馬人的造船技術那麼重要。羅馬人是第一個注重造船工業的西方勢力，他利用希臘技術的優勢，在各方面翻轉了地中海的景觀。因為地中海具有全球化和統一化的力量，因此羅馬人成為革命性的超級強權。海似乎控制了歷史。羅馬也控制了歷史。布雷森（Alain Bresson）說得最好：「因為海的緣故，地中海地區的連結快速地促進了歷史的進展。地中海的統一使財富的集中和理念的傳播，達到整個世界空前未有的層面和形式。」[18] 如此說來，異象自然以海為開始。如同以古典旅行而聞名之學者卡森（Lionel Casson）的評論：「在歷史上第一次——也是最後一次——地中海在政治上和文化上成為一個世界。」[19]

對於地中海地區的全面掌控，也應該被視為「海」之象徵意義的一部分。閃語將地中海稱為「大海」是眾所皆知的事實，然而，早在公元前六世紀時，希臘地理學家米斯都的赫卡泰奧斯（Hecataeus of Miletus）也同樣將其稱為大海（Hecataeus *FGrH* 1.F26）。[20] 沿著景色秀麗的海岸而建的羅馬別墅，讓那些在海上航行的人看見羅馬的財富和成功。海將羅馬的超級優勢一展無疑。海為人提供觀察羅馬榮耀財富的有利地位。地中海還有許多其他方面的優質特色，但她的貿易在所有的重要性中，仍獨佔鰲頭。不像現代人所享受的海上旅行，波力比阿斯（Polybius 3.4.10）如此記載：「沒有人只為渡過海洋而航海。」當時的海洋具有多重目的，但觀光旅行絕對不在其中。惟獨財富和具備如何航海的技術，才能使人橫渡海洋，可見在海上航行的報償有多大了。小船無法躲避在大浪中被翻沒的命運。同樣地，貧窮的文明也無法對海洋有任何掌控。

當造船技術進步時，重要的文化和貨物交換，就經由海運產生。從地理的角度來看，地中海位處非洲、亞洲和西歐之間，正是世界的中心。她不啻是文化的交流之處。甚至公元前二世紀的希臘歷史學家波力比阿斯和公元前一世紀的希臘地理學家斯特拉波，都注意到地中海的東西分界。我相信這種分界乃是根據貿易、文化混合和軍事統治而來的。在奧古斯都和馬可安東尼爭權的時期，奧古斯都掌控羅馬西部，而馬可安東尼則統治羅馬東部。這種分界也證實了帝國的建立和統一。因為奧古斯都最後掌控海洋，並且握有東部和西部的統治權。更重要地，從戰略的角度來看，在西方世界中，凡控制地中海的，就掌控貿易和文明。

更確切地說，海象徵文化和宗教混合的地方。海是文化融合的地方，也是西方和東方理念交會之處。海上航行與迷信的日曆解讀和夢的兆頭緊密相連。這些迷信早存在於羅馬人之前的古久傳統中。很像我們的黑色星期五一樣（Friday the 13th），他們認為八月二十四日、十月五日、十一月八日，或任何月尾的日子，都不是航海的幸運日。而有關山羊、野豬，或貓頭鷹的夢，都是凶惡的預兆。[21] 航海者非常看重這類的預兆與記號。布勞德（Fernand Braudel）提出「地中海」文化頗為一致的新近看法，非常值得重視。我們必須注意海本身所具有的一個共性：海對於四圍的陸地，具有統一的效果（Pliny *NH* 3.5.39）。[22]

在羅馬帝國的時代，這種貿易甚至較小的船隻（大約六十至七十噸的貨物）都可以不須懼怕搶劫，而在沿岸的港口和港口之間，上下貨物和運送人羣（例如，保羅的海上旅行）。[23] 這種貿易模式容讓無法擁有船隊的小型貿易商業，有機會蓬勃發展。羅馬經濟的富裕和需求，深入地將貿易推進當時各大洲的邊境。具有儲藏倉庫的港口網絡，對沿岸城市的都市化提供巨量的貢獻，造成條條大路通羅馬的空前境界。如此說來，海本身並不邪惡，但它的位置使它與四圍陸地的宗教和文化緊密連結。為使文化繁榮，海盜的橫行必須被禁止。而甚至在約翰的時代之前，羅馬已經完成這項艱鉅的任務。羅馬人已經證明，快速與殘忍的死刑絕對可以制止犯罪的發生。在此後的一千年內，海盜依舊被禁止，而貿易也繼續發展。

然而，古人將海視為怪獸，並不單單因為過去的海盜橫行，而是因為它總是這種致命文化和宗教融合的形成之地。它是統一世界的關鍵地點。當偉大的奧古斯都在廣大無際的海洋上創造和平與廢除海盜時，除了無法控制的季節性自然因素之外，人們可以毫無懼怕地在海上航行。因著人民的交流，文化和宗教的混合愈加熱烈。無怪乎，羅馬人驕傲地認為地中海是「我們的海」（拉丁文 “*Mare Nostrum*” ）。[24] 羅馬終於在世界的中心，找到自己的政治地位。就像日不落國不列顛帝國一樣（終於在一九九七年將香港轉交中國之後，驟然結束），羅馬帝國也是當時的日不落國。雕鑄在錢幣上的宣告「永恆羅馬」，是十足可以理解的。

羅馬人在地中海最早期的重要軍事建立，就是北非的迦太基戰役（Polybius 3.22～25）。[25] 從此之後，海不再成為羅馬和非洲的攔阻。傳統的地中海東西分界，現在又加上了南北的層面。北方是羅馬人，而南方則是非洲人（包含埃及人）。羅馬人擊敗漢尼拔（Hannibal）的故事顯示，控制海對掌控非洲大陸的重要性。在雙方的對戰中，羅馬人不需使用漢尼拔的大象橫跨陸地，來征服迦太基或與亞歷山太通商貿易。事實上，軍事天才漢尼拔曾經在多次陸地戰役中擊敗羅馬人，但最後卻無法抵禦羅馬海軍的攻擊。在一次又一次的勝利之後，羅馬人不但能夠自由出入海面，並且在經濟、軍事和理念上，擁有許多殖民的空間。他們的船隻成為拆除海洋阻隔的橋樑。以前無法接觸的地區，現在都在觸手可及的範圍內。以展覽和殺戮各種奇特外國動物的野獸表演，成為帝國海上勢力的廣告。可見，從地中海的地理位置來看，羅馬從「西北」方，統治四方各地。然而，海最重要的角色，在於奧古斯都羅馬（Augustan Rome）的建立。

約略在公元前三十一年的奧古斯都古羅馬銀幣（denarius）顯示，他一腳踩在地球上。這個象徵權力的錢幣，乃為紀念他得勝龐貝而發行。地球的題旨，其實早在凱撒大帝（Julius Caesar）從元老院接受「全地的統治者」時即開始。[26] 儘管我們無法確定全地是否代表整個世界，但重複又熟悉的封號「神明凱撒的兒子」卻再度出現。[27] 這個錢幣的日期和奧古斯都擊敗馬可安東尼的年代相同。因此，對羅馬人而言，公元前三十一年具有決定性和革命性的深重意義。

奧古斯都羅馬開始於公元前三十一年阿克提姆岬海軍戰役的

結束，和亞歷山大的隨後佔領。這場戰役導致馬可安東尼結束自己的生命。當時奧古斯都的對手馬可安東尼，乃為外國人克利歐佩特拉所支持。而奧古斯都則有由強而有力之司令官瑪爾庫斯·維普撒尼烏斯·阿格里帕（Marcus Vipsanius Agrippa）所領導的海軍艦隊。由外國人支持的馬可安東尼，暗示一種外國的侵入。對於驕傲的羅馬人，具有強烈的政治影響。埃及皇后的出現，使馬可安東尼成為一個不甚受歡迎的人物（Plutarch *Mark Antony* 29）。[28] 這場戰役和最後的擊敗，為馬可安東尼定下了死亡的結局。雖然奧古斯都擁有的船隻較輕與較小，但艦隊的迅捷藉著封鎖，攻克了馬可安東尼更大與更強壯的艦隊。在戰略上，奧古斯都藉著將馬可安東尼的艦隊封鎖在狹窄的區域，而佔了上風，因為馬可安東尼的大船，無法在狹窄的區域施展優勢的實力。就像一個狹窄的死亡陷阱一樣，阿克提姆岬的狹窄港口，成為馬可安東尼力量潰敗的開始。

除了戰略上的劣勢之外，馬可安東尼有許多船員也因瘧疾而死。最後，他竟然缺乏足夠的人力，來行駛這些船隻。因此，他燒燬一些船隻，並且改變策略將其餘的船隻集結在一起。但他的行動並沒有增加軍隊的士氣。更糟的是，馬可安東尼的一位將軍投誠奧古斯都，並且洩露戰爭計劃，就像把整個戰爭送給他一樣，奧古斯都便徹底擊敗馬可安東尼。眼看這種悲慘的情況，克利歐佩特拉命令她的船隻提早逃脫，而馬可安東尼也登上一隻較小卻快速的船隻逃走。因為跟從者的大量投誠，和克利歐佩特拉自殺的誤報，馬可安東尼亦以自盡了結生命。當克利歐佩特拉聽到馬可安東尼死亡的消息時，她也自殺身亡。因此，奧古斯都獲得決定性的勝利。如此說來，羅馬在這一場最後的海軍勝利中被建立。

既然勝利是由勝利者所撰寫的，幾乎所有關乎這場戰役的記錄，都讚揚奧古斯都的大名，並視他為值得尊敬的皇帝，而馬可安東尼和克利歐佩特拉則受盡侮辱。在擊敗埃及聯盟的勢力之後，奧古斯都發出他是世界之王的堅定陳述。但同時他也將國家從羞辱的外國控制中（即克利歐佩特拉），拯救出來。奧古斯都的勝利，將國家從羞辱中釋放出來。奧古斯都攻克亞歷山太的最後勝利，發生於公元前三十年八月一日。這場戰役使他成為真正像法老一樣的人物。這也是羅馬帝國慶祝八月一日的原因，因為它為奧古斯都掌權的開始劃下記號。從東南方來的最大敵人，終於在一種雄偉的方式下被完全擊敗。

3.3 羅馬——好戰的建築家

在看完決定羅馬海軍優勢的阿克提姆岬戰役之後，我們也應該注意促成羅馬陸地優勢的兩項要素：軍隊和都市化。在陸地上獲致成功的管道，來自為軍事交通而建立的羅馬道路。拉丁文用來描述道路的字彙有許多種，這些不算少的字彙顯示，羅馬人為了不同的目的而建立各種道路的複雜思想。第一條有計劃的大道（Via Appia），早在帝國統治之前的公元前三一二年即存在。擁有西方歷史上第一個職業常備軍的羅馬，積極建立她的軍事統治。但認為建立龐大的軍隊，就可以造成一個帝國的想法，未免太過單純。羅馬的統治建基於聰穎的帝國軍事管理。經由他們與對手迦太基人的互動，羅馬人採取了建築道路的技術，以使軍隊可以毫無攔阻地四處移動。[29] 雖然道路的建築始終以軍事統治的理念為懷，但天才奧古斯都卻將他的軍隊駐留在各地，以消滅叛亂的危險。他儘量分散他的軍隊，以使他們能夠佔據邊境的殖民地，但同時也不讓他們彼此過於靠近，以防他們共同圖謀自私的野心。延伸的邊境是確保忠誠的方式，也是軍隊管理的好辦法。

在接近約翰寫作啟示錄的年代，維斯帕先（Vespasian）已經在羅馬不列顛（Roman Britain），開始積極的軍事行動。這個軍事行動使羅馬帝國本土的人民，聽到一些有報導價值的好消息，同時肯定夫拉維亞人（Flavians）自稱他們和過去朝代一樣美好的宣稱。一場好的戰爭或軍事行動，是使政權突出的最好方式。這種相同的趨勢，繼續在提多短暫的政權之後發展，因此將擴產土地的責任，放在多米田的肩頭上。在約翰寫作啟示錄的時期，羅馬的邊境具有非常重要的意義，顯見於羅馬／拉丁文作者的字彙使用中。最終演變成英文用字「限制」（limit）的單數“*limes*”和複數“*limites*”，是羅馬作家常用的字彙。這個字很可能是從拉丁文的“*limosus*”（「泥土的」；muddy）或“*limus*”（「小路」；sideways）演變而來。這些古老的用字，與軍事實地勘測員和工程師，設下界限以防禦一個地點有關。[30] 忠於它的起源，這個字被用來描述橫越全國的防衛疆界。換言之，這些是帝國的最遠邊境，是帝國的「設限」（limit），尤指德國的黑森林和敍利亞的沙漠。

弗里斯森將從地上來的獸，視為小亞細亞敬拜皇帝異教的描述。但我認為牠的身分應該擴展至，為了宣傳帝國主義而進行的土地發展。[31] 毫無疑問地，這種來自邊境的帝國宣傳，一定會被小亞細亞的教會聽到。從一開始到多米田的羅馬歷史，一直非常清楚地在開演好戰建築師的戲劇。羅馬人最早的陸地軍事優勢，與他和伊特魯里亞人（Etruscans）及塞爾特人（Celts）的驅逐衝突有關。早在公元前二八〇年，羅馬人就以「好像它屬於他們」的態度，入侵意大利的其餘部分（Polybius 1.6）。他們鄰近的伊特魯里亞人，居住在今日意大利中北部的塔斯卡尼（Tuscany）。伊特魯里亞人非常善於建造橋樑、下水道、導水管和道路排水系統。[32] 羅馬人首先在那個地區，小心地為他們舖設道路。[33] 羅馬道路謹慎的工程建設，同時涉及大量的勞力和軍事人員。事實上，甚至如今到歐洲旅遊時，我們仍可以步行或駕車在一些相同的道路上。

當羅馬人驅走伊特魯里亞人時，他們從伊特魯里亞人學到許多修建道路的技術，因此得以到處擴展他們的軍事影響力。更實際的是，在約翰的時代有許多男人因為軍事服役而被轉調到遙遠的異國之地，這些變動也影響了各地的文化。多米田也額外地將軍人的薪餉調高三分之一，為這些長久不受重視的軍事人員，加添不少重要的意味。[34] 毫無疑問地，多米田過度的財政措施，為他贏得軍隊的支持。一個到處是投誠者的軍隊，絕對不會成為一個強大的力量。伸展到外國土地的服役，容許羅馬軍人和異國女人結婚，致使全世界有更多的文化融合。

除了由繼承而來的英國邊境軍事行動（直搗蘇格蘭）之外，多米田的兩個主要軍事行動，包含針對查特斯人（Chattis）和大夏人（Dacians）發動的戰爭。查特斯人是一個位居現代德國中北部的好戰民族，非常可能威脅了羅馬的領土。大夏人則位居今日的羅馬尼亞和保加利亞北部，在約翰的時代是一個富有金礦的地方。從歷史文獻來看，大夏人似乎先跨越領土並且殺戮羅馬軍事領袖，因而引發兩者間的衝突，使羅馬東北部的邊境非常不穩定。既然自從奧古斯都以來，大夏人就一直是羅馬人的威脅，他們的挑釁行動很可能是向多米田試圖展現的絕對統治，發出直接的挑戰。如果我們看看有關多米田的歷史文獻，我們將發現當時有許多作家嘲笑多米田一些無足輕重的征服行動。事實上，這些軍事行動並不是不重要，乃是因為多米田被多人所憎恨。如此說來，約翰並不是惟一批評多米田軍事努力的作家。另外，皇帝和皇族家庭在帝國每個角落，擁有大量土地的事實，再次強調了羅馬帝國四處殖民的積極行動。有時候，愛戴皇帝的人民，會在臨死前將部分土地遺贈給皇帝，以交換一些好處。因此，啟示錄十三章，獸從地上來的整個觀念，無疑反映皇帝和帝國對於整個世界的統治。殖民和殖民所帶來的都市化，是皇帝顯示自己有多重要的有效方式。

在討論羅馬都市建設的不同層面之前，我們必須先行觀察羅馬的都市化。甚至在如同魏吉爾的《伊尼亞德》（卷八）羅馬神話中，羅馬人對都市風景的關切已經非常清楚。羅馬人是想要被都市化的農夫。在羅馬歷史上，有三位重要的皇帝，各自以不同的方式為一世紀立下了極大的貢獻：奧古斯都、尼祿、多米田。甚至遠從共和政體開始，直到帝國時期，所有偉大的建設者，都同享一個特徵：他們確定他們花費大量的公共基金，來從事公共建築（例如，Polybius 6.13.3）。[35] 理所當然地，公共建築物是展現具風格之政治陳述的最佳方式（例如，敬拜皇帝的廟宇和凱旋勝利的拱門）。

第一個重要的建設者奧古斯都嘗試與過去認同，也就是與羅馬人素來有愛－恨關係的希臘人認同，因為希臘對於羅馬的藝術和建築風格，有各種各樣的影響。最近，古典藝術學者之間的討論，開始質疑是否真正有「羅馬的」藝術風格存在。從本書的目的來看，這個看法顯示羅馬的藝術就像一個巨大的熔爐一樣，它不但涵蓋許多過去和現在的要素，並且包含多種不同的風格、主題和形式。羅馬的藝術好像是過去的完全複製品，只是為它加上一番新鮮的風貌而已。在沒有更進一步地定義羅馬藝術所接受的影響之前，隨便標上羅馬藝術的名稱，顯然太過單純。奧古斯都必須感謝一個人，即著名的維楚維斯（Vitruvius）。他廣泛流傳的著作《論建築》（*De Architectura*），不僅寫實地描述建築的作品，並且將建築視為一種理念。[36] 畢竟，奧古斯都這位軍人，對於風格和工程又有多少了解？我相信，維楚維斯在皇帝手下進行建築工作，並且同時建築帝國的看法，一點也不誇張。他非常留心不同政治階層的功能，並且能夠在他的作品中，建議一種反映羅馬人社會世界觀的功能化家庭。他控制風格。他也掌握奧古斯都定意展現之公共形象的關鍵。

一般的羅馬人可能喜歡擁有自己的文化獨特性，因此討厭與希臘人相比（Livy 7.2.3～4; Horace *Epist*. 2.1.156～157）。然而，像宴會等許多習俗，都是從希臘人而來的。宴會的普遍也顯見於羅馬家庭藝術的題旨，因為羅馬的家庭設有許多酒神的雕像。與過去的認同不僅出現在文獻中，並且可見於錢幣的圖像。[37] 奧古斯都的認同，有時會表現在加高重建之建築物的高度上，他因此展現藝術的榮美和技術的超越。因著建築物的加高，圓柱被引進作為支持之用，因此為建築物賦予一種過去建築物所沒有的莊嚴意味。[38] 尤有甚者，羅馬的磚塊和拱門也容許圓柱之間有更寬廣的跨度。然而，羅馬的技術仍然試圖尋求希臘人的藝術表現。因為技術和美學的因素，某些建築的比例仍然表現理想的意味。

奧古斯都遠溯至公元前五世紀雅典的雅典建築風格。如今觀光客仍然能夠從羅馬的遺址，看見愛奧尼亞的圓柱頂端。[39] 過去是值得敬重的。簡單、基本卻高雅的風格，顯示羅馬人對於過去的憧憬。這種憧憬不因懷舊之情而生，乃是想要藉由藝術的表達，而帶出歷史的正統性。羅馬必須具有威嚴與崇高的風貌！同時，我可以了解對於過去政權無法同心的羅馬人，為何可以向奧古斯都保持忠誠。從某個角度來說，奧古斯都的生活是一個佳美的典範。他生活節儉，卻為公眾建立上好的建築物。他的皇宮極其普通，毫無突顯之處，一點也不像皇帝的居所（Suetonius *Augustus* 72.1）。[40] 公元二世紀的歷史學家狄奧（Dio Cassius 55.12）如此評論：「奧古斯都為自己建造一所向公眾敞開的房屋，可能因為人民捐贈給他的奉獻，或因他是國家的大祭司，因此他要住在一個同時可以公私兩用的房子內。」[41]

既私人又公共的皇宮理想，讓人覺得皇帝是羅馬的父親，同時也是為人民利益著想的統治者。在貴族的用語中，父權是可敬的，因為父親對屬下施展有力的贊助。奧古斯都要顯示，他是一個對世界需要非常「開放」的人，同時他也有足夠的能力，供給這些需要。奧古斯都不但善於表現國家社區的理想，並且是這方面有力的宣傳者。藉著扮演為人民之好處著想的理想統治者，奧古斯都穩固地控制了羅馬的國家意識。在他的一生中，政治策略為他帶來無數的好處。無怪乎，羅馬人摒棄被內戰四分五裂的共和政體，而喜歡一個皇帝來統治他們。如果沒有和平可以享受，共和政體的理想和自由又有甚麼好處呢？然而，在後文我們將發現，理想純粹是一種宣傳，羅馬的生活質素實際與理想相差甚遠。如此說來，建築物不過是公共和政治修辭的一種形式罷了！

在奧古斯都之後的第二個主要建設者是尼祿。他也以建築的標誌，來維護他的權力。他最臭名昭彰的事，就是在梅塞納斯（Maecenas；在奧古斯都時代，為藝術贊助者梅塞納斯所建）花園內袖手旁觀羅馬的大火，和開始第一個帝國壓迫基督徒的行動。這個壓迫行動持續了三年半之久。從現實的角度來看，尼祿的確一點也不在乎羅馬的大火，因為這場大火使他有機會超越所有的前任皇帝，而重建更偉大的羅馬城。在羅馬大火之後，他在羅馬的中心建造了一座大約三百英畝的奢侈別墅黃金之屋（Golden House）。羅馬的道路也被加寬。道路的拓寬一直延續到多米田的掌政時期。尼祿也為自己建造私人享用的湖，和他自己用來競賽的競技場（即尼祿競技場〔Circus of Nero〕），也就是今日梵蒂岡的所在地。藉著道路的拓寬和新建築風格的創意，尼祿帶出一種更有效的滅火方式，這方面的議題將在後文繼續討論。雖然尼祿和奧古斯都有一些相同的理想，但尼祿卻無法贏得人民的好感，尤其是上層階級。這種惡劣的關係，也成為他短暫政權和悲劇性死亡的原因。

在尼祿死亡的動盪之後，維斯帕先秉持奧古斯都的傳統繼續他的建築計劃，以重建公眾的信心。到了約翰的時代，多米田當屬最多產的建設者，他綜合了希臘愛奧尼亞和哥林多的風格。他可能是第一個為羅馬發展而設立公共事務部門（public works department）的人，他同時竭盡心力地重建被燒毀的圖書館（Suetonius *Domitian* 20）。[42] 可見他對建築計劃的忠誠與熱心。因為他的父親維斯帕先非常跋扈，並且在死前曾經壓迫他，因此非常自然地，多米田嘗試勝過他周遭的每一個人。[43] 他的弗拉維安樓（Flavian House）不比尼祿的黃金之屋遜色。他的羅馬公民（plebian）血統，可能更進一步地促使多米田想要為夫拉維亞王朝留下建築的歷史標誌。他一方面藉著提多和維斯帕先的內戰勝利，另一方面經由周詳設計的建築計劃，壓倒先前之朱利亞－克勞狄王朝（Julio-Claudian）的榮耀。

在奧古斯都愛好希臘的傳統下，多米田也沿襲許多希臘風格。多米田為自己找到一個主要的建築師雷比瑞斯（Rabirius）。雷比瑞斯是一個創新者，他為多米田建造了氣勢宏偉的帕拉蒂尼山（Palatine Hill）皇宮。在其中，皇室家庭從奴隸到主人，分別住在不同的房間和住區（Martial *Ep*. 7.56.2）。有些建築物，就像密涅瓦（Minerva）神廟，是如此堅固，它們依然堅挺地佇立在公元十六世紀。[44] 多米田的建築事迹顯示，他自己很可能想要認同過去的希臘君王。藉著將自己的王朝與過去連結，多米田為他的夫拉維亞家族帶來榮耀。如此地，他宣告了，新王朝將永遠超越那結束於尼祿死亡之朱利亞－克勞狄王朝的陳述。要完成如此龐大之公共建築計劃的多米田，必須具有絕對的權力。如果我們將多米田與他的前任皇帝比較，我們可以說他可能是最獨裁的一位。他不但對整個帝國具有完全的掌控，也對他的元老院議員具有無上的權威。他控制帝國生活從財務到道德的所有層面。他的掌政使元老院的權力削減至零。他只將不重要的瑣細決定交給元老院議員；所有的重大決定，都由皇帝親自行使。如此地，他登上了獨裁皇帝的座位。

上述致力於建築之皇帝的簡要概論，讓我們看見奧古斯都在都市化的發展中，佔有非常重要的地位。一點也不令人驚奇地，啟示錄十三章 5 節的獸說誇大的話，與從奧古斯都開始的許多皇帝的畫像遥相符合。奧古斯都的回憶錄在他死後出版，其中記錄他誇耀自己從西班牙到德國、阿拉伯，以至衣索比亞的海陸征服功迹（*RG* 26～27, 30～32）。奧古斯都狂傲自大的最佳例證，可見於日晷儀的方向定位。當時獻給太陽神的日晷儀，在奧古斯都生日那一天，剛好指向和平祭壇神廟。[45] 這棟神廟非常重要，因為它提醒所有經歷其建築宏偉的人，甚至連宇宙都以奧古斯都為中心。

從歷史成就的角度來看，奧古斯都的確有許多值得驕傲之處。毫無疑問地，羅馬歷史清楚顯示，真正都市化的先驅乃是奧古斯都。凱撒大帝平定羅馬，但完全立下建築和都市計劃的根基、以實現凱撒大帝之宏觀異象的卻是奧古斯都。所有繼奧古斯都之後的羅馬皇帝，不是在奧古斯都的根基上繼續建造，就是在他的架構上有所創新。一般來說，土地的安全非常重要，因為在暴風雨季節，貿易無法經由航海繼續進行。[46] 這種暴風雨季節導致保羅必須在不同的城市過冬。因為船隻必須依賴正確的風速和風向，因此海在貿易和帝國的擴展上，有不少的限制。船隻的行進速度主要取決於大自然，而不在於那些在軍事服役之後就可以取得自由的奴隸槳手。不過，陸地的貨物運輸，若超過五十英里之上也不合乎經濟效用，因為動物必須不斷地被餵養。[47] 因此，沿著貿易路徑興建城市，是羅馬不可或缺的重要策略。都市化是使貿易在惡劣氣候中繼續進行的上好方式。約翰的受書人——即七教會——沿著貿易路徑排列的地理位置，實非偶然。約翰藉著都市發展之模式傳遞信息的文學筆法，明顯地對照了羅馬的都市化意識理念。

除了以貿易為取向的發展之外，羅馬的都市化還有更深廣的意識理念蘊涵其中。原來，羅馬原本是一個農業國家，她到了這時候才開始建立城市。都市化是帝國主義的一項事實，而在羅馬或奧古斯都元首政治（Augustan Principate）的「新羅馬」之下，它的範圍也相當獨特。趁著阿克提姆岬戰爭勝利的大好情勢，奧古斯都幾乎馬上開始他重建羅馬的工作。在所有的爭戰和混亂之後，有人許下和平、禮貌和穩定的應許，是一件多麼讓羅馬人放心與歡欣的事。喬蘭曼（Willem Jongman）正確地將帝國的建立，稱為一種都市文明。[48] 經由城市的建立，尤其是羅馬，奧古斯都準備從他的「新羅馬」，宣告一個「新時代」。極幸運地，這些資料非常適切本書的寫作目的，奧古斯都的建築家維楚維斯，為羅馬的建築計劃留下了許多重要的紀錄。

羅馬的征服和繁榮，導致龐大的都市化和都市建設。中國人的都市建設，要到公元十一至十三世紀的宋朝，才超越羅馬人的成就。[49] 建築家在城市建設委員佔有重要、甚至可能是永久的職位。這個組織被稱為水利委員會（water board），因為顯然水利工程和都市化具有非常密切的關係。[50] 在所有建設的城市中，排行第一的是首都羅馬。麥克馬倫（Ramsay MacMullen）在他的古典著作中所提出的數字，可以給我們一些當時人口的粗略概念。他論及當時像安提阿和迦太基等許多非常「大」的城市，擁有七萬五千人口，而羅馬則有一百萬。[51] 雖然這個數字不完全被人接受，但羅馬的確使大部分的古代城市相形見絀。她的大小和密度，要到十九世紀的工業革命時期，才退居次位。

當奧古斯都掌握政權時，他慢慢地將大部分公共建設的權力，從元老院移至自己的名下。從奧古斯都開始，所有重要的建築企劃和執行，都掌控在皇帝的手中。觀察當時上層社會如何將羅馬視為城市的典型模式的最佳著眼點，就是從聲稱羅馬是永恆城市的作家，和強調同樣口號的羅馬錢幣開始。將羅馬視為永恆之城的宣告，似乎由奧古斯都開始，並且一直延續至後來的統治者。若與其他文明相比，羅馬人可說是西方世界的都市化先驅者。

3.4 羅馬——上層社會的城市

羅馬城的限制，和她的建設有關。[52] 從某一方面來說，她和中世紀的城市頗為相似：都從極小的地區開始。許多歐洲的城市由貴族用自己的僕人建立城堡開始。防衛城市的城牆，很快地就被建立起來。贊克（Paul Zanker）認為羅馬的建築物快速又危險地在四處被建立。他的看法並沒有錯，因為當時都市化的需要極大。[53] 魯濱遜（O. F. Robinson）提到，當時沒有任何建築法規的設立，即使有，也無人執行。[54] 在這種情況下，羅馬城不正常又無法控制地快速增長。羅馬人的需要如此大，有誰能夠責怪羅馬城的增長呢？奧古斯都的共和政體風格（Republic-style），建築家維楚維斯所做的，和後來的歐洲城市計劃完全一樣，他甚至嘗試建立建築的法規。[55] 因此當城市日益工業化和擁擠時，更多城牆被建立以增加土地持有的範圍。如此說來，號稱人口巨人的羅馬，並不完全像現代洛杉磯的擴展。相反地，她那像沙丁魚一樣的人口密佈和擁擠，更像現代的加爾各答（Calcutta），一點也沒有任何現代的生活設備。我們將在後文繼續討論有關都市農夫的重要經驗。

現在讓我們先行討論，帝國主義和都市計劃可能具有的密切關係。甚至從建立城堡的概念來看，帝國主義的理念和軍事力量，都主導城市的計劃。舉例來說，在英國（或更適當地稱為「羅馬不列顛」），大家都知道所有城鎮的名稱均以“chester”為結尾，這些都源自羅馬的駐防地（例如，Manchester）。可見，城市被建立的根本原因是軍事征服。有些人認為羅馬的城市計劃，就像現代依法規和過去經驗引導城市增長的城市計劃一樣。這是一種非常錯誤的看法。羅馬人是農夫。他們的城市計劃，比較像根據亞里斯多德的次序理念（Aristotelian ideology of order）而來的實驗，並不總是以農夫的最佳利益為前提。尼祿，是一世紀中最接近設立某種建築法規的皇帝，但他大部分以嘉惠自己宣傳的觀點為前提。有時候，羅馬人也因其他的目的而建立城市。就像想要擁有某個地區的資源，因而城市得以建立。不過為了安全的理由，軍隊的駐防仍屬必要。羅馬人因此必須創造工作機會，以使資源能被開拓與利用。在城市的建立中，公共建築物的形狀和比例，以多種不規則的景觀出現。如此說來，城市計劃很少能夠關心一般居民的生活環境。

雖然房屋可能是城市發展最重要的單一因素，城市計劃不見得持守這種理念。貴族所規劃的公共用地和建築物，將主導人民生活的方式。舉例來說，奧古斯都對羅馬的偉大設計，主要並不是為了確保他的公民有舒適的居住環境。相反地，奧古斯都所關切的是，如何藉著城市設計展露他的偉大和天才。很快地，他在公元前十三世紀建立奧古斯都和平祭壇，並在公元前九世紀為其舉行落成典禮，以帶出惟有他的帝國才可以許下的諾言。每一個來到羅馬的訪客都可以看見它，並且被提醒因為羅馬政府而來的「羅馬和平」。藉著羅馬城的守護女神坐在戰利品之上的肖像，我們清楚看見羅馬的和平如何產生：經由軍事的管道。雖然和平是虛假的，但人民非常願意付上任何代價來換取它。

然而，並非每一樣建設都能依照計劃執行。有時候，都市建設會變得十分混亂。為了控制混亂的建設，奧古斯都將羅馬城分為十四區，每一區由各自的總督（procurator）管理。而每一區再按組織的方式，劃分為幾個鄰近地區（vicinity；即拉丁文"*vici*"），以推動人民對皇帝神靈的敬拜。[56] 在這些鄰近地區的據點上都設有祭壇，以使人民能夠在一年兩次的春夏節慶中獻上花束。[57] 政府對建築工業的參與，可見於普通建築物磚頭上的蓋印。有一些磚頭上印有地方執政官的名字。這些磚頭一方面使我們能夠鑑定磚頭的年代，另一方面也傳遞羅馬政府參與建築工業的信息。建築材料是政治的反映。因此，羅馬不但是奧古斯都的顯明和反映，也是後來任何一位具有偉大建築行動之皇帝的表徵（即尼祿、多米田、他雅努、哈德良）。

事實上，約翰時代的羅馬皇帝多米田，曾經盡一切努力，並且部分成功地重新創造甚至超越奧古斯都傲視一時的偉大建築時代。[58] 就建築來說，多米田至少能夠與奧古斯都的偉大分庭抗禮。法夫羅正確地提出建築的階級區別：「貴族、富人、有學問的人和他們的關切，是建築的主導，而都市窮人、外國人和女人的心聲，則較少被聽見。」[59] 羅馬皇帝並沒有使用過去羅馬戰爭（例如，戰爭掠奪物）贏得的公共基金，來改善居住環境和條件，反而為了自己的榮耀，建築宏偉的紀念碑。因為得勝將軍的榮耀，都在這些公共建築物舉行慶祝儀式，因此這些紀念碑的功用乃是為了宣傳羅馬的偉大勢力。

每一個軍人都想要贏得前所未有的榮耀，這種強烈的動機導致更廣大的殖民帝國主義。僅在奧古斯都的時代，法夫羅列出公元前四十四年和公元十四年之間，因戰勝外國敵人而設立的公共建築物，就超過五十棟以上。[60] 奧古斯都的建築計劃不但積極有力，並且具有自我宣傳的濃厚意味。為何不呢？這一直都是傳承自希臘英雄敬拜的文化習俗。帝國主義的時代並不是停止這種習俗的最佳時機。近代歷史中也有許多法西斯主義者和獨裁政權，擁有自己的建築計劃（例如，墨索里尼〔Benito Mussolini〕），因為空間的經驗，是一種強烈和具有說服性的力量。尤其是佇立在公共場所重要地方的政要雕像（即皇帝、首相等），更使人民生發敬畏與懼怕之心。

羅馬統治者也以娛樂的形式，為人民創造另一種生活現實。這種現實充滿比賽、戲院和各種形式娛樂的消遣。毫無疑問地，愛國主義者和貴族總是享有特殊的權力。有些野獸展覽據稱延續一週，並且曾經殺戮五百隻獅子之多，這些奇特的野獸來自其他各大洲（例如，來自非洲的大象、羚羊，和犀牛）。[61] 根據一些文獻來源，在公元八十年當提多皇帝啟用可以容納五至六萬座位的圓形大競技場（Colosseum）時，有九千隻野獸在獵取野獸的表演中被殺戮。[62] 今日的專家告訴我們，運送這些來自非洲的野獸，對這些野獸的生命具有高度的危險性。[63] 因壓力而導致的死亡，常在運送的途中發生。這也是現代人在運送動物的過程中，刻意以藥物使動物安靜的原因。當我們考慮動物在運送過程中可能因壓力致死的高度危險性時，九千隻野獸顯然是一個十分龐大的數目。設若這個數字具有誇張之嫌，我們仍然可以想像到，無數來自遠近各處的野獸在展現羅馬的偉大。

約翰時代的獨裁者多米田，將他在帕拉蒂尼山的皇宮與聞名的馬克西穆斯競技場（Circus Maximus）接連在一起，這是一個馬車競賽和提供多種娛樂的運動場，現在已經成為羅馬的一個公園。為富戶專設的「包廂」在運動場的頂端，因此富戶不須和農夫混雜在一起。當我們檢視雕像時，我們看見羅馬人穿著寬外袍。這種寬外袍是羅馬男人在一般場合，甚或重要公共場所穿著的國家制服。他為羅馬人帶來一種統一和一致的意味。奧古斯都為羅馬男人設下在正式場合穿著寬外袍的規定，因為這使他想到希臘時代對於理念的敬拜（Suetonius *Augustus* 40, 44, 98）。雖然這種衣服很容易弄髒，但許多自由民驕傲地穿上他們的寬外袍，以傳遞歸屬、身分和價值的意味。如此說來，奧古斯都對於制服的堅持再次顯示，他想要藉著將過去帶到現在，以正統化自己文化及政權的渴望。古典的回潮再次創造「大好日子」（good ole' days）的經驗。雖然不為許多人認知，但奧古斯都的確是一位強力的社會改革家。戲院的創新建築，不僅使愛國的戲劇和詩歌得以被表演和喜愛，也使羅馬可以和過去希臘所創作的戲劇和詩歌分庭抗禮。奧古斯都一方面將自己與希臘人連結，另一方面卻展現，他可以擁有和希臘人一樣，甚至更好的各樣成就。

了解上層社會的角色和態度，讓我們看見上層社會並不是不願意嘉惠人民，但不斷的擴展和財務獲利的政治，不見得容許慈惠行動下達一般人民。[64] 相反地，更多的尊榮將加在上層社會身上。窮人只能分享成為「羅馬人」的光榮，卻得不到任何一樣好處。畢竟，城市的成功取決於她對上層階級的吸引力，因為他們是城市稅收的主要來源。迎合上層社會的需要，清楚展現在奧古斯都訴諸富戶為美化羅馬貢獻金錢的都市重建計劃中（Suetonius *Augustus* 29.4）。在利益的交換下，富戶得以在比賽、社區節日和戲院中得到尊榮。事實上，像波利奧（Asinius Pollio）、普蘭庫斯（Munatius Plancus）、阿赫諾巴布斯（Domitius Ahenobarbus）、托魯斯（Statilius Taurus）、菲利浦（Marcius Philippus）、科爾尼費奇烏斯（Lucius Cornificius）和卡爾維努斯（Domitius Calvinus）等名字，都是經過充分證實之後，才被納入蘇埃托尼烏斯的記錄中（Suetonius *Augustus* 29.4～30.1）。[65] 羅馬因上層階級的金錢而得以建立，因此她必須符合他們的利益。

在一個尊榮支配個人賺取更多金錢，和建立更好關係的社會中，贊助城市的行動，成為富戶獲致更高成功的管道。對那些不願在邊界犧牲生命以獲得權勢的人來說，他們可以使用財富贊助來提昇他們的地位。為皇帝提供財務上的幫助，是一種上好的投資。為建造神廟而捐助的金錢，使富戶得到雙倍的好處，因為他們將展現敬虔的外貌。當時有一句流行的俗語：「沒有甚麼是神明不配得的。」[66] 可見，表現虔誠的行為，可以滿足民眾的情緒。畢竟，誰不願意神明維持羅馬的和平呢？當我們檢視約翰時期的碑文時，我們看見各種各樣的頭銜和尊榮，被賦予在皇族家庭和地方官員之上。尊榮的重要性實在太顯著了。這種紀念性的雕像或銘牌，在城市中處處可見。都市化為富戶帶來上好的利益。它也向大眾傳遞自己的信息。城市風景就是一大本包含清楚意識理念的信息書卷。

雖然一些像西塞羅的人，可以攀登至上層階級，但往上爬升卻不是一件容易的事。政治對上層階級有利。滿足上層階級的需要，變得非常重要。因為下層階級無法為城市提供所需的財務支持。這種都市計劃模式，不可避免地導致城市空間的無效使用，有時甚至產生死亡的陷阱。然而，都市計劃的信息非常清楚：所有建築都圍繞著羅馬帝國上層階級的需要而設計。惟一的贏家就是皇帝、上層階級，以及那些選擇和皇帝密切合作的建築家。[67] 下層階級也樂意為上層階級效勞，因為他們懷抱著將來他們也可以攀登上層階級的虛幻夢想。同時，下層階級至少可以宣稱他們來自羅馬。羅馬的名譽使新來到和居住已久的居民，都引以為傲。麥克馬倫引用豐富的古典文獻並顯示，羅馬人從上層至下層階級，都以一種自負滿滿的態度，對待樸實的鄉下居民。[68] 帝國上層人士的態度，確實是首都及其全體居民成功的縮影。

現在我們必須將地上房屋、廟宇和城市的經驗，與在建築上相當豐富的異象相互對照。在約翰時代的都市經驗相比之下，讀者更容易明白天上耶路撒冷的榮美與蘊含。只將天上耶路撒冷和地上耶路撒冷對照解讀並不足夠，更深一層地與典型的羅馬城市相比，才是至好的解讀方式。既然現代人對於羅馬帝國的了解，大多數來自上層階級的寫作，「羅馬和平」的理想圖畫，自然一點也不符合啟示錄的描述。因此，許多註釋者從別處尋找靈感，來詮釋啟示錄。顯然有許多這類的註釋者，完全引用奧古斯都的誇大之言：「我找到磚頭建造的城市，卻留下大理石建造的城市。」（Suetonius *Augustus* 28.3; Dio Cassius 50.30）。畢竟，如果西方知識分子傳統中之古代羅馬的圖畫，毫無可以定罪之處，那麼我們必須從如同伊拉克、伊朗或蘇俄的現代敵人，來尋找可責之處。然而，當我們將一般公民的城市經驗列入解讀的考慮時，羅馬在啟示錄中受咒詛的圖畫，就非常容易理解。在天上耶路撒冷的對照之下，羅馬的確有許多可以定罪之處。

讀者不需要使用現代媒體的水晶球，來理解啟示錄的異象。啟示錄中所有城市的圖畫，都是經由不同圖像表達的集體隱喻，因此必須藉著羅馬人在典型城市中的經驗來詮釋。因著迷人的魅力，羅馬城市曾經被古典學者和聖經學者大大讚美。但現實中的羅馬在各方面所展現的十足醜陋，跟現代擁擠的城市毫無兩樣。多數研究羅馬的學者，都看不見隱藏於無形的醜陋真相。羅馬的都市化似乎成功，但實際上，對許多嘗試從城市獲取財利的人而言，他們的痛苦益發加增。因為有許多人追求財富，但卻甚少人夢想成真。

更複雜的是，一些返回家園的軍人已經失去他們的農田，因此他們被迫湧進城市另求新富。軍事力量有其不可避免的社會後果。起初，羅馬軍人的服役期較短，因此他們可以回家照顧農田。[69] 但當帝國更加擴展時，邊界的漫長距離使得短期的軍事行動不敷使用。何況，帝國需要更多軍人的參與。守衛邊界的重要性，取代了短期的軍事行動。羅馬皇帝的野心，自有其悲慘的後果。許多將軍沒有為跟隨者提供足夠的獎賞，因為他們極其腐敗。不但沒有受到戰爭英雄的熱烈歡迎，一般返回家園的軍人還會發現，隨著發財夢的破滅，他們必須面臨痛苦的現實。許多沒有返回家園的軍人盼望他們在邊界的努力，可為他們帶來更多的賞賜，但他們卻遺下必須在緊縮日子中求取生存的家庭。

3.5 羅馬——宗教的帝國

羅馬宗教的起始點，應該是它頗為聞名的創造神話。就像其他的外邦神話一樣，它和聖經的創世記總有相似之處，不過這些相似僅是表面的平行而已。更確切地說，神明創造世界的簡單情節太過籠統，因此無法從創造神話和創世記之間，獲得顯著的交錯之處。事實上，外邦和猶太－基督教的宇宙論，反而呈現一股強烈的對照意味。雖然像創世記的描述一樣，宇宙空虛渾沌，上帝創造了世界。但故事在這個相似的起點之後，就轉至不同的方向，並且保存在許多不同的詩歌作品中。海希奧德（Hesiod）的《神譜》（*Theogony*）和荷馬的《伊利亞特》（*Iliad*），雙雙在創造的神話中提及不同的神明相互交配。而羅得島的阿波羅尼奧斯（Apollonius of Rhodes）的《阿爾戈》（*Argonautica*）和《奧耳菲斯》（*Orphic*）那創造故事，則描述創造宇宙的卵是世界的來源。這些都是已經深印在羅馬世界的古久神話。可見，羅馬人的宇宙論並沒有一致的宗教題旨。既然創造者和受造者之間沒有清楚的關係，羅馬人只能猜測神明的身分。因此，有時候神明以星星的形式出現。如此地，祭司所設定的星星和日期成為日曆的一部分，帶出日子是否吉利的觀念和習俗。

在依賴占星學和天文學的觀察上，巴比倫人和羅馬人非常相似。啟示錄中的星體討論，帶出一種更加邪惡的轉向。從天上落到地上的一顆星（啟九 1），和耶穌這顆明亮的「晨星」成為反照（二十二 16）。這個墮落的星星是無底坑的使者，他的名字希伯來話叫「阿巴頓」，希臘話叫「阿波倫」（九 11）。它也是代表七教會使者之七星的反照（一 20）。占星學非常重要，因為羅馬的天文學家以他們神明的名字為星星取名。黃道帶（zodiac）的記號，也可見於亞底米的雕像。[70] 小亞細亞的許多宗教，都是根據死亡與再生的農業循環而來。既然農業是生存不可或缺的事情，人們對它自然具有高度的宗教性。無怪乎波斯尼爾斯（Pausanius）的地理旅行日誌，讀起來很像一個朝聖的故事，因為他旅行的到訪之處，主要以神聖的地點為主。[71] 甚至對波斯尼爾斯如此聞名的地理學家，旅行都如同一個神聖之旅。就好像中世紀的基督徒朝聖一樣，不過加添了學術的意味。與許多現代人不同，古代人對宗教相當有興趣。換言之，宗教是他們生活的一部分。

在約翰的時代，所有具有歷史的城市，都有專門行使宗教需要的衞城。這些衞城不僅為宗教需要而設立，也是政治上的必須。地方官員在這些地區流露他們對於神明的敬虔，因而為城市帶來神明的保護。城市計劃不但顧慮它與過去歷史的連結，並且謹慎考量它的政治影響力。就如奧古斯都在他阿克提姆岬之戰決定性勝利的一年後，仔細重建朱庇特．卡皮托利努斯的廟宇一樣。在公元前三十二年的重建計劃，主要是為了與古代的羅馬英雄羅繆勒斯（Romulus）認同。奧古斯都在公元前二十八年修復八十二間神廟的行動，顯示他掌控宗教的優勢。這實在是一個異乎尋常的嘗試。[72] 而他自己的宗教地位，也在公元前十二年建立成功。更確切地說，他在帕拉蒂尼山獻給維斯塔（Vesta）的神廟中，將自己任命為大祭司（*pontifex maximus*）。據說朱比特．費雷修斯（Jupiter Feretius）是古代英雄羅繆勒斯親自建立的（Livy 1.10）。無怪乎在奧古斯都仍然在世時，許多文學作品已經將他視為神明朱比特。約翰的原始讀者很可能對這些文學作品，具有某種程度的認識。

雖然對上層階級和普羅百姓來說，奧古斯都的帝國野心並不十分明顯，但這野心其實早已暗潮洶湧。事實上，古久以前的歷史已經記載，在任何新城市設定邊界時，都會舉行一種半宗教性的儀式。在這個儀式中，人們劃定一個神聖的地區，拉丁文稱為"*pomerium*"。[73] 沒有人可以侵犯這個地區。而這個傳統可以遠溯至，羅馬傳奇性建立者羅繆勒斯的時代（Plutarch *Romulus* 11）。如此說來，奧古斯都非常喜歡認同羅繆勒斯這位古代英雄（Suetonius *Augustus* 7.2）。[74] 古代傳統總是讓羅馬人看起來像文明的城市建造者，而不像一羣「鄉巴佬」（hillbilly）的農夫。很快地，羅馬的所有居民都將其他城鎮居民視為「鄉巴佬」的農夫，而那些城鎮居民則以羨慕偉大城市的眼光，接受他們劣勢的地位（Virgil *Ecologues* 1.20ff.）。[75] 因此，城市所創造的空間和儀式，不斷地提醒人們過去的神話和意識理念。奧古斯都也在公元前二十九年，開始重新組織祭司制度，以使祭司能夠在各種節慶中扮演積極的角色。在他聞名的和平祭壇之地，他將自己所有的家族，安排在整個宗教過程中。展現皇室家族的敬虔相當重要，因為帝國主義和宗教信仰密不可分。總的來說，過去的神話證實了羅馬現在的敬虔和帝國主義。

另一個在羅馬建立宗教建築物的原因非常簡單：確定神明都很快樂。所有神廟和獻祭都牽涉極大的花費，但統治者卻毫不猶疑地將宗教－政治建築物，視為行政的首要優先。獻祭動物的需求是如此廣大，尤其是豬和牛，以致羅馬有一個稱為牛廣場（Forum Boarium）的地方存在。這個市場自己擁有牛交易者的同業公會。奧古斯都的神廟建築計劃，清楚流露「展現」敬虔的重要性，這項政治理念也被所有成為偉大建築者的皇帝所承繼（Vitruvius 4.5.2）。畢竟，羅馬居民認為他們的首都，已經被神明預先決定，當時的羅馬居民的確具有神明有權顯明羅馬之未來的觀念（Livy 5.52.2）。

在一個相信超自然的社會中，無人膽敢觸怒神明，遑論地方官員了。戰爭的失敗或食物的短缺，常被歸咎於神明的報應。無怪乎，古老的中國俗語：「人民將食物視為『天』／神」，相當適用於所有文化。大多數的神廟（還有許多建築物）設計者，都將葡萄樹或小麥（例如，和平祭壇）雕刻在建築物上，以展現繁殖的象徵。[76] 至少從一般人民的經驗來看，食物的豐裕或缺乏，是經濟和政治是否成功的明確指標。從共和政體的晚期開始，羅馬就進口愈來愈多的食物，以補充日益短缺的食物供應。可見，羅馬一般居民在每日生活中所需面臨的困難挑戰。

出現在神廟圖像中的葡萄樹極具象徵性，也極受人民喜愛，因為它們不僅包含葡萄，還有無花果和許多其他種類的水果。這些象徵性的新種植物，顯示神明藉著政治成功而賜下的集體祝福。這些建築物及其藝術，宣告了富裕豐饒的信息。神明顯然祝福羅馬皇帝！葡萄樹的題旨很快地取代了，以黏土容器為代表的明顯政治題旨，這種轉變象徵一種懷抱自然而非戰鬥精神的嶄新情懷。然而，皇帝和藝術家一起暗暗地，利用藝術形式來傳達政治信息。在自然的題旨之下，葡萄樹成為對皇帝有利的一種藝術性的銷售策略。統治者和為皇帝效命的藝術工匠，都知道如何贏得人民對皇帝的效忠。

最後，羅馬帝國藉著皇帝雕像的四處設立，來代表能夠鑒察全地的皇帝和整個帝國制度。除了皇帝的雕像之外，還有從巡撫到地方長官的各地官員，也代表著帝國的利益。他們是帝國和國民之間的中間人（middle agent）。[77] 如此說來，所有的人民都在皇帝和帝國制度的監控之下。然而，啟示錄藉著「全見的敘述者」（all seeing narrator）的情節設計，來顯示約翰的信仰的優越性。到底誰是這位「全見的敘述者」呢？顯然，約翰不可思議的超自然知識，都是來自這位「全見的敍述者」。例如，約翰如何知道被殺之人的申冤之語（啟六 10）？約翰又如何聽見地上君王和萬民，在躲避坐寶座者的面目和羔羊的忿怒時，所發出的驚嚇呼喊（六 15～17）？約翰更不可能明白，魔鬼知道自己的時候不多（十二 12）。遑論約翰洞悉獸的自大狂言（十三 4）。儘管羅馬帝國積心處慮地連結政治與宗教，來展現她無所不在、無所不能和無所不知的帝國勢力。但啟示錄這位「全見的敍述者」，使她驟然相形見絀。在提供約翰超自然知識的真神之下，羅馬帝國實在虛幻與渺小！

3.6 羅馬——世界的目標

實際說來，除了衞城之外，設防的建立是保護公民安全的首當要務（Livy 1.7.3）。問題是起初建立的設防，總是比後來不斷發展的城市來得更小。繁榮與興盛為年代已久的城市，帶來人口的急速增長。這是一項合理的假設，因為人口若沒有增長，商業和生產量不可能發生。遑論城市需要強壯的人力資源，來捍衛與保守。因為城牆是固定的（他們理當如此），因此城市的擴展自然帶出一些問題。城牆之內是最安全的地方，所以人口的膨脹勢必造成過度擁擠的危機。畢竟，從共和政體晚期到奧古斯都元首政治的一個世紀中，人口就倍增的羅馬城，如何可能以她古代的科技，來容納如此劇烈增長的人口？[78]

根據經濟學的觀點，羅馬城的都市計劃包含許多重要的因素。首先，到底為甚麼有這麼多人，願意離鄉背井湧入羅馬？我相信，羅馬的宣傳或羅馬必定成為經濟勢力的美景應許，應該是一個主要因素。我們可以從當時的錢幣，看見羅馬帝國如何藉著錢幣的通行，來散佈羅馬的意識理念。

舉例來說，早於公元前十八年的兩個西班牙錢幣，已經展現強烈的羅馬影響和殖民化色彩。因為這兩個錢幣中的奧古斯都，身穿寬袍並且裝飾著花圈。花圈無疑象徵奧古斯都統治全地的王權。到了公元三十五至三十六年，提比留斯發行的錢幣，印有：「神明奧古斯都，元老院與羅馬人民。」藉著這個錢幣，我們看見整個羅馬帝國不但確認奧古斯都的皇帝權威，並且尊重他的神明地位。此時，王權和神明地位清楚連結。而在尼祿發行的錢幣上，也可見裝飾著花圈和棕櫚葉的勝利女神。這個早就出現於公元前十八年的花圈傳統，繼續流傳到尼祿的時代。花圈和棕櫚葉象徵王權與勝利。可見，殖民化的理念仍然根深蒂固在羅馬帝國的國家潛意識中。最後，多米田所發行的一個錢幣上，雕印著握有勝利紀念碑和勝利女神的戰神。這個錢幣象徵戰神賜與多米田勝利。皇帝的得勝顯然與神明緊密相連。如此說來，羅馬的政治與宗教不可分割。

綜觀上述四個錢幣的簡要描述，我們清楚看見羅馬帝國的皇帝，從統治全地的王權進展至與神明平等的神明地位。奧古斯都的殖民理念和神明地位，繼續影響後來的羅馬皇帝。總的來說，羅馬不僅強盛，她的皇帝還是神明，並且被其他神明所祝福。錢幣無疑將羅馬的殖民理念和神化政權流露淨盡。換言之，錢幣是在整個帝國傳遞羅馬福音的最佳宣傳工具。無怪乎，有這麼多人願意離鄉背井湧入羅馬。尤有甚者，啟示錄以極大的篇幅，判定巴比倫在貿易方面的罪行。基於上述證據，凡與巴比倫通商的列國列民，都明白一項重要信息：如果你去羅馬，你必定興盛！

在商業的運作上，羅馬將不同的行業各自集中在不同的城市區域。這項非常重要的商業發展，顯見於街道的名稱（即玻璃街、香水街等）。[79] 因此，羅馬城非常可能，以行業來進行劃分。這種作法的目的非常簡單，讓人們能夠以團體的方式一起做生意。當時行業的團體身分意識非常強烈。只要是商業公會定規的，每個人都遵照而行。雖然這種運作含有民主自由的意味，但它對不願依循公會做法的人，卻缺乏情理的考慮。這是公會的一個缺點。常見有人將古代公會與現代勞工聯盟相提並論，但古代公會的涉及範圍，顯然比現代勞工聯盟來得更廣。現代勞工聯盟只為個人提供服務，但古代公會也關心整體行業的公共福祉。更確切地說，公會對與他們生活方式不同的人，有較嚴厲的處置。個人很可能因此遭受慘重的損失。舉例來說，這些公會的一些儀式，常與異教有關。尤有甚者，在不可能融入這種環境的情況下，基督徒被公會疏離。基督徒與異教的同行彼此分離，而異教的同行更是聯合起來，疏離那些持守猶太教和基督教信仰的同行。無怪乎，尼祿如此輕易地將罪名加諸在基督徒身上。如此說來，會堂和教會的存在，成為社會不可或缺的情境。

在上述論及的諸多挑戰下，每一個城市甚至在和平時期，都需要移民勞工來維持她的勤奮生產。不論我們是否同意現代的外來勞工政策，當時的移民勞工就像今天中南美外來的農業勞工一樣。他們在美國農業的低層工作中勞動。當時的移民勞工也像今天在香港家庭中，幫忙家務的東南亞勞工一樣。旅行的自由容許多人來到小亞細亞，尋求他們的黃金美夢。其他還有一些外國人來自戰俘的後代，他們也成為羅馬社會的一部分。普魯塔克對於凱撒大帝之將軍龐培的勝利記錄，進行了詳盡的國家列舉，他的研究顯示當時外國俘虜的多樣性與廣泛性（Plutarch *Pomp*. 45.1～3）。從現實的角度來看，尚未安居的外來者，勢必尋找相同種族的外來者，並且居住在相同的地區。因此，羅馬城有許多不同的種族區，而這些移民勞工則從自己的種族團體中獲得保護。很自然地，每個繁榮的城市都因著社會的變遷，而有不同的種族區。為了落地安居的需要，相同種族之間的相吸，與不同種族之間的分隔自然形成。

我很欣賞愛德華茲（Catherine Edwards）和伍爾夫（Greg Woolf）的類比。他們將可能由奧古斯都建構、並經提多完成的圓形大競技場（Colosseum），視為羅馬強盛勢力的隱喻。這個競技場揭示，羅馬在資源和人民兩方面觸及整個世界的能力。他們如此陳述：「巨大競技場所呈現的景觀，流露了羅馬城對於整個世界的掌控。競技者常來自與帝國距離甚遠的世界各角落。獅子、鴕鳥和大象來自非洲；熊來自達爾馬希亞（Dalmatia）；老虎來自印度；這些動物被送到羅馬，面臨牠們死在競技場的悲慘命運。」[80] 羅馬不僅藉著在世界各地設立法律，來施展她的權力，她更像一塊磁鐵一樣，使整個世界被她的魅力所吸引。埃克斯坦（Arthur Eckstein）的說法頗有道理：「並非嚴峻的軍國主義政策，而是羅馬同化外來者，和建立龐大穩固領土領導權的能力，使羅馬從其餘的城邦中脫穎而出。」[81] 在羅馬帝國之前，未曾有過任何穩定的法律和政治法規，能夠控制地中海區域的諸多王國。羅馬帝國所建立的法律穩定性，容許羅馬吸引萬民前來歸向她。俗語說：「條條大路通羅馬」，的確有其隱喻性的力量。

有時候，商業機會誘使一些人暫時停留在羅馬，他們甚至使用帳篷的居住方式（因此解釋保羅以織帳棚為業的原因）。另一些人住在吵雜的市場附近，以使自己能夠隨時把握獲得財富的商機。還有一些人在自己面向街道的門檻上建造商店，這種商店到處林立，使多米田不得不設立禁止再建的法令。[82] 這些情況導致羅馬的擁塞。而羅馬城的吵雜之音也不絕於耳（Martial *Ep*. 24

～28）。若從現代的標準來看，一般羅馬居民的都市生活經驗，實在令人無法忍受。根據學者，羅馬城內只有四條街道，可以被稱為「大道」（via）。所謂「大道」，就是具有八尺或以上之寬度的街道。[83] 街道的噪音從市場開市即開始，此後人們討價還價的聲音接續而來。街道的狹窄，使噪音無法外揚而更顯吵鬧。到了夜晚的時刻，唱歌、談話與妓女談價錢，加上偶爾傳來酒醉之徒的不雅歌曲，取代了白天的交易喧嚷。因為旅館、酒吧和許多餐廳，也被當作性交易的地方。這種反社會的行為實際相當正常與普見。

在不同宗教的特別慶典時，偶像遊行的熱鬧聲響更是交織了，藉此活動狂飲作樂的喧嘩。在這種過度擁擠的地區，狹窄的街道更為居住在其中的居民，創造一種黑暗、骯髒和潮濕的空間。雖然有一種被稱為「公寓」（*insula*）的多層公寓住宅（即拉丁文的「海島」），但城市的景觀還是因為密度的龐大，而像一灘髒亂的海洋。事實上，「公寓」並不是海島，為了方便的緣故，它們常被建在商店的頂上。學者無法確定這些城市的擁擠程度。它們的人口密度很可能相當甚或超越紐約的曼哈頓（Manhattan）地區。[84] 更糟的是，這些城市毫無現代的便利設施，下文將針對這項特徵作更深入的討論。

至終，當城市集結足夠的基金或得到羅馬的贊助之後，城市就可以在外圍地區再築一道城牆，以擴展更多城市計劃的空間。這些城市的發展方式，既不理想也不令人愉快。在安全的考慮下，生活的舒適被犧牲了。當然這並不代表奧古斯都之後的較新建設，沒有改善許多城市景觀，但這些改善相當參差不齊。舉例來說，公共廣場（forum）的建築，是每個城市所不可或缺的，因為它能夠促進商業和公共的活動。就像法庭和談話的場所，不時縮小居民的生活空間。[85] 具有新貌的公共建築物和綠地空間，實際成為窮人建立新住宅的攔阻。在整個城市無法汰舊換新的情況下，有些較古舊的地區即便遭受自然或非自然的災害，都無法加以改建。

除了過度擁擠的問題之外，這些城市的一般居民，也生活在非常低劣的生活水平中（Cicero *De Leg*. 2.35.96）。[86] 在具有曼哈頓的人口密度，卻沒有現代便利設施的情況下，一般居民的生活的確十分痛苦。甚至連羅馬出名的供水系統，都因社會階層的高低而異。尤有甚者，羅馬人相當善於設計公共場所的景觀。在較好的城區可見大理石，因為大理石不但展現明亮和美麗，同時傳達「我們使用大理石，因為我們做得到」的心態。無怪乎，奧古斯都如此以他的大理石建材為傲，這些大理石都進口自他在卡拉拉（Carrara；或稱「塔斯卡尼」）開發的採石場。[87] 事實上，來自是這些採石場的白色和藍灰色大理石，至今仍舊十分著名。大理石的確成為皇帝資源豐富的有力陳述。

羅馬的城市景觀，尤其是較好地區的公共場所，具有噴水池的重要特徵。因此，當慣於黑暗、擁擠與醜陋城市景觀的窮人，來到皇帝展現明亮與舒適之建築物的公共場所時，上層社會與市井小民之間的區別更加明顯（Juvenal *Satires* 3.193～202; Marial *Ep*. 8.14.5～6）。另外，在啟示錄中，水的隱喻也具有建築方面的意義。羅馬的城市時常使用導水管，將水從遠處引進城內。[88] 像羅馬這樣大的城市，就有將近十二個導水管，來供應一百萬居民的需要。[89] 這種技術對於羅馬的都市計劃相當有幫助。因為一方面水是衛生和生存的關鍵，另一方面也藉著供應公共場合的噴水池和花園綠地用水，而確保城市的優美。幾乎每一個重要的皇帝建築家，都建造人工湖（例如，奧古斯都、尼祿等）。這種奢侈的建築，顯然是為了炫耀自己的美名。然而，在優美的市景背後，卻有一般居民缺乏便利自來水的問題。我認為戴森對羅馬人擁有素質不差的飲水、污穢物處理和良好健康的陳述，代表許多古典學者過度樂觀的看法。[90] 如果健康這麼好，為甚麼死亡率這麼嚴重呢？

許多深為現代歷史學家所讚賞的公共浴池，並不是每個市井小民的現實生活。許多人以為在公共浴池內人人平等，沒有任何社會階級的區分。這種流行的看法，並非城市可以達到的理想。大多數人都不知道，公共浴池對那些不用忙碌工作的上層階級特別有利，因為只有他們才有時間，閒泡在公共浴池中。更糟的是，當時尚未有肥皂的發明。因此，想要使用公共浴室的人，最好自己準備橄欖油和香水以免難堪。即便市井小民可以去公共浴池，在羅馬濕熱的夏天中，他一天究竟可以去幾次呢？我曾經去過一個以公共浴池聞名的英國城市。相當適切地，這個城市名為"Bath"。當地的公共浴池不但美麗並且寬廣，但就它們的大小來看，它們不可能同時容納上層社會人士和一般市井小民。這是絕對不可能的。因此，即使在理論上每個人都可以使用公共浴池，但擁擠的問題將使一些人退而怯步。不過，在我們有關公共浴池有限容納量的討論上，我們也可以將我們的推測倒轉過來思考。為甚麼呢？答案其實相當簡單。因為上層社會人士可以將優質的用水引進自己的別墅中，並且可以安置良好的穢物處理。有些別墅的浴池設備，竟然像游泳池那麼大。如此說來，他又為何需要使用公共設施呢？另有一些不如此富裕的人，則到私人公司經營的較小浴池。雖然他們必須繳交費用，卻可以避免公眾擁擠的問題（Fronto *Ep. Gr.* 5）。無論如何，公共浴池的大小響亮地訴說，羅馬城和整個羅馬帝國的階級不等和生活不適。

另外值得一提的是，羅馬城市的一般居民沒有自來水管接到家中。他必須拿著自己的水桶，到城市的水井或公共的噴水池取水做為家用。只有上層社會分子才有能力，使用水管將水從公共噴水池和公共浴池接到自己的家中。對於其餘的人口來說，城市的生活毫無衞生或舒適可言。並不是每個房子都有公共廁所。許多人必須依賴家裏的便盆來排洩。較好的住宅可能有自己的廁所，或與其他公寓（即"*insula*"）居民共同使用的公共廁所。遑論他們是否能夠常常洗澡和洗衣服了。因為每個家庭的供水，幾乎僅夠飲用和烹調而已。何況當居民洗衣服時，他們掛起來晾乾的衣服，使原本已經十分潮濕的情況變得更加嚴重。甚至連滴水連連的捕魚網，都被掛起來曬乾。令人痛苦的是，人常常和動物同住。因此，戴森如此說：「鄉下確實比主要有城市來得健康。」[91] 至少現代的紐約人或香港人，不需要和家畜住在一起，並且擁有自己的私人浴室。

容許動物四處走動並隨意大小便，使羅馬的每個城市既吵鬧又髒亂（Seneca *De Ira* 3.35.5）。即便使用現代正確的穢物處理方式，羅馬城市的密集度，都將成為科技的挑戰。更何況當時並沒有正確的穢物處理方式，因此羅馬的城市生活一點也不健康。敞開的下水道流經整個街道，成為居民和商人倒垃圾的地方。有時候，一些沒有良心的人還缺德地將廢物從上倒下，成為狹窄城市街道的危害物（Juvenal *Satires* 3.268～277）。[92] 立法者曾經嘗試制定公共清潔的法律，這些法律包含在夜間處理垃圾的規定。但這些法律幾乎都未能真正實施。禁止「拋糞便」的根本事實顯示，有部分人口不知道，或根本不在乎公共衞生。當時夜間的垃圾公司必須處理排泄物的情形，更加揭露人口有過多廢物，以及過少下水道的問題。在每個炎熱的夏季中，蒼蠅和其他害蟲處處可見。在這種情況下，任何一種可能發生的水災，都將嚴重地危害公共的健康（Horace *Odes* 1.2.13～20）。使羅馬人可以在奧斯他（Ostia）港口，藉著航運通商的台伯河，常是導致許多水災的原因。不幸地，有許多被謀殺的屍體也被丟棄在這條河中。事實上，聲名狼藉的羅馬水災，要到一八九〇年代才被真正地控制。[93]

骯髒街道和季節性水災的雙重問題，使得城市成為疾病滋生的溫牀。而疾病的傳染則導致高度的死亡率，和一般居民平均壽命的短少。城外的垃圾處理，更使問題惡化，因為在無人認領的情況下，被釘十字架的罪犯的屍體也被扔在垃圾堆中。就像任何一個現代城市，某些季節有較高的可能性發生流行性疾病（例如，美國冬季的流行性感冒季節；東南亞夏季的熱帶疾病）。銘文證據顯示，某個季節（即秋季）的死亡率最高。[94] 從八月到十月，人們死於像虐疾這種定期爆發的疾病。如果死亡的季節從九月開始，那麼很可能有些人從夏季末已經開始生病，因為這是羅馬最熱和最潮濕的時候。這種濕熱的氣候，是疾病滋生的最理想環境。而在十二月到二月的冬季中，則可能因為寒冷的氣候而使嬰孩的死亡率增加。[95]

我自己曾經在早秋的季節去過羅馬，可以證明羅馬那種很令人不舒服的潮濕感（這地方不像佛羅倫斯，秋季的氣候已經相當令人愉快）。好像本地的情況還不夠糟糕，移民的湧入，更從外地進口一些本地居民毫無免疫力的細菌。司空見慣的死亡，為一般羅馬人帶來無限的悲傷。而基督徒和非基督徒的惟一差別，就在於他們對於死亡的看法。學者發現，基督徒的墳墓非常有助於研究，因為基督徒將死者進入永恆與主同在的日期，準確地刻印在墳墓上。[96] 對於基督徒而言，死亡是新生的高潮點或一種永恆的重生。而異教徒則將死亡視為一種不確定之事，並且可能是存在的永遠中止。因此，他們對於死亡日期的記錄，自然比較不準確。換言之，用現代的話語來說，羅馬是醫生夢想的天堂，因為他們的事業必定相當成功。在如此惡劣的健康情況下，啟示錄作者約翰能存活到高齡，的確是一項大神蹟。就拿用水供應來說，沒有現代的淨水處理，水將充滿各樣活生生的有機體。雖然羅馬人並非完全忽略公共衛生的議題，但當時的都市化模式，不可能有效地控制公共衛生。死嬰被棄的基本事實，就助長了致命性疾病的傳染。這就是羅馬城市的痛苦。這些光景清楚解釋，為何每個城市必須向羅馬爭取更多基金，來擴展城市的平方里和改善生活的品質（即衛生和生活空間）。

3.7 羅馬——都市的經驗

3.7.1 引言

如同前文的討論，羅馬吸引萬民前來。因此，思考一般羅馬居民的都市經驗，就變得格外重要。下文的討論將以兩項議題為焦點：影響羅馬巨大的自然和社會災害。

3.7.2 羅馬：自然災害的城市

除了過度擁擠和低質生活的問題之外，一般的羅馬城市還面臨另一項挑戰：自然災害對其建築物的衝擊。在一項針對奧古斯都時代之羅馬的可靠研究中，法夫羅記載從公元前六十年到公元十五年之間（即整個奧古斯都統治時期），自然災害幾乎每年都發生。這些災害造成極嚴重的財物和人命損失。她的研究顯示，暴風雨（公元前 60、43、23 年）、地震（公元前 59、49、47 年；公元 5、15 年）、水災（公元前 54、52、44、34、23、22、

13、5 年；公元 5、12 年）、火災（公元前 52、50、47、38、34、31、29、21、16、14、7 年；公元 3、6、12 年）、飢荒（公元前 40、23 年；公元 6、8 年）、蝗災（公元 9 年）和瘟疫（公元前 56、49 年；公元 5、15 年），連續打擊羅馬的城市。[97] 極為幽默地，在屋大維變成「奧古斯都」的那一晚，台伯河發生水災淹沒羅馬城。而同一年，羅馬城也遭受許多其他自然災害的咒詛。如同先前的討論，小亞細亞也連遭地震之災。羅馬更是飽受火災和水災之苦。

狹窄的街道毫無紓解痛苦的功能。因為高度的人口密集，有許多住宅被隨意加蓋，以容納不斷增長的人口。就像現代人口稠密的大都市一樣，漆在牆上的畫或文字也到處可見。當時的建築物沒有現代鋼鐵加固的技術，因此無法預防建築物在地震時倒塌。羅馬人向來以他們的石造建築物聞名。然而，地震向奧古斯都引以為傲的大理石建築物，發出了輕蔑的嘲笑。奧古斯都以大理石取代磚塊，但這些建築，很可能都是由營養不良的鄉下人以雙手造成的。雖然大理石或磚塊具有防火的特性，但兩者卻是地震帶最糟的建築材料。當地震發生時，沒有現代技術加強的石造建築物，常常成為死亡的陷阱。這也是現今美國的加州不容許純粹磚塊建築物存在的原因。因為自然災害對這些低科技建築物所造成的衝擊，羅馬的城市常處於拆毀或重建的狀態。因著這些建築活動，許多破瓦殘礫隨之產生。在人口密度極高的地區，僅是拆毀建築物的灰塵，就使空氣髒亂異常。對於繁忙於生意的行路人來說，這種空氣實在難以忍受。

多家合居的房屋，是每個人口稠密的城市的顯著特徵。然而這種住宅卻是另一種災害的禍因。在一層覆蓋一層的普通房屋建築中，防火安全的問題成為迫切的議題，其中尤以木造的房屋最值得關切（Tacitus *Annals* 15.35～43）。因為羅馬人沒有煙囪、火爐或壁爐，他們的房屋常常充滿食物的味道。有時候，在木材或煤炭燃燒的爐子上準備燒烤的佳餚，更使房屋陷入嚴重火災和危害健康的情況中。火災不但燒燬起火的房屋，還因房屋與房屋之間的近距離而快速蔓延。以現代的例子來說，這種情況就像一九〇六年舊金山大地震和隨之而起的火災一樣。當時舊金山已經有救火公司和消防軟管的設備，靠近消防栓的房屋可以免於被燒毀之災，但遠離消防栓的房屋就無法倖免。遑論在一世紀大火時，救火的組織相當有限，而水的使用也僅限於水桶的輸送（Martial *Ep.* 3.52）。當大火蔓延時，水桶根本無法發揮滅火的作用。另外，在舊金山火災時，有許多趁機搶劫的匪徒出現。這些匪徒迫使警察局下令，凡看見匪徒公然作案的，可以當場將其格殺勿論。我實在無法想像資源有限又過度擁擠的羅馬，將如何面臨這種混亂的情況。

至少舊金山設立了難民營，來安置這些無家可歸的人。然而，一世紀不可能有這種制度存在。尼祿嘗試發明一種新的房屋建築風格，也就是在多家合居的建築物前面加蓋門廊，以使救火人員可以從陽台進行滅火。然而，奴隸以水桶滅火的救火隊，實在無法發揮太大的功能。[98] 無怪乎，在尼祿統治的時期，羅馬的大火令人恐怖地出名。火向尼祿的發明，發出無情的嘲笑！在約翰的時代，大約公元八十年左右，羅馬發生一起燒燬無數房屋的大火。多米田藉此機會積極進行他的建築計劃，以恢復羅馬的榮耀（Dio Cassius 66.24.1～3）。在本質上，多米田是「新」羅馬的建築設計者，他的建築計劃的偉大足可媲美奧古斯都的「新」羅馬。

除了水災和火災的自然災害之外，飢荒的災害也值得一提。

為了理解飢荒的意義，我們必須一先明白食物是一種社會現象。一般而言，我們對當時食物的了解，大致來自上層社會分子的筵席房間，和我們在考古遺址發現的陶器瓶罐（例如，儲藏蜂蜜、食物和酒的罐子）。食物的確是社會階級、財富和好客的指標（按此次序），此項觀察可在公開和私人的筵席中清楚展現。在公開的筵席中，人們期待國王藉著巨大的筵席來顯示他的好客程度。有時國王的筵席，竟然超過二萬桌以上。這種筵席反映出他是有權又慈善的贊助者。在勝利的歡慶中，國王邀請一般的公民前來赴宴，以同享羅馬的榮耀和權勢。而在私人的筵席中，羅馬的上層社會分子喜歡與同等地位的人一起享受盛宴，以建立政治計劃和聯盟。

飲食不僅是吃喝而已。西塞羅（Cicero *ad Fam.* 9.23.3）提到：「我並不考慮身體的享樂，而是社區、生活習慣和精神的娛樂，而會話則是達致這一切的最有效工具，其中尤以晚宴中的會話最令人愉快。」許多墳墓繪畫帶有筵席的景象，這些繪畫未必是來生盼望的表達，它們也傳遞死者顯赫的社會地位，因為他在生前有能力舉辦這種筵席。下列的墳墓碑文或許可以說明，當時有關筵席和死亡的一般情懷：「將酒混合，暢快飲下，帶上花圈並且不要拒絕和漂亮的女子作愛。當死亡來臨時，地和火將吞滅其餘的一切。」[99] 在巨大石棺的棺蓋上，可見許多坐在筵席中和正在歡宴的雕像。這些雕像無疑顯示棺內死者的上層社會地位。在沒有碑文吹噓死者的成就之下，這些雕像就像文字圖畫一樣，生動地誇耀死者的社會地位。[100] 信息實在清楚已極。有時候，筵席會藉著死者之名舉辦。換言之，甚至在死後，還有人會炫耀死者生前的地位。

根據龐貝城的遺物證據，在奢華的上層社會筵席中，有一種僅供三個人使用的桌子，這三個人坐在像牀一樣的長沙發上。[101] 另外，還有像小隔間的 U 字型雅座（拉丁文稱為“*triclinium*”），因此所有的客人未必常有彼此接觸的機會。雅座的擺置方式，具有只讓相同階級的人互動接觸的目的。在主要餐點之後，男人開始大量飲酒；可敬的婦女（例如，妻子們）一般都不會出現在這種場合。而出現在這類政治社會場合的高級妓女（即較不受尊重的婦女），則一直延續到歐洲的十九世紀。更確切地說，筵席彰顯現世生命的最高享受，和社會僵硬階級制度中的個人地位。在這種上層社會的環境中，窮人扮演富戶的僕人的角色，以局外人的身分，注視主人的豐富資財。最高位的桌子和現代的中國筵席非常相似：中間的桌子。在殘酷的現實中，沒有多少人可以成就他們嚮往的財富。許多市井小民繼續營養不良和飢腸轆轆的生活。許多墓碑上的筵席景象，代表一種美好來生的盼望。在筵席中，那些不符合條件的人永遠無法進入筵席的內圈。鄧巴賓（Katherine M. D. Dunbabin）為階級區分作了十分美好的總結：「在古代世界中，躺臥著吃喝，又有其他人站在一旁侍候你，不啻是一種權力、殊榮和名望。」[102] 總的來說，食物是一種社會界限的標誌。

當社會經歷某種食物短缺時，窮人將變得極度赤貧。飢荒的定義因學者而異。有些學者將持續發生的食物短缺視為飢荒，另有些學者則將這種情況定義為食物短缺。不論飢荒的定義為何，如同加倫的古代醫學作家，將短缺發生時，人民所吃的食物種類記錄下來（Galen *Ars Medica* 6.522～523, 546, 551, 749f）。人民會吃球莖、根莖、樹皮、野生的藥草、煮過的青草、野草和餵養動物的低劣穀類。[103] 加倫所關切的是健康的問題。但這張有限的列舉明細顯示，對一般人口來說，食物短缺是如何恐怖的事。當食物短缺太常發生時，人民不僅不高興，還會變得焦躁不安，甚至彼此掠奪。引述古代文獻和現代考古學對於人類遺骨的發現，加恩西（Peter Garnsey）為古代營養不良的人可能帶有的各種疾病，勾描了一幅可怕的圖畫：膀胱結石、眼疾、性無能和其他傳染性疾病（參 Pliny *NH* 25.7.23; 30.21.65～68）。[104] 同樣嚴重的是，營養不良的父母所生的嬰孩。這些嬰孩常具四肢畸形和免疫力低落的問題。因食物短缺而導致的營養不良，經常造成大量的死亡人數。無法避免地，悲痛隨著食物的短缺而來！

3.7.3 羅馬：社會病態的城市

當大量人口移入羅馬之後，羅馬連帶地產生了腐敗的結果。雖然羅馬嘗試吸引列國前來歸向自己，但移民的模式卻導致種族羣體之間的分隔，並且威脅了當地的羅馬居民。雖然人口移入，但這些人不覺得羅馬是他們的家，因為他們不識字。就是識字的人，也無法閱讀拉丁文，而拉丁文正是宣傳羅馬文化之優越性的語言工具。畢竟，當時沒有語言課程，讓低下階層的人有學習語言的機會。或許這個語言的障礙，正是從凱撒大帝開始一直到奧古斯都時期，都有外國語言戲劇公演的原因了（Suetonius *Iulius* 39.1; *Augustus* 43.1）。身為不識字的外國人，移民需要更多時間才能融入社會。在這個大熔爐中，人與人之間的障礙沒有消除。與其成為十足的羅馬人，許多種族羣體仍然保持他們的衣著、身分和習慣。漸漸地，羅馬人自己也成為首都中的外國人。[105] 這種危機很可能在奧古斯都之前已經存在（早在公元前 131 年），因為我們發現政治家強調婚姻和孩童的重要性的證據（*Fr. 6 Malcovati. L*）。[106]

在《古羅馬：城市規劃與行政》（*Ancient Rome: City Planning and Administration*）一書的引言評論中，魯濱遜以下列方式描述這種情況：「大量的移民，被高度的死亡率虛弱不堪地平衡。」[107] 同時，奴隸和較低階級的外國人，則服事日益縮小的上層社會人口。無怪乎，保羅對於上帝接受所有人的強調，具有使人信主的特種吸引力，這種力量尤其可見於羅馬書九至十一章。如同前文的討論，如果羅馬人丟棄他們的女性孩童，必然有段時期會有繁衍後代之女性的短缺。如此說來，羅馬自身的人口，絕對無法趕上移民的嬰孩出生率。[108] 難怪羅馬人有時會讓孩童成為他們凱旋遊行的一部分，以展現他們對於羅馬人生殖能力的驕傲。在這種場合中，被擊敗之敵人的孩童也羞恥地出現在行進隊伍中，以顯示被征服者面臨滅種的慘況。雖然羅馬的屬民不斷地移入羅馬，而羅馬人也深知自身的危機，但羅馬人仍試圖帶上勇敢的面孔，以控制他們的屬民。真正羅馬人的繁衍，在抵銷羅馬人口的快速變遷上，擁有關鍵的重要性。而隨著外國人的急劇增長，資源的使用也到了極限的地步。最後，移民的數目將使羅馬有更多人口，但他們個人所擁有的卻愈來愈少。大部分的資源都集中在少數上層社會分子的手中。在這種都市遷移的模式下，階級的差別更顯巨大！

不像上帝要求祂的子民，務要公平對待窮人一樣，羅馬人並沒有這種宗教體制和觀念。在對待窮人的社會公義方面，羅馬人沒有宗教的道德（像猶太教或基督教），因此導致社會的不安。那些沒有物質用品的人，就以犯罪的方式求取財富。這種情形屢屢可見，因為職業和住屋都無法應付日益湧進的移民的需求。人口爆炸的結果，帶來房價的膨脹。人們根本無法負擔生活。對許多移民來說，尋求財富的美夢頓時變成一場惡夢。在這種情況下，如同今日的暴徒，就被不同的人雇來進行嚴重的犯罪活動（Suetonius *Augustus* 32.1）。在羅馬城內，甚至在光天化日之下，四處走動都不安全，何況在夜間了（Varro *Rust. III* 1.2.2）。無怪乎，瘋狂又無聊已極的尼祿在夜間閒逛羅馬街道時，都需要一羣匪徒朋友作伴。如果他單獨夜行，他的安全都可能受到嚴重的威脅。事實上，甚至有匪徒朋友同行，他還是在一次夜遊中被猛打一頓。

除了邪惡街道的小規模社會妨害行為之外，羅馬城市也有其他更嚴重的社會病態存在。有時候，低劣生活質素所造成的巨大痛苦（例如，低落的食物供應、高度的失業率），或不同種族羣體之間的衝突，造成暴動的爆發。個人之間的報復，也常以暴民用石頭砸死人的暴力形式出現。這種情形不僅發生在基督徒身上，同時也發生在許多其他人身上（參徒七 58，十四 5；Cicero *In Verr*. 2.119；Tacitus *Annals* 14.45）。人口過多的問題，使資源的供應經常面臨緊縮的危機（Tacitus *Annals* 6.13; 12.42）。甚至共和政體晚期和奧古斯都普及推行的穀類自由分配，都無法完全消除都市窮民的不滿。飢餓的腸胃產生不滿的人民。就是在現代，嚴重的食物暴動也在像海地和埃及一樣的國家發生。另有些時候，暴動也可能在戲院或馬車競賽的場合發生，很像現代發生在運動場的足球暴動。

奧古斯都是第一位設立警察制度，來控制犯罪活動的羅馬統治者。[109] 在很多暴動案例中，不僅來自軍隊的正規警察（多達四千五百人，分成三連），還有羅馬御衞隊的護衞都必須介入暴動的平息。這些軍事人員是否可以正確地被視為警察隊，仍是學者之間的辯論議題。[110] 在需要如此多的警察介入暴動平息的情況下，我們可以想像當時暴動的嚴重程度。問題是當時的居民，沒有現代這種便利的手機可以用來報警。因此，警察的派遣實際非常緩慢。如果不法的事情發生在夜晚，有人必須跑去夜間值班的辦公室（即一種市民的看守夜更），或像警察局一樣的城市長官那裏報告。在來回的時間內，生命和財物的損失已經發生。當時守衞（警察）必須攜帶刀劍和短匕首的事實，顯示他們在工作上的危險性。他們不像現代的警察只需攜帶警棒，就能執行任務。當時的衝突常以徒手壓制或短刀搏鬥的形式發生，因此彼此衝突的人不是喪失生命，就是喪失胳膊和腿。再加上縱火者的惡行，大火常是暴動的悲慘結果。如果不滿的退役軍人再加入暴動，那麼他們非凡的戰鬥本領，將對嘗試控制暴動的警察，造成致命性的危險。在不安定的時刻，城市首長的惟一盼望就是，憤怒的羣眾能夠離開現場，而不是引發暴亂。

有時候，地方統治者（例如，大希律）的死亡，都可能引發來自各方的暴動，因為這類統治者在生平時，常以壓制人民的手段統治國家。[111] 強盜常常利用這種機會為個人圖利，與現代世界各處發生的暴動不無兩樣。很多時候，軍隊被召來參與平息的行動，因為地方當局無法壓制混亂的局面。其中尤以公元七十年耶路撒冷的毀滅，為最極端的個案。當人民警覺城市的福祉受到威脅時，他們變得十分緊張，因為他們的生活處在危急關頭。在建築物被火燃燒，又沒有正式救火公司存在的情況下，城市只能任憑暴動者和匪徒的宰割。長官被徵召來支援政府的事實，顯示大都市情況的危險。按理想來說，長官的辦公室應該在城市各地被設立，以預防人為災難的發生。但直至目前，根據羅馬都市化的圖畫來看，「羅馬和平」不過是一種神話和帝國的宣傳罷了！

了解羅馬這偉大城市的神話，最好從比較一般居民的苦境和上層社會的奢華為開始。羅馬的上層社會分子，就像典型的維多利亞時期英國鄉紳和貴婦一樣，並不生活在與平民一樣痛苦的境況中。他們在郊區或鄉村的莊園，總是成為引人生趣的話題，因為它們為羅馬彩繪了一幅美好的景象。現在讓我們將注意力轉向羅馬的別墅，它們坐落在最方便與舒適的地區。為甚麼我們需要觀察別墅呢？因為別墅代表羅馬生活的最高點，它與城市中破敗的貧民區恰適相反。[112] 羅馬上層階級的最優質生活，能夠和新耶路撒冷相比嗎？極幸運地，有許多文獻和考古證據，據實地為我們提供許多坐落在涼爽山丘或海邊的別墅資料。小皮里紐（Pliny the Younger）的書信為他自己的別墅經驗（Pling the Younger *Ep.* 2.17），留下了豐富的描述。

在許多方面，羅馬的別墅可以和新耶路撒冷的經驗相比。例如，兩者都安適無比。有些別墅在地板下裝置暖氣爐的暖氣系統，以使居住者在嚴冬還能享受溫暖。尤有甚者，許多別墅掛滿藝術作品以娛眼目，其中不乏神話故事的景象、男女交歡的圖繪，或具有鄉村風味的田園景色。這類藝術作品有些來自軍事戰利品。因此，將軍常將最好的藝術作品收藏為己用，以顯示自己的功勳偉績。當這種裝飾變得日益複雜與包羅萬象時（無鑑賞力地？），羅馬的上層社會分子，顯示一種收集代表生活中最美好之事的癖好。包含性、宗教和田園景色的藝術品，琳瑯滿目地掛在別墅的牆壁上。這種「愈多愈好」的傾向，甚至導致建築家維楚維斯的批評（Vitruvius 7.5）。[113] 更確切地說，別墅是藝術鑑賞家賞心悅目的欣賞對象。它不僅展現優質的審美品味（或毫無品味），並且容許視覺上的高度享受。上層社會分子不必踏出別墅一步，就可經驗羅馬所能供應的一切美事。總的來說，羅馬別墅中的各樣享受，可算是應有盡有！

上層社會分子之間的生意交易，都在家中進行。一般來說，羅馬的房屋都有中庭的設計，這與小亞細亞的希臘式房屋大異其趣。希臘式的房屋沒有中庭。根據奧古斯都的建築家維楚維斯，比較貧窮的人民不需要這種寬敞的公共空間，因為窮人有義務拜訪上層社會分子，而上層社會分子則不需拜訪他們（Vitruvius 6.5.1～2）。公共空間是顧客和一家之主（*paterfamilias*），每日進行交易的地方。[114] 西塞羅幾乎抱怨他的別墅擠滿人羣（Cicero *Ad Att*. 2.14）。事實上，顧客與他的贊助人會面，已經成為每日的例行公事。這種會面大約在早上九點鐘左右，是早上必做的第一件事。[115] 更進一步地，顧客進入別墅的區域範圍，和他的地位有關。進入的權利來自地位。家庭的奴隸藉著交通的指揮，來控制進入的管制。當贊助人忙於大部分屬於政治性的每日例行公事時，不需要照顧商店的人，就幫助贊助人處理其他事務。比較隱蔽的會議室（cubiculum），只有主人和享有特權的顧客可以在此討論生意。這個地區的出入，也由專門的奴隸（*cubicularius*）來掌控。可見，別墅成為具有階級意識之社會的縮影。

究竟我們能夠從上述階級意識和帝國都市化的圖畫，作出何種推論呢？事實上，七印中的六印在六章 1 節到八章 5 節的經文中，相當準確地總結了都市化的問題。因為約翰不僅漆畫了羅馬征服的圖畫，並且有意地將其與天庭相對照，就像屬於羅馬的城市，應該和天上國度相對照一樣。在某個層面上，六印全部和政治相關（即天國導向）。第一和第二印，與征服、帝國主義和戰爭相關（啟六 1～3）。毫無疑問地，在諸多征服和戰爭之下，羅馬並非一天造成的。尤其悲慘的是，羅馬的戰爭包含無數的內戰，數以萬計的生命在愚蠢的權力鬥爭暴力中喪失。在尼祿和多米田死亡之間，至少有五位皇帝交替統治：加爾巴、奧托（Otho）、維特利烏斯（Vitellius）、維斯帕先和提多。加爾巴統治大約半年就喪命。當時的羅馬帝國分裂如下：西班牙的軍隊擁護加爾巴，羅馬的御衞隊選出奧托，德國軍隊偏向維特利烏斯，而埃及的軍隊則支持維特利烏斯。然而，提多藉著完全征服耶路撒冷的戰績，平服了其他皇帝。

另外，第三和第四印，與食物短缺、農耕地經營不善、戰爭、瘟疫和死亡相關（啟六 4～7）。許多古典學者錯誤地為羅馬帝國圖繪一幅持續富足的畫像。他們的錯誤來自希羅文本對於暴食的定罪，但這些文本都是根據上層社會分子的觀點而寫（Seneca *Ep*. 95.15）。[116] 管理帝國的上層社會分子從來不缺乏食物，但平民卻很可能正在忍受飢餓的痛苦。如此說來，食物成為地位的指標。食物具有政治的意義。平民的經驗可能來自十分恐怖的形式。據稱當時有吃人的習慣。加倫記載，人吃起來很可能像豬的味道。[117] 當我們突然從平民的角度來觀察羅馬人的經驗時，食物的圖畫就不再那麼美麗了。更糟的是，第五印顯示聖徒受到逼迫（六 9～11）。

第六印引進在小亞細亞相當普遍的地震（啟六 12～14）。無論如何，地震總要發生，但都市化卻使地震成為更致命的災害。在地中海的歷史上，地震曾經是土地侵蝕的主要原因。地震學家為幾種不同型態的火山爆發特別命名。其中有一種尤具致命性的地震，以著名的羅馬律師和作家小皮里紐的名字為名。更確切地說，小皮里紐記錄了意大利南部拿波里（Naples）的維蘇威山（Vesuvius；即現代的 Vesuvio）的爆發（Pliny the Younger *Ep*. 6.16.20）。因此，科學家根據小皮里紐的名字，將這種致命性的爆發形態稱為皮里紐式（Plinian）爆發。這次的爆發事件很可能在一些約翰讀者的腦海中，仍記憶猶新。這個火山爆發事件發生於公元七十九年八月。致命的火山灰燼、岩石、事實和有毒氣體，四散至周圍三十英里之處，毀滅了龐貝和赫庫蘭尼姆（Herculaneum）這兩個主要城市。在早於這個悲慘事件的十七年前，這個地區已經發生過猛烈的地震，導致嚴重的損害和人命的喪失。若從人的生命、動物的生命和建築的材料來看，皮里紐式形態的火山爆發，是一種最致命的災害之一。

當時，皮里紐（Pliny）記載地震的書信，是為歷史學家和好友塔西圖（Tacitus）而寫的。如果上層社會分子都以如此生動的措辭，描述這種災難的經歷，那麼平民必然感受加倍的痛苦。因此，這個地震成為眾所熟悉的知識，因為希臘人和羅馬人都將這個火山，視為神話大力士海克力斯（Hercules）的聖山。另外，希臘的地理學家斯特拉波（公元前 63 年～公元 24 年），奧古斯都的建築家（約公元前 70 年），和意大利南部城市西西里（Sicily）的狄奧多羅斯（Diodorus，公元前 90～30 年），也都記錄火山的活動。希臘的歷史學家普魯塔克（Plutarch），以及一位較皮里紐年長的作家，也為另一次的火山爆發留下記錄。據稱當時噴向高空的致命火山岩漿和有毒氣體，使得天空成為一片火海。其他人則提到，煙霧瀰漫的天空將太陽都遮蔽了。這些描述不正像第六印的災害嗎？甚至到如今，維蘇威山的威力，還是被眾人所懼怕，並且被列在最危險火山的名單上。

今日，從意大利東北部到南部（例如，維內多〔Veneto〕、塔斯卡尼地區、拉丁姆〔Latium〕等），處處可見溫泉名勝。這些都是大量火山爆發所產生的結果。事實上，到意大利一遊的現代觀光客，至少有將近二十處的火山地區可以玩賞。既然在帝國之內，有如此漫長和持續的火山災難，約翰自己和原始讀者想必相當熟悉這些甚為普通的描述。舉例來說，六章 12 至 16 節的描述顯示，居住在都市區域的人為了躲避地震和火山爆發的災難而四處奔逃。尤其是都市區域的建築方式，更容易受到嚴重的損害。而隨著火山爆發而引發的各樣災難，更是強調了帝國主義的缺失。無怪乎在六章 15 至 16 節中，從國王到奴隸（即帝國制度裏所有不同階層的人）的各種人等，都驚惶懼怕。誰不怕呢？那些住在奢侈磚造大房子的人，將遭受建築物倒塌在他們身上的災難，而那些住在小木屋廉價公寓的人，將面臨房屋成為火災死亡陷阱的厄運。縱使帝國主義建造在清楚劃分的社會階級之上，火山卻無視社會階級的區別。火山，是大自然顯示人人在上帝眼中完全平等的一種方式。

註釋：

1 Catherine Edwards, *Writing Rome: Textual Approaches to the City* (Cambridge: Cambridge University Press, 1996), p.17.

2 Lionel Casson, *Travel in the Ancient World* (Baltimore: Johns Hopkins, 1994), p.124.

3 Andrew Wallace-Hadrill, *Augustan Rome* (London: Bristol Classical Press, 1993), p.1。相似看法，參 Kristina Milnor, *Gender, Domesticity, and the Age of Augustus* (Oxford: Oxford University Press, 2005), p.95。

4 Peregrine Horden and Nicholas Purcell, *The Corrupting Sea: A Study of Mediterranean History* (Oxford: Blackwell, 2000), p.10；這裏指出，這個傳統可以遠溯至公元前一千年黎凡特（Levant）的閃語中。

5 Martin Goodman, *Rome and Jerusalem: The Clash of Ancient Civilizations* (New York: Knopf, 2007), p.30。古德曼的著作滿有極好的資料，但仍採取上層社會的角度，並展現羅馬帝國美好的一面。

6 Goodman, *Rome and Jerusalem*, pp.86, 89.

7 Geoffrey Rickman, "The Creation of *Mare Nostrum*," in David Abulafia (ed.), *The Mediterranean in History* (London: Thames and Hudson, 2003), p.127.

8 Nicholas Purcell, "The Boundless Sea of Unlikeness? On Defining Mediterranean," in Irad Malkin (ed.), *Mediterranean Paradigms and Classical*

Antiquity (London: Routledge, 2005), p.14.

9 對錯模式的對立，常常錯失任何地中海研究的重點。甚麼是對的呢？模式可以針對研究的目的來設立：從人種誌、海洋學、人類學、環境科學、古代歷史，到地理學等各種不同的研究角度。畢竟，模式的絕對性，並非如此絕對。有關何種模式較佳的討論，參 Ian Morris, "Mediterraneanization," in Irad Malkin (ed.), *Mediterranean Paradigms and Classical Antiquity* (London: Routledge, 2005), pp.30～37。

10 有關羅馬城邦的進展，參 Arthur M. Eckstein, *Mediterranean Anarchy, Interstate War, and the Rise of Rome* (Berkeley: University of California, 2006), pp.118～180。

11 一些優質的討論可見於 Susan E. Alcock, et al (eds.), *Pausanias: Travel and Memory in Roman Greece* (Oxford: Oxford University Press, 2001), pp.3～57。

12 Horden and Purcell, *The Corrupting Sea;* W. V. Harris (ed.), *Rethinking the Mediterranean* (Oxford: Oxford University Press, 2005).

13 Paul Zanker, *The Power of Images in the Age of Augustus*, trans. Alan Shapiro (Ann Arbor: Michigan, 1990), p.39.

14 Lin Foxhall, "Cultures, Landscapes, and Identities in the Mediterranean World," in Irad Malkin (ed.), *Mediterranean Paradigms and Classical Antiquity* (London: Routledge, 2005), p.75；這裏指出科技的連結是一個重要關鍵。今天，科技擁有全球化的文化。

15 Casson, *Travel in the Ancient World*, p.149.

16 Lionel Casson, *Ships and Seamanship in the Ancient World* (Baltimore: Johns Hopkins, 1995), pp.201, 203～213.

17 Casson, *Travel in the Ancient World*, p.159.

18 Alain Bresson, "Ecology and Beyond," in W. V. Harris (ed.), *Rethinking the Mediterranean* (Oxford: Oxford University Press, 2005), p.114.

19 Casson, *Travel in the Ancient World*, p.121.

20 W. V. Harris, "The Mediterranean and Ancient History," in W. V. Harris (ed.), *Rethinking the Mediterranean* (Oxford: Oxford University Press, 2005), p.15.

21 Casson, *Travel in the Ancient World*, pp.155～156；提供許多有關迷信的資料。

22 Fernand Braudel, *The Mediterranean and the Mediterranean World in the Age of*

Philip II (New York: Harper, vol. 1, 1949; vol. 2, 1973)。在這麼多年之後，這個重要的著作仍是地中海研究學者回應與互動的對象。我必須附加一點，若與古代地中海的情況來比較，現代學者對於極端多樣性的強調，其實比較適切現代的地中海文化和政治。現代的地中海區域，已經沒有任何帝國存在。當帝國存在時，融合在殖民者和被殖民者之間發生，因此兼具統一和多樣性的特色。

23 Rickman, "The Creation of *Mara Nostrum*," p.138.

24 Horden and Purcell, *The Corrupting Sea*, pp.11～12.

25 有一個重要的原因，使波力比阿斯（Polybius）的記錄更加值得注意。原來，波力比阿斯是征服漢尼拔之勝利者西庇阿（Scipio Africanus）的客人。參 Rickman, "The Creation of *Mara Nostrum,*" p.130。

26 Ittai Gradel, *Emperor Worship and Roman Religion* (Oxford: Clarendon, 2002), p.61.

27 Zanker, *The Power of Images in the Age of Augustus*, p.41.

28 Mary R. Lefkowwitz and Maureen B. Fant, *Women's Life in Greece and Rome: A Source Book in Translation* (Baltimore: Johns Hopkins, 1992), pp.147～149.

29 Cornilius van Tilburg, *Traffic and Congestion in the Roman Empire* (London: Routledge, 2007), pp.4, 7～8。不同種道路的拉丁文用語名單，可見於該書的頁 7 和 8。

30 Derek Williams, *The Reach of Rome: A History of the Roman Imperial Frontier 1st～5th Centuries Ad* (New York: St. Martin's 1996), p.36.

31 Steven J. Friesen, "The Beast from the Land," in David L. Barr (ed.), *Reading the Book of Revelation: A Resource for Students* (Atlanta: SBL, 2003), pp.59～64.

32 Casson, *Travel in the Ancient World*, p.164.

33 同時，漢朝也在中國建築道路網絡系統。

34 Pat Southern, *Domitian: Tragic Tyrant* (London: Routledge, 1997), p.65.

35 O. F. Robinson, *Ancient Rome: City Planning and Administration* (London: Routledge, 1992), p.47.

36 Milnor, *Gender, Domesticity, and the Age of Augustus*, pp.94～138；針對維楚維斯提供最有幫助的討論。建築的設計不但表達藝術風味，並且展現社會意義。事實上，我們可以發現《論建築》是為上層階級的普遍需要而設計的，因為它缺乏工程方面的細節。

37 Zanker, *The Power of Images in the Age of Augustus*, p.14.

38 根據 Diane Favro, *The Urban Image of Augustan Rome* (Cambridge: Cambridge University Press, 1996), p.153，圓柱之間的距離，是圓柱直徑的一點五倍，這可能是結構上的安全比例。

39 有關樣本，參 R. A. Tomlinson, *Greek and Roman Architecture* (London: British Museum Press, 1995), pp.18～19, 78～79, 86。本書也討論典型的眾神廟（Pantheon）的比例，它早在約翰寫作啟示錄之前就已建成（頁 86）。

40 不過，蘇埃托尼烏斯（Suetonius）很可能故意貶低奧古斯都的故事，以奉承他的皇帝。這種作法是值得注意的帝國現象。房屋的確是地位的指標！

41 Shelley Hales, *The Roman House and Social Identity* (Cambridge: Cambridge University Press, 2003), pp.24～25.

42 Robinson, *Ancient Rome*, pp.20, 57。圖書館的重建當有其政治目的。很有可能的是，多米田想要和世界最大的圖書館相媲美（例如，亞歷山太的圖書館），以恢復羅馬文化的名望地位。

43 Southern, *Domitian*, p.24；非常有說服力地引用許多維斯帕先負面影響兒子多米田的例證，其中包含使多米田像一個小孩一樣，活在維斯帕先的家裏。維斯帕先寄望多米田成為一個可尊敬的繼承者，因此他對多米田的塑造可能因為過度小心，而造成控制狂的問題。

44 Southern, *Domitian*, p.128.

45 Zanker, *The Power of Images in the Age of Augustus*, p.144.

46 Casson, *Ships and Seamanship in the Ancient World*, p.270.

47 Williams, *The Reach of Rome*, p.10.

48 Willem Jongman, "Slavery and the growth of Rome," in Catharine Edwards and Greg Woolf (eds.), *Rome the Cosmopolis* (Cambridge: Cambridge University Press, 2003), p.101.

49 Jongman, "Slavery and the growth of Rome," p.100.

50 James C. Anderson, Jr., *Roman Architecture and Society* (Baltimore: Johns Hopkins, 1997), p.51.

51 Ramsay MacMullen, *Roman Social Relations 50 BC to AD 284* (New Haven: Yale, 1974), p.57.

52 Neville Morley, *Approaching the Ancient World* (London: Routledge, 2004), pp.8～9；這裏指出芬利（M. I. Finley）的重要傳統，他有關了解任何古代城市的社會學研究，具有觀察「城市」之一般定義的終極目標。在此處的討論中，我也遵循相同的理念。換言之，我以對於「羅馬城」都市化的理解，作為理解所有羅馬其他城市之都市化的管道。更多芬利的理論觀察，參 M. I. Finley, *Use and Abuse of History* (New York: Viking, 1975)。

53 Zanker, *The Power of Images in the Age of Augustus*, p.20.

54 Robinson, *Ancient Rome*, p.33.

55 Anderson, Jr., *Roman Architecture and Society*, p.187.

56 Robinson, *Ancient Rome*, pp.10～11.

57 Beryl Rawson, *Children and Childhood in Roman Italy* (Oxford: Oxford University Press, 2003), p.274.

58 欲對建築物有更深刻的印象（重建的和新的），參 Richard Alston, *Aspects of Roman History, AD 14～117* (London: Routledge, 1998), p.187。書中所展列的建築物，超過四十棟以上。

59 Favro, *The Urban Image of Augustan Rome*, p.22。法夫羅的著作已經成為平民之羅馬經驗的權威詮釋。

60 Favro, *The Urban Image of Augustan Rome*, pp.83～86.

61 Pamela Gordon, "Some Unseen Monster," in David Fredrick (ed.), *The Roman Gaze: Vision, Power, and the Body* (Baltimore: John Hopkins, 2002), p.102.

62 Roland Auguet, *Cruelty and Civilization: The Roman Games* (New York: Barnes and Noble, 1994), p.107.

63 參 Brian Courtenay, "Out of Africa : Sourcing, Transporting and Insuring of Wildlife" [articulate online]; available from The Animal Transportation Association (http://www.aata-animaltransport.org/conference/2005_Calgary/Presentations/CourtenayAATA2005_Africa.pdf)。

64 例如，希律使用自己的金錢來改善聖殿的情況。同時，這種私人基金的使用顯示，上層社會和下層階級之間的不等。

65 Anderson, Jr., *Roman Architecture and Society*, p.88.

66 Zanker, *The Power of Images in the Age of Augustus*, pp.105～106.

67 在凱撒大帝被暗殺之後，維楚維斯明顯與奧古斯都密切合作。涅爾瓦（L.

Cocceius Nerva）是奧古斯都的建築家。當奧古斯都和馬克安東尼發生衝突時，涅爾瓦與奧古斯都結盟。因此雖是一個自由民，涅爾瓦已經和皇帝建立了關係。賽佛留和塞勒（Celer）是尼祿的兩個建築大將，前者較屬一個設計家，而後者則較像一個工程師或拉丁文所稱的 "*mechanitor*" (Tacitus *Annals* 15.42)。值得注意的重要觀察是，在塔西圖（Tacitus）的記載中，建築家很容易和尼祿的榮耀連結在一起。可見，帝國主義和建築／都市化，具有密不可分的關係。多米田的建築家雷比瑞斯（Rabirius）在多米田被暗殺之後，很快就失去他的重要地位。再次地，帝國主義和建築家的地位，也緊密相連。建築家的地位不僅建基於自身的技術，更與政治相關。參 Anderson, Jr., *Roman Architecture and Society*, pp.40, 45, 53, 58。

68 MacMullen, *Roman Social Relations 50 BC to AD 284*, p.58.

69 Arthur Keaveney, *The Army in the Roman Revolution* (London: Routledge, 2007), pp.16, 62～64.

70 Jas Elsner, *Roman Eyes: Visuality and Subjectivity in Art and Text* (Princeton: Princeton University Press, 2007), pp.231, 235.

71 Ian Rutherford, "Tourism and the Sacred," in Susan E. Alcock, John F. Cherry and Jas Elsner (eds.), *Pausanias: Travel and Memory in Roman Greece* (Oxford: Oxford University Press, 2001), pp.41～42.

72 John L. White, *The Apostle of God: Paul and the Promise of Abraham* (Peabody: Hendrickson, 1999), p.117.

73 Anderson, Jr., *Roman Architecture and Society*, p.208.

74 Edwards, *Writing Rome*, p.35.

75 Wallace-Hadrill, *Augustan Rome*, p.43.

76 Zanker, *The Power of Images in the Age of Augustus*, pp.180～181.

77 Rachel McGuire, "Imperial Power Structures, the Particular Predicament of Middle Agents, and the Jesus Movement," Society of Biblical Literature Paper, 2008.

78 Jongman, "Slavery and the growth of Rome," p.106。實際上，作者估計，僅在共和政體的兩個世紀中，羅馬的人口就已經增長三倍。

79 MacMullen, *Roman Social Relations 50 BC to AD 284*, pp.69, 129～130, 132～133.

80 Catharine Edwards and Greg Woolf, "Cosmopolis: Rome as World City," in

Catharine Edwards and Greg Woolf (eds.), *Rome the Cosmopolis* (Cambridge: Cambridge University Press, 2003), p.1。作者也指出一些例子，諸如拿著宇宙地球的雕像，和傳達意識理念的羅馬地圖，例證炫耀的羅馬人如何看待自己在世界中的角色（頁4～7）。

81 Eckstein, *Mediterranean Anarchy, Interstate War, and the Rise of Rome*, p.245.

82 Tilburg, *Traffic and Congestion in the Roman Empire*, p.133.

83 Tilburg, *Traffic and Congestion in the Roman Empire*, p.31.

84 這只是斯塔克對像安提阿這種大小還不錯的城市的猜測。小亞細亞的其他城市，可能更加糟糕。羅馬城本身人口密度極高，以致有些學者估計她的密度平均是曼哈頓的一點五倍，並且和香港九龍的旺角地區十分相近。除了高密度的人口之外，這些城市還有隨意走動的動物，甚至還有到處尋找食物的野狗。

85 當時的法庭和陪審團制度，參 O. F. Robinson, *Penal Practice and Penal Policy in Ancient Rome* (London: Routledge, 2007), pp.31～33。

86 最有趣的文獻當屬賀瑞斯（Horace）的《諷刺文》（*Satires*），他描述城內各種各類的奇怪人物。參 John E. Stambaugh, *The Ancient Roman City* (Baltimore: Johns Hopkins, 1988), p.62。

87 Wallace-Hadrill, *Augustam Rome*, p.50.

88 William L. MacDonald, *The Architecture of the Roman Empire*, vol.2 (New Haven: Yale University Press, 1988), p.99；引述斯特拉波（Strabo）認為，某些地點對於附近地區，具有生命攸關的重要性。

89 這些導水管的名單，參 Stambaugh, *The Ancient Roman City*, pp.129～130。

90 Stephen L. Dyson, *Community and Society in Roman Italy* (Baltimore: Johns Hopkins, 1992), p.183.

91 Dyson, *Community and Society in Roman Italy*, p.183.

92 Robinson, *Ancient Rome*, pp.70～71.

93 Horden and Purcell, *The Corrupting Sea*, p.61.

94 Walter Scheidel, "Germs for Rome," in Catharine Edwards and Greg Woolf (eds.), *Rome the Cosmopolis* (Cambridge: Cambridge University Press, 2003), pp.162～163.

95 Brent D. Shaw, "The Seasonal Birthing Cycle of Roman Women," in Walter

Scheidel (ed.), *Debating Roman Demography* (Leiden: Brill, 2001), p.97.

96 這方面的資料，參 Shaw, "The Seasonal Birthing Cycle of Roman Women," p.92。

97 Favro, *The Urban Image of Augustan Rome*, p.113.

98 Robinson, *Ancient Rome*, p.36；Wallace-Hadrill, *Augustan Rome*, p.45；注意到，當時有七間地方的消防站，受管於七個地方行政官來進行救火工作。至終，在公元六年，有七千名強壯的自由民成為救火員來救火。美國加州的聖荷西，是一個大小幾乎與當時羅馬相當的現代城市。然而，聖荷西只有大約三千名救火員。只有半數救火員的原因，是在於現代設備的存在（消防車、水管、消防栓等）。即使有七千名救火員，但在沒有水管的情況下，在緊密的都市住宅區中救火，仍是十分艱難的挑戰。

99 Glenys Davis, "*Idem ego sum discumbens, ut me videtis*," in Zahra Newby and Ruth Leader-Newby (eds.), *Art and Inscriptions in the Ancient World* (Cambridge: Cambridge University Press, 2007), p.48.

100 一般來說，碑文或雕像是當時訴諸視覺的方式，但兩者不會同時出現。參 Davies, "*Idem ego sum discumbens, ut me videtis*," p.39。

101 Katherine M. D. Dunbabin, *The Roman Banquet* (Cambridge: Cambridge University Press, 2003), p.38.

102 Dunbabin, *The Roman Banquet*, p.11.

103 Peter Garnsey, *Food and Society in Classical Antiquity* (Cambridge: Cambridge University Press, 1999), pp.37～38.

104 Garnsey, *Food and Society in Classical Antiquity*, pp.46～51.

105 Edwards, Woolf, "Cosmopolis," p.9；這裏提出在朱凡諾（Juvenal）第三部諷刺作品中，時常被引用的例子。這個例子與移民的湧入有關。諷刺劇中的人物顯然對外國人無理仇視，不過他的文字卻非常真實。他很可能反應一些驕傲的羅馬人，對於外國移民的排斥。

106 Lefkowwitz and Fant, *Women's Life in Greece and Rome*, p.103.

107 Robinson, *Ancient Rome*, p.1.

108 或許這就是奧古斯都設立法律"*lex Iulia de maritandis ordinibus*"（朱利安的法律倡導較高政治階層中間的婚姻）的原因了。

109 Peter Connolly and Hazel Dodge, *The Ancient City* (Oxford: Oxford University

Press, 2001), p.116.

110 Robinson, *Penal Practice and Penal Policy in Ancient Rome*, p.35；他認為，在羅馬共和政體初期，軍事人員不應被視為警察。

111 希律死後發生在猶太的暴動，可參優質的調查：Goodman, *Rome and Jerusalem*, pp.379～399；他詳細列舉從敘利亞之安提阿到猶太之加利利和撒迦利亞的問題。

112 Catherine Edwards, *The Politics of Immorality in Ancient Rome* (Cambridge: Cambridge University Press, 1993), pp.150～160；這裏提供道德家批評別墅奢華鄉村生活的許多例子。這些批評顯示，別墅實際是地位的縮影。這種較為優越的道德觀和批評，也有可能出自道德家的嫉妒之心。

113 一個極佳討論，參 Zanker, *The Power of Images in the Age of Augustus*, pp.279～285。

114 Dyson, *Community and Society in Roman Italy*, p.177; Hales, *The Roman House and Social Identity*, p.2.

115 Stambaugh, *The Ancient Roman City*, p.199.

116 Garnsey, *Food and Society in Classical Antiquity*, pp.4～6；這裏顯示醫學文獻清楚定罪吃得過飽的問題。

117 Garnsey, *Food and Society in Classical Antiquity*, p.83.

5 | 亞比烏大道

亞比烏大道（Appian Way）是最重要的羅馬道路，連結羅馬和南意大利所有重要的城市。它嚴密小心的路面鋪砌，使得旅行相當容易，因此成為擴張殖民的便利通道。（Radoslaw Botev 攝，圖片源自 commons.wikimedia.org）

6 | 羅馬大競技場

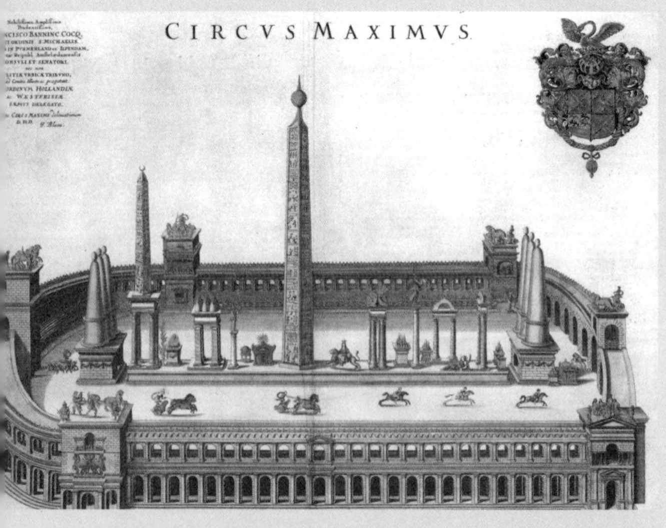

這幅繪於一六四九年，描述羅馬大競技場（Circus Maximus）的圖畫顯示出，羅馬人對於娛樂的認真，尤其是在馬車競賽方面。這個綜合設施具有容納二十五萬人的座位。為了滿足公眾的需要，它不斷地被擴建。當公眾覺得帝國無法滿足他們的需要時，這個地方也成為許多聚眾鬧事和社會騷亂的場所。（圖片源自 commons.wikimedia.org）

四

綜合信息——國度故事的立體觀

根據上述的討論，我們可以從啟示錄的文本和背景，點滴搜集許多重要觀察。第一部分的討論，將以魔鬼的國度羅馬為焦點。第二部分的討論，則以天上國度耶路撒冷為焦點。

4.1 羅馬的立體觀

4.1.1 羅馬驕傲的開始與啟示錄

上文關乎羅馬的綜覽，的確非常適切啟示錄中的描繪。我們可以十足肯定，驕傲和羅馬的開始密不可分。觀察羅馬之開始的最佳著眼點，就是啟示錄十三章有關兩個獸的討論。根據前文的觀察，我們知道海先於陸地的出現次序，具有極重要的涵義。這個次序突顯羅馬引以為傲的過去。羅馬誠然可以大大誇口，因為海中的獸在十三章 5 節中，竟然有權柄可以任意而行四十二個月。海中的獸所說的驕傲言詞非常獨特，因為海在奧古斯都帝國的建立上，扮演著關鍵性的角色。任何一位像約翰一樣熟悉羅馬宣傳方法的人，都能夠體會在異象中，海優先於陸地的意義。自從奧古斯都在阿克提姆岬的海上戰役，擊敗馬可安東尼時，海就成為羅馬人引以為傲的地方。

為了控制海洋，羅馬人必須精於航海術。為了建造優良的船隻，羅馬人向希臘人和腓尼基人學習大量的造船術。除了船隻的建造技術之外，他們也學習富含宗教意味的航海日曆，以熟悉哪些時候是吉祥的航行日。這兩個民族是在羅馬之先的兩個偉大造船者。因此，連航行都在異教的控制之下。更進一步地說，羅馬乃是經由適應其他文化的方式，來建立航海業。掌控海洋的能力與技術緊密相連。如此說來，海洋是羅馬以炫耀他們高科技的地方。而這個驕傲的開始，實際成為一個大有問題的開始。

啟示錄十二章在敍述的一開始，就赤裸裸地呈現撒但的力量。撒但被描述為一條龍，牠具有驅使從海裏上來的獸和從地裏上來的獸的能力。在希羅世界中，龍的神話的起源已經相當古老。最接近的畫像，就是希臘人稱為德拉古（Draco）的星座。德拉古是埃及人最早發現的星座之一，希臘人可能從埃及繼承這個傳統。根據希臘神話，德拉古這個怪獸被腓尼基王子卡德摩斯（Cadmus）所殺。希臘人認為這個王子，是發明希臘字母的功勞者。傳說卡德摩斯將德拉古具有魔力的牙齒放在地上，這些牙齒就變成一支軍隊。卡德摩斯不得不以石頭殺戮所有的軍隊，惟獨留下五個軍人來幫助他建立首都底比斯（Thebes）。因為德拉古被視為神聖的神明，因此卡德摩斯遭厄運的咒詛而成為一條龍。這個神話的最重要之處，在於龍為整個人類帶來厄運的方式，尤其是與後裔爭戰的方式。更確切地說，魔鬼也在天上發動戰爭，卻被米迦勒擊敗（啟十二 7）。可見，魔鬼的力量並非無法攻破，而牠的咒詛也非永遠。然而此時此刻，約翰的原始讀者正在經歷魔鬼所帶來的某種咒詛。

在啟示錄中，海和撒但有關，尤其可見於龍站在海邊沙上的描述（啟十二 17）。雖然羅馬以征服海洋的成就為傲，但她的工作卻與怪獸的不無兩樣，她就像被海克力斯（Hercules）殺死的多頭水蛇一樣（Hydra）。海也成為上帝在十六章 3 節傾倒審判的地方。很快地，讀者就可以發現真正的英雄並非異教英雄海克力斯，而是上帝或基督自己。傾倒在海上的第二碗，帶來無盡的死亡。這是一幅戰爭的圖畫。上帝實際向羅馬發動戰爭。雖然羅馬平息了地中海的海盜惡行，但她製造了另一個崇拜羅馬意識理念的嚴重問題。在舊政權消逝和新勢力呈現的時候，古老的問題也被嶄新的問題所取代。經由海洋，羅馬皇帝許下新日子或新時代的虛幻應許。而文化的混合，也引進一種虛假意味的合一。至終，宗教的融合更是產生了一種新世界的次序。

無怪乎獸被視為豹、熊和獅子（啟十三 2）。這些動物代表來自各方的不同文化。畢竟，當時的羅馬並沒有在非洲隨處可見的豹。同樣地，獅子（甚至十八章 12 節中的大象）也一樣。最後，熊是來自東方的動物。原始讀者熟悉這些動物的事實，這顯示羅馬人掌控海洋的勢力。在尼祿舉世聞名的新皇宮黃金之屋內，有令人稱奇的象牙天花板，這些都是來自非洲的象牙。[1] 這種奢華是尼祿向訪客炫耀自己偉大勢力的一種方式。大多時候，羅馬以野獸的展覽來呈現自己的帝國勢力。換言之，羅馬是所有國家都參與的一個馬戲團。這也是撒但的一種作為，因為聯合的文化，並非接受真神管治的一個國家。相反地，他們在撒但的掌控之下。我們不應該太訝異，四活物在四章 6 至 9 節和十四章 13 節出現，因為這些在寶座前敬拜上帝的四活物，正是這兩個邪惡之獸的對照。

十六章 16 節的哈米吉多頓，最能表現文化的連結。許多註釋者錯誤地尋找一個名叫哈米吉多頓的地方。另一些極端的字義詮釋者，更是親身走訪米吉多（Megiddo），以參觀末世戰爭的地點。有些人甚至將哈米吉多頓，視為舊約某些經文的旁徵。[2] 事實上，哈米吉多頓一字，來自希伯來文的「哈－米吉多」（即米吉多山）。米吉多是古代以色列常有戰爭之處，因為它是貿易的必經之地。位處中央的地理位置，使米吉多成為文化的交流中心。因著與貿易有關的戰爭，近東（即巴比倫和亞述）、北方（即赫人和安那托利安族羣）、南方（即埃及和非洲）和西方（即小亞細亞和希臘）的文化在此匯集。因此，啟示錄向這裏的文化前線發動戰爭，一點也不令人驚訝。在哈米吉多頓，上帝的子民必須挺身對抗世界諸王，因為他們想要控制並影響這個地區。

就像古時的以色列人一樣，小亞細亞的七教會應該倚靠上帝的能力，堅強地除去敵人在此地區的各樣影響。小亞細亞與米吉多或哈米吉多頓非常相似，因為它也是文化戰爭頻繁的文化交匯之處。它是羅馬與東方貿易的必經之地，它也是地上諸王前往羅馬的惟一道路（啟十八 12～13）。哈米吉多頓所展現的圖畫，以及魔鬼迷惑地上四方列國一同與上帝爭戰的情境完全適切（二十 8）。這場戰爭顯示邪惡和宇宙性的層面。如此看來，七教會面臨的所有掙扎，並非肉眼可見的攔阻。與七教會敵對的是邪靈的勢力，他們具有危害地方文化的邪惡動機，就像古代文化曾經影響以色列一樣。至終，地上列國將向真神發動戰爭（十九 19）。然而，上帝是地上眾君王的統治者（一 5）。約翰的異象借用古代的聖經傳統來顯示，它超越羅馬或任何鄰邦國家之古代傳統的優勢。

因為是一種意識理念，因此羅馬深知她必須藉著道路系統的建立，來掌控陸地。若要有系統地治理帝國，羅馬必須具有類似伊特魯里亞人（Etruscans）的道路系統。更進一步地，在冬季的氣候裏，貿易要繼續進行的惟一方式，就是經由建立完善的道路網狀系統。從歷史的神話，即魏吉爾的《伊尼亞德》，我們已經知道羅馬從羅馬神話的先祖中，找到陸地建設的歷史意義。換言之，陸地建設是一種歷史所不可或缺的。從歷史的角度來看，在羅馬榮耀歷史的一開始，羅馬的陸地優勢就值得我們留心注意。羅馬有許多敵人。這麼一個小城邦，竟有征服四圍較強勢文化的能力，這可見羅馬的偉大。

羅馬緊貼著拉丁姆北部的伊特魯里亞城邦。[3] 伊特魯里亞人具有將戰俘獻為人祭的習俗。塞爾特人（Celts）也是羅馬的敵人，他們住在靠近北邊的阿爾卑斯山，與伊特魯里亞人一樣是獵頭族。他們大約在公元前三九〇年，曾經洗劫羅馬。而兇猛的薩模柰人（Samnites）則住在羅馬的東南邊。雖然四圍盡是敵人，但羅馬成功地趕逐了伊特魯里亞人，因此展開羅馬陸地優勢的開始。從地裏上來的獸，確實顯示這種侵略的野心。十三章 11 至 12 節明說，這隻獸行使頭一隻獸的一切權柄。這隻獸的能力，很像兩個見證人的預言能力（啟十一 5，十三 13）。陸地優勢的一個表現就是，以紀念皇帝的名義設立的雕像（十三 14）。第一個獸的圖像（即雕像）能夠說話，因此有許多人膜拜牠。這些雕像或其他肖像，的確為皇帝或帝國傳遞響亮又清楚的信息。

上述的討論指出了，羅馬非常驕傲的開始。啟示錄在十二章 7 至 9 節和 17 節中，為讀者描繪一幅十分不同的圖畫。實際上，在討論從海裏上來的獸和從地裏上來的獸的象徵意義之前，我們看見有關龍的屬靈蘊涵的討論。撒但被摔在地上的討論，不僅顯示撒但的出處，更成為十三章有關帝國（即兩隻獸）討論的前言。龍是撒但，也是羅馬帝國背後的屬靈勢力。撒但在地上的出現，乃是源自天上的戰爭。雖然撒但在地上好像是一個勝利者，但牠其實是被米迦勒擊敗的失敗者（啟十二 7～8）。無法看清這項事實的地上居民，在十三章 4 節如此疑問：「有誰能與牠（即從海裏上來的獸）作戰呢？」答案已經出現在十二章 7 至 8 節：上帝的天使與牠爭戰，並且勝過牠。可見，這段故事具有侮辱帝國的功能。惟有那些屬靈眼瞎的人，才會暫時以為帝國就是答案，並且以為帝國永遠不會被摧毀。上帝只使用米迦勒和天使來擊敗撒但。上帝甚至不需要移動一根指頭。撒但在兩隻獸的制度中存在，並非勝利的確據，反是帝國和撒但被擊敗的保證。這段故事明顯針對這兩隻獸發出攻擊。

若根據約翰寫作啟示錄之前的近代歷史，來看這兩隻獸的功能，我們看見夫拉維亞人（Flavians）是野獸展覽的始作俑者。他們從非洲的野獸市場買進大量的獅子和大象，並從亞洲的市場買進老虎。甚至到今天，尤其在南非，野獸的拍賣仍然時有所見。我在南非以訪問學者身分講學的大學，就在克留格爾（Kruger）國家公園附近。這個地方的動物拍賣實況，相當壯觀。不像現代的動物園，羅馬買進的這些野獸不僅提供娛樂的功能，並且滿足羅馬人任意屠殺動物的惡心。若與被宰殺的羔羊相比，羔羊在舊約宗教制度中具有特定的救贖角色，然而，這羣野獸卻僅具娛樂的價值。牠們的結局是毀滅。牠們的地位更不受尊重。牠們和被用作競技者的奴隸同樣悲慘。藉著顯示獸是撒但的同謀，約翰揭露一場無可避免的終結。這個異象的修辭亢然有力地傳遞，帝國必遭毀滅的命運。而上帝無可置疑的勝利，也將速速臨到。獸的毀滅，使羅馬的世界統治變得極為短暫！

4.1.2 約翰時代的羅馬社會

海上的優勢繼續成為羅馬貿易和交通的重要因素。在約翰的時代，羅馬人控制地中海。凡控制地中海的，就控制了世界。儘管種族的組成大異其趣，但整個社會已經接受一種帝國的統一。十八章 17 節的經文，明顯肯定羅馬的海上優勢。在約翰的時代，海不再是戰爭的地方，而是貿易的要道。因此海成為來自各地之人，與羅馬貿易的途徑（啟十八 3、18～19）。對約翰個人來說，當他為基督的緣故而在拔摩島上受苦時（一 9），海也成為將他與其他基督徒隔離的攔阻。在被孤立的景況中，約翰每天生動地經歷羅馬的海上優勢。

在約翰的時代，航海是重要的事業，因為它不斷將來自全世界各地的財富帶進羅馬（啟十八 11～13）。當風向正確時，航海旅行可以巨量地加快運輸。運輸容許羅馬收集破紀錄的財富，因此導致她的居民誇口：「誰能比這獸，誰能與牠交戰呢？」（十三 4）。羅馬的錢幣不僅宣告皇帝是神明，並且聲稱羅馬是永恆的。與當時平行的現代例證，就是使某些國家大獲財物並且變得驕傲的科技進展。尤有甚者，階級的區分在旅行中益發明顯。船隻的有限空間和人民的財務資源，導致只有上層社會分子，才有能力旅行的現象。保羅可以航行至羅馬的事實顯示，他不是有大量的存款，就是有財務贊助人在幫助他。藉著海洋，羅馬宣傳的故事，經由商人傳到列國列民的耳中。同樣重要的是，航海對帝國宗教方面的影響。就像保羅能夠將基督教傳遍羅馬帝國一樣，大部分的旅行也是神聖的，因為朝聖的地點相當繁多。在審判的時候，上帝藉著航海的消滅（十八 17），為巴比倫發出致命的一擊，並使巴比倫轉向所多瑪的命運（參十一 8；創十九 28）。

從海裏來的獸，與尼祿之死的描述非常相像。當時曾經流傳尼祿只是消失卻沒有死亡的謠言。[4] 尼祿自殺未遂，不得不要求他的自由民幫助他結束性命。當時尼祿盛行的原因諸多。第一，尼祿在小亞細亞普受歡迎。第二，他是第二位重要的皇帝建築家。他對羅馬的復興遠超他的前任皇帝，而與奧古斯都的榮耀和野心並駕齊驅。我們很容易從基督徒的角度來看尼祿，而以為每個人都恨惡他。事實上，許多不在乎基督徒遭遇的人，還是蠻喜歡尼祿的。畢竟，尼祿為大眾提供了奢華的娛樂。孫寶玲指出尼祿可以「復活」的兩類方式。[5] 第一，某人可以聲稱他的權威。第二，他是暴君的象徵。現在他的權威轉移至多米田，因此多米田成為新尼祿。

《西卜林神諭集》（*Sibylline Oracles* 8.157）稱尼祿為獸。無怪乎在十三章 18 節中，獸的數目是「六六六」。因為如果我們將分配給每個字母的價值加起來，那麼，尼祿的頭銜「尼祿凱撒」的總值恰是六百六十六。這個數目容許羅馬人民有貿易和維生的自由。這幅圖畫的確符合獸的象徵性用法。然而，復活的故事在尼祿之前，就廣為人知，因此它們成為基督徒傳揚福音的重要管道。奧古斯都在公元前二十三年，病重垂危。羅馬陷入害怕奧古斯都死亡，以及可能隨之而來的社會不安的恐懼中。當奧古斯都病愈之後，他被視為重生。因此，宣告公元前二十三年，是奧古斯都執掌政權的第一年。[6] 只有接受這種宣傳的人民，才能交易和買賣。

在直接的爭辯之下，啟示錄重複不斷地談論聆聽，以幫助上帝的子民擁有壓過羅馬宣傳的能力（啟一 3，二 7、11、17、29，三 6、13、22）。雖然「六六六」努力求取完全，但在代表上帝之完全的「七」之下，「六六六」實際離完全太遠了。藉著掌控難以駕馭的海洋，羅馬似乎接近完全。但當羅馬與上帝的計劃相比時，她一點也不完全。啟示錄中的海，指出羅馬在政治、財務和階級意識上的優勢。許多政客給予他們無法實現的虛假應許。無怪乎十六章 3 節描述，第二位天使將碗傾倒在海裏。海將被完全消滅，因為這是上帝審判的一部分（二十一 1）。至終，玻璃海將取代狂傲多時的海洋（四 6，十五 2）。在上帝的信息和羅馬航海的對照之下，啟示錄展現兩類相互競爭的信息：一為上帝的信息，另一為羅馬的信息。與海洋和所有的聲音對照之下，出現在起始異象的耶穌，具有像眾水一樣的聲音（一 15）。祂超越海洋的優勢，是無可置疑的。因此，若不留心聆聽上帝的聲音，將產生吸收虛假聲音的結果。經由海洋與陸地的傳送，約翰藉著與所有基督徒分享異象的方式，有效地否定了羅馬的影響。

對約翰的社會而言，從地裏上來的獸特別具有深厚的涵義。在奧古斯都的時代，奧古斯都將古代的宗教傳統引進羅馬的城市計劃。較新的皇帝敬拜宗教，對於都市空間有極大的影響力。或多或少地，羅馬的制度總是有助於皇帝的敬拜，因為元老院不斷地將榮譽加給皇帝。如同前文的例子，錢幣上的宣傳的確有效，因為它將所有人都吸引到羅馬來。對啟示錄而言，貿易和經濟力量不見得是敵人，但建立這種力量的方式（經由帝國宣傳），卻是一種問題。政治制度本身（例如，元老院），必須為約翰時代的事態，負起部分的責任。

更相關的是多米田的軍事野心，他的野心不但不遜色於前面的皇帝，更與他們並駕齊驅。在軍隊人力和士氣兩方面的熱中建造，突顯了多米田的野心。毫無疑問地，約翰和他的原始讀者，對於藉著從前線返回的軍人來宣傳羅馬帝國的方式，應當十分熟悉。為了穩定國家的政權，多米田為軍隊提供大幅度的加薪。在約翰的時代，安定軍隊財務的行動，顯然是一種炫耀帝國力量的方式，尤其是針對羅馬土地疆界的北邊。多米田的行動自有其原因，因為在與他同年代的人中，多米田一直是一個頗具爭議性的人物。有些作家甚至質疑他是否適合成為一個統治者，因此他必須顯示他的強大與堅毅。沿著羅馬的邊界，他有許多對抗蘇格蘭人（Scots）、大夏人（Dacians）和日耳曼人的軍事行動，可以證明他的實力。當時的皇帝必須藉著刀劍，來展現他的統治能力。在啟示錄中，入侵軍隊的圖像伴隨著戰爭所帶來的死亡，破壞了帝國所宣傳的「羅馬和平」（例如，啟六 2～4、8，八 3～19）。

若不以刀劍統治，那麼敵人的刀劍將成為經常的騷擾。但實際上，羅馬的刀劍卻無法產生真正的和平。這種軍事上的不安定，代表上帝對羅馬制度的懲罰，以及上帝對帝國的看法。在啟示錄中，上帝允許戰爭發生，因為這是上帝對與祂敵對之政治制度的審判（啟六 9）。至終，我們只發現一隻老鷹在空中呼叫「有禍了！有禍了！……有禍了」（《新譯本》；八 13），就像在羅馬皇帝的喪葬儀式中，有飛翔在天空的羅馬老鷹一樣。上帝宣告了帝國的死亡。早在啟示錄的一開始，耶穌就已經從祂的口中吐出，一把有殺戮能力的兩刃利劍（一 16）。事實上，耶穌的利劍也會臨到，任何一位想要偏離正統要道的人（二 16）。更確切地說，當耶穌擊打每一個敵人時，他的劍將成為統治列國的記號（十九 15）。上帝的箭比羅馬的劍危險得多了。上帝話語的審判，不但嚴厲並且快速。耶穌的劍象徵性地代表，耶和華在舊約中的戰士圖像，祂與虛假的意識理念和帝國爭戰。

建築是多米田展示力量的另一種方式。他跟隨先前以建築物聞名的一些皇帝（例如，奧古斯都、尼祿）。他的建築計劃不但遍及羅馬，並且延展至羅馬之外的地區。多米田試圖在各地建立國王的威勢。從奧古斯都的偉大建築家維楚維斯開始，羅馬不斷地進行都市的更新。建築是認同帝國的偉大的有效管道。奧古斯都深知建築也是操縱公眾意見的極佳媒介，因此多米田也仿效而行。奧古斯都使用建築的恩惠，來贏得公眾的景仰；多米田則使用建築的奢華來顯示他的力量。財富的炫耀吸引列國來到羅馬，以便從「淫亂的酒」中，獲得利益（啟十八 3）。身為列國之上的偉大帝國贊助人，實在是高等的尊榮地位。無怪乎，羅馬在古代以她獨一無二的人口稠密度舉世聞名。

然而，約翰在七章 9 節描繪一羣無法數算的羣眾。約翰也量度十一章 1 節的聖殿，以及二十一章 15 節的新耶路撒冷，以展現這兩處能夠容納敬拜者的空間範圍。為何約翰現在一章 5 節，稱耶穌為地上眾君王的統治者？因為祂的城市無遠弗屆，而祂在天上的寶座也超越一切在地上的君王。在一世紀讀者的宇宙觀中，地球是平的，因此耶穌在天上的寶座，自然顯示耶穌超越地上眾寶座的至高無上。毫無疑問地，耶穌的統治領域永遠與上帝的寶座緊密相連（啟五 1、6，六 16）。

雖然羅馬在表面上有許多偉大的建設，但都市化之下的生活水準卻離理想甚遠。嚴重的災害接踵而來。而為了要支持所有的奢華設備，羅馬必須在經濟上大肆調整。然而，羅馬的財富在無法供應政治奢華的情況下，反倒引致通貨膨脹的發生（啟六 6）。而飢荒更是隨著供不應求的困境而來（六 7）。在多米田的時代，自然的災害和錯誤的耕種方式，同時導致農作收成的失敗。多米田雖然嘗試，卻無法以政府的政策來改變農業方面的問題。印的描述（六 6～7），證實農業方面的危機，也是上帝的審判。然而，上層社會分子卻不被食物的問題所困，因為他們有能力買進更多的食物存糧。十八章 22 節有關吹笛和吹號者的討論，很可能指向為了生意接觸而舉辦的上層社會筵席。十八章 3 節所描述的喝酒和行淫，也是羅馬人做生意的一部分。經文完全正確，因為這些能使生意有利成交的行為，的確常常發生在羅馬的筵席中。因此，與其食物的豐收，他們自己反而成為上帝憤怒的豐收

（十四 14～16）。

出現在十七章 4 節的紫色衣服，很像羅馬地方行政官的穿著，而金杯則是上層社會分子飲用的器具。這兩者一起指出，商業交易的政治層面。在加里古拉和尼祿的時代，皇帝不喜歡其他人穿著紫色的衣服，以免自己失色。換言之，紫色是皇帝的典型衣著。極反諷地，紫色也象徵性地與愛神維納斯相關。[7]而維納斯無疑是娼妓的贊助女神。尤有甚者，十七章 4 節的「紫色和朱紅色」兩個字，其實屬於同一個色彩字彙的範疇。這兩個字的同時出現，使得約翰的描述顯得多餘。無論約翰是重複相同的字彙，或配對同義的用字，啟示錄中的多餘字彙，是閃語作家表達強調意味的文學筆法（例如，啟一 1、3 下，二 3；參約六 4）。而這兩個字的主要差別，在於紫色與地位的象徵相連，而朱紅色則與視覺的鮮艷有關。這兩個字再次出現於十八章 12 節，只是中間夾著顯然來自中國的「絲綢」。絲綢的加入，是一種令人好奇的筆觸，因為它的亮度能使穿者光輝亮麗。[8]這與一章 13 至 16 節的榮耀基督，成為何等的對照！

十八章 12 節的奢侈貨物，以及紫色與朱紅色衣服的重複，再加上與前文類似的寶石和珍珠（參啟十八 16），肯定了羅馬貿易的政治層面。羅馬的筵席不會永遠繼續，因為在最後審判時，天空的飛鳥將吃盡遺留在羅馬的屍體（十九 21）。在筵席中的上層社會分子，將在巴比倫的最後審判中，成為飛鳥的食物。羅馬不能再飲用昂貴的好酒，她將喝下上帝烈怒審判的酒（十八 6）。

除了食物的問題之外，羅馬也在城內和她的各個省分中，經歷其他的問題。例如，地震和火山爆發導致財物和人命的嚴重損失（啟六 12～14，八 8～12，十六 17～21）。幾乎小亞細亞七教會的所有城市，都面臨相同的問題。上帝的審判所描述的大火，足可形容時常陷於火災威脅的都市景況（例如，八 7、10）。根據上述的仔細討論，我們知道羅馬建築的過度發展，是導致嚴重損失的重要關鍵。而過度發展的原因，則歸咎於許多來自世界各角落的財富尋找者。然而，這些人只會發現他們所接觸的現實，和羅馬帝國的宣傳實在相離太遠了。這種建設的部分社會問題，以及列國因羅馬上層社會分子的有利地位而前來尋求羅馬夢想有關。至終，當上帝的審判降臨時，無論是不是上層社會分子，人人都要面臨災難的痛苦。上帝的審判公平無私，即便是上層社會分子都無法免除。相反地，凡對基督忠心到底的信徒，都將因得以進入耶路撒冷，而獲得上等的地位（二 10、27～28，三 12、21）。

在啟示錄中，審判的臨到是羅馬的另一個重要特徵。與羅馬對海洋和陸地的掌控相反，上帝差一位站在海上和地上的大力天使（與十三章同樣的順序），大聲宣告：「不再有時日了。」（啟十 2、5～6）經文對天使站在「海上和地上」的重複描述，清楚向約翰顯示那攻擊帝國的用意（十 2、5、8）。雖然羅馬統治許多民族、邦國、方言和君王（十 11），但上帝對這許多民族、邦國、方言和君王的預言宣告，卻具有更巨大和更長遠的影響。藉著這位大力天使，上帝顯示祂超越帝國的至高無上。在道德方面，羅馬帝國對整個世界的影響無遠弗屆，因此我們不難明白，為何羅馬的刻劃與不道德緊密相連。更確切地說，道德和羅馬的政治，錯綜交織在啟示錄的象徵世界中（十八 3）。道德腐敗部分源自不公義，部分也源自都市空間的過度擁擠。而羅馬的虛假應許，更導致許多人走向犯罪的途徑。

啟示錄的讀者必須從宏觀的角度來觀察印、號、碗。號尤其是一種特別生動的隱喻。號與音樂有關，特別可見於敬拜皇帝異教的行列行進中，不過，號也與軍事有關。[9] 出現在八章 2 節的七位天使站在上帝的寶座前，他們顯然是敬拜者，但他們吹號的結果，卻是接二連三的各樣災難。與號相近的樂器是羅馬軍隊攜帶的"*buccina*"，或用來宣告競技者爭鬥結束的"*cornu*"。兩者都是曲線狀的號角，前者通常被用來宣佈日和夜的守更。因此，這是一種記錄時間的樂器（Polybius 15.3; Livy 26.15; Cicero *Pro Mur*. 9）。它也被用來宣佈喪禮、節慶和宴客座位的事宜。如此說來，天使的號乃是為了宣布，上帝完全掌控災難何時發生的權柄。即將來臨的喪禮，將在天上筵席入座之前發生。戰爭的進度完全由天上寶座來決定，上帝的敵人沒有任何掌控的能力。在偉大筵席開始之前，這一切都要過去。

這些災難讓我們想起，法老在出埃及記所面臨的各樣災難。在本質上，羅馬的都市化和富足顯示，羅馬是新埃及，而上帝的子民必須由其中經歷新的出埃及。在埃及人的對照下（即羅馬），十四萬四千人受上帝蓋印的象徵意義尤顯生動。七章 3 節的蓋印完全符合出埃及記的題旨，因為上帝在出埃及記十三章 16 節如此論述逾越節的儀式（參出十三 9）：「這要在你的手上作記號，在你的額上作頭帶；因為耶和華曾用大能的手把我們從埃及領出來。」（《新譯本》）可見，當這些人從新埃及和新巴比倫出來時，上帝的蓋印證實他們是屬於上帝的子民。更確切地說，上帝的子民經歷新出埃及。上帝的子民羣體，是事奉上帝的祭司國度（啟一 6）。國度和救贖的關連，指向出埃及（參一 5～6）。因此，羅馬清楚成為新以色列（即教會）的反面。同時，巴比倫的討論也展現，出自被擄後先知的重要上帝學題旨：以色列必須從巴比倫出來，以經歷新的出埃及。羅馬是巴比倫；羅馬是埃及；羅馬更是上帝和上帝的子民的敵人。這也是原始讀者必須從基督而非世界的應許，尋求富足的原因。因為真實的公義，惟獨來自基督。

4.2 天上耶路撒冷的立體觀

4.2.1 天上耶路撒冷謙卑的開始——地上教會

天上耶路撒冷謙卑的開始，與十二章有關撒但之起源的討論相互平行，因為兩者形成直接敵對的關係。在地上，教會就像公元七十年的舊耶路撒冷一樣（啟十一 2）遭受逼迫與踐踏，以致救主和祂的跟隨者都死在其中。在本書女人段落的討論中，我們已經非常清楚地說明，啟示錄十二章的婦人代表上帝的子民的集合體。藉著揭露撒但的主要目標，乃為與上帝的子民爭戰，約翰的異象顯示，教會和撒但實際是直接敵對的兩個實體。另外，啟示錄對教會的預言執事（十一 3）和上帝看顧教會（十二 6、14，十三 5）之間的描述，可以看見不少數字方面的平行之處。這些平行更進一步顯示，教會在這段時期的有效性。顯然，撒但對教會的攻擊，並非例外，本應被視為一種存在的「已知事實」。

若與羅馬暫時卻明顯的勝利來比較，教會似乎非常軟弱，但實際上，教會卻異常堅強。就像非拉鐵非教會一樣，雖然只有一點點力量，但她仍然遵守上帝的道（啟三 8）。針對十四萬四千人的兩處經文，更指出上帝的子民所具有的強大力量，因為經文將上帝的子民形容成以色列的軍隊。相反地，羅馬人為了明顯的理由而著迷於數算自己的軍隊。換言之，軍事國家必須清楚記錄每一個可以使用的軍人。羅馬帝國擁有大約十五萬到十六萬名軍人，她的軍團不僅憑藉大量的人數，更依靠精明的策略和組織來統治龐大的疆土。如此說來，上帝將十四萬四千人平均分成十二個支派，以展現祂的有效組織。數算人民的圖畫，暗示了軍隊的涵義。在一種反諷的筆觸下，上帝的軍隊以至死犧牲的方式贏得戰爭，因為地上的十四萬四千人（七章），後來被轉送到天上和羔羊一同站立（十四章）。約翰以轉折的筆法借用希羅的價值觀，來激勵他的讀者轉向永恆的生命。

小加圖（Cato the Younger）這位長期不滿凱撒大帝擴張計畫的批評家，不但自殺未遂，並且再次撕裂醫生為他縫合的傷口（Plutarch *Cato minor* 66～73）。這種具有苦修特徵的行動，被崇尚為一種不怕死的英雄表現。與現代基督徒的觀點大異其趣，當時對於自殺的行為毫無輕視的意味。魏吉爾的《伊尼亞德》，為陰間描繪了一幅陰暗的圖畫。許多時候，死在沙場上的勇敢行動被稱為"*devotion*"，這些行動激勵其餘的軍隊，繼續勇往向前。[10] 既然希臘人和羅馬人（即斯多亞學派和伊比鳩魯學派）對於死後之事毫無把握，因此他們以人如何崇高地死亡，為他們的關注焦點。這種看法合乎邏輯，因為死亡不但是人生不可避免的事實，也是每個人必須面對的終局。如此說來，人為何需要關切那些沒有把握的事呢？死亡的方式，而非死後之事，因此成為思想的重點。更確切地說，勇氣名列各樣品德之首位。而不怕死亡的決心，就是勇氣的象徵。二章 13 節的安提帕是英雄的典型模式，因為他是別迦摩教會的忠心見證人和殉道者。

藉著人數的數算方式，上帝確知屬於祂的每個人。因此，人數的數算向七教會，同時發出肯定的保證和嚴厲的警告。基督是軍隊的元首。當一切顯得陰霾黑暗時，猶大支派出來的獅子將施行拯救（啟五 5）。惟獨祂能夠揭開封印，也惟獨祂能夠對抗從海裏上來的獸。雖然從海裏上來的獸，要用像獅子的口來吞滅上帝的子民，但牠至終將被猶大的獅子擊敗。換言之，獅子可能是羅馬拓殖海洋的象徵（即非洲的獅子），但猶大的獅子將以審判的執行，徹底擊敗撒但的帝國。地上教會看似卑微，然而，上帝的終極勝利是教會榮耀未來的保證。至終，一切「在天上、地上、地底下和海裏的」被造之物，都將吟唱：「但願頌讚、尊貴、榮耀、權勢都歸給坐寶座的和羔羊，直到永永遠遠！」（五 13）。世上無人可以逃避羔羊和上帝的絕對全能。轉向正確的全能者，對於長久的安全具有重要無比的影響。

另外，在羅馬故事和地上教會故事之間，我們可以發現大量的修辭平行。就像羅馬的意識理念訴諸於若繆勒斯（Rmulus）的古代傳統，約翰也訴諸於較若繆勒斯故事更早期的出埃及記傳統。羅馬皇帝想要和古代認同的企圖，如今被與古代耶和華認同的約翰所挫敗。出埃及的故事是貫穿以色列歷史的神學和神權政治的重要思想脈絡；它不但對被擄前的時代，更對被擄後的時代顯出它的重要性。如果羅馬像所多瑪一樣淫亂，又像埃及一樣敵對上帝和敬拜偶像（啟十一 8），那麼教會就是亞伯拉罕和以色列。出埃及記之所以重要，乃因它是以色列人的救贖故事。因此，對基督徒而言，基督的逾越節（即主餐的設立）成為救恩的象徵記號。啟示錄十八章 4 節、以賽亞書二十一章 9 節和以賽亞書四十八章 20 節共有的動詞和題旨平行，清楚至極。舊約從巴比倫出來，以及約翰身為像以西結一樣的先知，同時指向第二次的出埃及（十 8～11，十一1；參結二 8～三 3，四十 3）。可見，天上耶路撒冷的謙卑開始，實際源自地上教會。因為地上教會正處於新出埃及的過程中。

新出埃及是地上教會謙卑開始的更多支持，可見於一章 6 節和五章 10 節的經文中。這兩處經文都使用，來自出埃及記十九章 6 節和以賽亞書六十一章 6 節的語言，來描述以色列。尤有甚者，吟唱新歌的地點是在寶座前。「新歌」只出現於十四章 3 節，但在此我們看見另一個寶座的場景。如同以色列人在出埃及記十五章歡唱摩西之歌，十四萬四千人也在十四章 3 節吟唱新歌。換言之，約翰是新摩西，他是救主耶穌基督和上帝的助手。他要藉著啟示錄的異象，將上帝的子民帶出巴比倫。新歌是耶和華或羔羊加冕寶座的讚美之歌。離開被擄之地後，以色列將成為真正的僕人。在以賽亞書六十一章 1 節中，耶和華的僕人扮演主要的角色。在新約中，耶穌繼續扮演主要的角色，而在啟示錄中，約翰循序耶和華僕人的漫長傳統。在主要角色的扮演中，宣講第二次出埃及的大好消息。

問題在於：「小亞細亞的基督徒是否明白這些概念？」如果小亞細亞的教會是保羅的教會，那麼他們應該明白這些概念。因為保羅時常教導和引用來自以賽亞書和出埃及記的故事（例如，羅九 17，十 19～21；林後三 7～18）。這些引用經文在字裏行間的隱含意義，將成為小亞細亞聆聽者腦海中的部分宗教敍述。這並不代表他們知道所有的摩西五經和先知書，但至少他們應當熟悉這些時常被保羅引用的概念。

十八章 4 至 8 節的詩歌，藝術性地表達從巴比倫出來的新出埃及。整首詩歌由一個天使的聲音宣告出來，但這個聲音包含兩個不同的宣告對象。第一個宣告對象，代表從巴比倫出來的上帝的子民（啟十八 4～5）。第二個宣告對象，則代表將執行審判的上帝、羔羊和天使（十八 6～7），因為十八章 6 節的所有希臘文命令，都屬複數形態。可見，宣告的對象在十八章 4 至 5 節和十八章 6 至 7 節分成兩個段落。為何約翰如此著筆呢？我相信宣告對象的改變，代表隱藏在這兩個段落之間的議題。換言之，為使十八章 6 至 7 節的審判發生，十八章 4 至 5 節的子民，必須毫無延遲地順服。真正的教會必須當機立斷地離開巴比倫，因為十八章 8 節所總結的災難將轉瞬來臨。如果上帝的子民稍有猶豫，那麼他們也會被十八章 6 至 7 節的災難毀滅！

這首詩歌的結構所隱藏的議題，可見於如下的括號：

十八 4～5——呼召選民

（選民立即順服的前提）

十八 6～7——呼召上帝、羔羊和天使

十八 8——總結

根據上述的討論，天上耶路撒冷的謙卑開始實際源自地上。更確切地說，教會在巴比倫堅忍對抗撒但的勢力，就是謙卑開始的清楚記號。教會不能等到未來才離開巴比倫，教會必須主動離開巴比倫。離開巴比倫的行動，與身分緊密相關。而身分的結果，就是道德的表現。這種看法同是羅馬人和基督徒的價值觀。在羅馬，身居高位的監察官，通常具有懲治道德缺失的責任。換言之，道德不具宗教的本質，而與身為「羅馬人」的世界觀相關。因此，從這個角度來看，羅馬人和基督徒的價值觀大不相同。因為基督徒的道德與宗教無法分割，它和宗教的身分緊密相連。天上的公民身分，實際包含豐富的地上意義。同時，天上的公民身分也具有信仰的蘊涵，因為耶穌被視為，將在世上執行真正公義的終極審判主。真正的公義是如此廣大，它涵蓋了整個宇宙（啟二十 11）。

從約翰和羅馬政治家使用古代傳統的不同方式來看，啟示錄這種出埃及和向新耶路撒冷前進的觀點，值得我們深思。聖經的意識理念，遠比羅馬藉著古代傳統來證明其合法性的方式，來得寬廣許多。事實上，聖經對於時間的觀念，並不直接與人的統治相關，反與上帝的王權密不可分。不斷進展的時間，實際代表上帝的救恩歷史。以皇帝為例，他們反映出人類想要控制時間的努力。在奧古斯都時代，每年都有慶祝皇帝的連續活動，以使他的同在成為人民生活的重要部分。具體來說，每年的下列日期都是歡慶的假期：一月（九天）；二月（三天）；三月（三天）；四月（四天）；五月（三天）；六月（十九天）；七月（七月的下半部分）；八月（十六天）；九月（二十五天）；十月（十六天）；十一月（十四天）；十二月（十四天）。[11] 日期的控制乃是由凱撒大帝開始。他重新更換日曆，成為有名的朱利安日曆（Julian calendar）。「七月」的命名，就是為了紀念朱利安的生日（Plutarch *Caesar* 59）。

到了奧古斯都時代，來自政府的日曆甚至決定哪些日子適合或不適合做生意。政府對於日期的干預，成為控制社會的方式。更重要地，日曆賦予皇帝至高的尊榮，因為命運和時間（即日曆所代表的意義），都掌握在皇帝的手中。然而，地上教會卻被啟示錄設立的另一種日曆所掌管。沒有任何一個時間，和主日（啟一 10）與新耶路撒冷降臨的日子一樣重要。耶穌第一次和第二次的降臨，除去了人類在時間控制上的野心，並將尊榮歸還給對一切受造之物的命運，具有絕對掌控的耶穌。藉著接受耶穌在她日曆上的重要性，地上教會認知耶穌可以鑑察一切的眼睛（一 14）。教會的日曆也是承認上帝掌控生命的另一種方式。教會獨一無二的時間觀念，再次地貶低所有羅馬統治者的帝國高傲。基督教的末世觀，強烈地對照了帝國的歷史觀。

4.2.2 約翰時代的天上耶路撒冷——天地之間

首先，約翰有關天上耶路撒冷的異象，尤其是在啟示錄的末了部分，與他在啟示錄全書中的異象經歷完全相符一致。在二十一章 15 節，量度聖城的圖像，顯然來自以西結書四十章。量度聖城的最重要目的，乃是讓約翰經歷聖城的各樣細節。從異象的綱要來看，二十一章 15 節至二十二章 5 節，似乎是二十一章 1 至 14 節的詳細闡述。但我認為它的作用更加廣泛。因為在二十一章 1 至 14 節，約翰只看見一幅一般性的圖畫，他沒有具體經歷建築物的個人感受。而二十一章 15 節至二十二章 5 節，則包含完全的經驗。量度的蘆葦無論有多長，實際容許約翰在獲知聖城巨大尺寸之前（啟二十一 16～17），有一個相加的過程。因此，約翰不僅知道聖城的偉大，並且親身經歷它的偉大。最後，四方形的形狀顯示，天上耶路撒冷包含了地的四角（二十一 16；參七 1），因為它的尺寸是十二的倍數。[12]

聖城的設計明顯具有攻擊羅馬野心的目的，因為羅馬急欲擴張她的疆界。擴張疆界尤其是多米田的重要政治關切。當軍隊的工程師到了征服的土地時，他們的首要之務就是測量土地，以立樁標出自己國家的地界。在新耶路撒冷中，僅是白色大寶座的降臨，就使地上的一切逃盾於無形，因為白色大寶座是如此巨大與有能力。而新耶路撒冷，只會比白色大寶座更大。上帝國度的偉大蘊藏在教會中，它必然超越羅馬帝國的各樣野心。總的來說，上帝使用量度的過程，一方面幫助約翰經歷祂的偉大，另一方面宣稱祂對於天與地的擁有權。

觀察天上耶路撒冷的最佳方式，就是經由約翰的異象所借用的羅馬意象。不過，約翰以顛倒的方式使用這些圖像，來表達他的觀點。羅森對羅馬的描述最適切：「被台伯河切割，並被小山環繞。」[13] 在約翰的異象中，天上耶路撒冷已經展現永恆的天堂之樂。另外，號的預備也相當重要。因為除了前文所討論的負面用途之外，號在敬拜中，也具有不容忽視的正面功能。號的功能相當獨特，因為它不僅召集聖徒一起敬拜，並且宣告勝利。例如，在公元前一世紀的所羅門詩篇中，所羅門告訴所有的錫安居民要吹號發聲，以宣告上帝拯救聖徒的大好消息和耶和華的得勝（*Pss. Sol*. 17.21～22, 32）。當上帝的選民走向耶路撒冷朝聖時，號角的聲音也揚揚升起。這是預備敬拜的集合呼喊。如此說來，當上帝的子民從巴比倫出來，並且期盼進入耶路撒冷時，號角發揮了正面的功用。當號角就位時，末世逼近，而上帝的榮耀也將速速來臨。天上耶路撒冷擁有人渴望的一切：房子、城市、用水、筵席和食物。她的公民將有上帝的記號在額上（啟二十二 4）。羅馬人對於來世生命的觀念模糊不清，但天上耶路撒冷卻為人帶來天堂之樂的確據。

在這幅天堂之樂的圖畫中，出埃及記的題旨再次以一種嶄新的方式（啟二十一 2），對照了舊有的次序（二十一 4）。如同完美的會幕和聖殿，上帝的榮耀充滿其中（二十一 11）。它的偉大使像以弗所亞底米神廟的所有希羅神廟，相形見絀。雖然羅馬帝國引進新時代，但約翰將這些稱為「先前」的事。先前的舊聖殿具有許多層的隔牆，顯露濃厚的種族意味（例如，女人院、外邦人院等）。在先前的舊次序中，甚至在象徵上帝地上子民的聖殿中，都有留給外族人的院子（十一 2）。然而，新聖殿包含各類種族的人民，而連接在一起的完整城牆也只有一層，因此，二十一章 15 和 17 節，都使用單數的「城牆」。一方面，新耶路撒冷沒有外邦人院，因為外邦人所象徵的非信徒，已經不再存在了。可見，上帝的揀選與所有的「外邦人」或羅馬制度對立，揀選的排外性明顯已極。另一方面，在單數的城牆之內，上帝對於所有人的包容性，也在不分種族、階級和性別的集結下清楚呈現。

換言之，聖城的描繪顯示，所有的人合一地在新耶路撒冷敬拜的重要性。上帝與人同住的美景，使讀者想起出埃及記的會幕，只是在新耶路撒冷的人，不再身處曠野之中了。相反地，讀者已經抵達天上「應許之地」的最後終點了。聖殿和會幕的圖畫，在約翰的耶路撒冷融合為一。這幅新圖畫擁有雙重層面，我們並非只有其中之一，而是兩者兼具。混合的圖像使讀者想起新出埃及，但同時顯示應許之地。「已經」和「尚未」合而為一，因為當天上耶路撒冷降臨時，未來就來到了。

約翰的異象為天上耶路撒冷的所有居民提供了住處。在聖城之內，居民可以享受安全的居住環境、乾淨的膳宿、清潔的宗教和生活的豐富供應。這一切和羅馬的都市景觀，成為極端的對照。羅馬嘗試尋求的真正尊榮，終將應驗在這個新世界中。雖然離開羅馬的腐敗制度，教會卻仍活在無法逃避的張力中，因為教會必須以有關天上耶路撒冷的福音，以及等待未來的新娘身分來嘉惠社會。在啟示錄中，教會對社會的貢獻，可見於他們對疾病的看法。雖然十六章 9 至 11 節提到的瘟疫令人好奇，但疾病在古代的角色，卻可以幫助我們明白它的出現。綜觀約翰的寫作，約翰常由超自然的角度解釋疾病的發生（約五 14，九 1～3）。這是基督教獨一無二的特徵。更具體地說，基督教羣體是一個充滿盼望的羣體。甚至在面臨瘟疫和疾病的危機時，基督徒都能得勝有餘，因為基督教為來世提供充滿盼望的解釋。這是異教徒所沒有的（參 Virgil *Aeneid* 2.780～789）。

羅馬人的哲學，毫無辦法解釋病毒的影響。然而，這並不代表他們未曾嘗試解釋死亡的意義。我們只要參觀陳列在歐洲各地博物館的喪葬紀念碑，就可以從其中的藝術作品和刻印碑文，了解他們對於來世的解釋。雖然這些紀念碑現在被存放在博物館中，喪失了它們原有的情境，但我們卻和一般羅馬人，看見一樣的東西。經由羅馬人的眼光來看這些紀念碑，我們才有可能更準確地詮釋它的意義。尤有甚者，整個國家以死者的名字設立紀念碑的狂熱，強烈顯示他們對於來世沒有把握。有些紀念碑甚至以公園長椅的形式出現，讓人可以坐在上面紀念死者。有些喪葬紀念碑是為了向以前的主人致敬而設立，以使活著的後代能夠繼續從過去家庭主人的贊助中獲得好處。這種習俗顯示，將已死的人依然為活著的家人的福祉而操心。可見，死亡成為遺留下來的家庭成員，得到恩惠的方式。

一般來說，羅馬人無法為死亡的殘酷現實，提供積極及確定的觀點。雖然教會無法脫離死亡的痛苦，並且生活在受苦的世界中，但基督教卻能為死亡提供正面的思想。因著疾病的打擊，那些無法從自己的宗教中尋得盼望的人，很可能會轉信基督教。教會是給予自己會員盼望的羣體。凡相信基督教並且加入教會的人，都能從羣體中獲得佳美的益處。他們有機會和積極正面的人共同相處。可見從教會在社會中的角色來看，雖然瘟疫的影響極端負面，但它卻可能為教會帶來正面的結果，因為基督教總是為人提供非比尋常的盼望。天上耶路撒冷為受苦的人，提供安居之處。她是人的拯救和避難所！

在天上耶路撒冷的描繪中，我們看見痛苦不再，只有無盡的天堂之樂，呈現在眼前。為了預備天上耶路撒冷的降臨，死亡和陰間被拋在火湖裏（啟二十 14）。緊接而來的，就是生命冊的提及。因為小亞細亞的讀者時常面臨死亡的威脅（例如，二 10、13 等），因此死亡和生命之間的對照尤顯生動。在二十一章 8 節和二十二章 15 節中，像淫亂和拜偶像這類導致死亡的事情（例如，二 20～23），都被完全廢除。而像哭號這種痛苦的結果也將停止，因為這些都是先前的事（二十一 4）。海完全不見，因為羅馬不再需要征服它了。從海裏出來的邪惡和死亡，也被消除淨盡（參十三 1，二十 7～13，二十一 4）。海雖然不再出現，但玻璃海卻永遠存在天上耶路撒冷，讓人們可以穿越它來到寶座前，敬拜上帝與羔羊。至終，羅馬的擴張將被上帝和基督的王權完全取代（例如，四 8）。海也曾經疏離在拔摩島受苦的約翰（一 9），和他在小亞細亞的眾基督徒弟兄。疏離最後將被集體敬拜和與羔羊親近所取代。

出現在天上耶路撒冷的奢華珠寶和碧玉，是充滿一切負面事物的羅馬無法提供的（啟二十一 11、18～21）。天上耶路撒冷直接攻擊尼祿所建造的黃金之屋。尼祿極盡所能地使用黃金和珠寶，來裝飾這個皇宮的每一部分。許多人將黃金之屋，視為尼祿焚燒羅馬的結果。[14] 因為黃金之屋是尼祿的夢寐以求，在羅馬被燒之後，尼祿的夢想終於得以實現。更確切地說，在犧牲無數平民的生命之下，黃金之屋被建造完成。因為上述所提及的種種原因，尼祿的新皇宮被嚴加守衛，以防憤怒的民眾侵入。然而，天上耶路撒冷的城門不需關閉，因為在那裏沒有黑夜，沒有強盜，也沒有不法之事會發生（二十一 25）。羅馬嘗試建立的安全，如今在耶穌基督裏完全實現。我們知道無論在羅馬帝國的貿易上（例如，十八 12），或在上帝的天上聖殿中（例如，二十一 15、18 等），啟示錄中的黃金，具有十分貴重的價值。然而，所有的豐富都來自耶穌，而非羅馬。這是七教會信徒必須明白的重要真理。

在上帝的治理之下，人民享有絕對的安全，不像羅馬城市的街道，總是危機四伏。因為奢侈的物品不能成為生命的泉源，所以天上耶路撒冷有生命水的河流，從上帝的寶座那裏流出來（啟二十二 1）。另外，天上耶路撒冷還有結實滿滿的生命樹（二十二

2）。生命水的河流是台伯河的強烈對照。因為與幼發拉底河類似的台伯河，是起初促成羅馬帝國貿易興盛的重要河流（參九 14，十六 12）。但有時候，供應用水的台伯河，反而帶來損害財物的洪水。幼發拉底河的枯竭（十六 12），無疑顯示上帝對羅馬的咒詛。而源源流出生命水的河流，則代表豐盛與上帝的祝福。生命水的河流不但不會損害財物，並且賜下生命。

對羅馬人而言，食物是社會界限的記號，但天上耶路撒冷的食物，卻是所有天上公民可以自由享用的（啟二十二 14）。尤有甚者，對沒有天上耶路撒冷會員身分的人來說，食物是將他們留在城外的宗教和倫理記號（二十二 15）。那些被排除在天上耶路撒冷之外的人，非常符合羅馬的都市圖像。因為在羅馬的城市中，不正是充滿狗、行邪術的、淫亂的、殺人的、拜偶像的和所有各種各樣的罪人嗎？這些人使得羅馬的城市，更加黑暗與污穢。如今，他們不再出現在新城市中。新城市的居民不用像羅馬人一樣，日夜為古舊的水管和食物的短缺而擔憂。邪惡的海也不再具有任何功能。因此，新城市的居民永遠不必再像羅馬人一樣，必須面臨混亂的暴風雨和地震所引發的洪水、火災和其他的災害。

另外，天上耶路撒冷也沒有羅馬人的浴池存在，因為所有不潔淨的，都不可進入城內（啟二十一 27）。天上耶路撒冷更沒有那些在羅馬城裏四處排便的髒亂動物（二十二 15）。[15] 羅馬對於海洋和陸地的掌控，已經成為過去，而她在偉大的天上耶路撒冷的相比之下，更是黯然失色。惟當約翰的讀者認識坐在寶座上的那一位，他們的生命才可以繼續維持。天上耶路撒冷的各種意象，不啻是過度擁擠的羅馬，以及具象徵性的幼發拉底河的強烈對照（九 14，十六 12）。約翰的原始讀者，正面臨來自社會的道德和宗教挑戰；天上耶路撒冷的圖畫，成為他們堅忍不拔的激勵！

約翰以高度象徵性的語言寫下道德和宗教的基礎，為啟示錄的正面信息作出總結。尤其重要的有關建築的意象。第一，十二個城門上，寫著以色列的十二個支派（啟二十一 12）。每個城門必須朝向稍微不同的方向，並具稍微不同的功能，但它們共同地成為城市的一部分。他們的獨特性，並沒有消弭彼此間的整體性。天上耶路撒冷被稱為「聖」城，因為她並非一羣個人，而是被分別出來個一個實體（二十一 10）。第二，城牆的十二座根基上，有十二使徒的名字（二十一 14）。這些名字和攻擊教會的假使徒成為反照（二 2）。如同前述，在啟示錄中，以色列的意象代表所有上帝的子民。因此，使徒無疑代表，被耶穌任命來領導教會的領袖們。雖然新約聖經有十三位使徒，但約翰以重要的整數十二，帶出象徵性的預表。可見，天上耶路撒冷的羣體，並未超越上帝揀選的子民的範圍，而她的倫理也沒有違反傳承自使徒的傳統。如同每一個羅馬城市，天上耶路撒冷也需要敬拜的地方。但這個敬拜的地方，並非具體的建築物，而是兩個人物：上帝和羔羊（二十一 22）。天上耶路撒冷的一神教敬拜，的確為地上羅馬城市的所有宗教需要，提供了完全的答案。

約翰的異象特別以筵席為焦點，因為它代表享受的終極。約翰的異象將地上羅馬筵席的景象帶至天上耶路撒冷，但卻包含許多地上的應用和涵義。因此，我認為純粹從未來的角度詮釋啟示錄，不能完全解決啟示錄中的某些末世張力。換言之，真正的筵席只發生在天庭中（啟十四 2～3，十九 8），因為在那裏上帝將隱藏的嗎哪賜給祂的選民（二 17），並且在那裏上帝的子民可以享用生命樹和生命水的盛宴（二十二 1～2）。在以肉食維生的社會中，食物的供應一點也不平凡，因為它們是來自動物的死亡。[16]更確切地說，死的動物成為人的肉食來源。另外，死的小麥也成為做麵包的材料。但在天上耶路撒冷，沒有任何一個動物或植物必須死亡。從屬靈的意義來說，最後一個以動物形式死亡的，就是羔羊，然而祂為人帶來生命。同時，凡向耶穌打開門的教會（三 20），都可以在現世與耶穌一同坐席。

比這個吃喝的超自然層面更重要的是，如果約翰的讀者能夠留心約翰的異象，那麼他們必能獲得實際的屬靈成長。甚至在殉道者死亡，並且等候那偉大日子來臨時，筵席所要求的白袍，必要賜給他們（啟三 4，六 11，七 13～14）。天上耶路撒冷是地上教會的鼓舞。生活在地上的約翰如此說：「阿們！主耶穌啊，我願你來！」（二十二 20）約翰總結了地上教會準備就緒以迎接未來的事實。約翰也成為生活在此時此刻，並且展望「尚未」的模範。再次地，約翰不僅是出類拔萃的先知，他更是卓越超羣的天國公民；他成為所有小亞細亞基督徒（並且的確是歷世歷代普世基督徒）的完美典型。在啟示錄中，「尚未」是約翰為幫助教會活出「已經」，而設計的修辭策略。更進一步地說，末世可以在現世的生活中實現出來。羅馬是天上耶路撒冷的對照。因此，教會應該毫無妥協地，積極抵抗羅馬的制度。

4.3 羅馬和天上耶路撒冷的比較——無望與盼望

與上述對照之下，耶路撒冷和羅馬的關係，的確有許多值得觀察之處。到底羅馬和耶路撒冷有何關係？前文的討論已經清楚指明，「羅馬」不僅是一個城市，更是一種意識理念。耶路撒冷同樣具有這兩類特性。在一世紀的象徵世界中，羅馬和耶路撒冷是明顯對立的。既然在羅馬帝國的時代，地圖製作尚無科學的技術，而羅馬人也沒有衛星照片這種奢侈品，地理位置自然與意識理念緊密相連。舉例來說，耶路撒冷當然代表猶太種族和信仰的中心。除了矗立在聖殿山的聖殿之外，猶太人有自己的衛城。羅馬人深知聖殿所代表的意識理念，因此他們在公元七十年，將象徵猶太民族主義的聖殿完全摧毀，以顯示他們完全統治的地位。身為一個散居的猶太人，約翰的腦海中必然仍存留著，公元七十年耶路撒冷被毀的慘況。

從約翰的層面來看，耶路撒冷的被毀，可能象徵上帝的信實遭到打擊。羅馬的勝利，無疑代表又有一個帝國勢力征服上帝的子民。這些似乎得勝的殖民者，從古代的亞述、巴比倫，直到約翰時代的羅馬帝國，各個令人張口結舌！尤有甚者，羅馬嘗試從過去，尋找她的正統性。無怪乎，羅馬被稱為巴比倫。對異教徒來說，耶路撒冷屬於所羅門，或大衛的過往黃金時代，因為當時有真正的聖殿存在。然而，對基督徒來說，耶路撒冷指向未來的黃金時代。天上耶路撒冷比異教徒的宇宙觀更為超越，因為她並非將過去重新包裝的藝術表達，她其實是上帝歷久常新的永恆救贖的結果。因此，異象的象徵表達，成為帝國都市化和無望之宇宙觀，和天上國度之間的對照。異象的題旨與盼望緊密相連。因為疾病和其他原因，死亡在羅馬人中間時常發生。然而，新耶路撒冷將不再有死亡。在其中，人將獲得永生的賞賜。

顯然，獎賞的給予是盼望的最極致表達。如同前文的討論，獎賞一般與軍隊和運動競賽有關。凱撒大帝時代的奧林匹亞繁榮昌盛，因為它不但是舉行競賽的地點，也是羅馬人將他們的神明認同希臘神明的地方。換言之，它是因殖民主義，而產生宗教文化融合的地方。奧林匹克運動會屬於帝國層次的競賽，因為所有的專業運動員，都是來自各地的競賽者。[17] 這項觀察尤其重要，因為奧古斯都也藉著運動會，有效地將羅馬和希臘化的東方連結起來。同時，他也使用外國的運動員，來殖民化地方的運動員。尤有甚者，尼祿發現這個地方，可以成為宣傳的好對象。約翰的原始讀者，應當對尼祿這種政策相當熟悉。如此說來，現今奧林匹克運動會的性質改變，已經違反羅馬當初的殖民目的了。

更進一步地來看，奧林匹克運動會在尼祿的時代尤其重要。在公元五十四至六十八年掌政的尼祿聲名狼籍，但卻對競賽活動充滿熱誠。受過歌唱和彈奏七弦豎琴訓練的尼祿，喜歡公開表演。當他在羅馬舉行第一次表演時，他邀請五千名支持者，為他鼓掌與喝采。尼祿也熱中於騎馬的運動，並且時常自己駕馭馬車。他甚至創辦尼祿運動會（Neronian Games），運動會的內容包含古代希臘完整的運動項目，馬車比賽、運動競技和歌唱角逐。公元五十七年，尼祿在戰神廣場（Campius Martius）建造了一座木製的露天劇場，它的浩大史無前例。但這所露天劇場在公元六十四年的大火中，不幸被燒毀。

到了多米田的時代，競技比賽已經逐步形成。多米田自己費心地將競技的訓練學校，井然有序地分成四個學校。總數約有八千名競技者的四所學校，完全由帝國所任命的總督來掌管。許多競技者都是被俘虜的戰俘、奴隸和外國人，其中偶而也有女性的競技者。每一所學校都備有足夠的競爭者、訓練師，甚至還有醫生。而每所學校也各自穿著不同風格的盔甲，就像高盧人、色雷斯人和薩模奈人的多種不同種族特徵。與現代的功夫學校極為類似，每一種盔甲風格也代表一種獨特的戰鬥風格。競技比賽是一種龐大的事業，因為它具有極高報酬的可能性。如同許多現代運動員，不論社會階級有何區分，出名的競技者常常成為女士們傾慕的對象。諷刺作家朱凡諾（Juvenal *Satires* 6 110ff.）描述一位名為埃皮婭（Eppia）的女士，對於競技英雄的熱情感覺。她一點也不在乎英雄身上的許多傷口，因為他畢竟是一位競技者。這位諷刺作家還加上如下的評語：「這些女人所愛慕的，其實是刀劍。」

在龐貝的競技學校中，考古挖掘者發現有一位妝扮華麗的女人，出現在一羣競技者中間。這位女人顯然具有高層的社會地位。當掩埋整個城市的火山爆發時，這個女人似乎正和其中一位競技者大談戀愛。許多知名的訓練師，後來成為羅馬軍隊直接交手戰鬥的教練。如此說來，競技比賽吸引許多不同的種族羣體，前來羅馬參與大會。在奧古斯都的掌政時期，運動員的雕像再度流行。這些圖像和意識理念為啟示錄中的競賽意象，提供了完美的背景。特別生動的是，四章 10 節使用相同的「冠冕」一字，描繪長老將金「冠冕」，放在耶穌的寶座前。在自己的奧林匹克運動會難堪失敗的尼祿，甚至在從馬車摔下，並且沒有完成比賽的情況下，獲得七尊冠冕。為了交換這七尊不配得的冠冕，尼祿將公民身分和大筆金錢賜給頒發冠冕的人。[18]

究竟這些冠冕是黃金桂冠，或是神聖的橄欖樹枝？[19] 這裏的類似用法顯示，約翰將一種為人熟悉的隱喻稍加修改。更確切地說，他使用尊榮死者的某些事物，來尊榮活人。耶穌曾經死過，祂贏得了祂的桂冠，但祂現在活著，並且獲得榮耀的金冠冕。教會也將在相同的競賽中努力爭戰，以獲得生命的冠冕。身為忠心的見證人，教會向與尼祿同類的人發出嘲笑，因為他們即將遭受羞辱。皇帝的惟一獎賞，就是羞辱和嘲笑。凡跟隨羅馬帝國的人，也將苦嘗相同的後果。

小亞細亞的讀者應當對於，來自運動競賽的冠冕意象相當熟悉。許多運動員的勝利，為他們贏得爵位賜予和尊貴榮耀的獎賞。在與現代頂尖運動員接受認可的類似方式下，當時得勝的運動員也成為社會的英雄。既然耶穌在前言中，被描繪成英雄，教會成員的身分，也應該和耶穌的相稱。換言之，每一個忠心跟隨耶穌的人，都將在永恆中被視為英雄（啟三 11）。所有的信徒都應該以勝利者的身分，履行這個英雄角色（二十一 7）。比英雄角色更重要的是，當耶穌用鐵杖治理列國時，教會也要拿著耶穌的鐵杖，與耶穌一同治理列國（二 26～27，十九 15）。鐵杖的治理和遵守上帝的話緊密相連（十九 15）。所以，未來將與耶穌一同治理列國的人，必在現今遵守上帝的話。永恆羅馬的應許完全虛假。而運動競賽的榮耀也是過眼雲煙。惟獨那些捨棄自己生命而贏得桂冠的人，將像耶穌被認可一樣，得到最高度的認可。他們冒著極大的危險，而他們從競賽中所得的賞賜，並不是為了人的榮耀，或像宙斯等神明的榮耀一樣。相反地，他們爭戰乃是為了得到基督的讚許，祂將與他們同享統治列國的權柄。教會獲得的賞賜，遠超羅馬皇帝的冠冕。因為教會的冠冕永不朽壞，它將為信徒帶來尊榮與永恆的生命！

羅馬和新耶路撒冷還有一個非常重要的不同之處。更確切地說，在新耶路撒冷我們看不見羅馬廣場（*Forum Romanum*）的存在。羅馬廣場包含許多重要的都市建築特徵，這個至今仍然吸引無數旅客的觀光重點，原來是法律審訊的地方。政府藉著審判來懲罰罪有應得的罪犯。另外，政府所在的巨大公共建築物，也不見於新耶路撒冷中。因為當新耶路撒冷降臨時，所有的審判已經在白色大寶座的審判中，得到完全的解決。新耶路撒冷不再需要另一個羅馬廣場，來維持未來的公義。如此說來，羅馬廣場的消失，成為新耶路撒冷不再有不公義之事的確據。新耶路撒冷的公民不會彼此傷害，他們更不會在法庭相見。因著新的和平與盼望，新的公義將隨之而來。最後，新耶路撒冷也沒有羅馬公共場合常見的噴泉，因為人們可以從生命水的河流中，獲得生命的一切所需。

總結來說，約翰的異象為讀者提供了，羅馬努力尋求但卻徒勞無功的一切事物。一個盾牌上的碑文，可以做為最佳的例證：「因為凱撒奧古斯都對於神明和他的國家，所展現的勇氣、慈悲、公義和敬虔，元老院和羅馬的人民將這個盾牌獻給凱撒奧古斯都，他是神明的兒子，和八任執政官。」我們應該知道，碑文所提及的所有屬性並不屬於奧古斯都，而屬於上帝和上帝的子民眼中看為完美的耶穌。惟獨耶路撒冷可以提供羅馬所尋求的一切。間接地來說，約翰的異象蘊含強烈的福音意義，因為它所提供的意識理念是如此吸引人。新耶路撒冷為人帶來開放、財富、安全、平等、繁殖（食物和用水）、燈光、聖殿（或沒有聖殿）、公義和建築的安全。這一切曾經出現在羅馬的所有特質，都隨著羅馬的毀滅而消失無影（啟十八 21～24）。

我們可以為上述所有的觀察，下一個重要的結論。換言之，羅馬帝國的一般城市居民，並不知道自己的痛苦，因為這是他們的生活常規。只有身為現代讀者的我們，才能完全體會當時的都市問題。對於原始讀者而言，除非他們能夠看見新耶路撒冷所為他們提供的另一種現實，否則他們將繼續滿足於他們的現狀。然而，約翰的異象向所有滿足現狀的人，發出有力的挑戰，因為還有另一種更好的現實，等待他們選擇！約翰為讀者帶來革命性的信息。他要讀者知道羅馬統治下的生活是多麼痛苦，而新耶路撒冷的另一種現實，又是多麼美好。

註釋：

1 Peter Connolly and Hazel Dodge, *The Ancient City* (Oxford: Oxford University Press, 2001), p.118.

2 例如，Marko Jaunhiainen, "The OT Background to Armageddon (Rev. 16:16) Revisited," in *NovT* XLVIII (2005), pp.381～393；Edmondo F. Lupieri, *A Commentary on the Apocalypse of John* (Grand Rapids: Eerdmans, 1999), p.244，這指向與約西亞死亡有關連的地方。約西亞是親巴比倫和反亞述的君王。

3 Arthur M. Eckstein, *Mediterranean Anarchy, Interstate War, and the Rise of Rome* (Berkeley: University of California, 2006), p.124.

4 孫寶玲：《啟示錄——萬主之主》（香港：明道社，2007），頁 302。

5 孫寶玲：《啟示錄》，頁 303。

6 Diane Favro, *The Urban Image of Augustan Rome* (Cambridge: Cambridge University Press, 1996), p.104.

7 Liza Cleland et al (eds.), *Greek and Roman Dress from A～Z* (London: Routledge, 2007), p.156.

8 Cleland et al (eds.), *Greek and Roman Dress from A～Z*, p.83.

9 這方面的圖畫，參 Ittai Gradel, *Emperor Worship and Roman Religion* (Oxford: Clarendon, 2002), p.170。

10 Catherine Edwards, *Death in Ancient Rome* (New Haven: Yale, 2007), p.26.

11 Favro, *The Urban Image of Augustan Rome*, pp.237～242.

12 在此形容四方形的希臘用字，可以按照字面翻譯成「四角」。

13 Beryl Rawson, *Children and Childhood in Roman Italy* (Oxford: Oxford University Press, 2003), p.273.

14 Carlin A. Barton, *The Sorrows of the Ancient Romans* (Princeton: Princeton University Press, 1993), p.56.

15 「狗」可以具有雙重的意義，牠可能指不潔淨的人，或被認為不潔淨的動物。

16 D. A. Carson, *The Gagging of God* (Grand Rapids: Zondervan, 1996), p.121；從不同的層面提出相同的觀點。

17 E. Norman Gardiner, *Olympia: its History and Remains* (Oxford: Clarendon, 1925), p.158.

18 Gardiner, *Olympia*, p.163.

19 神聖的橄欖樹枝，被用來製作奧林匹克的冠冕。參 Judith Swaddling, *The Ancient Olympic Games* (Austin: University of Texas, 1994), p.20。

五

對現代讀者的意義和應用

城市的故事所蘊含的意義，為我們帶出許多適切的應用。

第一，屬靈的爭戰並不僅限於屬靈的層面。

雖然教會被異端、逼迫和一些屬靈的貧瘠摧殘不已，但這一切困苦背後的屬靈勢力，仍可藉著實際可行的方式被教會擊退。啟示錄不僅包含定罪，並且給予信徒非常積極的答案。啟示錄被寫下來的重要事實，不容讀者輕忽。麥圭爾（Rachel McGuire）在她的論文中提到，反抗羅馬帝國的一些形式。這些形式包含暴力、抗議、辯論、出世而居的生活，以及天啟的想象等。[1] 藉著啟示錄，約翰很可能以異象的天啟想像和寫作形式的辯論，來表達他對羅馬帝國的抵制。許多啟示錄學者忽略古代基督教作家的寫作過程，他們僅將文本的詮釋，當作他們的研究焦點。這種解讀方式實在值得關切與修正。尤有甚者，啟示錄的寫作實際針對羅馬的海陸勢力，發出直接的對抗。更確切地說，海洋和陸地的相同路徑，不但可以被用來擴張帝國，也可以被用來傳播基督教的文獻。以火滅火，常是滅火的最佳方式。

從社會學的角度來看，基督教之所以能夠生存和散佈，乃是因為使徒的寫作被加以保存和四處傳閱。這些作品藉著海洋和陸地的傳遞路徑，而被散佈開來。當文件被抄寫完成之後，郵件在四或五天之後，就可以送到收信者的手上。郵件的有效傳達，必須歸功於羅馬積極的運輸建設。[2] 約翰的寫作為啟示錄的問題提供直接的答案。誠如約翰在一章的所述，他打算在不同的教會之間傳閱啟示錄這封書信，因此他使用與羅馬人相同的方式，來傳播他的福音。約翰智慧地以魔鬼的策略，來反擊魔鬼的勢力。讀者（像今日的讀者）能夠聆聽和閱讀啟示錄的根本事實，無疑展現上帝的終極勝利。上帝的勝利不僅在未來，並且已經藉著海洋和陸地，在此時此刻實現了。

從電子革命的角度來看，現今有許多基督徒仍然不知道，有多少錯誤的資訊不斷地衝擊他們的生命。許多人拒絕以更深刻思考上帝永恆真理的方式，來回應當今的議題。當我們瀏覽基督教書店的書架時，我們看見許多提供「快速解決」方法的書籍。這些書籍讓人感覺很好，但在深度省思二十一世紀的信仰方面，卻無甚益處。一羣「敬虔」的基督徒羣體，相信只要固定地禱告和參加敬拜（甚至每日有個人的靈修生活），就可以戰勝教會的敵人所發動的意識理念戰爭。然而，這並非約翰的想法。約翰藉著異象的記錄，運用他可以找到的任何方式，來鼓勵他的讀者思考和反省自己的信仰。約翰的異象提醒今日教會的每一位領袖，不要輕忽清楚思考現今重要議題的必要性。否則，教會很快地就會變成昨日的舊聞。

第二，城市的故事告訴我們，世界上沒有完美的制度。

如同現代的超級強權，羅馬建立一種當時無可比擬的都市制度。然而，啟示錄明確地定這種制度的罪，因為人將信心寄託在這種制度之上。就像美國的基督徒一樣，他們期待「基督徒」的政治家，能夠拯救國家。因此，每一個候選人都聲稱自己是基督徒。這種愚蠢的競選策略之所以流行，乃因美國的基督徒沒有清楚明白兩個城市所傳遞的信息。不論領袖是否聲稱自己是基督徒，任何一位認為積極掌控世界，就會使世界更為美好的領袖，都注定要失敗。當讀者觀看異象對羅馬帝國的公開定罪時，讀者很容易疏忽它對於今日教會的涵義。

根據新近有關地中海流域的研究所指，羅馬的攻擊性，其實是整個地中海文化的代表。[3] 換言之，地中海四周的王國或城邦，也在軍事和經濟（至終指殖民）的野心上，展現相同的特徵。只是羅馬因為克服科技上的困難，而成為比較成功的國家。上帝單挑羅馬來定罪，乃因她在殖民的企圖上大顯成功，而其他國家則多數失敗。相同的定罪信息也出現在但以理書的第二部分，但啟示錄將其重新應用於羅馬。可見，啟示錄的異象不僅定了羅馬的罪，它實際定了所有認為科技、軍事力量或經濟繁榮可以拯救個人或國家的信徒或集合實體的罪。

這項應用對於現代政府，和生活於其中的一般公民同樣有效。今天，全球化的市場，似乎導致不同國家之間的相互依賴。但實際上，整個世界貿易的百分之四十，都操縱在名列前三百五十名的大公司手中。[4] 經濟擴張不是進步，因為它很容易變成一種壓迫。凡依賴暫時經濟成功的基督徒，將發現自己是缺點重重之制度的參與者。至終，啟示錄的異象是信心的信息。在復活基督以外的信心，都將引向強有力的定罪。約翰對於羅馬殖民主義的定罪信息，至今仍然真實。它不僅對基督徒的政治觀點有效，也對基督徒個人的優先抉擇十分適切。雖然今日的應用不甚相同，但上帝的信息卻恆常不變。啟示錄的圖畫成為未來所有信徒的警告。凡依靠世界制度的基督徒，都將面臨上帝的定罪。

註釋：

1 Rachel McGuire, “Imperial Power Structures, the Particular Predicament of Middle Agents, and the Jesus Movement,” Society of Biblical Literature Paper, 2008.

2 Lionel Casson, *Travel in the Ancient World* (Baltimore: Johns Hopkins, 1994), p.221；從西塞羅的作品引用例證。

3 最佳討論出自 Arthur M. Eckstein, *Mediterranean Anarchy, Interstate War, and the Rise of Rome* (Berkeley: University of California, 2006), pp.4～11。

4 Timothy J. Gorringe, “Invoking: Globalization and Power,” in Stanley Hauerwas and Samuel Wells (eds.), *The Blackwell Companion to Christian Ethics* (Oxford: Blackwell, 2006), p.349.

第四部

結論——方法論和信息的前瞻

一

方法論

本書已經檢視與啟示錄異象相關的圖畫世界。而這些圖畫世界，則來自羅馬社會。在過去的研究中，有些時期以聖經文本為研究焦點，而另外有些時期又以希羅的歷史文本為觀察重心。神學的議題更經常成為學者的偏好討論。我相信所有的偏好，都需要牽涉更多具有細微差別的解讀方式。對於偏好聖經文本的人來說，文本並不僅是一個文本。它的內容不應該僅限於文法的詮釋，解讀者應該同時考慮與作者和讀者相關的多種世界。而文本的功能，也應與體裁緊密相連。如果文本展現異象，那麼我們必須了解，與文本異象相關的所有意象。舉例來說，所有關於獸的討論，應該與原始讀者如何獲得獸的知識相連。而原始讀者獲得獸的知識的方式，又應該和羅馬的野獸展覽相連。最後，羅馬的野獸展覽應該和羅馬人對於海洋的掌控相連。

另外，啟示錄中的兩個主要圖像，不是與女性，就是與建築有關。每一個圖像都指向原始讀者的社會經驗。這些圖像絕對不只是現代的神學建構而已。更確切地說，新娘和羔羊指向一種親密的關係。新娘和羔羊只是一種象徵表達，而討論婚姻的主題，則帶出親密的信息。

藉著一世紀的性別價值觀，約翰的異象容許女性信徒得到最後的勝利，因為約翰以女性的形式來形容教會。根據啟示錄的象徵用法，女性在屬靈戰爭中，扮演首要的角色。在依然保持聖經道德觀的原則下，異象首先使用女性來肯定福音的信息。換言之，異象肯定女人在基督教羣體的宗教世界中的重要性。成為約翰女性意象的來源的小亞細亞，為女人在教會中的角色帶出不少啟迪。它更進一步反映，小亞細亞保羅教會中的女性信徒，在角色上的掙扎（參啟二 20；提前二 14，五 13～15）。從正面的來源來看，「基督－教會」和「新郎－新娘」的二元建構，明顯出自以弗所的背景。以弗所書五章 21 至 33 節，為我們清楚展現保羅的理想。如果以弗所書在小亞細亞被流傳閱讀，那麼約翰的原始讀者一定了解這個類比的意義。

啟示錄中的理想新娘，也預先假定教會中所有女人的潔淨。這並不代表，女人在追求那個理想。相反地，隱喻已經先設，基督徒的家庭已經了解這個理想。每一個女性信徒也有責任預備自己，以迎接耶穌的再來。因此，她也可以和約翰一起說：「來！」（啟二十二 17）。[1] 我不是說，性別的象徵主要是為了女性的關切而使用。當我們檢視約翰意象的可能來源時，我們一定要同意，約翰假設他的讀者了解，婚姻中神聖的「新郎－新娘」意象所具有的神學意義。換言之，約翰假設小亞細亞的基督徒家庭，都遵守保羅的規範。在重新使用保羅神學意象的方式下，約翰的異象預期家庭教會在家庭中，展現理想的基督－教會關係。在啟示錄全書中，約翰不斷提醒信徒，天上的理想應當成為地上救贖過程的一部分。神聖的家庭典範，也非例外。女人的角色可能處於一世紀的家長模式中，但她們的價值卻被大大提高。因為她們從社會中的小角色，變成承擔世界未來命運的主要人物。至終，女人的角色影響家庭教會，繼續維護上帝的理想家庭觀。約翰筆下的象徵所顯示，自從保羅寫下以弗所書之後，一種普遍的社會傾向，已經成為信徒的正常生活。

新耶路撒冷和羅馬的建築，只是一種象徵表達，而建築過程的主題討論，則指向前者超越後者的偉大。如此說來，原始讀者的經驗，必須成為了解經文意義的第一線資料。惟獨從當時的社會世界觀察意義之後，我們才能建構神學的理念。在本質上，我們不可從自己建構的神學異象來詮釋文本，我們應當從一世紀讀者的社會角度來了解文本。無可置疑地，有些圖像一定比其他圖像容易明白。至終，聆聽和觀看，而非微觀解讀，才是了解啟示錄的關鍵鎖鑰。

許多註釋針對方法論進行熱烈的辯論，但仍不乏濃厚的神學意味。在我們堅持解讀啟示錄的任何單一觀點之前，我們必須先思想自己的靈感模式（mode of inspiration；或稱「默示模式」）。更確切地說，如果上帝以對原始讀者有意義的語言來啟示所有的文本，那麼啟示錄應該也不例外。系統神學自有其研究價值，但詮釋者必須注意解讀聖經的先後次序。如果一開始就以末世論來詮釋啟示錄，那麼詮釋者實際太快就離開了基本的文本解讀。如此說來，我們應當由最開始的啟示教義而非最後的末世論，來開始啟示錄的解讀。在這個原則之下，啟示錄的信息對於原始讀者而言，應當相當清楚與明白。更進一步地來說，如果啟示錄對原始讀者具有意義，那麼啟示錄在某種程度上已經圓滿實現了。然而，未來派的詮釋者必須思考，啟示錄的相同事件是否會在未來再度發生。

停止在過去已經實現的詮釋者，和繼續進入未實現之未來的詮釋者並不相同。換言之，就像預言具有多重應驗的可能性，啟示錄的預言也包含已經在一世紀應驗的預言成分。因此，在思考未來派的立場之前，詮釋者不可忽略預言在這方面的重要特性。如此說來，綜合過去和未來的兼容並蓄詮釋法，對讀者的確極有幫助。過去絕對不可因未來的緣故而被犧牲。詮釋者必須自行抉擇。我們很難判斷未來派的立場是對或錯，因為未來尚未臨到！

在評閱啟示錄的註釋時，我發現一些新近著作提出下列問題：「帝國全面性逼迫的理論，是否可行？」這個問題並不容易回答。根據啟示錄，發生在小亞細亞的逼迫，似乎沒有規律性也沒有分散各處。這項觀察證實當時沒有全面性的逼迫，但這並不代表當時完全沒有逼迫。帝國全面性的逼迫並非詮釋啟示錄的必要假設，但將逼迫視為一個主要問題，卻是詮釋啟示錄的必須。很多時候，我們如何使用來源，取決於我們使用考古遺物或塔西圖、小皮里紐（Pliny the Younger）和優西比烏（Eusebius）的文獻證據。[2] 既然啟示錄是一個異象，我們可以暫時離開這個歷史思考。一言以蔽之，縱使約翰的時代極少逼迫，歷史卻沒有保證尼祿的時代沒有逼迫發生。

當我們觀看啟示錄的異象圖畫時，隱喻之象徵世界的研究更顯不可或缺。許多時候，在尚未透徹了解象徵表達和主題之前，詮釋者很快就跳入隱喻的信息。無怪乎，隱喻的詮釋結果不是過度廣泛，就是單調乏味。在整個詮釋的過程中，隱喻的生動含義完全喪失。含糊不清的詮釋結果，對於了解口述聽眾的視覺世界大為不利。因為視覺性需要圖像來刺激想像力，以便清楚了解一世紀的信息。有時，約翰使用修辭的誇張法來表達他的觀點。我們必須注意，修辭的誇張法出現在哪些經文中。舉例來說，約翰對於偶像的定義，不僅指向巴比倫的宗教，同時包含埃及和迦南的各樣宗教。只專注詞語和文獻來源的引用，卻不關切意義的廣泛範圍，將使色彩豐富的圖像失去當有的光彩。一個概念的意義創造，可能由多種圖像綜合而成。尤其是在天啟文學的圖畫世界中，隱喻的研究更屬必須，因為隱喻指向代表記號的詞語。在沒有研究分析的情況下，僅有無數的文獻引用，也無法產生任何正面的作用。異象應當像隱喻一樣，指向一種可以說服聽眾起而行的意識理念。只是解釋圖像並不足夠，詮釋者應該更深入發掘象徵的意義，以了解異象所欲帶出的信息。

在方法論的思考上，我們必須注意不論我們綜合多少不同的角度來解讀啟示錄，若我們忽略啟示錄每一章的倫理層面，那麼我們的詮釋就不可能完全。我相信啟示錄的倫理層面，長期以來一直被忽略。這種傾向對現代教會具有致命性的影響。在我記憶中，我所聽過的啟示錄信息，沒有一篇從倫理的適切性來著手。當然這不代表沒有與倫理相關的信息，只是我從來沒有聽過而已。事實上，只要有人宣講啟示錄的信息，我都會十分驚訝。近年來有些中文的新著作出現，因此研究啟示錄的趨勢，已經慢慢在轉變。但為了教會的好處，這種轉變的速度似乎還不夠快。

當我第一次在神學院教導啟示錄時，沒有多少校外生來旁聽，因為許多人覺得啟示錄與自己沒甚麼關係。對他們而言，不只是一般人，甚至連基督徒都不知道啟示錄在說甚麼。他們以為自己對啟示錄了解的有限，就代表所有詮釋者的有限。可見，在教會世界中，有能力的講道者和詮釋者實在太少了。我認為每一位牧師和詮釋者，都應負起信徒不了解啟示錄的責任，因為他們忽略了啟示錄每一章所蘊含的倫理應用。任何一位認為啟示錄與信徒生活毫無關連的詮釋者，都缺乏正確解讀啟示錄的裝備。他們將自己的有限，強加在其餘的詮釋世界中。覺得啟示錄深不可測的錯誤印象，來自錯誤的方法論。從倫理的層面來看，異象為邪惡的世界體制提供了典型模式。

顯然，本書使用許多重要的社會－歷史資料來配合文本，以了解一世紀讀者所閱讀的信息。歷史是起點，但它不一定需要成為終點。不論我們如何應用經文，倫理觀是必不可少的一部分。我們這些屬於學者和牧師羣體的人，應該在這方面多下功夫，以更有效地事奉教會。就像一幅圖畫一樣，文本值得我們用不同的詮釋角度，來理解原始讀者所看見的內容。但現代讀者也應該對圖畫有所回應，因為圖畫雖屬歷史性，但倫理的信息卻是永恆的。

雖然宣講啟示錄是一項令人怯步的挑戰，但我認為啟示錄的視覺性，對後現代的讀者有一種獨特的吸引力。因為他們非常習慣觀看，現代具高度刺激性的電子圖像。在啟示錄中，異象的閃現很像音樂電視台的節目，只是前者具有強烈的屬靈涵義。啟示錄的信息非常有力量，它不僅傳遞圖像，並且包含挑戰讀者有所行動的倫理暗示。就像在口述文化中的人一樣，後現代讀者也渴望付諸行動的信仰。他們所要的，不只是數之不盡的事實和命題。如此說來，啟示錄的挑戰，對他們的確真實。約翰挑戰教會，不僅要知道命題，並且要成為上帝的見證人。約翰有力地為我們設下，宣講啟示錄的風格。凡嘗試教導和宣講啟示錄的人，必須藉著倫理觀使啟示錄適切今日的世界。倫理觀能夠使信徒，不僅以話語，更是以行動來見證上帝。

註釋：

1 Kristina LaCelle-Peterson, *Liberating Tradition: Women's Identity and Vocation in Christian Perspective* (Grand Rapids: Baker, 2008), p.182；這裏特別指出，女人

同樣具有傳揚福音的責任。她的看法的確正確。

2 L. L. Thompson, *The Book of Revelation* (Oxford: Oxford University Press, 1990), pp.106～107.

二

信息

啟示錄的第一個信息是，教會和她的主在功能上密不可分。教會**必須**代表耶穌！而代表耶穌的最重要方式之一，就是合一的表現。極諷刺地，末世論竟然使基督教福音派，分裂成不同的陣營。

綜觀近代教會對於啟示錄的看法，我們可以總結以末世論劃分宗派界限的時代已成過去。這是一個令人振奮的景象。因為啟示錄一書以教會為新娘的比喻，帶出許多有關教會合一的討論。教會實際不是由許多新娘組成，教會乃是一個新娘。單單這個事實，就可以警告教會將所有導致不和的心意棄置一旁。末世觀的不同看法，不應該成為神學院與宗派之間的戰爭。在啟示錄，戰爭僅介於上帝的子民與撒但之間。畢竟，神學院應該鼓勵在和諧中容許差異存在的正確態度。教會不也一樣嗎？在過去的年代，差異性成為堅持只有「一種觀點」的基要派的犧牲品。而在後現代的紀元，這種堅持一種觀點的看法，甚至成為福音派之間的笑柄。我們這個時代的一個正面特色，就是鼓勵與獎賞不同的觀點。這種現象無疑會幫助上帝的子民，更接近約翰所見之異象的理想。

學術研究的趨勢，也朝向兼容並蓄的角度。這並不是一種毫無原則的隨意折衷。相反地，兼容並蓄的方法慎重考量來自羅馬帝國研究的資訊，並將其應用於啟示錄的解讀中。不論持守何種末世架構，註釋書絕對無法再依據個人的偏見，隨意帶出觀點並且企盼贏得學術界的尊重。因為單純的教義主張，已經不能滿足教育或研究的需要。愈重視羅馬背景的註釋，愈顯出註釋本身的審慎與價值。我們需要大力鼓勵願意包容差異的心胸，並與那些挑戰詮釋現狀的資訊互動。如果我們容許這種趨勢繼續發展，啟示錄的讀者就可以使用更進深的方式，來欣賞啟示錄真正蘊含的豐潤色彩。

從合一的角度來看，我們必須認知惟有當我們接受多樣性的經驗時，真正的合一才有可能產生。毫無疑問地，藉著啟示錄而流露出來的基督至高權威，是讀者合一的根基。在原始讀者不盡相同的經歷中，我相信啟示錄中的每一個教會，各自承擔不同的受苦程度。我們必須向不同經歷的事實回應，好使我們在世界中成為耶穌的代表。有幾項具體的步驟，可以幫助正在受苦中的教會。例如，受苦中的信徒必須知道，上帝與他們同在。他們不應該看輕那些沒有受苦，比他們幸運的弟兄和姊妹。因為上帝按祂自己的主權，將不同的基督徒擺置在不同的環境中。在逼迫較少的國家中，信徒自然較少有機會為信仰受苦。當受苦的基督徒輕視未受苦的基督徒時，他們實際展現一種驕傲的心態，和一種錯誤的公義觀念。

生活在和平環境中的信徒，應該以禱告和財務資源，來支持受苦中的信徒。他們也可以從類似殉道者之聲（Voice of the Martyrs）的組織，獲取更多的資訊，好使他們更知道如何為受苦的信徒禱告。如果必要，生活在比較富裕地區的信徒，可以選擇簡單的生活方式，以將他們的資源運用在更佳美的目標上。在這種方式下，每個人都可以在自己的景況和社會中，共同地代表基督。在基督主權的範圍內，約翰的異象可能引起，讀者在不同社會環境中的多重回應。如果有人遲疑，約翰的異象將加給他力量。如果有人違犯真理，約翰的異象將為他帶來羞恥和悔改。如果有人為基督作見證，約翰的異象將鼓勵他堅忍到底。

第二，啟示錄的爭辯、全球和政治的情境相當清楚。羅馬十足是教會的敵人。這項觀察顯見於，約翰對羅馬逼迫聖徒或兩個見證人的重複提及（啟十一 2～3，十二 6，十三 5）。[1] 羅馬和教會的界限，已經完全劃清。因此，信徒絕對不可能腳踏兩條船。然而，啟示錄的現代讀者面臨另一種張力，這種張力有時不見得黑白絕對分明。更確切地說，回應啟示錄的現代讀者，應該生活在傳統主義和革新主義的張力之間。當我們觀察約翰以他的寫作，反擊羅馬福音的方式時，我們應該對出版和技術的重要性有所學習。出版和技術無疑影響福音信息的有效性。古代信息的涵義，對今日信徒仍然相當真實。常見一種過分簡單化的看法，認為只要使用口中的言語來分享福音，基督教就可以順利傳開。其實這只是傳福音的一部分罷了。

華人教會首先必須對科技的複雜性有所了解，因為這是傳播各種基督教寫作，和宣揚基督教資訊的最佳管道。另外，華人教會也必須挑戰自己，創作和閱讀超越膚淺程度的作品。為使教會堅守自己的信仰，教會必須知道她所信的為何。因此，信仰知識的研究，就成為不可或缺的必要了。在約翰的信息中，他呼籲「智慧」（啟十三 18）。換言之，並不是每一件事都容易明白的。我不相信七教會那些離開正道的人，不明白「耶穌死了又復活」的簡單真理，但他們無法面對叢生在第二代信徒中間的異端邪說。因為他們缺乏對付異端的有效方法。在早期的年代，華人教會也經歷這類的挫敗。過去的華人教會欠缺對聖經的嚴謹學術研究，因而導致華人教會在知識和屬靈方面的緩慢成長。當非宗教的學者不斷地在學術研究方面突破時，教會更應刻不容緩地在創作更優質學術資料方面再上一層樓。

早期教會以複雜的研究來理解約翰的信息，並將其傳給早期教父，以使教會能夠抵抗每一個世代的異端。像啟示錄這般困難的書卷，都沒有被摒棄於外。相反地，它還被納入正典的一部分。這個重要的事實提醒我們，不要忘記早期教會的理性傳統。尤有甚者，當今的全球風氣導致了電子媒體的迅速發展。有些時候，教會在自己知識基礎上的進步，顯得非常遲緩。而全球的文化，卻日益複雜。人們正被無數的資訊所衝擊。因此，基督徒若沒有警覺他們愈來愈少的市場佔有率，那麼新興的帝國主義，勢必危及基督教的生存。使用最佳出版和資訊科技的需要，是當今基督教不容忽視的重要關鍵。基督徒讀者也應該挑戰自己，在困難的議題上有所明白與突破，以使自己成為更有效的見證人。否則，基督教將成為與世界和人羣更無關的信仰。一個完全不具相關性的教會，不正是一個垂死的教會嗎？

在最基本的層面上，我相信有一些積極的行動，可以幫助我們回應世界的快速進展。更確切地說，人們需要以自己的語言來了解上帝的話語。這可能表示，華語聖經需要有更多種譯本出現。在過去，除了《和合本》的翻譯之外，其他的華語聖經譯本，都受到極大的阻力。然而，現代基督徒對其他譯本的態度已經開放許多，這是令人鼓舞的改變。我們的聖經翻譯必須使用平易近人的語言，以使初信者能夠自行閱讀聖經。相信新譯本的出現，可以在各方面成為信徒的好幫助。

在英語世界中，《新英語譯本》（New English Translation）為了傳揚信息，已經以網路的形式出現，以便供人隨時取用閱讀。它甚至提供翻譯的註釋。這種努力需要大量的時間、科技和金錢。另一種回應約翰使用當時最有效的途徑來傳揚福音的大好方式，就是支持神學教育。許多人還抱著一種錯誤的假設，認為他們對於聖經的所知和當前的研究，已經完全足夠。這是最不該有的態度，因為教會必須建造在堅固的神學教育之上。教會是否健康，與神學院是否堅固有直接的關係。每當神學院或教會減緩神學研究時，我們就面臨向異端敞開大門的危機。為使神學教育成功，我們必須首先訓練紮實的學者。這些學者應當具有以學術研究聞名之學府的學位。接著，信徒本身應該親身參與，以接受精深的神學教育。最後，擁有物質財富的信徒，應當以資源來支持教導聖經的神學院、研究學者和出版社。無論每個人的信念如何，每個人都應當為上帝國的工作能夠在下一代繼續進展，而盡心竭力地禱告。

從教會需要進步的觀點來看，教會也處於一種張力的狀態。因為科技很容易成為教會的新偶像。今日的巴比倫偶像極力慫恿我們，依賴並且敬拜這種科技，我也看見一些教會那追求最新與最好之科技的新近傾向。一時的流行就是他們的偶像。科技的機件也成為生活的常規。另外，娛樂和建築發展，也是皇帝控制人民意見的主要媒介。我認為，基督徒必須同樣警覺進步的危險。並不是所有較大、較美麗和較有趣的，都對屬靈健康有益。

對於進步的敬拜，也是七教會所面臨的部分問題。啟示錄的背景可以幫助我們，了解這個問題的根由。當時的羅馬帝國，尤其是在朱利亞－革老丟（Julio-Claudius）王朝崩潰之後的建築繁榮和穩定，使未來看起來一片大好。尤有甚者，由多米田掌政的新夫拉維亞王朝（Flavian），努力嘗試超越前任的多位皇帝。在無數的內戰和衝突之後，多米田的和平愈來愈像奧古斯都的和平。只要人民能夠繼續他們喜歡的生活方式（即和平），他們很容易就相信世界體制所提供的應許。然而，在虛飾的成功之下，大眾的不滿清楚可見，因為他們生活在饑餓、乾渴和貧窮的痛苦環境中。

對於政治權力的敬拜，更加令人不齒。當我著筆這些段落時，海地的政府因為致命的食物暴動而被推翻。在美國，一些大型的食物商店，已經開始限定米的購買量。這種對於食物危機的反應，為以稻米產品為主食的人，造成了嚴重的問題（例如，中國人、印度人）。一些國家的急速增長，導致像肉類這種基本食物的增高需求，因此，依次造成全世界的食物價格高漲。首先，被當作食物的動物，必須被餵養。接著，餵養家畜的飼料需求隨之增加。最後，穀類產品的價格自然上升。這些具有連鎖效應的問題，造成全年上漲高達二十二個百分點的後果。雖然全球化使富有和貧窮國家之間的差距縮小。但處於優勢的國家從未預期食物需求的增加。因此，他們也同樣遭殃。另外，許多窮人立即面臨餓死的命運。在全球食物價格高漲的危機中，資源不豐並且必須依賴食物進口的國家，將遭受最嚴重的打擊。

當我們將腐敗的政客加入食物的危機時，貧窮人遭受災難的景象立即呈現。這種毫無控制的增長，是一種新的全球帝國主義。這種新帝國主義狡猾詭祕，不易被人察覺，但它對於窮人的致命影響，卻是最反基督教精神的。

在啟示錄的信息中，不論是政治、經濟、意識理念或軍事的任何一種帝國主義，都是錯誤的。如同過去曾經實行殖民主義的基督徒一樣，凡現在參與任何一種殖民主義的基督徒，也迫切需要悔改。如果自己不能從這個腐敗的世界體制中出淤泥而不染，那麼他就不夠資格來論斷任何人。毫無疑問地，殖民的心態至今仍有強烈的殘存影響力。我們可以從坎特伯里大主教（Archbishop of Canterbury）威廉斯（Rowan Williams）的話，一窺這種心態的流露：「佔領土地，而後將精力和資源投入，以管理這個土地並使其正常化（就像英國的殖民主義一樣），是一回事。不論對或錯，這是大英帝國所做的，正如她在印度所行的。然而，認為以一場快速暴力行動的介入，就可以清除一個國家的問題，卻是另一回事。你以為你離開之後，別人就可以將這個破碎的國家重新建立嗎？例如，伊拉克。」[2]

威廉斯這位教會的高層領袖和虔誠的宗教人士，對於政治倫理的評論或許正確，因為軍事行動可能不是解決世界問題的答案；然而，他無法了解英國自己合理化殖民主義的做法，卻嚴重地冒犯了被殖民者（例如，印度人、香港人）。他的說法好像認為，英國從未向她的屬民搶奪任何資源。威廉斯的例子清楚顯示，聖經的讀者必須從後殖民的角度，來解讀聖經的倫理。在缺乏這種敏感度的情況下，聖經倫理的解讀將無法完全。讀者必須明白自己的信心水平，並且認識啟示錄在這方面的教導。換言之，啟示錄的信息由「耶穌是誰」的正統信仰開始，但它卻未停留在此。它繼續帶出所有的社會涵義。在接受耶穌為我們的主和救主之後，如果我們仍然只關心自己，那麼我們所信的福音顯然太渺小了。如果我們只是避免下地獄的人生結局，那麼福音不但微小並且膚淺。啟示錄中的福音，具有廣大的社會和政治層面；它要求教會警醒自己是否與有罪的世界體制有分。更確切地說，教會必須跟隨另一種更公義和有益的體制，以活出所信的福音。教會不應該敬拜這個世界體制中的各種偶像。福音，絕對不僅是言詞的堆砌罷了！

啟示錄所顯示的「新」朝代，因世界歷史的不同紀元而異。解讀啟示錄的基督徒詮釋者，絕對不可將啟示錄中的敵人視為固定與不變的敵人。啟示錄的寶貴與奇妙，在於它的彈性應用和永恆信息。其實，今天的新朝代就是全球性的科技進步，和某些國家毫無控制的經濟增長。基督徒有責任以智慧的心，來運用任何一種進步的科技。關鍵在於，我們是否像小亞細亞的七教會一樣，仍然沒有失去我們所要達成的重要目標。使用最新科技來傳揚福音、改善全球經濟公義情況和加強對上帝深刻與專一的敬拜，都是我們必須努力的核心目標。如果我們能夠達致這些目標，我們就不會敬拜幫助我們完成使命的各樣工具了。相反地，我們敬拜容許我們擁有資源的永活真神，因為至終獲得完全勝利的，將是上帝，而非巴比倫！

註釋：

1 Edmondo F. Lupieri, *A Commentary on the Apocalypse of John* (Grand Rapids: Eerdmans, 1999), p.204；這裏指出，啟示錄十一至十五章的整個段落，被平行的事件所圍繞。三年半的重要平行，必須從十一章 2 至 3 節、十二章 6 節和十三章 5 節來理解它的神學和倫理涵義。

2 引自網頁：http://www.anglicansunited.com/2007/11/us_worst_empire_rowan_williams.html。

附錄

一

希羅文化的視覺世界

7 | 西塞羅

西塞羅的半身像顯示希臘沒有鬍子的特徵，但缺乏希臘理想主義的肖像風格。羅馬人是現實主義者。（圖片源自 commons.wikimedia.org）

8 | 奧古斯都的頭部

這個頭部雕像曾經是羅馬皇帝奧古斯都（公元前 27 年～公元 14 年統治）雕像的一部分，這個雕像很可能是他死後才雕塑的成品。雕像中的奧古斯都看起來比真人還大，這個完美的比例來自古典希臘對於理想人體外形的概念，因此顯示面相的完美典型。他凝視遠處的平靜眼光，在以玻璃和石頭嵌入的眼睛之下，更突顯了一股安定和自信的力量。就像其他遍佈帝國的許多雕像一樣，這個雕像成為羅馬帝國及其皇帝擁有一切權力的持續提醒。這個雕像在埃及出土，它被埋藏在庫什人（Kushite）神廟的台階之前。它很可能被用來獻給勝利女神，因為羅馬人相信，勝利女神使羅馬戰勝埃及。在這個時期，與地中海市場的貿易，對於庫什的經濟非常重要；大部分的貿易都在北邊的努比亞（Nubia）進行。在公元前二十九年，埃及的第一任羅馬長官征服了這個地區，因此一場「庫什－羅馬」戰爭繼之而起。很可能因為雕像的重要象徵意義，襲擊羅馬疆界的庫什人，將雕像的頭部砍下。而後這個雕像被放在神廟的台階前，以使它永遠在俘虜者的腳下。不過，庫什人後來也重新和羅馬埃及建立貿易關係。因此這個頭部，就象徵性地成為羅馬帝國的「頭」。（俞若蘭攝）

9 | 尼祿的半身像

年輕的尼祿。（圖片源自 commons.wikimedia.org）

10 | 奧古斯都的墳墓

奧古斯都的墳墓尺寸，顯示了他的重要性。墳墓的建築像住宅一樣，可供人到處漫遊，並且沉思他的偉大。（圖片源自 commons.wikimedia.org）

11 | 提多維斯帕先拱門的碑文

提多維斯帕先拱門上方的碑文上所陳述：「元老院和羅馬人民將這個拱門獻給神明提多（提多的全名也包含他父親的名字維斯帕先），偉大的奧古斯都，維斯帕先的兒子。」迄今，奧古斯都和神明的身分，已經和偉大的帝國統治者相等。建立夫拉維亞王朝的維斯帕先是多米田的父親，因此多米田和提多是兄弟。然而，真正的「新紀元」要在耶穌治理新耶路撒冷時，才會降臨。因此。這個城市的真正城門上，刻有十二支派的名字。可見，上帝的子民的重要性。（圖片源自 commons.wikimedia.org）

12 | 提多拱門

提多拱門的這部分，坐落在羅馬公共廣場，展現了聖殿的洗劫。它包含猶太人七分枝燭台的細部圖畫。新耶路撒冷的新聖殿，將為那些仍然渴想聖殿的人，提供安慰與舒適。（圖片源自 commons.wikimedia.org）

13 | 提多拱門的羅馬老鷹

在羅馬公共廣場的提多拱門上可見羅馬老鷹，牠是帝國主義的終極象徵。提多是多米田的兄弟，在多米田之前掌政。提多也是公元七十年劫掠耶路撒冷的將軍，提多拱門就是特為紀念這項軍事行動而設立的。（圖片源自 commons.wikimedia.org）

14 | 維斯塔館的女性雕像

這個女性雕像位於羅馬公共廣場的維斯塔館（House of the Vesta）之內。它顯示了女人的宗教角色。（圖片源自 commons.wikimedia.org）

15 | 特萊維噴泉

據稱羅馬的特萊維噴泉（Trevi Fountain），早在公元前十九年已存在。當時可能在一個未婚女子的幫助之下，羅馬的技術人員在離城約十三公里之處，探出一個純淨的水源。然而，最後迂迴的導水管渠道，使它延伸至二十二公里之長。這個噴泉的藝術傑作，描繪這位未婚女子的傳奇故事。就像典型的羅馬噴泉一樣，這個噴泉建在一個漫長水泉的末端。從約翰的時代到如今，這個地方依舊是人們社交互動的熱門地點。（俞若蘭攝）

16 | 圓形大競技場

圓形大競技場是羅馬社會的縮影。它最上面兩層的木製座位，專為平民、奴隸和女人而保留。這種安排顯示女人那有限的公共角色。（馮灼康攝）

17 | 瑞摩斯和羅繆勒斯

這是孿生兄弟瑞摩斯（Remus）和羅繆勒斯（Romulus）的聞名雕像（現收藏於羅馬溫室廣場〔Conservatory Plaza〕的新博物館〔New Museum〕中）。據説這兩個兄弟被一隻母狼撫養長大，他們為羅馬的建國彼此爭鬥。最後羅繆勒斯得到勝利，因此羅馬以羅繆勒斯的名字命名。傳説兩個兄弟的爭論，與羅馬的建築地點有關。從此，建築在羅馬歷史中佔據重要的地位。（圖片源自 commons.wikimedia.org）

18 | 加比多連山

加比多連山（Capitoline Hill）是羅馬坐落之七座山之一。這七座山分別是帕拉蒂（Palatine）、加比多連（Capitoline）、奎里納萊（Quirinal）、凱利安（Caelian）、亞文亭（Aventine）、維米奴（Viminal）和埃斯奎里（Equiline）。加比多連山是敬拜羅馬皇帝和宙斯神的地方。敬拜羅馬皇帝的異教相當顯著，與羅馬坐落在七頭所代表之七座山的圖畫非常相稱（啟十七9）。（馮灼康攝）

19 | 台伯島

這是個小小的台伯島（Tiber Island），位居台伯河轉彎處的中間。它藉著兩座古橋與羅馬本土連結，其中之一遠在公元前一世紀即存在。這個小島只有一百碼乘三百碼之大，專門獻給醫治之神埃斯庫羅庇俄斯（Asklepius）。極諷刺地，這個小島也成為台伯河偶爾泛濫成災的受害者。這使生命樹的醫治功能，和生命水河流的滋養功能更顯重要。神明的確創造了羅馬人日夜渴求的醫治和生命水泉。（圖片源自 commons.wikimedia.org）

二

羅馬的年代表

2.1 兩約中間時期

歷史年代	歷史事件
公元前 336 年	亞歷山大大帝獲得政權
公元前 323 年	亞歷山大大帝死亡與帝國分裂
公元前 166 年	猶大馬加比繼父親瑪提亞死亡之後，成為領袖
公元前 164 年	猶大潔淨聖殿
公元前 160 年	愛色尼的公義之師
公元前 63 年	龐培佔領耶路撒冷
公元前 44 年	凱撒大帝被謀殺
公元前 31 年	阿克提姆岬戰役，屋大維（奧古斯都）擊敗馬可安東尼
公元前 20 年	希律重建聖殿
公元前 9 年	將聖殿分別為聖

2.2 羅馬帝國

歷史年代	在位皇帝與歷史事件
公元前 27 年～公元 14 年	奧古斯都；死於公元 14 年，被元老院尊為神明，並且被人民敬拜
公元 14～37 年	提比留斯
公元 37～41 年	蓋烏斯（Gaius；或譯「加里古拉」）

公元 41～54 年 · 公元 49 年	革老丟 · 驅逐羅馬的猶太人和猶太基督徒
公元 54～68 年 · 公元 54 年 · 公元 64 年	尼祿 · 猶太人返回羅馬 · 羅馬大火
公元 66～70 年	猶太人戰爭與耶路撒冷和聖殿的被毀
公元 68～69 年	加爾巴
公元 69 年	奧托
公元 69 年	維特利烏斯
公元 69～79 年	維斯帕先
公元 79～81 年	提多
公元 81～96 年 · 公元 90 年	多米田 · 多米田開始逼迫的可能日期

三

希伯來文字母的數字價值

啟示錄的讀者常常無法理解，為何十三章 18 節所指的人物就是尼祿。首先，除非讀者知道約翰的計算方式，否則讀者無法明白約翰的象徵用法。實際上，約翰的計算方式，來自亞蘭文字母所代表的數字價值（即替換法〔gematria〕）。在希伯來文／亞蘭文的語言中，每一個字母代表一個數字。若以英文為例，A 代表 1，B 代表 2，以此類推直到數字 10。接著，數字的價值由 10、20、30、40 再開始計算，直到 100。在相同的方式下，數字的價值從 100、200、300 等按序繼續推算。

因此，能夠明白約翰象徵筆法的讀者，一般僅限於和猶太信仰羣體（即公會和小亞細亞其他猶太人；例如，三 9 等）有所接觸的人。約翰在九章 11 節和十六章 16 節提到希伯來文，可見這些教會的一些成員，具有應用希伯來文的知識。約翰在十三章 18 節如此說：「有悟性的人，就讓他計算獸的數字……」（《新譯本》）。可見，小亞細亞一些缺乏悟性的人，必須依賴猶太讀者來理解這個數字的涵義。

在約翰完成啟示錄不久後，早期教會教父愛任紐（Irenaeus）在他的寫作中（*Ad Her*. 5.30）提及，出現在一些早期啟示錄抄本中的數目 616，原是一種錯誤。616 是「尼祿凱撒」（Nero Caesar）的數字價值總和。而 666 則是不尋常形式的「尼祿凱撒」的數字價值總和。後者的形式可見於某些猶太人的文獻中。愛任紐的反駁顯示，早期教會甚至在約翰死後，仍有一些人實行計算亞蘭文數字價值的習慣。如此說來，這項觀察證明約翰的讀者的確明白，約翰要他們根據已知的數字系統，來計算這節經文的用意。

茲將希伯來文字母的數字價值列表如下：

希伯來文字母	數字價值
Aleph（א）	1
Beyth（ב）	2
Giymel（ג）	3
Daleth（ד）	4
He（ה）	5
Vav（ו）	6
Zayin（ז）	7
Cheyth（ח）	8
Teyth（ט）	9
Yowd（י）	10
Kaph（כ）	20
Lamed（ל）	30
Mem（מ）	40
Nun（נ）	50
Samek（ס）	60
Ayin（ע）	70
Pe（פ）	80
Tsadey（צ）	90
Qoph（ק）	100
Resh（ר）	200
Siyn（ש）	300
Tav（ת）	400

「尼祿凱撒」是尼祿的名字和頭銜。以下陳列將拉丁文的「尼祿凱撒」，翻譯成相應的亞蘭文字母。除了 Waw（結果是 O）之外，所有的母音都被除去。「尼祿凱撒」翻譯出來的結果是 NRWN QSR。這些字母的數字加起來，總值是 666。

茲將字母的數字價值和「尼祿凱撒」的總值列於如下：

Nun（נ）= 50

Resh（ר）= 200

Waw（ו）= 6

Nun（נ）= 50

Qoph（ק）= 100

Samech（ס）= 60

Resh（ר）= 200

נרונ קסר = 666

系統神學叢書

進入聖言思想的殿堂，剖示神學的方法及基礎。

統一與多元的基督教信仰
The Mosaic of Christian Belief: Twenty Centuries of Unity & Diversity
奧爾森（Roger E. Olson）著／李金好 譯／鄧紹光 學術顧問／HK$98
二千年來的基督教信仰就好像充滿統一與多元的馬賽克彩色拼圖，本書藉此舖陳細述基督教各項教義。

如此我信——基督教教義導引
The Christian Faith: An Introduction to Christian Doctrine
根頓（Colin E. Gunton）著／趙崇明、鄧紹光 譯／HK$108

上帝論：全球導覽
The Doctrine of God: A Global Introduction
卡維里（Veli-Matti Kärkkäinen）著／陳永財、蔡錦圖 譯／鄧紹光 學術審閱／HK$138

聖靈論：全球導覽
Pnenmatology: The Holy Spirit in Ecumenical, International and Contextual Perspective
卡維里（Veli-Matti Kärkkäinen）著／陳永財 譯／鄧紹光 學術顧問／HK$93

基督教詮釋學淺析
A Short Introduction to Hermeneutics
賈思柏（David Jasper）著／紀榮神 譯／HK$73

基督教三一論淺析
The Trinity
奧爾森（Roger E. Olson）、霍爾（Christopher A. Hall）著／蔡錦圖 譯／HK$63

基督教神學淺析
Theology: The Basics
麥格夫（Alister E. McGrath）著／蔡錦圖 譯／HK$63

聖潔神學
Holiness
約翰·韋伯斯特（John Webster）著／陳永財 譯／HK$48

科學與宗教引論
Science and Religion: An Introduction
麥格夫（Alister E. McGrath）著／王毅 譯／HK$88

追尋真理的激情——融貫一致的福音信仰
A Passion for Truth: The Intellectual Coherence of Evangelicalism
麥格夫（Alister E. McGrath）著／陳家富 譯／HK$88

聖經研究叢書 探索與鑽研神的話語，傳承真理。

基道釋經手冊
Introduction to Biblical Interpretation
(Revised and Expanded)
威廉·克萊因(William W. Klein)、克雷格·布魯姆伯格(Craig L. Blomberg)、羅伯特·哈伯德(Robert L. Hubbard, Jr.)合著／邵樟平 學術顧問／蔡錦圖 主編／HK$258

雅各書註釋
張略 著／HK$148

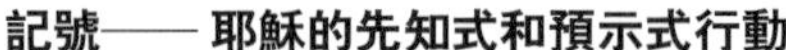

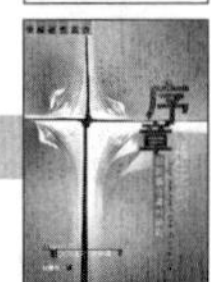

記號——耶穌的先知式和預示式行動
The Signs of a Prophet: The Prophetic Actions of Jesus
何蒙娜(Morna D. Hooker)著／郭靈飛 譯／HK$58

序章——開啟福音書的鑰匙
Beginnings: Keys that Open the Gospels
何蒙娜(Morna D. Hooker)著／郭靈飛 譯／HK$38

不是一個人走的路——路得記研讀(附閱讀指引)
Ruth and Naomi
愛倫·沃爾德(Ellen van Wolde)著／張淑儀 譯／HK$73

跨界福音——後現代世界裏的基督徒見證
The Bible and Mission: Christian Witness in a Postmodern World
包衡(Richard Bauckham)著／李金好 譯／HK$48

啟示錄神學
The Theology of the Book of Revelation
包衡(Richard Bauckham)著／鄧紹光 譯／HK$88

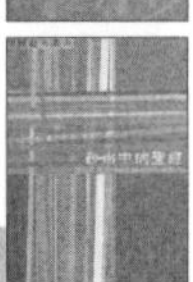

政治中的聖經——從政治角度閱讀聖經的原則與範例
The Bible in Politics: How to Read the Bible Politically
包衡(Richard Bauckham)著／廖惠堂 譯／HK$83

緊扣時代 服事教會

以文字傳揚基督真道

讀者意見表

衷心多謝你購買本社書籍。本社一直致力以出版事工服事教會，幫助信徒扎根於神的話語，促進靈命增長。為使我們的出版更能滿足你的需要，請填寫下列各項資料，並寄回或傳真予本社。

所購書籍：________________________

本書最吸引你的地方：

☐作者 ☐適切性 ☐文筆 ☐設計 ☐實用性

☐其他：________________________

購買本書地點：

☐基道書樓 ☐基督教書店 ☐非基督教書店

性別：☐男 ☐女 職業：________________

信仰：☐基督徒 ☐非基督徒

年齡：☐ 16 歲或以下 ☐ 17～25 歲 ☐ 26～35 歲
☐ 36～55 歲 ☐ 56 歲或以上

學歷：☐中三或以下 ☐中五 ☐預科
☐大學 ☐研究院

☐我欲更多了解基道出版社的事工及考慮支持，請寄給我下列資料：

☐機構簡介 ☐新書資料 ☐基道會員通訊

☐《基道文字事工通訊》

姓名：________________ 電話：________________

地址：________________________________

____

傳真：________________ 電子郵件：________________

其他意見：________________________________

____

多謝賜教！

基道出版社

意見表可以傳真（2687-0281）或直接郵寄以下地址：
香港沙田火炭坳背灣街26號富騰工業中心1011室
基道出版社編輯部收